"十三五"国家重点图书出版规划项目
2017年主题出版重点出版物

复兴之路
中国改革开放40年回顾与展望丛书

大国根基

中国农村改革40年

宋洪远◎主编

SPM
南方出版传媒
广东经济出版社
— 广州 —

图书在版编目（CIP）数据

大国根基：中国农村改革40年/宋洪远主编. —广州：广东经济出版社，2018.3（2018.4重印）

ISBN 978-7-5454-6131-2

Ⅰ.①大… Ⅱ.①宋… Ⅲ.①农村经济-经济体制改革-成就-中国 Ⅳ.①F320.2

中国版本图书馆CIP数据核字（2018）第049992号

出 版 人：姚丹林
责任编辑：甘雪峰 赖芳琨
责任技编：许伟斌

Daguo Genji
Zhongguo Nongcun Gaige 40 Nian

出版发行	广东经济出版社（广州市环市东路水荫路11号11~12楼）
经销	全国新华书店
印刷	中华商务联合印刷（广东）有限公司 （深圳市龙岗区平湖镇春湖工业区中商大厦）
开本	787毫米×1092毫米 1/16
印张	26.5 2插页
字数	412 000字
版次	2018年3月第1版
印次	2018年4月第2次
书号	ISBN 978-7-5454-6131-2
定价	68.00元

如发现印装质量问题，影响阅读，请与承印厂联系调换。
发行部地址：广州市环市东路水荫路11号11楼
电话：（020）37601950 邮政编码：510075
邮购地址：广州市环市东路水荫路11号11楼
电话：（020）37601980 营销网址：http://www.gebook.com
广东经济出版社新浪官方微博：http://e.weibo.com/gebook
广东经济出版社常年法律顾问：何剑桥律师
·版权所有 翻印必究·

复兴之路——中国改革开放 40 年回顾与展望丛书

编委会
EDITORIAL BOARD

编委会主任

魏礼群

编委会副主任

张卓元　迟福林

编　委

（按姓氏汉语拼音排序）

蔡　武　曹远征　常修泽
迟福林　贾　康　李晓西
隆国强　宋洪远　宋晓梧
王　珺　魏礼群　张卓元
郑新立

总 序
PREFACE

坚定不移推进改革开放
实现中华民族伟大复兴

实现中华民族伟大复兴，是中华民族近代以来最伟大的梦想。这个梦想，凝聚了几代中国人的夙愿，体现了中华民族和中国人民的整体利益，是每一个中华儿女的共同期盼。为了实现中华民族伟大复兴的中国梦，中国共产党人进行了长期不懈的奋斗和极为艰辛的探索。经过深刻总结历史经验，科学认识中国国情，顺应时代发展潮流，终于找到了一条正确道路。这条道路，就是中国特色社会主义道路，而改革开放则是中国特色社会主义道路最鲜明的特征。

1978年底，中国共产党召开具有重大历史意义的十一届三中全会，开启了改革开放的伟大征程。改革开放是我们党在新的时代条件下带领人民进行的新的伟大革命，目的就是要解放和发展生产力，加快推进国家现代化；就是要推动我国社会主义制度的自我完善和发展，赋予社会主义新的生机活力；就是要在坚持和发展中国特色社会主义的伟大事业中，实现国家富强、人民幸福、民族振兴。回顾改革开放的历史进程，我们党和人民锐意推进改革，从农村到城市、从经济领域到其他各个领域，成功实现了从高度集中的计划经济体制到充满活力的社会主义市场经济体制的伟大历史性转变；我们不断扩大对外开放，从建立经济特区到开放沿海、沿江、沿边、内陆地区，再到加入世界贸易组织、主动参与经济全球化和提出"一带一路"倡议，从大规模"引进来"到大踏步"走出去"，成功实现了从封闭半封闭到全方位开放的伟大历史性转变。我们在深化经济体制改革的同时，不断深化政治体制、行政体制、文化体制、社会体制、生态文明体制改革和党的建设制度改革，在推进国家治理体系和治理能力现代化方面不断迈出新的步伐。

改革开放以来，我国经济社会发展创造了人类史上的伟大奇迹，经济总量连续跃上几个大台阶，综合国力大幅提升，全国人民总体上过上小康生活，城乡面貌焕然一新。同时，我国政治建设、文化建设、社会建设、生态文明建设等各领域各方面都取得了举世公认的巨大成就，中国的国际地位越来越高，影响力越来越大。现在，我们比历史上任何时期都更接近中华民族伟大复兴的目标。实践充分证明，改革开放是当代中国一切发展进步的动力之源，是全国人民大踏步赶上时代潮流的重要法宝，是坚持和发展中国特色社会主义的必由之路，是实现国家现代化和中华民族伟大复兴中国梦的关键抉择。

习近平总书记指出："改革开放只有进行时，没有完成时。没有改革开放，就没有中国的今天，也就没有中国的明天。"这是对我国改革开放以来走过道路的深刻总结，也是实现未来更加美好目标的根本遵循。无论过去、现在和将来，坚持和发展中国特色社会主义都必须坚定不移地依靠改革开放。具有重大历史意义的中国共产党第十九次全国代表大会隆重召开，这是在全面建成小康社会决胜阶段召开的一次十分重要的大会。当前，我国不仅处于全面建成小康社会、实现第一个百年奋斗目标的决胜阶段，还处于为实现第二个百年奋斗目标，即建成社会主义现代化强国奠定基础的关键时期。我们必须按照习近平总书记治国理政新理念新思想新战略，在已经取得历史性成就的基础上，不忘初心，继往开来，坚定不移地推进改革开放的伟大事业，为我国未来发展开辟更为广阔的前景，继续沿着中华民族伟大复兴的康庄大道奋勇前进。

2018年，我国将迎来改革开放40周年。为此，广东经济出版社、中国（海南）改革发展研究院联袂策划并组织出版"复兴之路——中国改革开放40年回顾与展望丛书",献礼党的十九大,献礼我国改革开放40周年。这套丛书共13本,分别针对行政体制改革、计划投资体制改革、现代市场体系建设、所有制结构改革、农村改革、财税体制改革、金融体制改革、对外开放、社会体制改革、文化体制改革、环保体制改革等重点领域,从不同角度客观记录我国改革开放40年的历史进程,并展望改革开放的未来趋势。

这套丛书的主编和作者大多是相关领域知名的专家学者,也是我国改革开放的亲历者、见证者,这套丛书集结了他们长期亲历和研究我国改革开放的重要成果,凝聚了他们对改革开放伟大事业的一腔热情。广东经济出版社对这套丛书的出版给予了全力支持;作为以直谏中国改革为己任的改革智库,中国(海南)改革发展研究院为此书的策划、出版作出了重要贡献。作为编委会主任,我对为这套丛书付出艰辛努力的各位编委会成员、作者,对出版社的领导、编辑表示由衷的感谢!

这套丛书跨越多个领域,力图客观地反映改革开放伟大历程中的理论探索与实践经验,意义重大且任务艰巨,难免有不足之处,欢迎读者批评指正。

目 录

前言 / 1

第一章 农村改革40年：回顾与思考 / 1
第一节 农村改革40年的历程和成就 / 1
第二节 全面深化农村改革的目标和思路 / 4
第三节 着力推进重点领域和关键环节的农村改革 / 6

第二章 粮食生产和食品安全 / 20
第一节 粮食和食品安全战略与政策体系的演变过程 / 20
第二节 粮食生产、供给和安全 / 23
第三节 农产品质量和食品安全 / 28

第三章 农村土地管理制度 / 37
第一节 农村土地管理制度的基本框架 / 37
第二节 农村承包土地制度改革 / 42
第三节 农村宅基地制度改革 / 55
第四节 农村集体建设用地制度改革 / 61
第五节 农村土地征收制度改革 / 67

第四章 农业经营制度 / 75
第一节 农村基本经营制度的形成和发展 / 75
第二节 家庭承包经营制度的完善和发展 / 81
第三节 农村基本经营制度面临的问题与挑战 / 102

第五章 农产品流通和市场 / 117
  第一节 逐步开放的农产品流通市场 / 117
  第二节 农村市场体系建设 / 129
  第三节 多元市场主体培育与发展路径 / 138
  第四节 农产品储备与进出口调控制度 / 140
  第五节 发展趋势与政策取向 / 147

第六章 农业支持保护制度 / 149
  第一节 "三农"工作领导体制和决策机制 / 149
  第二节 农产品价格支持制度 / 152
  第三节 农业补贴政策 / 158
  第四节 农业利益补偿机制 / 168

第七章 城乡发展一体化 / 177
  第一节 农业政策调整与工农城乡关系的变化 / 177
  第二节 21世纪城乡一体化发展的探索 / 189
  第三节 主要问题与政策建议 / 194

第八章 农村财税金融制度 / 200
  第一节 农村财税制度的演变 / 200
  第二节 农村金融体系的演变 / 206
  第三节 农村财税金融改革的成效与问题 / 215
  第四节 政策建议与趋势展望 / 223

第九章 乡村治理机制 / 229
  第一节 乡镇政权建设 / 229
  第二节 村民自治实践 / 232
  第三节 培育和发展农村社会组织 / 251
  第四节 农业农村法制建设 / 254

第十章 农业科技创新与技术推广 / 260
  第一节 农业科研体系的改革与发展 / 260

第二节　农业技术推广体系建设　/272
　　　第三节　农业社会化服务体系建设　/280
　　　第四节　趋势展望与政策取向　/290

第十一章　资源环境与生态建设　/292
　　　第一节　农业资源与农村生态管理制度　/292
　　　第二节　农业生态环境建设规划　/297
　　　第三节　农业环境保护　/301
　　　第四节　农村生态文明建设的问题与治理思路　/306
　　　第五节　趋势展望与政策取向　/315

第十二章　农业对外开放　/318
　　　第一节　农产品进出口贸易　/318
　　　第二节　农业利用外资与对外投资　/325
　　　第三节　农业技术交流合作　/338
　　　第四节　农业对外开放面临的挑战与建议　/347

第十三章　农村劳动力转移　/351
　　　第一节　农村劳动力转移的历程：从限制到融入　/351
　　　第二节　推动农村劳动力转移就业的制度建设　/360
　　　第三节　农村劳动力转移就业现状与趋势　/365
　　　第四节　促进农村转移劳动力城市融合的探索　/371
　　　第五节　农村劳动力外出就业的趋势及建议　/375

第十四章　农村扶贫开发　/378
　　　第一节　农村扶贫开发的历程和成效　/378
　　　第二节　农村扶贫开发的政策和措施　/385
　　　第三节　扶贫经验与新阶段的扶贫攻坚　/396

参考文献　/403

前　言

中国的改革发端于农村并率先从农村取得突破。波澜壮阔的农村改革不仅极大地解放和发展了农村生产力，为农村经济社会带来历史性的变化，而且有力地支持了城市经济体制的改革和整个国民经济的持续快速发展，有力地推动了我国国民经济和社会的深刻变革。

农村改革迄今已走过40年的光辉历程，农村面貌已发生天翻地覆的变化，农业农村发展已进入新时代。党的十九大报告提出：要实施乡村振兴战略；农业、农村、农民问题是关系国计民生的根本性问题，必须始终把解决好"三农"问题作为全党工作的重中之重；要坚持农业农村优先发展，按照产业兴旺、生态宜居、乡风文明、治理有效、生活富裕的总要求，建立健全城乡融合发展体制机制和政策体系，加快推进农业农村现代化。

实施乡村振兴战略，既是新时代主要矛盾转化提出的新要求，又是历史交汇期发展提出的新要求。新时代我国社会主要矛盾已经转化为人民日益增长的美好生活需要和不平衡、不充分的发展之间的矛盾。"三农"领域是化解与攻克新时代社会主要矛盾的主战场。

新时代人民日益增长的美好生活需要对"三农"工作提出了新要求。人们不仅对物质文化生活提出了更高的要求，而且在民主、法治、公平、正义、安全、环境等方面的要求也日益增长，呈现出多样化、多层次、多方面的特征。随着城乡居民收入水平的提高，人们对食品安全、生态环境、休闲娱乐、养生养老、宜居宜业等方面的需求更加旺盛。从农产品供给看，由保供给到保安全，由注重数量到更加注重提高质量；从农村产业发展看，由立足农业生产发展到关注农村第一、第二、第三产业融合发展；从农村生态环境看，由改善农民生产生活条件到让农民宜居宜业，还要吸引城里人到农村投资兴业；从农民收入增长看，不仅要保障农民的吃、穿、用、行，还要让农民上得了学、看得了病、养得了老。

新时代不平衡、不充分发展的问题在"三农"领域中表现得更加突出。从城乡区域发展不平衡看，虽然近些年来农民收入增长较快，但城乡收入差距依然较大，

2016年城乡收入差距仍达2.72∶1。虽然近些年来农村基础设施状况和公共服务水平有较大提升，但城乡区域发展差距仍然较大。我国东部发达地区和大中城市在这方面已经远超欧洲水平，但西部部分地区和一些农村依然处在非洲水平。虽然近些年来农民收入分配状况和农村区域发展水平有明显改善，但农民内部和农村地区之间的差距依然较大，一些地区出现亿元村、百亿元村，另一些地区还有大量的空壳村、负债村。从农业农村发展不充分看，尽管近些年来我国农业的生产水平有了明显提升，但农业基础依然薄弱，农业可持续发展能力、市场竞争能力和综合生产能力还有待提高；尽管近些年来我国的土地产出率有了一定的提高，但全要素生产率还不高，劳动生产率、资源利用率和科技进步贡献率还有待进一步提高；尽管近些年来农业公共财政投入逐步增加，农民收入有了较快增长，但农业投入渠道和农民增收渠道还不够宽，社会资本和金融资本投入农业的较少，农民财产性收入和转移性收入较少。

进入新时代，实施乡村振兴战略具备了良好的机遇和条件。从发展基础看，近些年来，农村水、电、路、气、房、网等基础设施建设全面提速，农村教育、文化、卫生、社保等社会事业快速发展，农村人居环境整治全面展开，农村基础设施和公共服务达到新水平，为乡村振兴提供了良好的物质基础；从发展空间看，农业的多种功能逐步开发，乡村的多重价值逐步显现，全社会振兴乡村的意识已经唤醒，看好乡村、向往乡村的人越来越多，为乡村振兴提供了旺盛的市场需求，乡村正在成为投资兴业的热土；从发展机遇看，党中央的坚强领导，确保总揽全局、协调各方落到实处，中国特色社会主义可以集中力量、统筹资源办大事，为乡村振兴提供了强大的制度保障。

2017年末召开的中央农村工作会议，对实施乡村振兴战略的指导思想和基本原则、目标任务和实施路径、总体要求和政策措施，都作出了部署和安排。实施乡村振兴战略，必须大力推进体制机制创新，强化乡村振兴制度供给。要以完善产权制度和要素市场化配置为重点，激活主体、激活要素、激活市场，着力增强改革的系统性、协调性、整体性。站在新的历史起点上，系统回顾农村改革的历程，深入总结农村改革的经验，准确把握农村改革的方向，对于全面深化新时代的农村改革具有十分重要的意义。

本书回顾了农村改革40年的历程，总结了农村改革的主要成就，阐述了全面深化农村改革的目标和思路，提出了着力推进重点领域和关键环节的农村改革举措，对粮食生产和食品安全、农村土地管理制度、农业经营制度、农产品流通和市场、农业支持保护制度、城乡发展一体化、农村财税金融制度、乡村治理机制、农业科技创新与技术推广、资源环境与生态建设、农业对外开放、农村劳动力转移、农村扶贫开发等进行了专题研究。

本书以农业部农村经济研究中心的研究人员为主体，邀请中国社会科学院、中国人民大学和北京商业管理干部学院等单位的专家学者组成编写组。一年多来，编写组的成员们按照章节分工，广泛收集资料，着手进行分析与写作。在写作过程中，编写组成员进行了多次交流和讨论，数易其稿，不断修改和完善，甚至有些章节还重新写过。本书的体例框架和章节分工由宋洪远提出，宋洪远和高强负责组织协调和最终统稿。

本书的写作分工是：第一章由宋洪远执笔，第二章由吴天龙执笔，第三章由高强执笔，第四章由刘同山、孔祥智执笔，第五章由杨旭执笔，第六章由高强执笔，第七章由吴天龙执笔，第八章由杭静执笔，第九章由吴天龙执笔，第十章由杨旭执笔，第十一章由杨旭执笔，第十二章由张恒春执笔，第十三章由张雯丽、高强执笔，第十四章由李竣执笔。高强除了承担编写组的部分联系工作外，还承担了书稿的汇总和初步编辑工作。

对农村改革40年的历程进行系统分析和总结，绝不是一件容易的事情。我们在写作本书的过程中，无时无刻不感到肩头的沉重压力。由于我们学识有限，阅读的文献范围有限，本书的不足之处在所难免，我们真诚地期待着读者的批评指正。希望本书抛砖引玉，能够引起各界人士的关注和讨论，让各界人士更加关注农村改革遇到的新情况、新问题，更好地指导和加快推进新时代的农村改革事业。

宋洪远

2018年1月

第一章
农村改革 40 年：回顾与思考

第一节
农村改革 40 年的历程和成就

一、农村改革的几个阶段

1. 探索突破阶段（1978—1984 年）

从农村基本经营制度入手，实行家庭联产承包责任制，废除人民公社体制，实行政社分开，建立乡政府，发展乡镇企业，初步形成和基本确立了家庭承包经营制度，农村改革取得突破。

2. 乡城互动阶段（1984—1992 年）

随着家庭承包经营制度的确立，开始启动城市经济体制改革，以搞活农村商品流通、促进农村劳动力转移、实现村民自治为重点，促进城乡要素流动，农村改革继续稳步推进。

3. 全面推进阶段（1992—2002 年）

按照建立社会主义市场经济体制的要求，稳定和完善农村基本经营制度，深化农产品流通体制改革，推进乡镇企业体制创新，调整农村产业结构，促进农村劳动力转移，农村改革进一步深化。

4. 城乡统筹阶段（2002—2012 年）

健全农村土地管理制度，改革农村税费制度，创新农村金融制度，深化粮棉流通体制改革，建立农业支持保护制度，扩大农业对外开放，健全农村民主管理制度，建立城乡发展一体化制度，农村改革进入了城乡统筹的新阶段。

5. 全面深化阶段（2012年至今）

以全面建成小康社会为目标，围绕抓关键补短板，全面推进农村综合改革和其他领域各项改革，注重改革的全局性、系统性、协同性，着力深化农村体制机制创新。

二、农村改革的重要进展

经过近40年的改革，我国针对农村已经建立了十项重要制度，初步构建了农村改革的制度框架体系。一是建立和完善农村基本经营制度。确立了以家庭承包为基础、统分结合的双层经营体制，培育了家庭经营、集体经营、合作经营、企业经营等经营主体，初步构建了集约化、专业化、组织化、社会化相结合的新型农业经营体系。二是建立和完善乡村治理机制。建立乡镇人民政府，实行村民自治制度，培育农村社会组织，强化农村社会管理。三是建立健全农村土地管理制度。建立和完善农村土地承包制度，引导和规范集体建设用地进入市场，完善农村宅基地管理制度，推进征地制度改革，探索建立了以股份合作制为主要特征的农村集体产权制度。四是建立和完善农村市场制度。逐步放开农产品流通和价格，建立和完善农村市场体系，培育和发展多元市场主体，建立和完善农产品储备和进出口调节制度。五是建立农村工作领导管理体制。确立农村工作领导体制，建立农业行政管理体制，实行"四个负责制"，建立干部考核评价体系。六是建立和完善农业支持保护制度。健全农业投入保障制度，建立农业补贴制度，健全农产品价格保护制度，建立农业生态环境补偿制度。七是创新农村财税制度。建立公共财政支持农村制度，加强农村基础设施建设和发展农村社会事业，全面取消农业税费，切实减轻农民负担。八是创新农村金融制度。建立健全农村金融组织体系，创新农村金融产品和服务方式，扩大农村有效担保物范围，发展农业保险和农村保险。九是扩大农业对外开放。发展农产品进出口贸易，实施"引进来"和"走出去"战略，拓展农业对外交流与合作。十是加强和完善农村法制建设。完善涉农法律法规，增强依法行政能力,强化涉农执法体系建设,加强执法监督和司法保护。

三、农村改革的主要成就

在近40年的农村改革实践中,我国农业生产持续增长,农村经济协调发展,农村生活水平显著提高,农村基础设施明显改善,农村社会事业全面进步。回顾整个改革历程,突出表现为成功实现了四大转型。一是从农业看,增加技术和资本等生产要素投入,采用先进科技和生产手段,转变农业经营方式,构建农业产业体系,实现了从改造传统农业到建设现代农业的转变。二是从农村看,加强基础设施建设,发展社会事业,强化公共服务,推进生态文明建设,实现了从促进经济发展到加强社会建设的转变。三是从农民看,健全村民自治制度,赋予农民更多的财产权利,扩大农民政治参与,实行城乡按相同人口比例选举人大代表,实现了从增加经济利益到保障民主权利的转变。四是从城乡关系看,实行统筹城乡发展方略,改革城镇户籍管理制度,促进农村劳动力转移就业,推进城乡基本公共服务均等化,实现了从破除二元结构到推动一体发展的转变。

四、农村改革的基本经验

1. 始终坚持巩固和完善农业基础地位

我国始终把解决好十几亿人口的吃饭问题作为治国安邦的头等大事,坚持立足国内实现粮食基本自给、口粮绝对安全,不断加大国家对农业的支持保护力度,深入实施科教兴农战略,加快现代农业建设,实现农业全面稳定发展和农产品有效供给,为推动经济发展、促进社会和谐、维护国家安全奠定了坚实的基础。

2. 始终坚持保障农民基本权益

我国始终把实现好、维护好、发展好广大农民的根本利益作为农村一切工作的出发点和落脚点。坚持以人为本,尊重农民意愿,着力解决农民最关心、最直接、最现实的利益问题,实行村民自治,赋予农民更多的财产权利,推进基本公共服务均等化,更好地保障和改善民生,促进社会公平正义,提高农民综合素质,促进农民全面发展,确保农村社会既充满活力又和谐有序。

3. 始终坚持解放和发展农村生产力

我国始终把改革创新作为农村发展的根本动力。坚持不懈推进农村改革和制度创新，实行家庭承包经营制度，废除人民公社体制，调整不适应生产力发展要求的生产关系，从深度和广度上推进市场化改革，打破了制约生产力发展的桎梏。这个根本性改革，解放和发展了农村生产力，带来了农村经济和社会发展的历史性变化，农村已进入总体小康并向全面小康迈进的阶段。

4. 始终坚持统筹城乡经济社会发展

我国始终把着力构建新型工农、城乡关系作为加快推进现代化的重大战略，使农村改革和城市改革相互配合、协调发展。在工业化、城镇化、信息化发展中同步推进农业现代化，建立健全以工促农、以城带乡长效机制，把国家基础设施建设和社会事业发展的重点放在农村，实现城乡、区域协调发展，使广大农民平等参与现代化进程、共享改革发展成果。

5. 始终坚持加强和改善党对农村工作的领导

我国始终把加强和改善党对农村工作的领导作为推进农村改革发展的政治保证。坚持一切从实际出发，坚持党在农村的基本政策，坚持党管农村工作、乡村社会管理、村民自治有机统一，加强农村基层组织和基层政权建设，完善党管农村工作体制机制和方式方法，推进社会领域制度创新，加快形成科学有效的社会治理体制，发展更加广泛、更加充分、更加健全的人民民主，形成了推进农村改革发展的强大合力。

第二节
全面深化农村改革的目标和思路

一、深化农村改革面临的问题和挑战

新一轮的农村改革，是在工业化、信息化、城镇化深入发展的进程中展开的，是在工农、城乡发展总体失衡尚未根本扭转的背景下进行的。所以，全面深化农村改革，既要调整农村内部的生产关系和上层建筑，又要突破城乡二元结构，促进"四化"同步发展。

新一轮的农村改革，既要冲破传统思想观念的束缚，又要突破已有利益固化的藩篱，这既涉及农民的既得利益，又涉及工商业者等其他主体的利益，关系到整个经济社会的发展稳定，改革稍有不慎，就可能带来意想不到的风险和隐患。所以，全面深化农村改革，是在两难甚至多难中进行选择，要积极稳妥地推进。

新一轮的农村改革，是在市场化、全球化程度进一步加深的背景下展开的，要全面提高我国农业的国内、国际市场竞争能力。所以，全面深化农村改革，要统筹考虑国内、国际两种影响因素，积极利用国际、国内两个市场、两种资源。

二、全面深化农村改革的目标和任务

党的十八届三中全会审议通过的《中共中央关于全面深化改革若干重大问题的决定》，围绕全面深化农村改革、赋予农民更多财产权利、健全城乡发展一体化体制机制，形成新型工农城乡关系，让广大农民平等参与现代化进程、共同分享现代化成果的目标要求，从加快构建新型农业经营体系、深化农村土地制度改革、加快农村金融制度创新、完善重要农产品价格形成机制、建立农业可持续发展长效机制、推进城乡要素平等交换和公共资源均衡配置、推进农业转移人口市民化等方面，全面部署了新形势下推动农村改革发展的主要任务。

三、全面深化农村改革的思路和方法

要坚持社会主义市场经济改革方向，加强政府支持保护与发挥市场配置资源决定性作用功能互补。政府要切实转变职能、简政放权，不搞大包大揽、过度干预，市场能办的事交给市场，社会能办的事交给社会。对农业农村发展中市场失灵的领域，政府又必须切实承担起责任。

深化农村改革，政策性强、涉及面广、影响长远，有的触及深层次的社会矛盾和利益关系调整，极为复杂、艰巨和敏感，需要摸着石头过河，在探索、选择甚至试错中前进。要在明确底线的前提下，鼓励基层大胆探索创新，支持地方先行先试，尊重农民群众的实践创造。

我国地域广阔，各地情况千差万别，要承认差异性，兼顾特殊性。深化农村改革，要因地制宜、循序渐进，允许采取差异性、过渡性的制度和政策安排，不搞"一刀切"，不追求"一步到位"。

第三节
着力推进重点领域和关键环节的农村改革

一、深化农村土地制度改革

土地是农业的基本生产资料，是农民的重要生活保障，也是保持农村社会和谐稳定的根本。土地制度是农村的基础制度，也是决定经济社会全局的基础性制度。土地制度改革的核心是稳定土地承包关系，引导土地有序流转，保障农民的土地财产权益。深化农村土地制度改革，对于发展规模经营、推进农业现代化、增加农民收入、缩小城乡差距、健全城乡发展一体化体制机制、形成新型工农城乡关系，具有重要而深远的影响。深化农村土地制度改革，要按照产权明晰、用途管制、节约集约、严格管理的要求，坚持最严格的耕地保护制度和实行最严格的节约用地制度，健全土地承包经营权流转市场和建立城乡统一的建设用地市场，依法保障农民土地承包经营权和农户宅基地用益物权。

1. 完善农村土地承包政策

积极探索现有土地承包关系，保持稳定并长久不变的具体实现形式。加快完善农村土地承包经营权确权登记颁证工作，积极探索农村承包地确权的具体方式和方法，拓展农地确权成果应用范围和领域。建立健全农村土地承包经营权流转市场，加强土地承包经营权流转管理和服务。探索农村土地所有权、承包权、经营权分置并行的有效实现形式，落实所有权、稳定承包权、放活经营权。赋予农民对承包地占有、使用、收益、流转及承包经营权抵押、担保权能。积极探索承包土地经营权向金融机构抵押融资的途径和办法，建立配套的抵押资产处置机制。抓紧研究提出规范的实施办法。加紧探索农村土地承包经营权有偿退出机制，推动修订相关法律法规。

2. 探索农村集体经营性建设用地入市

在符合规划和用途管制的条件下，允许农村集体经营性建设用地出让、租赁、入股，实行与国有土地同等入市、同权同价。建立农村集体经营性建设用地产权流转市场，完善土地二级市场；探索建立兼顾国家、集体、个人的土地增值收益分配机制，合理提高农民个人收益。

3. 改革农村宅基地管理制度

保障农户宅基地用益物权，研究探索赋予农户宅基地收益权和转让权的实施办法；完善农村宅基地分配政策，研究探索宅基地有偿获得与使用的途径和办法；加快推进包括农村宅基地在内的农村地籍调查，开展农村集体建设用地使用权确权登记颁证工作；选择若干试点，抓紧提出具体试点方案，慎重稳妥地推进农民住房财产权抵押、担保、转让试点，探索农民增加财产性收入的渠道。

4. 加快推进征地制度改革

缩小征地范围，规范征地程序，完善对被征地农民的合理、规范、多元保障机制。抓紧修订有关法律法规，保障农民公平分享土地增值收益。改革对被征地农民的补偿办法，除补偿农民被征收的集体土地外，还必须对农民的住房、社保、就业培训给予合理保障。各地还可以根据实际情况，积极探索创新，采取留地安置、补偿等多种方式，确保被征地农民长期受益。健全征地争议调处裁决机制，保障被征地农民的知情权、参与权、申诉权、监督权。

二、构建新型农业经营体系

构建新型农业经营体系的核心是坚持家庭经营的基础性地位，培育多元化的经营主体，发展多种形式的适度规模经营。近些年来，我国城乡社会生产力发展很快,客观上要求创新农业经营体系。工业化、城镇化的快速推进,带来了农村劳动力的大规模转移就业,引发了"谁来种地""地怎么种"等新课题,对培育新型农业经营主体、发展适度规模经营提出了迫切要求;随着农业科技的进步和推广应用,农业生产机械化、农业服务社会化、农业经营信息化快速发展,又为创新农业生产经营方式和服务方式奠定了基础、提供了条件。适应上述要求和需要,一些地方也在通过培育专业大户、家庭农场、农民合作社等新型农业经营主体,发展多种形式规模经营,为构建新型农业经营体系提供了经验和借鉴。《中共中央关于全面深化改革若干重大问题的决定》明确提出,应坚持家庭经营在农业中的基础性地位,推进家庭经营、集体经营、合作经营、企业经营等共同发展的农业经营方式创新。

1. 发展多种形式规模经营

从各地的探索实践看,发展农业规模经营,有承包农户之间"互换并地"、农户流转承包地、开展土地股份合作、社会化服务组织与农户联合、工商企业租赁农户承包地等多种形式。政府通过对流转土地给予奖励补助等措施,鼓励有条件的农户流转承包土地的经营权。完善县、乡、村三级服务和管理网络,加快健全土地经营权流转市场。探索建立工商企业流转农业用地风险保障金制度,减少和降低农户流转承包地的风险。探索土地集中型、服务带动型、空间集聚型等多种适度规模经营发展路径。

2. 培育新型农业经营主体

专业大户、家庭农场、农民合作社、农业企业等新型经营主体,以市场化为导向、以专业化为手段、以规模化为基础、以集约化为标志,是建设现代农业、推进农业现代化的骨干力量。鼓励土地承包经营权在公开市场上向专业大户、家庭农场、农民合作社、农业企业等新型农业经营主体流转;农业新增补贴向专业大户、家庭农场、农民合作社等新型农业经营主体倾斜;加大对新型农业经营主体领办人的教育培训力度。明确专业大户和家庭农场法人地位;引导发展农民专业合作社联合社;鼓励和引导工商资本到农村发展适合企业化经营的现代种养业;鼓励发展混合所有制农业产业化龙头企业。在国家年度建设用地指标中单列一定比例,专门用于新型农业经营主体建设配套辅助设施；鼓励地方政府和民间出资设立融资性担保公司，为新型农业经营主体提供贷款担保服务。落实和完善相关税收优惠政策，支持农民合作社发展农产品加工流通。

3. 健全农业社会化服务体系

坚持主体多元化、服务专业化、运行市场化的方向，加快构建公益性服务与经营性服务相结合、专项服务与综合服务相协调的新型农业社会化服务体系。强化农业公益性服务体系；培育农业经营性服务组织；加快供销合作社改革发展。采取财政扶持、税收优惠、信贷支持等措施，大力发展主体多元、形式多样、竞争充分的社会化服务。探索推行合作式、订单式、托管式等多种服务模式，扩大农业生产全程社会化服务试点范围。通过政府购买服务等方式，支持具有资质的经营性服务组织从事农业公益性服务。

三、农村集体产权制度改革

推进农村集体产权制度改革是深化农村改革的重要内容，对于壮大农村集体经济、增加农民财产性收入、建立城乡要素平等交换关系、加强党在农村的执政基础，具有重要而深远的意义。农村市场经济体制的发展，不仅丰富了农村市场的交易行为，形成了更为复杂的成员身份及利益关系，而且也提出了建立明晰的产权制度的要求。现阶段我国农村集体产权制度改革取得了一定的进展，但由于现行法律、政策等制度性约束，各地在推进改革过程中都遇到了一些亟待解决的关键问题。2016年发布的《中共中央 国务院关于稳步推进农村集体产权制度改革的意见》提出，要通过改革，逐步构建归属清晰、权能完整、流转顺畅、保护严格的中国特色社会主义农村集体产权制度，保护和发展农民作为农村集体经济组织成员的合法权益。科学确认农村集体经济组织成员身份，明晰集体所有产权关系，发展新型集体经济；管好用好集体资产，建立符合市场经济要求的集体经济运行新机制，促进集体资产保值增值；落实农民的土地承包权、宅基地使用权、集体收益分配权和对集体经济活动的民主管理权利，形成有效维护农村集体经济组织成员权利的治理体系。

1. 民主确定成员资格认定标准

按照中国现行法律，村集体所有的土地是由村集体成员共同拥有而非由村集体管理组织实体拥有。集体经济组织成员身份界定应在坚持尊重历史、权利义务对等、标准一致、程序公开的基础上，统筹考虑户籍关系、农村土地承包关系、对集体积累作出的贡献以及有关法律政策规定等条件，由集体经济组织全体成员民主决定。改革试点中，要探索在群众民主协商的基础上确认农村集体经济组织成员的具体程序、标准和管理办法，建立健全农村集体经济组织成员登记备案机制。同时，还应妥善处理外嫁女、义务兵、迁入户等特殊群体的成员身份界定问题，防止多数人侵犯少数人的权益。

2. 规范农村集体资产股权管理办法

应尽快出台《农村新型集体经济组织股权管理办法》，对人员界定、股权结构、增资扩股以及新增资产股份量化等问题作出明确规定。通过股权管理做大做强集体经济，增强集体经济的竞争能力、发展活力和对成员的服务能力。尽快研究出台《农村新型集体经济组织收入分配管理办法》，对于改制后的集体经济组织收入分配进行规范，逐步缩小集体福利分配的范围。在把集体财产权转变为共同持有股份的时候，对集体组织共同持有的股份应分配给集体成员持有。对实行股份合作制进行集体产权制度改革的，对股份分红征收的税收给予返还或减免，切实减轻农民负担。现阶段，集体资产股权设置应以个人股为主，是否设置集体股，归根结底要尊重农民群众的选择，由集体经济组织通过公开程序自主决定。但当一些农村完成"村转居"，集体经济组织的社会性负担逐步剥离后，就应当取消集体股以达到产权的彻底清晰。

3. 完善农村集体资产法人治理结构

科学合理的法人治理结构，是实行民主决策、民主管理、民主监督的保障。应研究制定《农村新型集体经济组织章程》，建立包含股东大会、理事会、监事会的"三会"治理结构，以及包含法人财产权、出资者所有权、出资者监督权、法人代理权的"四权"制衡机制。推进农村集体产权制度改革，要依照现行法律的规定，规范利润分配行为。应当改善法人治理结构的外部体制环境，理顺村党支部、村委会与新型集体经济组织之间的关系,使农民群众真正成为集体经济的投资主体、决策主体和受益主体,成为集体经济组织名副其实的主人。

4. 发展多种形式的集体经济

农村集体经济组织可以利用未承包到户的集体"四荒"地、果园、养殖水面等资源,集中开发或者通过公开招投标等方式发展现代农业项目。在符合规划的前提下,探索利用闲置的各类房产设施、集体建设用地等,以自主开发、合资合作等方式发展相应产业。鼓励整合利用集体积累资金、政府帮扶资金等,通过入股或者参股农业产业化龙头企业、村与村合作、村企联手共建、扶贫开发等多种形式发展集体经济。鼓励地方依托集体资产监督管理、土地经营权流转管理等平台,建立符合农村实际需要的产权流转交易市场。

四、创新农村金融保险制度

进入21世纪以来,我国启动了以加快建立适应"三农"特点的多层次、广覆盖、可持续的农村金融体系为基本目标的新一轮农村金融改革。经过多年的实践探索,我国农村金融服务体系的框架已经基本形成。当前的主要问题是一些改革政策措施没有落实到位,主要表现在:金融机构的责任和分工仍不明晰,政策性金融缺失问题依然存在;农村民间金融缺乏规范,新型农村金融机构发育迟缓;创新农村信贷担保抵押方式进展缓慢,满足农民贷款需求与化解金融组织风险的矛盾依然突出。深化改革的主要任务是:强化金融机构支持"三农"的义务和责任,加快发展新型农村金融组织,创新农村金融服务方式,大力发展农业和农村保险。

1. 强化金融机构服务"三农"的职责

强化商业金融对"三农"和县域小微企业的服务能力,扩大县域分支机构业务授权,不断提高存贷比和涉农贷款比例,将涉农信贷投放情况纳入信贷政策导向效果评估和综合考评体系。支持由社会资本发起设立服务"三农"的县域中小型银行和金融租赁公司;鼓励地方政府和民间出资设立融资性担保公司;支持符合条件的农业企业在主板、创业板发行上市;推动证券期货经营机构开发适合"三农"的个性化产品。

2. 发展新型农村合作金融组织

依托农民合作社和供销合作社,培育发展农村合作金融,不断丰富农村金融机构类型。坚持社员制、封闭性原则,在不对外吸储放贷、不支付固定回报的前提下,推动社区性农村资金互助组织发展。鼓励发展适合农村特点和需要的各种微型金融服务组织,大力发展小额信贷。鼓励地方建立风险补偿基金,有效防范金融风险。允许农村小型金融组织从金融机构融入资金。加快农村诚信体系建设。

3. 创新农村信贷担保抵押方式

建立政府扶持、多方参与、市场运作的农村信贷担保机制,扩大农村有效担保物范围。在继续鼓励农户自愿互助担保的同时,建立专门的担保基金,催生一批专业性的农村信用担保机构,从事农业担保服务;鼓励引导商业担保机构开展农村担保业务,实行动产抵押、仓单质押、权益质押、农民土地承包经营权、农户住房财产权、农村集体资产股权等多种担保形式;完善信用评级制度,建立农户信用记录;发展农户联户担保,降低信用风险。金融机构也要适应农村金融需求的特点,建立和完善以信用为基础的信贷经营机制,降低农村信贷门槛。

4. 加大农业和农村保险支持力度

提高中央、省级财政对主要粮食作物保险的保费补贴比例,逐步减少或取消产粮大县县级保费补贴,不断提高稻谷、小麦、玉米三大粮食品种保险的覆盖面和风险保障水平。鼓励保险机构开展特色优势农产品保险,有条件的地方提供保费补贴,中央财政通过以奖代补等方式予以支持。扩大畜产品及森林保险范围和覆盖区域。鼓励开展多种形式的互助合作保险,建立财政支持的农业保险大灾风险分散机制,探索开办涉农金融领域的贷款保证保险和信用保险。

五、完善农产品价格形成机制

进入 21 世纪以来,我国以深化粮棉流通体制改革为重点,全面放开了农产品购销市场,实现了农产品产销的市场化。农产品市场放开后,为保护农民利益和稳定市场供应,国家逐步建立了由最低收购价、临时收储、国家和地方储备、进出口调节等多种措施构成的农产品市场调控体系。实施这些政策措施,对粮食增产和农民增收发挥了重要支持作用。但近年来，这些政策措施的实施也面临着一些新的矛盾和问题，突出表现在由于执行最低收购价和临时收储政策的主体单一，收储规模扩大，一些产品形成了事实上的国家垄断，国家采取政策性收储后，还要择机将"托市粮"卖出。这"一进一出"不仅扭曲了市场价格形成机制，而且改变了各类农产品加工、贸易企业的市场预期，许多企业不敢入市、不愿存粮。长此以往，"国家成了商家、政策代替了市场"，明显降低了市场活力。这既加重了政府的财政负担，又影响了农民面向市场的主观能动性，还抑制了市场配置资源作用的发挥。因此，《中共中央关于全面深化改革若干重大问题的决定》提出，完善农产品价格形成机制，注重发挥市场形成价格作用。2014年的中央1号文件又明确提出，要坚持市场定价原则，探索建立农产品目标价格制度。

1. 探索建立农产品目标价格制度

探索建立农产品目标价格制度，一方面，让价格形成真正反映市场供求关系，农产品生产、流通和消费主要由市场价格信号来引导；另一方面，政府通过价外补贴等方式，最大限度地保护农民利益。实行目标价格制度，国家一般不直接入市收购，而是实行"补两头、放中间"。"补两头"，就是国家按照"生产成本＋基本收益"原则及市场供求状况，选择确定农产品目标价格并公开发布，当市场价格过高时政府对低收入消费者给予补贴，当市场价格低于目标价格时政府按差价补贴生产者。"放中间"，就是农产品价格形成完全由市场供求关系决定。

2. 开展农产品目标价格制度试点

探索建立农产品目标价格制度，涉及选择确定品种、测算确定价格、明确补贴对象等一系列问题，产销环节多、操作难度大，要经过充分研究论证制订实施方案，选择一些地方和个别产品先行开展试点。2014年的中央1号文件提出，启动东北和内蒙古大豆、新疆棉花目标价格补贴试点，探索粮食、生猪等农产品目标价格保险试点。对试点地区和试点品种要加强跟踪监测，认真总结评估，在试点取得相对成熟经验的基础上再进行推广。

3. 开展试点要注意把握好几个问题

一是要切实保护好农民的生产积极性。农民是改革试点的主体，他们对试点内容是否了解和欢迎，事关改革成败。由于农业特别是粮食生产和农产品自身的特殊性，政府仍然要承担一部分市场风险，确保农民的基本收益，不让农民吃亏，这是推进改革的前提和底线。二是要制定应对市场过度波动的预案。对大豆、棉花进行目标价格补贴试点，不再实行临时收储政策，可能会在一定时期内引发市场价格的较大波动，同时这两个品种的国内价格受国际市场的影响又比较大。因此，在试点过程中既要提高对市场波动的容忍度，又要关注试点地区和国际市场的产销变化。三是要综合考虑政策系统配套。既要综合考虑粮、棉、油、糖等大宗农产品与鲜活农产品之间的差别，根据不同农产品的供求状况和消费特性选择确定调控目标和调控方式；又要注重农产品在生产、加工、流通、进出口等各环节政策措施的配套衔接，逐步建立和完善农产品市场调控政策体系。

六、构建开放型农业经济新机制

农业国际化、市场化是世界农业发展的客观趋势，也是全球经济深度融合背景下促进一国实现农业现代化的必然要求。纵观当今世界农业经济发达的国家，都较好地解决了农业国际化、市场化的问题，从而为农业现代化提供了重要的体制基础和制度保障。改革开放以来，党和国家通过一系列改革举措，有效推进了农业国际化、市场化的进程。以企业为主体，扩大农业对外投资，加快农业"走出去"的步伐，对于提高农业对外开放水平、全面提升我国国际地位和影响力都具有重要意义。时至今日，粮食安全、农民增收、生态保护、产业安全等方面还存在诸多需要通过农业国际化、市场化深化才能解决的突出问题。如何处理好农业国际化、农业市场化与农业现代化的关系摆在了突出位置。当前，亟须结合我国农业对外开放发展实际，积极构建开放型农业经济新机制。

1. 加强开放型农业经济顶层设计和战略谋划

从保障国家粮食安全、服务国家外交大局出发，抓紧制定实施对外农业投资战略规划，包括重点支持品种、重点投资国别和重点支持内容。积极参与国际与地区粮农事务，提升我国在国际农业合作领域的话语权。继续推进自贸区建设，促进企业对外农业投资和农产品贸易的自由化和便利化。积极通过外交途径，解决人员签证受限、入境农业生产资料通关等问题。强化驻外使领馆等机构对"走出去"项目的服务功能，做好相关信息服务和协调工作，切实维护对外农业投资企业的利益。合理引导企业更好地履行社会责任并适时发布社会责任报告，尊重当地风俗习惯和宗教信仰，积极地为当地居民提供新的就业岗位，保护投资国的生态环境，提升我国企业的良好形象。

2. 积极推进农业产业安全战略

加强贸易救济、贸易补偿和外资监管，更加积极主动地运用好 WTO 规则所允许的反倾销、反补贴和产业保障措施，推进贸易救济常态化，切实维护农业产业安全。要加强对农产品进口的跟踪预警，开展产业损害调查和国外贸易壁垒调查。要探索建立产业损害补偿机制，加强对国内产业的贸易补偿。要尽快建立和实施外资进入农业产业的安全审定制度，加强对外资进入农业产业的监管，制定相应的适合农业的反垄断规定。要建立对经营大宗农产品且达到一定市场占比的大型企业的强制性信息报告制度和库存储备制度，强化大企业在保障市场供给稳定方面的社会责任。要保持合理的储备规模，通过出口和深加工等方式去库存，缓解资源环境压力，促进农业产业可持续发展。

3. 增强企业对外农业投资竞争力

建立国家对外农业投资补贴制度，对于国内紧缺农产品的回运、国内农业生产资料出境给予补贴。支持国内企业采取多种形式到境外直接投资农产品仓储物流设施，参股并购国际农产品加工和贸易企业。支持到境外特别是周边国家开展互利共赢的农业生产和进出口合作。建立统一的对外农业投资信息服务平台，整合我国政府部门、科研院所等机构的对外农业投资信息。建立和完善国别农业投资目录指南，引导企业开展对外农业投资。搭建农业"走出去"企业交流平台，促进企业之间投资信息共享。对国内供需缺口较大的农产品，在境外投资企业返销国内时减免进口环节税费。鼓励金融机构积极创新为农产品国际贸易和农业"走出去"服务的金融产品和服务方式。尽快建立农产品国际贸易基金和海外农业发展基金。积极调动商业保险机构的积极性，研究建立符合我国国情的对外农业投资保险制度。

七、建立农业可持续发展长效机制

长期以来,我国农业发展方式比较粗放,许多地方过度开发利用土地资源、超采地下水、过量使用化肥农药农膜、滥用饲料添加剂,加上工业和城市污染向农村扩散,导致地力下降、生态环境不断恶化,严重危及农业可持续发展和农产品质量安全,已经到了非治理不可的地步了。要深入推进农业发展方式转变,大力发展资源节约型、环境友好型农业,促进资源环境生态永续利用,实现农业可持续发展。为此,必须加强制度建设、创新技术和推广模式,加大政策支持力度,建立农业可持续发展长效机制。

1. 健全管理体制和保护制度

一是改革农业生态环境保护管理体制。建立和完善严格监管污染物排放农村的环境保护管理体制,建立农业资源环境监测预警机制,加强农业环境监管和行政执法。二是健全农业资源用途管制制度。要把农业资源消耗、环境损害、生态效益纳入经济社会发展评价体系,建立体现生态文明要求的目标体系、考核办法、奖惩机制,落实最严格的耕地保护制度、节约集约用地制度、水资源管理制度、环境保护制度,强化监督考核和激励约束。三是实行农业资源生态补偿制度。建立反映市场供求和资源稀缺程度、体现生态价值和代际补偿的农业资源有偿使用制度及生态补偿制度,形成有利于保护耕地、水域、森林、草原、湿地等自然资源和农业物种资源的激励机制。

2. 创新技术体系和服务方式

加大技术创新力度,创新技术推广模式。分区域规模化推进高效节水灌溉技术,大力推进机械化深松整地和秸秆还田等综合利用技术,加快实施土壤有机质提升补贴项目,支持开展病虫害绿色防控和病死畜禽无害化处理。加大农业面源污染防治力度,支持高效肥和低残留农药使用、规模养殖场畜禽粪便资源化利用,鼓励新型农业经营主体使用有机肥,推广高标准农膜和残膜回收技术。鼓励和支持清洁生产技术推广应用,加大测土配方施肥力度,发展节水农业、旱作农业、循环农业和标准化规模养殖。

3. 加强规划引导和政策支持

一是加强规划引导。适应农村生态文明建设的要求，抓紧划定生态保护红线，研究编制农业环境突出问题治理总体规划和农业可持续发展规划。二是开展农业资源休养生息试点。启动重金属污染耕地修复试点；开展华北地下水超采漏斗区综合治理、湿地生态效益补偿和退耕还湿试点；在东北、内蒙古重点国有林区，进行停止天然林商业性采伐试点。三是加大政策支持力度。继续在陡坡耕地、严重沙化耕地、重要水源地实施退耕还林还草；完善林木良种、造林、森林抚育等林业补贴政策；继续实施增殖放流和水产养殖生态环境修复补助政策；采取财政奖励补助和结构调整等综合措施，保证农业生态修复区农民总体收入水平不降低。四是开展重大工程建设。继续实施天然林保护、京津风沙源治理等林业重大工程；加大天然草原退牧还草工程实施力度，启动南方草地开发利用和草原自然保护区建设工程；实施江河湖泊综合整治、水土保持重点建设工程，开展生态清洁小流域建设。

八、健全城乡发展一体化体制机制

自党的十六大提出统筹城乡经济社会发展以来，各地和有关部门相继出台了一系列政策措施，在城乡规划、劳动就业、产业发展、基础设施、社会事业、公共服务、社会管理等方面加大统筹力度，城乡收入差距出现逐步缩小趋势。但从促进城乡经济社会发展一体化的要求看，城乡要素交换不平等、公共资源配置不均衡、人口城镇化滞后的问题依然突出。针对上述矛盾和问题，《中共中央关于全面深化改革若干重大问题的决定》提出，要健全城乡发展一体化体制机制，推进城乡要素平等交换和公共资源均衡配置，推进农村转移人口市民化，推动城乡经济社会融合发展。

1. 推进城乡要素平等交换

当前和今后一个时期，要按照《中共中央关于全面深化改革若干重大问题的决定》提出的"三个保障"的基本要求，切实维护农民生产要素权益。一是保障农民工同工同酬，改革城乡不平等的就业和劳动报酬制度，使农民工享有同城镇职工同等的劳动报酬权益。二是保障农民公平分享土地增值收益，建立兼顾国家、集体、个人的土地增值收益分配机制，提高农民在土地增值收益中的分配比例。三是保障金融机构农村存款主要用于农业农村，落实县域银行业法人机构一定比例存款投放当地的政策。

2. 推进城乡资源均衡配置

要从基础设施建设、教育事业发展、就业创业服务、社会保障一体化等方面，推进城乡基本公共服务均等化。一是统筹城乡基础设施建设。加大公共财政支持农村基础设施建设力度，推动基础设施建设重点向农村倾斜，引导金融和社会资金投向农村。二是统筹城乡教育资源均衡配置。加大财政对农村教育的支持力度，加快改善农村义务教育薄弱学校的基本办学条件，提高农村义务教育生均公用经费标准，支持发展农村学前教育、职业教育和技能培训，加快普及农村高中阶段教育，提高重点高校招收农村学生比例。三是统筹城乡公共就业创业服务。大力开展农业生产技术和农民务工技能培训，扶持农民工返乡创业和农民就地就近创业，加大农民外出务工就业的指导和服务力度。四是统筹推进城乡居民基本养老保险、基本医疗保险、最低生活保障制度建设。加快构建农村社会养老服务体系，加强农村最低生活保障规范管理，继续提高新型农村合作医疗筹资标准和保障水平，完善重大疾病保险和救治制度。

3. 推进农村转移人口市民化

要从创新人口管理、扩大基本公共服务覆盖面、健全市民化推进机制等方面，推进农业转移人口市民化，逐步把符合条件的农业转移人口转为城镇居民。一是加快推进城镇户籍管理制度改革。要根据城镇综合承载能力和发展潜力，以就业年限、居住年限、社保参保年限等为基准条件，制定具体的落户标准，健全农业转移人口落户制度；要以合法稳定就业和合法稳定住所等为前置条件实施差别化落户政策，全面放开建制镇和小城市落户限制，有序放开中等城市落户限制，合理确定大城市落户条件，严格控制特大城市人口规模。二是稳步推进城镇基本公共服务常住人口全覆盖。要按照保障基本、循序渐进的原则，积极推进城镇基本公共服务由主要对本地户籍人口提供转向对常住人口提供。保障农民工随迁子女平等享有受教育的权利，完善农民工就业创业服务体系，将农民工及其随迁家属纳入城镇社区卫生服务体系，把进城落户的农民完全纳入城镇住房和社会保障体系，在农村参加的养老保险和医疗保险规范接入城镇社保体系。三是建立健全农业转移人口市民化推进机制。要强化各级政府责任，合理分担公共成本，充分调动社会力量，构建政府主导、多方参与、成本共担、协同推进的农业转移人口市民化机制。推进农民工融入企业、子女融入学校、家庭融入社区、群体融入社会，建设包容性城市。

第二章
粮食生产和食品安全

第一节
粮食和食品安全战略与政策体系的演变过程

一、以促进生产发展、搞活农产品流通为主的发展阶段（1978—1992年）

改革开放之初，针对我国农业存在的生产落后、粮食等主要农产品供给短缺等矛盾和问题，1978年我国开始实行家庭联产承包责任制，并于1983年在全国全面推广；同时大幅度提高粮食等农产品的收购价格，调动广大农民的生产积极性；再加上优良品种的推广和化肥等农业生产资料的大量使用，生产能力进一步增强。1978—1984年，我国农业产出保持了平均每年7.7%的增长速度，1984年的农业总产值比1978年的农业总产值增加了42.23%（以不变价计算）。

随着农业生产的较快发展和粮食产量的大幅度增加，我国农产品供求紧张的状况得到了明显缓解，但同时也出现了一些新的矛盾和问题。一方面是一些地区出现了早籼稻和棉花等农产品"卖难"，政府收购"打白条"，农产品流通销售渠道不畅的情况；另一方面是粳稻、经济作物、畜产品等供求依然比较紧张。针对上述矛盾和问题，中央提出了"决不放松粮食生产，积极发展多种经营"的方针，推进农业生产结构调整，并同步改革农产品购销体制，从1985年开始取消已实行了30

多年的粮食统购派购制度，实行合同定购，给农民更多的生产经营自主权，激活了农产品流通。

为缓解我国副食品供应偏紧的矛盾，进一步改善粮食和其他农产品的供求状况，1988年农业部提出建设"菜篮子工程"，明确实行"菜篮子"市长负责制，加强中央和地方的肉、蛋、奶、水产品和蔬菜、水果生产基地、良种繁育、饲料加工等服务体系建设。根据农业部的部署和要求，各大中城市将其列入重要工作日程，采取一系列政策措施，从根本上扭转了我国副食品供应长期短缺的局面。到1993年底，全国已拥有农副产品批发市场2080个、城乡集贸市场8.3万个，其中农副产品专业市场8220个，初步形成了全国大市场、大流通的新格局。

二、启动实施粮食安全战略和提出食品安全阶段（1993—2012年）

粮食安全问题是关系国计民生的根本性问题，是关系中国经济社会发展全局的重大战略性问题。进入20世纪90年代后，我国粮食生产稳定增长，粮食贸易环境发生较大变化，开始从强调生产转向强调供求平衡，努力保障国家粮食安全。在1996年联合国粮农组织召开粮食首脑会议期间，我国发表了《中国的粮食安全问题》白皮书，提出立足国内资源、实现粮食基本自给的方针，向国际社会承诺："中国将努力促进国内粮食增产，在正常情况下，粮食自给率不低于95%，净进口量不超过国内消费量的5%。"2008年我国在《国家粮食安全中长期规划纲要（2008—2020年）》中再次重申了这一点。

随着城乡居民收入水平的提高，人们对农产品质量和食品安全的问题越来越关注；加入WTO以后，扩大农产品出口对我国农产品质量又提出了新的要求。从1995年开始，我国颁布实施了《中华人民共和国食品卫生法》等法律、法规，全面推进以无公害食品、绿色食品、有机食品和农产品地理标志为主要内容的"三品一标"认证制度，加强农产品质量和食品安全工作。

三、粮食安全战略转型和食品安全战略推进阶段（2013年至今）

进入21世纪以来，随着经济发展和国际环境的变化，我国的粮食安全形势也出现了一些新的矛盾和问题：人多、地少、水缺的矛盾加剧，人增、地减、水紧的问题突出，粮食生产面临的资源环境约束增强，粮食需求总量刚性增长，消费结构转型升级，供求结构性矛盾突出，国际粮食供求波动较大，对外依存度明显提高，进口对国内粮食生产冲击加大。为适应新形势的变化和提出的新要求，中央对国家粮食安全战略进行了调整。2012年党的十八大提出，要加快发展现代农业，确保国家粮食安全和重要农产品有效供给。2013年的中央经济工作会议提出，要把切实保障国家粮食安全作为经济工作的首要任务。2014年的中央1号文件提出，要借鉴国际经验，实施新形势下的国家粮食安全战略。

新形势下的国家粮食安全战略，其主要目标是确保谷物基本自给、口粮绝对安全；总体要求是以我为主、立足国内、确保产能、适度进口、科技支撑。实施新形势下的国家粮食安全战略，要处理好两个关系：一是在重视粮食数量的同时，更加注重品质和质量安全；二是在保障当期供给的同时，更加注重农业可持续发展。要注重抓好四个重点工作：一是严守耕地保护红线；二是调动和保护好主产区农民种粮积极性和主产区政府抓粮积极性；三是明确中央和地方政府的职责，继续实行"米袋子"省长负责制和"菜篮子"市长负责制；四是要重视农业科技创新中的资金投入和成果转化。

进入21世纪以来，我国食品安全面临的形势依然严峻。长期以来，很多地方大量使用化肥、农药、农膜等化学投入品，造成了日益严重的面源污染，再加上工业排污和生活排污等各种排污，农业生态环境和农业生产条件受到了很大的破坏，农产品质量和食品安全受到了严重威胁。当前，我国有2亿多户农户从事农产品生产，经营规模小、组织化程度低，还有40多万家食品生产企业、300多万个食品经营主体，以及难以计数的小作坊、小摊贩。多样的生产主体和经营方式，对农产品质量和食品安全监管构成了严峻挑战。

针对上述矛盾和问题，党和政府高度重视农产品质量和食品安全工作。自2001年提出加强农产品质量和食品安全工作要求以来，我国又于2006年4月通过了《中华人民共和国农产品质量安全法》，同年11月施行；2009年2月通过了《中华人民共和国食品安全法》，同年6月施行。2013年的中央农村工作会议强调，要把住生产环境安全关，要划定食用农产品生产禁止区域，要形成覆盖从田间到餐桌全过程的监管制度。在2015年发布的《中共中央关于制定"十三五"规划的建议》中，明确提出要实施食品安全战略，形成严密高效、社会共治的食品安全治理体系。2016年国务院食品安全办公室等部门研究制定的《"十三五"国家食品安全规划》提出了预防为主、风险管理、全程控制、社会共治的基本原则，明确了到2020年，食品安全治理能力、食品安全水平、食品产业发展水平和人民群众满意度明显提升的发展目标。

第二节
粮食生产、供给和安全

改革开放以来，围绕促进粮食生产发展、保障粮食有效供给、实施国家粮食安全战略，先后实施了"米袋子"省长负责制、建设粮食生产功能区、推进体制机制和科技创新等一系列政策措施，实现了粮食生产的稳定增长，为国家粮食安全打下了坚实的基础。

一、"米袋子"省长负责制

1. 实行"米袋子"省长负责制

进入20世纪90年代以后，随着经济发展和农业机会成本提高，我国粮食生产的地区布局发生了重大变化，特别是南方一些粮食主产区出现了大幅度压缩粮食生产面积的情况。这些地区粮食产量连续几年徘徊，使过去的"南粮北调"变成了"北粮南运"。与此同时，粮食供给增长有限且结构矛盾突出，而需求却始终呈刚性增长且结构变化不大，再加上政府放开粮食价格后市场管理跟不上，导致了从1993年第四季度开始，粮食市场价格出现了持续大幅度上涨的现象。为了扭转这些地区粮食产量下滑而市场粮价上涨的趋势，1993年发布的《国务院关于加快粮食流通体制改革的通知》提出，各省、自治区、直辖市人民政府要切实加强粮食管理，搞好本地区粮食数量品种平衡，确保城乡市场粮食供应，并且从这一年起取消省际的粮食计划调拨。1995年2月中央农村工作会议的提法更加具体，要求各省级人民政府要把当地粮食平衡的责任担起来，把自己吃饭的责任担起来，党政主要领导要实行严格的责任制，哪个省的"米袋子"出了问题，就由哪个省的书记、省长负责。1995年4月发布的《国务院关于深化粮食棉花化肥购销体制改革的通知》进一步明确了"米袋子"省长负责制的内容，并强调这是一项长期的战略方针。1996年1月发布的《中共中央 国务院关于"九五"时期和今年农村工作的主要任务和政策措施》又明确提出，要认真落实国家宏观调控下的粮食地区平衡和"米袋子"省长负责制，促进主产区提高商品率，销区提高自给率。在随后的1997年和1998年，"米袋子"省长负责制也连续出现在政府工作报告中。

"米袋子"省长负责制规定了各省、自治区、直辖市的行政领导必须担负的责任主要包括八项内容：一是抓好粮食生产，增加农业投入，稳定粮田面积，提高粮食产量。二是抓好粮食收购，掌握商品粮源，完成国家的粮食定购任务，议购粮要组织好市场收购。三是国家的定购粮主要用于当地城镇居民、部队和农村需要救助人口的基本口粮，要确保供应和价格稳定。四是建立和完善粮食储备制度，管好、用好粮食风险基金。五是适时组织省际粮食流通，严格执行粮食进出口计划。六是加强对粮食市场的管理，适时搞好粮食的吞吐调节。七是在发展当地粮食生产的基础上，实现各地区的粮食供求平衡。八是不仅要对本地区的粮食平衡负责，而且要为全国的粮食总量平衡尽责。

这项政策调整了生产者、经营者和消费者之间的利益关系，划分了中央政府和地方政府在粮食工作上的事权，调动了各方面的积极性。根本目的是通过落实责任制，促进各地区粮食生产的发展，增强全国粮食的有效供给能力，在各地区确保粮食区域平衡的基础上，更好地实现全国粮食总量平衡。最终目标是要通过深化改革，逐步建立和完善与社会主义市场经济体制相适应的粮食购销体制，逐步形成国家宏观调控下以市场定价为基础的粮食价格形成机制和全国统一的粮食市场体系。

实行"米袋子"省长负责制，引起了各级领导尤其是省级领导对农业和粮食工作的高度重视，各地开始把农业放在发展国民经济的首位，把粮食生产作为农业的重点；在部署农业和农村工作时，都开始突出强调抓农业、抓粮食生产，为实现粮食增产的目标，采取了一系列促进粮食生产发展的措施。另外，"米袋子"省长负责制对不同类型地区发展粮食生产提出了不同的目标和要求，有助于发挥各地的粮食生产潜力和优势，稳定提高粮食的综合生产水平和供给能力。

实行"米袋子"省长负责制，稳定和完善了粮食购销管理办法，促进了地区之间的粮食流通和区域供求平衡，促进了粮食市场体系建设。在宏观调控方面，明确了中央政府和地方政府在解决粮食问题上各自应负的责任，有利于地方负起应负的责任，也有利于中央集中力量做好全国的粮食平衡工作。

2. 完善"米袋子"省长负责制

自1993年实行"米袋子"省长负责制以来，中央和地方的积极性都得到了极大调动，全国粮食生产水平和供给能力大幅提高。2013年，全国粮食总产量为60194万吨，与1993年的45649万吨相比，增长了31.9%。但同时，我国资源环境约束日益加大，粮食供求长期处于紧平衡，国内粮食生产成本快速攀升，粮食价格普遍高于国际市场的问题依然突出。此外，伴随着粮食产量的增长，一些地区出现了放松粮食生产、忽视粮食流通、过度依赖中央的现象，应该得到高度重视。对此，2013年4月，国务院总理李克强主持召开国务院常务会议，再次强调要夯实农业基础，硬化、细化"米袋子"省长负责制，保持市场供求和物价总水平基本稳定。2013年12月中央农村工作会议提出的新形势下的国家粮食安全战略，又对完善"米袋子"省长负责制提出了新的、更高的要求。为适应新形势下的国家粮食安全战略的要求，加快构建国家粮食安全保障体系，进一步明确地方政府维护国家粮食安全的责任，2015年1月国务院印发了《国务院关于建立健全粮食安全省长责任制的若干意见》，明确完善后的"米袋子"省长负责制的主要内容包括以下八个方面：一是稳定发展粮食生产，巩固和提高粮食生产能力。二是落实和完善粮食扶持政策，抓好粮食收购，保护农民种粮积极性。三是管好地方粮食储备，确保储备粮数量充足、结构合理、质量良好、调用高效。四是实施粮食收储供应安全保障工程，加强粮食流通能力建设。五是深化国有粮食企业改革，促进粮食产业健康发展。六是完善区域粮食市场调控机制，维护粮食市场稳定。七是健全粮食质量安全保障体系，落实监管责任。八是大力推进节粮减损，引导城乡居民健康消费。

相较于1993年提出的"米袋子"省长负责制，这次提出的粮食安全省长责任制有两个突出的特点：一是内容更广，体现了对粮食从生产到储备再到流通、消费等各环节全方位的重视。二是要求更严，强化了对各地落实粮食安全责任的考核、追责和问责制度。建立监督考核机制，有利于进一步明确地方各级政府的事权与责任，是保障新时期我国粮食安全战略的重要一环。

二、粮食生产功能区建设

粮食生产功能区建设开始于地方探索与实践。

浙江省人多地少，粮食供需缺口较大，为贯彻粮食安全省长责任制，切实增强粮食综合生产能力，确保粮食安全，2010年2月，在总结杭州和宁波两市经验的基础上，浙江省人民政府办公厅发布了《关于加强粮食生产功能区建设与保护工作的意见》，从省级层面启动了粮食生产功能区建设。浙江省计划在2010年底建成100万亩粮食生产功能区，到2014年建成500万亩粮食生产功能区，整体达到亩产吨粮的生产能力。为此，浙江省开始选择面积100亩（山区50亩）以上的地势平坦、田面平整、相对集中连片的适宜种水稻的标准农田进行建设，建设目标是：农田设施完善、农田质量提升、生产技术先进、服务体系健全。到2014年，全面建成粮食生产功能区4984个，面积465.2万亩，基本上达到了预期目标。浙江省的实践为全国粮食生产功能区的建设提供了经验。

随着我国经济发展进入新常态，农业发展面临农产品价格"天花板"封顶、生产成本"地板"抬升、资源环境"硬约束"增强等一系列问题。为了应对这些问题，2015年8月，国务院办公厅印发了《国务院办公厅关于加快转变农业发展方式的意见》，提出要积极推进粮食生产基地建设，要求结合永久基本农田划定，探索建立粮食生产功能区，优先在东北、黄淮海和长江中下游等水稻、小麦主产区，建成一批优质高效的粮食生产基地。2016年的中央1号文件提出，要优化农业生产结构和区域布局，树立大粮食观，针对划定粮食生产功能区和重要农产品生产保护区出台指导意见。为了贯彻落实中央 1 号文件精神，2016 年，农业部在东北、华北、长江流域、华南 4 个地区选出了 5 个国家粮食生产功能区划定试点市、县，分别是黑龙江省富锦市、山东省齐河县、江苏省兴化市、四川省崇州市、福建省尤溪县。

粮食生产功能区建设是保持粮食生产稳定、保障国家粮食安全的基础，是推进适度规模经营、实现农业现代化的有力抓手。从 2017 年开始，粮食生产功能区建设全面推进。为优化农业生产布局，聚焦主要品种和优势产区，实行精准化管理，2017 年 4 月国务院发布了《国务院关于建立粮食生产功能区和重要农产品生产保护区的指导意见》，提出了两个阶段的目标：第一阶段的目标是力争用 3 年时间完成地块的划定任务，做到全部建档立卡、上图入库，实现信息化和精准化管理。第二阶段的目标是力争用 5 年时间基本完成建设任务，形成布局合理、数量充足、设施完善、产能提升、管护到位、生产现代化的粮食生产功能区。

粮食生产功能区划定面积共 9 亿亩，主要用于稻谷、小麦和玉米的生产。以东北平原、长江流域、东南沿海等优势区为重点，划定水稻生产功能区 3.4 亿亩；以黄淮海地区、长江中下游、西北及西南等优势区为重点，划定小麦生产功能区 3.2 亿亩（含水稻和小麦复种区 6000 万亩）；以松嫩平原、三江平原、辽河平原、黄淮海地区以及汾河流域和渭河流域等优势区为重点，划定玉米生产功能区 4.5 亿亩（含小麦和玉米复种区 1.5 亿亩）。目前这项工作已经陆续开展，各省都已经启动了粮食生产功能区划定工作。

三、主要政策和措施

为实现粮食生产稳定发展、保障供给有效和粮食安全的目标，我国在粮食生产、基础建设、科技投入、市场调控等方面采取了一系列政策措施。

（1）增强粮食综合生产能力和可持续发展能力。一是通过推进适度规模经营、鼓励高产创建、强化农业科技服务等措施，提高国内粮食综合生产能力。二是改变不计环境成本追求粮食增产的做法，保护农业生态环境，促进农业可持续发展。

（2）加强农田水利基础设施建设。一是通过测土配方施肥、土壤有机质提升、实施合理的耕作制度、发展循环农业等措施，提高耕地质量和水平。二是进行水、土、田、林、路综合治理。三是进行农田水利设施建设。四是不断完善农田水利建设管护机制。

（3）加强农业科研攻关和技术推广。一是实施农业科研攻关。二是通过保护和开发农作物品种资源、推进粮食作物生产机械化、支持发展农机合作社等合作组织，发展现代种业和农业机械化。三是不断完善农业技术推广服务体系。

（4）强化粮食生产发展支持政策。一是不断调减农业税收和调整完善农业补贴制度。二是不断完善粮食收储制度。三是建立利益补偿机制。四是不断提高农业金融支持水平和加大农业保险支持力度。

（5）完善粮食价格形成机制和市场调控体系。一是完善粮食价格形成机制。二是健全粮食市场调节制度。三是合理利用国际资源和粮食市场。

第三节
农产品质量和食品安全

改革开放以来，围绕提高农产品质量、保障食品安全，我国制定和实施了一系列的政策措施。这些政策措施对提高我国城乡居民生活水平、改善城乡居民生活质量、全面建成小康社会具有重要意义。

一、提高农产品质量

党和政府对提高农产品质量给予了高度重视。从2004年开始至今，每年的中央1号文件都对提高农产品质量提出了要求。尤其是2017年的中央1号文件，将提高农业供给质量作为核心内容着重强调，明确指出我国农业农村发展已经进入新的历史阶段，农业的主要矛盾由总量不足转变为结构性矛盾，强调要以提高农业供给质量为主攻方向，促进农业农村发展由过度依赖资源消耗、主要满足量的需求，向追求绿色生态可持续、更加注重满足质的需求转变。

1. 农业投入品限量使用

改革开放以来,为提高产量、增加供给,很多地方大量使用化肥、农药、农膜等化学投入品,这虽然保证了农业生产的发展,但也造成了日益严重的农业面源污染。化学投入品,尤其是化肥的过量使用,透支了未来的土地生产能力,未被作物吸收的化学成分进入土壤、水体、大气,造成土壤贫瘠和农业环境污染,使农业资源和环境质量全面下降,严重影响了农产品的有效供给。化学农药和饲料添加剂的不当使用,引发了一系列的食品质量安全问题,受到了社会各界的广泛关注,甚至还引起了公众对食品安全的恐慌。

为深入贯彻落实科学发展观,落实《"十二五"节能减排综合性工作方案》,治理农业面源污染,加强农村环境整治,2011年农业部发布了《农业部关于进一步加强农业和农村节能减排工作的意见》,提出"力争到2015年,农业源化学需氧量排放总量比2010年降低8%,氨氮排放总量比2010年降低10%;测土配方施肥覆盖率达到60%,化肥利用率提高3个百分点"的目标。从国家统计局的数据来看,在这之后,化肥、农药投入的增长速度有所下降,但依然逐年递增(见表2-1)。为进一步提高管控效果,继续推进化肥减量提效、农药减量控害,2015年,农业部制订了《到2020年化肥使用量零增长行动方案》和《到2020年农药使用量零增长行动方案》,目标是:2015—2019年,将化肥使用量年增长率控制在1%以内,到2020年,主要农作物化肥使用量实现零增长;到2020年,农药使用总量实现零增长。这两个行动方案执行力度较强,进展顺利,化肥和农药的使用量得到了有效遏制。2015年我国农药使用量为178.3万吨,比2014年减少了2.4万吨;2016年我国化肥施用折纯量为5984.10万吨,比2015年减少了38.5万吨。

表2-1 农业化学投入品使用量变化情况　　　　　单位:万吨

年份	农用化肥施用折纯量	农药使用量	农用塑料薄膜使用量
2000	4146.4	128.0	133.5
2002	4339.4	131.1	153.1

(续表)

年份	农用化肥施用折纯量	农药使用量	农用塑料薄膜使用量
2004	4636.6	138.6	168.0
2006	4927.7	153.7	184.5
2008	5239.0	167.2	200.7
2010	5561.7	175.8	217.3
2012	5838.9	180.6	238.3
2014	5995.9	180.7	258.0
2015	6022.6	178.3	260.4
2016	5984.1		

数据来源：历年《中国统计年鉴》，国家统计局。

2. 农业废弃物资源化利用

（1）秸秆综合治理。

20世纪90年代，随着"菜篮子工程"的有序推进，我国畜牧业持续发展，肉、蛋、奶等主要畜产品有效供给不断增加，但饲料粮短缺成为制约产业发展的重要因素之一。为了提高秸秆利用率，1996年农业部发布了《关于1996—2000年全国秸秆养畜过腹还田项目发展纲要》，提出到20世纪末，建设全国秸秆养牛示范县250个，示范县秸秆饲用率平均达到60%~80%的目标。进入21世纪以来，秸秆焚烧引发的环境问题也受到越来越多的关注。为保护生态环境，防止秸秆焚烧污染，1999年国家环境保护总局、农业部、财政部、铁道部、交通部、国家民航总局联合制定了《秸秆禁烧和综合利用管理办法》，提出"到2002年，各直辖市、省会城市和副省级城市等重要城市的秸秆综合利用率达到60%；到2005年，各省、自治区的秸秆综合利用率达到85%"的发展目标。

《秸秆禁烧和综合利用管理办法》的实施在一定程度上缓解了秸秆焚烧问题，但农村地区焚烧农作物秸秆的现象依旧比较普遍。为加快推进秸秆综合利用，实现秸秆的资源化利用，2008年国务院办公厅发布《国务院办公厅关于加快推进农作物秸秆综合利用的意见》，提出大力推进产业化、加强技术研发和推广应用、加大政策扶持力度等一系列措施。在此基础上，2011年国家发展改革委、农业部、财政部联合制订了《"十二五"农作物秸秆综合利用实施方案》，明确了秸秆资源化利用的五个重点领域和六个重点工程。五个重点领域即肥料化、饲料化、基料化、原料化、燃料化，六个重点工程即秸秆循环型农业示范工程、秸秆原料化示范工程、能源化利用示范工程、棉秆综合利用专项工程、秸秆收储运体系工程、产学研技术体系工程。2008年《国务院办公厅关于加快推进农作物秸秆综合利用的意见》出台和2011年《"十二五"农作物秸秆综合利用实施方案》实施以后，各地区、各部门积极采取有效措施，农作物秸秆综合利用和禁止露天焚烧工作取得明显进展，2015年我国秸秆综合利用率达到80.1%，基本实现了预期目标。

（2）畜禽粪便资源化利用。

随着我国化肥施用数量的增长和畜禽养殖数量的增加，粪污排放带来的污染问题越来越严重。第一次全国污染源普查显示，2007年我国畜禽养殖业COD、总氮、总磷在农业源排放量中的占比分别达到96%、38%、65%。为防治畜禽养殖污染，2001年国家环境保护总局发布实施《畜禽养殖污染防治管理办法》，明确规定畜禽养殖业污染物的排放标准，提出无害化处理、综合利用优先的总原则。但该办法主要还是以污染防治为主，对综合利用的方法和途径都没有涉及。2013年，国务院通过了《畜禽规模养殖污染防治条例》，对畜禽产业的布局选址、环评审批、配套治理、粪污的利用途径、相关奖励等都作了规定。这些规定为我国畜禽粪污的资源化利用提供了有力的制度保障。2017年农业部发出《农业部关于实施农业绿色发展五大行动的通知》，提出到2020年基本解决大规模畜禽养殖场粪污处理和资源化问题的目标。同时，该通知还进一步提出畜禽粪污资源化利用的多项措施，主要包括：一是在畜牧大县开展畜禽粪污资源化利用试点。二是组织实施种养结合一体化项目。三是支持养殖场和第三方市场主体改造升级处理设施。四是建设畜禽规模化养殖场信息直联直报平台。五是完善绩效评价考核制度。

3."三品一标"认证管理

"三品一标"是无公害农产品、绿色食品、有机农产品和农产品地理标志的统称，是政府主导的安全优质农产品公共品牌，对提高农业生产质量意义重大。20世纪末到21世纪初，随着生活水平的提高，人们对高端农产品的需求日益增强，农业生产也亟待转型升级。在这样的背景下，无公害农产品、绿色食品、有机农产品和农产品地理标志相继被提出。为确保产品的有序发展，维护消费者利益，相应认证管理办法也随之出台。

1993年农业部印发《绿色食品标志管理办法》，规定绿色食品的认证由各省绿色食品管理部门进行初审，由中国绿色食品发展中心进行综合审核，明确了申请认证程序。该办法提出，绿色食品必须符合四个条件：一是产品或产品原料的产地必须符合绿色食品的生态环境标准。二是农作物种植、畜禽饲养、水产养殖及食品加工必须符合绿色食品的生产操作规程。三是产品必须符合绿色食品的质量和卫生标准。四是产品的标签必须符合《中国绿色食品商标标志设计使用规范手册》中的有关规定。

国家环保总局2001年发布《有机食品技术规范》，2002年开始实施。国家质监总局2004年通过《有机产品认证管理办法》，2005年开始施行。这些文件规定，国家认证认可监督管理委员会负责有机产品认证活动的统一管理、综合协调和监督工作，地方质量技术监督部门和各地出入境检验检疫机构负责对辖区内的有机产品认证活动监督工作进行检查。

2002年国家认证认可监督管理委员会发布《无公害农产品管理办法》，规定由省级农业行政主管部门负责组织实施认证工作，农业部门、国家质量监督检验检疫部门和国家认证认可监督管理委员会分别负责管理及质量监督工作。文件还明确无公害食品必须符合三个条件：一是产地环境符合无公害农产品产地环境的标准要求。二是区域范围明确。三是具备一定的生产规模。

2002年修改的《中华人民共和国农业法》第二十三条规定："符合规定产地及生产规范要求的农产品可以依照有关法律或者行政法规的规定申请使用农产品地理标志。"根据这一规定，农业部2007年出台了《农产品地理标志管理办法》，规定由农业部负责登记工作，农业部农产品质量安全中心负责审查和专家评审工作，同时明确申请地理标志登记的农产品要符合五个条件：一是称谓由地理区域名称和农产品通用名称构成。二是产品有独特的品质特性或者特定的生产方式。三是产品品质和特色主要取决于独特的自然生态环境和人文历史因素。四是产品有限定的生产区域范围。五是产地环境、产品质量符合国家强制性技术规范要求。

"三品一标"认证体系的建立及完善，为我国农业标准化生产、农业品牌建设提供了很好的契机。但在执行过程中，也发现了商贩乱贴标签、产品追溯难、指标体系过时等现象。为进一步规范市场行为，完善认证体系，国家有关部门对一些认证管理办法进行了修改和完善。2012年农业部实行新的《绿色食品标志管理办法》，提高绿色食品准入门槛，建立绿色食品企业年检、产品抽检、风险防范、应急处置和退出公告等证后监督检查制度。2014年质监总局实施了新的《有机产品认证管理办法》，设立认证标志统一编号制度、档案记录制度、有机产品认证目录制度，实现了可追溯。

近年来，"三品一标"认证工作取得了很好的成绩。截至2016年底，我国"三品一标"产品总数接近10.8万个，无公害农产品、绿色食品、有机农产品和地理标志农产品数量分别达到7.8万个、2.4万个、3844个和2004个。2017年，中央办公厅、国务院办公厅印发了《关于创新体制机制推进农业绿色发展的意见》，提出要改革无公害农产品认证制度，加快建立统一的绿色农产品市场准入标准，提升绿色食品、有机农产品和地理标志农产品等认证的公信力和权威性。根据该意见的要求，2018年，农业部办公厅发布了《关于调整无公害农产品认证、农产品地理标志审查工作的通知》，涉及两处较大调整：一是将评审登记工作由农业部农产品质量安全中心转移到中国绿色食品发展中心。二是将审核、专家评审、颁发证书和证后监管等职责下放到省级农业行政主管部门及工作机构，同时将无公害农产品产地认定与产品认证合二为一。

二、保障食品安全

1. 调整优化食品安全监管机构职能

改革开放之初，解决农产品供给数量问题是我国农业发展的主要任务，对食品安全的关注度不高，食品安全的管理主要体现在食品卫生方面。1983年的《中华人民共和国食品卫生法（试行）》规定城乡集贸市场食品的卫生管理工作由工商行政管理部门负责；食品卫生的监督检验工作由食品卫生监督机构负责；畜禽、兽医的卫生检验工作由农牧渔业部门负责；进口食品、食品添加剂、食品容器、包装材料和食品用工具及设备的监督检验工作由国境食品卫生监督检验机构负责；出口食品的卫生监督检验工作由国家进出口商品检验部门负责。这成为后来的食品安全分段管理体制改革的最早法律依据。

在社会主义市场经济体制确立以后，为了在推进经济体制改革、建立市场经济的同时，建立起有中国特色的、适应社会主义市场经济体制的行政管理体制，1993年，国务院进行了职能机构改革，对与食品安全相关的监管部门也进行了适当调整。1995年出台的《中华人民共和国食品卫生法》规定，食品卫生的具体管理工作由各级卫生行政部门负责，城乡集贸市场的食品卫生管理工作仍由工商行政管理部门负责，食品卫生的监督检验工作由卫生部门负责。

进入21世纪以后，为进一步完善食品安全监督，2003年3月第十届全国人大第一次会议审议并通过了在原国家药品监督管理局的基础上组建国家食品药品监督管理局的改革方案。国家食品药品监督管理局的职能是综合监督食品、保健品、化妆品的安全管理并进行组织协调和依法组织开展重大事故查处。为进一步理顺各监管部门的职责，国务院于2004年对食品安全监管工作作出重要调整，颁布了《国务院关于进一步加强食品安全工作的决定》，明确规定了各部门的职能范围。其中，农业部门负责初级农产品生产环节的监管，质检部门负责食品生产加工环节的监管，工商部门负责食品流通环节的监管，卫生部门负责餐饮业和食堂等消费环节的监管，食品药品监管部门负责食品安全的综合监督、协调和依法组织查处重大事故。2008年，国家食品药品监督管理局划归卫生部管理。

为了继续转变职能和理顺职责关系，稳步推进大部门制改革，整合卫生和计划生育、食品药品管理机构，根据党的十八大和十八届二中全会精神，《国务院机构改革和职能转变方案》于2013年获得通过。该方案规定："为加强食品药品监督管理，提高食品药品安全质量水平，将国务院食品安全委员会办公室的职责、国家食品药品监督管理局的职责、国家质量监督检验检疫总局的生产环节食品安全监督管理职责、国家工商行政管理总局的流通环节食品安全监督管理职责整合，组建国家食品药品监督管理总局。"国家食品药品监督管理总局的主要职责是对生产、流通、消费环节的食品安全和药品的安全性、有效性实施统一监督管理。

2. 食品安全政策、法律、法规体系不断完善

进入20世纪90年代后，人民的生活水平逐步向小康阶段迈进，食品方面的主要问题由保障食品供给数量转向改善食品质量安全。随着人们饮食结构的多样化，食品的食用安全和卫生隐患日益突出，食品质量安全问题受到社会广泛关注。在此背景下，1995年10月第八届全国人大常委会第十六次会议审议并通过了《中华人民共和国食品卫生法》，我国的食品卫生监督管理工作进入法制轨道。

21世纪以来，食品工业迅猛发展，而我国关于食品安全的规定相对分散，统筹规划不足，导致食品安全监管滞后。为此，2009年第十一届全国人大常委会第七次会议通过了《中华人民共和国食品安全法》，并于当年6月1日起执行，取代《中华人民共和国食品卫生法》。

出台《中华人民共和国食品安全法》的目的是保证食品安全，保障公众身体健康和生命安全。该法要求国家建立食品安全风险监测和评估制度，对食源性疾病、食品污染以及食品中的有害因素进行监测，对食品、食品添加剂、食品相关产品中的生物性、化学性和物理性危害因素进行风险评估。该法为全面加强和改进食品安全工作，实现全程监管、科学监管，提高监管成效，提升食品安全水平提供了法制保障。但即便如此，食品企业违法生产经营现象依然存在，食品安全事件时有发生，法律的震慑力仍显不足，食品安全形势依然严峻。

为了以法律形式稳固监管体制改革成果，进一步完善我国食品安全监管体制，执行更为严格的监管，解决食品安全领域存在的突出问题，2015年第十二届全国人大常委会第十四次会议表决通过了新修订的《中华人民共和国食品安全法》，并于当年9月1日起执行。新修订的《中华人民共和国食品安全法》被称为"史上最严的食品安全法"。它建立了最严格的监管处罚制度，对生产、销售、餐饮服务等各环节实施最严格的全过程管理，健全了风险监测、评估等制度，完善了食品安全标准，增设了责任约谈、风险分级管理等要求，还建立了有奖举报和责任保险

制度。

3. 主要政策和措施

（1）标准体系建设。一是制定并不断完善认证标准，完成了"三品一标"体系建设，为农业标准化、品牌化发展打牢基础。二是改进检验检测方法，提升质检水平，逐渐与国际水平接轨。

（2）农产品生产过程管理和产地环境治理。一是建立食品安全监管制度。二是开展农业投入品使用管理，控肥、控药、控添加剂。三是开展土壤和水源治理，净化农产品产地的生产环境。

（3）建立农产品监测预警体系。一是成立市场预警专家委员会，定期会商。二是定期监测农产品市场信息数据并及时上报决策部门。三是定期向媒体发布监测信息，指导生产。

（4）农业品牌建设。一是制定农业品牌发展规划。二是结合园区建设，做好区域布局，鼓励打造区域品牌，引导品牌建设与区域发展同步推进。三是构建线上线下平台，为农业品牌发展提供机遇。

（5）人才培养和技术引进。一是开展职业技能培训，培养一批真正懂技术标准、能生产的农业人才。二是建立人才回流和引进机制，引导社会人才到农村发展。三是鼓励科技人才支农服务，加大农业技术推广。

第三章
农村土地管理制度

第一节
农村土地管理制度的基本框架

一、土地管理制度的演变历程

中华人民共和国成立以来,为适应国家经济社会发展的要求,我国土地管理制度不断完善和发展。中华人民共和国成立之初,我国就颁布了具有宪法性质的《中国人民政治协商会议共同纲领》以及《中华人民共和国土地改革法》等重要法规,对中华人民共和国成立前的国有土地予以继受,对官僚、买办资产阶级拥有的土地予以没收。仅用3年时间就完成了土地改革,废除了地主土地私有制,建立了农民土地所有制。1954年我国颁布了第一部《中华人民共和国宪法》,1955年制定了《农业生产合作社示范章程(草案)》,1956年制定了《高级农业生产合作社示范章程》,1962年出台了《农村人民公社工作条例(修正草案)》。同期,1953年颁布并于1958年修正了《国家建设征用土地办法》。随着这些法律法规的颁布实施,我国基本上确立了农村集体土地所有制和国家建设征用土地制度。

改革开放近40年以来,我国曾三次修订《中华人民共和国宪法》,颁布了第一部《中华人民共和国土地管理法》,出台了《城镇国有土地使用权出让和转让暂行条例》《城市房地产管理法》等一系列法律法规;颁布了《中华人民共和国物权法》和《中华人民共和国农村土地承包法》等。经过探索实践、改革创新,我国已建立起一套由宪法、物权法、民法和土地管理法等法律法规组成的土地法律法规体系，形成了适应我国社会主义初级阶段和我国特色社会主义市场经济体制要求的现代土地管理制度框架。①

二、土地管理制度的基本特征

经过近40年的创新发展，我国已经形成了土地管理制度的基本框架结构。按产权属性可以划分为全民所有制土地（主要分布在城市）和集体所有制土地（主要分布在农村）；按用途可以分为农业用地和建设用地两种；按管理制度分，主要包括：基本农田保护制度、农业用地承包制度、集体建设用地制度、农村宅基地制度、集体土地征收使用制度、国有土地使用划拨制度等六种。

1. 实行所有权与使用权相分离的土地权利制度

中国的土地权利制度主要包括以下四个方面：第一，实行社会主义土地公有制。任何组织或者个人不得侵占、买卖或者以其他形式非法转让土地。第二，土地全民所有制和土地集体所有制并存。截至2013年底，农村集体所有的耕地总面积为141312.3万亩，其中归村民委员会所有的面积占41.08%，归村民小组所有的面积占51.55%。第三，土地所有权与土地使用权相分离。第四，尊重和保护土地财产权。国家依据相关法律对土地权利进行规范与保护。

2. 采取以耕地保护为目标、以用途管制为核心的土地管理模式

根据人多地少的基本国情，中国把粮食安全和耕地保护摆在首要位置。1998年在修订《中华人民共和国土地管理法》时，将用途管制制度引入法律，提出"十分珍惜、合理利用土地和切实保护耕地是我国的基本国策"。通过一系列的制度安排，实行最严格的耕地保护制度。通过编制土地利用总体规划、划定土地用途区域、确定土地使用限制条件等，严格限制农用地特别是耕地转为建设用地。

3. 建立政府主导、以市场机制为主的土地资源配置方式

中国土地资源的配置制度主要包括以下三种方式：第一，国有土地实行划拨供

---

① 刘守英：《直面中国土地问题》，中国发展出版社，2014年版。

应和有偿使用的双轨制。除国家机关用地和军事用地、城市基础设施用地和公益事业用地、国家重点扶持的能源交通水利等基础设施用地实行划拨供地外，其他各类建设用地一律实行出让、租赁、作价出资或者入股等有偿使用方式。第二，经营性土地实行政府独家垄断下的市场配置。第三，国有土地使用权人可以依法租赁、作价出资（入股）、转让、抵押土地。

4. 确立以集中统一管理为主的土地行政管理体制

1986年以前，中国土地由多部门分散管理。1986年，针对"以块为主"的土地管理体制出现的问题，建立了全国城乡地政统一的管理体制。1998年，以土地用途管制取代分级限额审批管理，将农用地转用和土地征收审批权限上收到国务院和省级政府。2004年，进一步理顺省级以下国土资源管理体制。2006年，建立国家土地督察制度。至此，对土地实行相对集中管理、自上而下监督的土地统一管理模式基本形成。

三、土地管理制度改革思路与推进路径

土地管理制度改革的目标方向是以权利平等、放开准入、公平分享为重点，深化土地管理制度改革，建立两种所有制土地权利平等、市场统一、增值收益公平共享的土地管理制度，促进土地利用方式和经济发展方式转变。深化农村土地管理制度改革，要按照中央统一决策和部署，解决现实、政策与法律之间的衔接问题，充分发挥试验在改革方案形成中的作用，积极稳妥推进。要按照产权明晰、用途管制、节约集约、严格管理的要求，坚持最严格的耕地保护制度和实行最严格的节约用地制度，健全土地承包经营权流转市场和建立城乡统一的建设用地市场，依法保障农民的土地承包经营权和农户宅基地用益物权。

1. 明确界定和保护土地产权

土地产权的界定和保护是土地管理制度改革的中心议题，也是实现土地资源配置主要由政府向市场配置转变的前提条件。现行二元土地制度是导致城乡差距持续存在的主要原因之一，也是影响土地利用效率提高的重要因素。明确界定和保护土地产权，一方面要逐步消除现行二元土地制度中权利安排相互冲突与制度缺陷越来

越明显的问题,完善土地产权制度;另一方面要完善政策和法律法规,建立土地承包权和土地经营权可分离的制度,完善土地权能,依法平等保护土地承包权、处置权和经营权可抵押权。深化土地管理制度改革,还要切实转变政府职能,发挥市场在土地资源配置中的决定性作用。

2. 建立城乡统一的土地市场

建立公平有效、城乡统一的建设用地市场,要保障两种所有制土地权利平等,允许集体土地与国有土地同等入市、同权同价。在城市地区,一方面要深化城市土地市场化改革,发展工业建设用地市场,建立有效调节工业用地和居住用地合理比价机制,提高工业用地价格,促进工业用地更多地用于更高价值的商业及服务业,完善土地租赁、转让、抵押二级市场,增加土地二级市场交易的透明度;另一方面要扩大国有土地有偿使用范围,减少非公益性用地划拨,整合目前各类城市中大量以公共用地名义使用的土地,提高土地利用效率。在农村地区,一方面要在符合规划和用途管制的前提下,允许农村集体经营性建设用地出让、租赁、入股,与国有土地同等入市、同权同价。有关部门要尽快修订相关法律法规,明确集体经营性建设用地的范围、进入市场的条件和方式,研究提出具体的操作规范,为集体经营性建设用地进入市场提供法律制度保障。另一方面要健全农村土地承包经营权流转市场,建立城乡统一的建设用地市场,深化征地制度改革,缩小征地范围,规范征地程序,完善对被征地农民的合理、规范、多元保障机制。

3. 切实保障农民的土地权益

加快推进农村土地确权登记颁证工作,依法保障农民土地承包经营权和农户宅基地用益物权。一是搞好农村承包地确权登记颁证工作,赋予农民对承包地进行占有、使用、收益、流转及承包经营权抵押、担保等权能。在落实农村土地集体所有权的基础上,稳定农户承包权、放活土地经营权,允许承包土地经营权向金融机构抵押融资。二是保障农民集体经济组织成员权利,积极发展农民股份合作,赋予农民对集体资产股份进行占有、收益、有偿退出及抵押、担保、继承等权能。三是改革农村宅基地管理制度,完善农村宅基地分配政策,在符合规划的前提下,在城乡接合部和沿海发达地区,稳步推进农村宅基地产权制度改革,稳妥推进农民住房财产权抵押、担保、转让等工作，赋予农民对农村宅基地进行占有、使用、收益、流转等各项权能，探索实行农村宅基地有偿获得的分配政策。四是加快建立兼顾国家、集体、个人的土地出让收入和增值收益分配机制，提高农民个人收益分配比例，探索农民增加财产性收入的渠道。

4. 坚持和实行土地用途管制制度

深化农村土地管理体制改革，落实和完善最严格的耕地保护制度。加快划定永久基本农田，建立保护补偿机制，确保基本农田总量不减少、用途不改变、质量有提高。实施全国高标准农田建设总体规划，加大投入力度，规范建设标准，探索监管维护机制。完善农田水利建设管护机制，继续推进土地整理复垦开发。严格执行基本农田保护制度，层层落实责任，坚决守住十八亿亩耕地红线。实行最严格的节约用地制度。从严控制城乡建设用地总规模，完善城乡建设用地增减挂钩试点工作，切实保证耕地数量不减少、质量有提高。农村宅基地和村庄整理所节约的土地，首先要复垦为耕地，调剂为建设用地的必须符合土地利用规划、纳入年度建设用地计划，并优先满足集体建设用地。

5. 加强土地管理体系和能力建设

要逐步取消土地指标审批和年度计划管理，建立中央和地方权力与责任相匹配的土地管理制度。健全国土空间规划管理体系，强化土地利用总体规划实施刚性。建立标准统一、结构合理的地籍管理体系，加强土地权属和用途管理。加强土地管理机构、人员队伍和服务体系能力建设，建立土地市场交易规则、土地评估与征税制度和土地仲裁制度等一系列规则和制度，实现土地管理体制和机制现代化。

第二节
农村承包土地制度改革

一、农村承包土地制度的演变与现状

农户承包地指集体所有的农业用地，承包给农户经营使用。概括而言，承包地的特征主要包括以下四点：第一，从承包对象上看，承包地主要指集体所有的土地，而不包括国有的土地。这就意味着农垦等国有农场的土地不属于承包范围。第二，从土地性质上看，家庭承包的对象主要指耕地，而不包括集体所有的建设用地。这也同时要求承包地必须用于发展农业，而不能擅自改变土地用途。第三，从承包主体来看，承包地的经营主体指拥有集体经济组织成员资格的农户，具有封闭性。只要是集体经济组织成员，原则上都应有份承包土地。第四，从使用范围上看，村集体经济组织应将土地承包给农户经营使用，而不能随意撂荒。

以家庭承包经营为基础、统分结合的双层经营体制，是适应社会主义市场经济体制、符合农业生产特点的农村基本经营制度。从1978年开始，党的十一届三中全会后，一些地方积极试验并推广各种形式的农业生产责任制，主要有不联产责任制、联产承包责任制和包干到户三种。包干到户，即真正意义上的家庭承包经营。家庭承包经营制度是从这一时期起农村改革的产物，它是从农民的实践经验总结和升华出来的，并逐渐被确立为我国农村的基本经济制度。

1. 家庭承包经营制度的确立

从1978年开始实施的家庭联产承包责任制建立了一套新的农地制度，在该制度安排下，耕地名义上依然属于集体所有，但承包给了农民家庭。1978—1979年，从全国范围来看，继续推行定额包工责任制，不许包产到户和包干到户。1979年9月，党的十四届四中全会通过的《中共中央关于加快农业发展若干问题的决定》

要求，继续稳定"三级所有、队为基础"的体制，不允许分田单干，也不要包产到户。1979年，全国基本核算单位有479.6万个，实行生产责任制的基本核算单位有407万个，其中包干到户的核算单位仅为0.2万个。

1980年9月，中共中央印发《关于进一步加强和完善农业生产责任制的几个问题》，充分肯定了各类形式的生产责任制，要求"应从实际需要和实际情况出发，允许有多种经营形式、多种劳动组织、多种计酬办法同时存在"。对于包产到户（包括包干到户）也只得做差别化处理，主要限于边远山区和贫困落后地区的长期"吃粮靠返销，生产靠贷款，生活靠救济"、群众对集体丧失信心的生产队。到1981年全国基本核算单位有601.1万个，实行生产责任制的基本核算单位有587.8万个，其中包干到户的核算单位有228.3万个，占全国基本核算单位的38%。

1982年的中央1号文件就是专门谈农业生产责任制问题的。这份文件明确提出"集体经济要建立生产责任制也是长期不变的"。同时，明确肯定了分户经营、自负盈亏的包干到户经营方式是建立在土地公有的基础上的。农户和集体保持着承包关系，不同于合作化以前的小私有个体经济，是社会主义农业经济的组成部分。在理论上论证农业生产责任制与主流意识形态的关系，消除了意识形态对家庭责任制改革的阻挠。

1983年，中共中央发布《当前农村经济政策的若干问题》，充分肯定了联产承包责任制，认为"这种分散经营和统一经营相结合的经营方式具有广泛的适应性，既可适应当前手工劳动为主的状况和农业生产的特点，又能适应农业现代化进程中生产力发展的需要。在这种经营方式下，分户承包的家庭经营只不过是合作经济中一个经营层次，是一种新型的家庭经济。它和过去小私有的个体经济有着本质的区别，不应混同"。自此，决策层关于农村基本制度的争论告一段落，家庭联产承包制度在全国普遍化。到1983年底，在全国589万个基本核算单位中，实行包干到户的核算单位有576.4万个，占全国基本核算单位的97.9%；在全国18523.2万户农户中，实行包干到户的农户为17497.7万户，占农户总数的94.5%。至此，家庭承包经营与集体统一经营相结合的双层经营体制基本形成。①

2. 家庭承包经营制度的发展

随着家庭承包经营制度的确立,在农村土地制度上的政策导向主要是通过延长土地承包期,完善土地承包经营权能,将农民的承包经营权进行物权化、长期化、法律化、制度化。

(1) 不断延长土地承包期,稳定农民与土地的关系。

1984年的中央1号文件提出:"延长土地承包期,鼓励农民增加投资,培养地力,实行集约经营。土地承包期一般应在十五年以上。"这项政策被简称为"15年不变",也被称为"第一轮承包"。同时,根据中央1号文件规定,多数地区在实际执行过程中基本确定了"大稳定、小调整"的原则。1993年的中央11号文件又将土地承包经营期限延长至30年。这项政策被简称为"30年不变",也被称为"第二轮承包"。1993年的中央11号文件还指出:"为避免承包耕地的频繁变动,防止耕地经营规模不断被细分,提倡在承包期内实行'增人不增地、减人不减地'的办法。"2008年党的十七届三中全会指出:"赋予农民更加充分而有保障的土地承包经营权,现有土地承包关系要保持稳定并长久不变。"这是完善我国农村基本经营制度的重大举措,对于稳定农民与土地的关系具有深远的理论和现实意义。

(2) 将家庭承包经营制度确立为我国农村的基本经济制度。

1991年通过的《中共中央关于进一步加强农业和农村工作的决定》首次提出"把以家庭联产承包为主的责任制、统分结合的双层经营体制,作为我国乡村集体经济组织的一项基本制度长期稳定下来,并不断充实完善"。1998年党的十五届三中全会对此予以进一步强调。1999年《中华人民共和国宪法》明确提出"农村集体经济组织实行家庭承包经营为基础、统分结合的双层经营体制"。2002年《中华人民共和国农村土地承包法》明确提出"国家实行农村土地承包经营制度"。2003年党的十六届三中全会对这一表达更加强化:"土地家庭承包经营是农村基本经营制度的核心。"2007年《中华人民共和国物权法》规定:"农村集体经济组织实行

---

① 廖洪乐:《中国农村土地制度六十年——回顾与展望》,中国财政经济出版社,2008年版。

家庭承包经营为基础、统分结合的双层经营体制。农民集体所有和国家所有由农民集体使用的耕地、林地、草地以及其他用于农业的土地，依法实行土地承包经营制度。"2008年党的十七届三中全会再一次对这一制度的地位和作用予以态度非常明确的肯定："以家庭承包经营为基础、统分结合的双层经营体制，是适应社会主义市场经济体制、符合农业生产特点的农村基本经营制度，是党的农村政策的基石，必须毫不动摇地坚持。"

（3）明确土地家庭承包经营制度权利内涵，完善土地承包经营权能。

家庭承包经营制度不断完善的过程，也是农民的土地家庭承包经营制度权利内涵逐步明确，土地承包经营权能逐步扩大的过程，主要表现在三个方面：

一是在坚持土地公有制的同时，明确集体所有者与承包者的关系。改革初就明确"承包地不准买卖，不准出租，不准转作宅基地和其他非农业用地"。1998年《中华人民共和国土地管理法》的表述为："农民集体所有的土地由本集体经济组织的成员承包经营。发包方和承包方应当订立承包合同，约定双方的权利和义务。"2002年通过的《中华人民共和国农村土地承包法》规定："农村集体经济组织成员有权依法承包由本集体经济组织发包的农村土地。任何组织和个人不得剥夺和非法限制农村集体经济组织成员承包土地的权利。"2003年该法正式施行，在法律上明确："农村土地承包后，土地的所有权性质不变。承包地不得买卖。"

二是完善农地承包经营权流转体系，建立土地承包经营权登记制度。早在1984年的中央1号文件就规定："社员在承包期内，因无力耕种或转营他业而要求不包或少包土地的，可以将土地交给集体统一安排，也可以经集体同意，由社员自找对象协商转包。"1998年党的十五届三中全会规定："土地使用权的合理流转，要坚持自愿、有偿的原则依法进行，不得以任何理由强制农户转让。"到2008年党的十七届三中全会有了更新的内容："加强土地承包经营权流转管理和服务，建立健全土地承包经营权流转市场，按照依法自愿有偿原则，允许农民以转包、出租、互换、转让、股份合作等形式流转土地承包经营权，发展多种形式的适度规模经营。土地承包经营权流转，不得改变土地集体所有性质，不得改变土地用途，不得损害农民土地承包权益。"此后历年的中央1号文件都对农村土地承包经营权流转作出了明确规定。在土地承包经营权登记方面,2004年的《中华人民共和国农村土地承包经营权证管理办法》和2007年的《中华人民共和国物权法》都规定,政府应当向土地承包经营权人发放土地承包经营权证并登记造册,确认土地承包经营权。2008年的中央1号文件要求要"确保农村土地承包经营权证到户"。2009年的中央1号文件要求"稳步开展土地承包经营权登记试点,把承包地块的面积、空间位置和权属证书落实到农户"。2010年的中央1号文件重申"全面落实承包地块、面积、合同、证书'四到户',扩大农村土地承包经营权登记试点范围"。

三是对农民承包经营权实行物权保护,完善土地承包经营权。历年政策和相关法律都规定,法定承包期内,任何组织和个人不得干预农民的生产经营自主权,不得违法调整和收回承包地,不得违背农民意愿强行流转承包地,不得非法侵占农民承包地。在依法保障农民土地产权方面,1998年党的十五届三中全会和2008年党的十七届三中全会提出:依法保障农民对承包土地的占有、使用、收益等权利,赋予农民长期而有保障的土地使用权。法定承包期内,任何组织和个人不得干预农民的生产经营自主权,不得违法调整和收回承包地,不得违背农民意愿强行流转承包地,不得非法侵占农民承包地。2003年的《中华人民共和国农村土地承包法》更是对承包户的权利予以列示,即依法享有承包地使用、收益和土地承包经营权流转的权利,有权自主组织生产经营和处置产品,承包地被依法征用、占用的,有权依法获得相应的补偿。承包期内,发包方不得收回承包地,不得调整承包地。

3. 家庭承包经营制度的完善

党的十八大以来,中央又作出了一系列重大部署,土地家庭承包经营制度权利内涵逐步明确、农地承包经营权能逐步扩大。

(1) 推进农村土地承包经营权确权登记颁证。

近几年,农村土地承包经营权确权登记颁证工作取得长足进展,为实现"长久不变"打下坚实的基础。

为积极稳妥地做好工作,从2009年开始,我国先从村组搞试点,然后整乡整镇推进试点,又到整县推进试点,再到整省推进试点。2011年,国务院办公厅发布的《国务院办公厅关于落实2011年中央"三农"政策措施分工的通知》要求,

"加快推进农村集体土地所有权、土地承包经营权、宅基地使用权、集体建设用地使用权确权登记颁证,落实工作经费"。2011年,农业部等六部门联合成立了全国农村土地承包经营权登记试点工作领导小组,制定下发了《关于开展农村土地承包经营权登记试点工作的意见》,在28个省(自治区、直辖市)确定了50个县(市、区)为全国农村土地承包经营权登记试点地区,共涉及710个乡镇、1.2万个村、477万个农户、2252.67千公顷耕地。2012年的中央1号文件要求:"加快推进农村地籍调查,稳步扩大农村土地承包经营权登记试点,财政适当补助工作经费。"2012年,农业部办公厅印发了《农村土地承包经营权登记试点工作规程(试行)》,明确了农村土地承包经营权的基本原则、基本类型、操作流程和工作要求。2013年的中央1号文件明确提出:"健全农村土地承包经营权登记制度,强化对农村耕地、林地等各类土地承包经营权的物权保护。用5年时间基本完成农村土地承包经营权确权登记颁证工作,妥善解决农户承包地块面积不准、四至不清等问题。"2014年的中央1号文件对农村土地承包经营权确权登记颁证工作的形式进行了说明,即可以确权确地,也可以确权确股不确地。2014年11月,中共中央办公厅和国务院办公厅印发的《关于引导农村土地经营权有序流转发展农业适度规模经营的意见》要求健全土地承包经营权登记制度,并对农村土地承包经营权确权登记原则进行了说明,提出在充分尊重农民意愿的前提下确权到户到地,也可以确权确股不确地。2015年的中央1号文件要求扩大土地承包经营权确权登记颁证工作整省推进试点范围,并明确了确权方式,即总体上确权到户,确权确股不确地的范围需要严格掌握。为了进一步推进此项工作,2015年2月,农业部等六部门联合下发了《关于认真做好农村土地承包经营权确权登记颁证工作的意见》,从统一思想认识、明确总体要求、把握政策原则、抓好重点任务和加强组织领导五个方面对确权登记颁证工作作出了全面部署。整个过程由点到面,蹄疾步稳。

表3-1 农村土地承包经营权确权登记颁证的有关政策措施

年份	文件名称	政策内容
2011	《关于开展农村土地承包经营权登记试点工作的意见》	以现有土地承包合同、权属证书和集体土地所有权确权登记成果为依据,查清承包地块的面积和空间位置,建立健全土地承包经营权登记簿,妥善解决承包地块面积不准、四至不清、空间位置不明、登记簿不健全等问题,把承包地块、面积、合同、权属证书全面落实到户,依法赋予农民更加充分而有保障的土地承包经营权
2013	《中共中央 国务院关于加快发展现代农业进一步增强农村发展活力的若干意见》	全面开展农村土地承包经营权确权登记颁证工作,用5年时间基本完成农村土地承包经营权确权登记颁证工作,抓紧研究现有土地承包关系保持稳定并长久不变的具体实现形式,完善相关法律制度
2014	《关于全面深化农村改革加快推进农业现代化的若干意见》	抓紧抓实农村土地承包经营权确权登记颁证工作,充分依靠农民群众自主协商解决工作中遇到的矛盾和问题,可以确权确地,也可以确权确股不确地,确权登记颁证工作经费纳入地方财政预算,中央财政给予补助
2014	《关于引导农村土地经营权有序流转发展农业适度规模经营的意见》	建立健全承包合同取得权利、登记记载权利、证书证明权利的土地承包经营权登记制度。土地承包经营权确权登记原则上确权到户到地,在尊重农民意愿的前提下,也可以确权确股不确地
2015	《关于加大改革创新力度加快农业现代化建设的若干意见》	对土地等资源性资产,重点是抓紧抓实土地承包经营权确权登记颁证工作,扩大整省推进试点范围,总体上要确地到户,从严掌握确权确股不确地的范围
2015	《关于认真做好农村土地承包经营权确权登记颁证工作的意见》	继续扩大试点范围,再选择9个省(区)开展整省试点工作,其他省(区、市)根据本地情况,扩大开展以县为单位的整体试点。土地承包经营权确权登记的核心是确权,重点在登记,关键在权属调查

2016年的中央1号文件又进一步强调继续扩大农村土地承包经营权确权登记颁证整省推进试点工作,计划到2020年基本完成土地等农村集体资源性资产确权登记颁证工作。

(2) 实现农村承包地"三权分置"。

习近平总书记先后指出,"深化农村改革,完善农村基本经营制度,要好好研究农村土地所有权、承包权、经营权三者之间的关系""把农民土地承包经营权分为承包权和经营权,实现承包权和经营权分置并行,这是我国农村改革的又一次重大创新""我们要在坚持农村土地集体所有的前提下,促使承包权和经营权分离,形成所有权、承包权、经营权三权分置、经营权流转的格局"。这是中央关于"三农"政策的重大创新,指明了农村土地制度改革的方向。

表3-2 2012—2015年农村承包地流转管理的有关政策措施

年份	文件名称	政策内容概要
2012	《中共中央 国务院关于加快推进农业科技创新持续增强农产品供给保障能力的若干意见》	加快推进农村地籍调查,2012年基本完成覆盖农村集体各类土地的所有权确权登记颁证
2013	《中共中央关于全面深化改革若干重大问题的决定》	稳定农村土地承包关系并保持长久不变,在坚持和完善最严格的耕地保护制度的前提下,赋予农民对承包地占有、使用、收益、流转及承包经营权抵押、担保权能,允许农民以承包经营权入股发展农业产业化经营
2014	《关于全面深化农村改革加快推进农业现代化的若干意见》	稳定农村土地承包关系并保持长久不变,赋予农民对承包地占有、使用、收益、流转及承包经营权抵押、担保权能。稳定农户承包权、放活土地经营权,允许承包土地的经营权向金融机构抵押融资
2014	《关于引导农村土地经营权有序流转发展农业适度规模经营的意见》	鼓励创新土地流转形式,严格规范土地流转行为,加强土地流转管理和服务,合理确定土地经营规模,加强土地流转用途管制

(续表)

年份	文件名称	政策内容概要
2015	《农业部 中央农办 国土资源部 国家工商总局关于加强对工商资本租赁农地监管和风险防范的意见》	鼓励各地依法探索建立工商资本租赁农地资格审查、项目审核制度。各地要强化租赁农地的用途管制，采取坚决措施严禁耕地"非农化"。各地可按照流入方缴纳为主、政府适当补助的原则，建立健全租赁农地风险保障金制度，用于防范承包农户权益受损
2015	《国务院关于开展农村承包土地的经营权和农民住房财产权抵押贷款试点的指导意见》	引导农村土地经营权有序流转，慎重稳妥推进农民住房财产权抵押、担保、转让试点，做好并落实农村土地承包经营权和农民住房财产权抵押贷款试点工作和抵押融资功能，明确贷款对象、贷款用途、产品设计、抵押价值评估、抵押物处置等业务要点，盘活农民土地用益物权的财产属性

2013年7月，习近平总书记视察了武汉农村综合产权交易所，了解涉农产权交易尤其是土地流转交易情况，提出土地承包权和经营权应该分置的设想。2014年的中央1号文件正式提出农村土地所有权、承包权、经营权"三权分置"的政策，即在落实农村土地集体所有权的基础上，稳定农户承包权、放活土地经营权。这一政策具有重要的现实意义，不仅使农民的土地流转没有了失地的后顾之忧，还赋予了经营权更多的权能。2015年的中央1号文件进一步提出要赋予农民对承包地的各项权能，允许农民用土地承包经营权向金融机构抵押、担保。2014年11月中共中央办公厅、国务院办公厅印发了《关于引导农村土地经营权有序流转发展农业适度规模经营的意见》，提出坚持农村土地集体所有，实现所有权、承包权、经营权三权分置，引导土地经营权有序流转，坚持家庭经营的基础性地位，积极培育新型经营主体，发展多种形式的适度规模经营，巩固和完善农村基本经营制度。2015年8月，国务院发布《国务院关于开展农村承包土地的经营权和农民住房财产权抵押贷款试点的指导意见》，赋予土地承包经营权抵押融资功能，并建立健全抵押物处置

机制和配套措施，进一步落实农村土地的用益物权和赋予农民更多的财产权利，标志着长期被压抑的"沉睡的资本"终于被唤醒，广大农民终于有了可以到银行进行抵押贷款的物品，这对于农业现代化的推进具有重大意义。2016年的中央1号文件也进一步明确农村土地承包关系长久不变的指导方针，提出了完善"三权分置"办法，依法推进土地经营权有序流转。

（3）促进土地承包经营权有序流转。

土地流转和适度规模经营是发展现代农业的必由之路。2013年11月12日党的十八届三中全会通过的《中共中央关于全面深化改革若干重大问题的决定》进一步指出，"在坚持和完善最严格的耕地保护制度前提下，赋予农民对承包地占有、使用、收益、流转及承包经营权抵押、担保权能，允许农民以承包经营权入股发展农业产业化经营。鼓励承包经营权在公开市场上向专业大户、家庭农场、农民合作社、农业企业流转，发展多种形式规模经营"。

2014年的中央1号文件提出，"稳定农村土地承包关系并保持长久不变，在坚持和完善最严格的耕地保护制度前提下，赋予农民对承包地占有、使用、收益、流转及承包经营权抵押、担保权能"。2014年11月，中共中央办公厅、国务院办公厅印发的《关于引导农村土地经营权有序流转发展农业适度规模经营的意见》从鼓励创新土地流转形式、严格规范土地流转行为、加强土地流转管理和服务、合理确定土地经营规模、扶持粮食规模化生产、加强土地流转用途管制等方面，对农村土地经营权有序流转进行了全面部署。

2015年，农业部等四部门制定的《农业部 中央农办 国土资源部 国家工商总局关于加强对工商资本租赁农地监管和风险防范的意见》明确要求在农村土地流转中不能搞"大跃进"，不能搞强迫命令，不能搞行政瞎指挥；强调对工商资本租赁农地要有严格的门槛。要加强工商资本租赁农地监管和风险防范，对工商资本租赁农地实行分级备案，严格准入门槛，探索建立工商资本租赁农地资格审查、项目审核制度，健全多方参与、管理规范的风险保障金制度。

二、农村承包土地制度的基本特征

1. 坚持土地集体所有制

土地集体所有制是中国农村合作化运动留下的最主要的制度遗产,是中国社会主义基本经济制度的主要组成部分。实行家庭承包经营制度之后,集体经济组织逐渐退出了农业生产活动,但经营活动并没有消失,而是逐渐向非农产业转移,其"统"的职能也转变为农业社会化服务,主要负责组织农民进行农田水利建设和向农民提供某些生产服务等。改革以后的土地集体所有制的内涵如下:农户与集体保持承包关系,集体组织拥有土地发包权和处置权,土地使用者不得买卖土地。每个集体成员平等享有集体土地的使用权,集体所有制演化为成员权集体所有制。集体的每个成员享有土地非农后的收益分配权。

2. 农户成为土地产权的拥有者

农村改革最重要的制度内涵是赋予承包农户土地产权,通过产权的保护与实施解决农业生产的激励低下和制度预期不稳定问题。在集体所有制下,农户替代生产队成为农业生产和经济活动的决策主体,拥有合约期内农地的承包经营权、收益权和转包权。近年来,通过不断完善土地产权,包括明确和巩固农户的主体地位,稳定土地承包关系(从承包期为15年到30年到长久不变),以及明确以农户为主体的土地流转,农户拥有了物权化的土地产权。同时,在产权赋予上,承包农户获得的土地权利是承包权和经营权合一的土地承包经营权。

3. 家庭承包经营是农业生产的主要组织形式

家庭承包经营替代集体化时期的生产队经营,是农村制度改革的重要成果之一。家庭承包经营成为农业生产最主要的组织和经营形式,是由农业生产的自然特性和农业劳动的特点决定的,前者要求生产者对农业生产的各环节进行精心呵护,后者要求努力与回报直接对应。因此,家庭承包经营就是最合适的农业生产经营组织形式。

三、农村承包土地制度的基本问题

1. 承包地经营规模较小

土地是农民最基本的生产资料,为了体现公平、减少矛盾,改革之初各地主要采取了按人口把土地分给农户的"均田制",即在土地按优劣分级之后,把每一等级的耕地都在村民之间平均分配,以保证同一集体组织内部的每一个农民家庭都拥有本村各个等级的土地。这就导致一片土地可能被分成很多小块,每户的耕地都散落在不同的地块上。此后,随着农村人口的持续增长,农地细碎化程度日益严重。

2. "两权"分离后的权利保护问题

我国现行法律明确保护农民土地承包经营权,但土地承包经营权在权利设置上是合一的。在加速工业化和城镇化的背景之下,农村人口和劳动力流动加速,带来农户土地承包权与经营权事实上的分离,长年出外打工者以及在城镇购房的农民继续拥有承包权,但已不再经营土地。拥有承包权的农民不一定继续经营土地的现象也越来越普遍,这样在法律上笼统提出的承包经营权的概念和内涵,在现实中面临执行的困难。如何做到既切实保障原农村集体组织成员的土地承包权,同时又在法律上保护土地经营权,以达到依法保障农民的土地权利、促进农村土地流转和实现农业现代化的目标,是当前和今后一段时期农村政策面临的巨大挑战。

3. 承包地的权利设置存在权能残缺

从家庭承包经营制度的确立与赋权来看,迄今为止的政策和法律在对农民土地承包经营权的赋权上,主要着力于完善保护农户耕作者的权利,即强化了农民农地使用权、收益权的赋权与保障,但是,对于其他权能的赋权重视不够。一是处置权。在土地集体所有制前提下,无论怎么强调承包地的物权性质,承包农户对承包地都是不能进行买卖的。二是抵押和担保权。土地承包权作为一种物权,它应该是一束完整的权利,但在前面提到的承包经营权合一保护的制度设置下,对承包经营权赋予抵押权和担保权在实施中会有较大风险。承包经营权本身在权能设置上的缺陷也导致承包经营权的抵押和担保权在赋权上的滞后。三是继承权。在农民家庭内部出现代际人口变动的情况下,如何处置承包地,目前的政策和法律层面还没有触及。

四、改革思路与推进路径

1. 加快推进确权登记颁证,促进土地市场化流转

一是加快进行农村地籍调查工作,以"权属合法、界址清楚、面积准确"为原则,查清农村每一宗土地的权属、界址、面积和用途(地类)等,按照统一的宗地编码模式,形成完善的地籍调查成果,尽快研究出台全国性指导意见,为农村土地确权登记颁证提供依据。二是开展农村土地承包经营权登记,必须坚持因地制宜,注重方法创新,采取灵活多样的方式,可以确权确地,也可以确权确股不确地,尤其是涉及"合村并组""土地整治"以及"新型农村社区建设"等地区,要充分依靠农民群众自主协商解决工作中遇到的矛盾和问题,依法履行所有权变更的法定程序。三是探索建立土地流转价格形成机制和地上附着物资产评估机制,提倡采用协商、投标等方式或按农作物生产成本收益、物价指数确定流转价格。四是加强土地承包经营权流转管理和服务,规范土地流转程序,强化信息沟通、政策咨询、合同签订、价格评估等流转服务。按照依法自愿有偿原则,允许农民以转包、出租、互换、转让、股份合作等形式流转土地承包经营权,发展多种形式的适度规模经营。

2. 完善承包地权能设置,实现财产权和耕作权平衡

承包经营权制度是农村土地制度最基础的制度安排。针对大量农村劳动力向非农产业转移的事实,要进一步分离承包权和经营权,并对两束权利分别赋权,实现承包者的财产权和经营者的耕作权的平衡。一方面,使承包农户对承包权享有占有、使用、收益和流转的权利。在承包权与经营权相分离的格局下,承包权主要体现在承包农户通过让渡经营权而获得财产收益,在土地被征用或退出后获得财产补偿,以及未来对承包土地的继承权。另一方面,经营农户或新型经营主体拥有耕作权,并对所流入的土地经营权拥有担保抵押权。由于经营权相对独立,为经营农户或新型经营主体在更大范围内流转和更高效配置提供了便利,有助于拓展其权能空间,从而促进农业现代化的发展。

3. 建立健全土地流转市场，发育和完善土地二级市场

完善农地承包经营权制度，还需要促进土地承包经营权规范有序流转。在土地承包经营权流转市场建设方面，要进一步完善土地承包经营权流转服务和管理网络，加强对流转面积、价格、用途等情况的监测，鼓励各类土地流转服务主体开展信息沟通、委托流转和农地生产能力等级、流转价格评估等服务。土地租赁、转让、抵押二级市场在整个土地市场中居于重要地位，对于实现土地承包经营权的抵押融资功能、节约集约利用土地、提高土地利用效率发挥着重要的作用。要发育和完善土地二级市场，一是要建立完善土地有形市场，让符合土地使用权转让、出租、抵押条件的土地，进入有形土地交易市场，实行挂牌公开交易，提供各种交易服务，保障土地交易统一、规范、有序。二是要强化土地二级市场立法，明晰土地产权关系，规范土地交易行为，国家制定、建立和完善适用于土地二级市场的法律体系，为二级市场的健康发展提供必需的法规政策支撑。三是要完善交易规则、加强信息发布与管理服务，促进土地二级市场的活跃与发展。

第三节
农村宅基地制度改革

宅基地指集体所有的建设用地，福利分配给农户盖房使用，一户一宅、限制面积。宅基地制度指农村宅基地产权制度与管理制度，表现形式是与农村宅基地相关的法律法规及政策。1949年以来，我国宅基地制度已逐步演变形成一整套具有中国特色的制度体系，保障了农民"居者有其屋"，对于农村社会稳定起到了重要作用。中华人民共和国成立60多年来，农村的宅基地经历了从农民私有到集体所有、农民使用的历史性变化。

一、农村宅基地使用权制度的变迁与现状

改革开放以后，国家开始加强宅基地管理工作，相继出台了一系列加强农村宅

基地管理的法律和指导文件，形成了比较明晰的管理办法，基本形成"一户一宅、福利分配、无偿回收、限制流转、禁止抵押、严禁开发"的宅基地管理制度。

1981年国务院出台《国务院关于制止农村建房侵占耕地的紧急通知》，明确"分配给社员的宅基地，社员只有使用权，既不准出租、买卖和擅自转让，也不准在承包地和自留地上建房、葬坟、开矿、烧砖瓦等"。1982年《村镇建房用地管理条例》重申"社员对宅基地，只有按照规定用途使用的使用权，没有所有权。不得在自留地、自留山、饲料地和承包的土地上建房、葬坟、开矿和毁田打坯、烧砖瓦等。严禁买卖、出租和违法转让建房用地"。1982年《中华人民共和国宪法》，1986年、1988年、1998年《中华人民共和国土地管理法》皆规定"宅基地属于集体所有""出卖、出租住房后再申请宅基地的，不予批准"。

1989年《国家土地管理局关于确定土地权属问题的若干意见》规定农村居民宅基地的集体土地建设用地使用权，凡超过当地政府规定面积标准的，以后房屋拆迁、改建、翻建时，按当地政府规定的面积标准重新确定使用权，其超过部分退还集体。1997年《中共中央 国务院关于进一步加强土地管理切实保护耕地的通知》确立了宅基地使用权回收制度。

2004年国土资源部印发《关于加强农村宅基地管理的意见》，规定"严格宅基地申请条件。坚决贯彻'一户一宅'的法律规定。农村村民一户只能拥有一处宅基地，面积不得超过省（区、市）规定的标准。各地应结合本地实际，制定统一的农村宅基地面积标准和宅基地申请条件。不符合申请条件的不得批准宅基地。农村村民将原有住房出卖、出租或赠与他人后，再申请宅基地的，不得批准"。经过不断完善，到2007年《中华人民共和国物权法》颁布时，对宅基地权利的制度安排形成了体系。此后，国家在继续严格宅基地管理的同时，开始不断完善宅基地的权利结构。2008年党的十七届三中全会通过的《中共中央关于推进农村改革发展若干重大问题的决定》提出："完善农村宅基地制度，严格宅基地管理，依法保障农户宅基地用益物权。"

"十二五"期间，党和政府不断完善农村宅基地改革。2013年的中央1号文件提出依法保障农村宅基地使用权。党的十八届三中全会通过的《中共中央关于全面深化改革若干重大问题的决定》对保障农户宅基地用益物权作了明确指示。2014年的中央1号文件在保障农户宅基地用益物权的基础上进一步对农村宅基地分配政策进行了说明。2014年12月，中共中央办公厅和国务院办公厅联合印发了《关于农村土地征收、集体经营性建设用地入市、宅基地制度改革试点工作的意见》，标志着农村宅基地正式进入试点阶段，同时也对宅基地权益保障和取得方式的完善、农民户有所居的多元化实现方式、进城落户农民自愿有偿退出或转让宅基地提出了具体说明。2015年的中央1号文件在中共中央办公厅和国务院办公厅印发的《关于农村土地征收、集体经营性建设用地入市、宅基地制度改革试点工作的意见》的基础上提出对宅基地制度改革试点采取分类实施的措施，强调对农民住房保障的新机制进行深入探索。随着土地确权工作的不断推进，2016年的中央1号文件在农村土地承包经营权确权登记的基础上，提出要加快推进农村宅基地使用权确权登记颁证工作。

表3-3 2013—2015年农村宅基地改革的有关政策措施

年份	文件名称	政策内容
2013	《中共中央 国务院关于加快发展现代农业进一步增强农村发展活力的若干意见》	改革和完善农村宅基地制度，加强管理，依法保障农户宅基地使用权
2013	《中共中央关于全面深化改革若干重大问题的决定》	保障农户宅基地用益物权，改革完善农村宅基地制度
2014	《中共中央 国务院关于全面深化农村改革加快推进农业现代化的若干意见》	完善农村宅基地分配政策，在保障农户宅基地用益物权的前提下，慎重稳妥推进农民住房财产权抵押、担保、转让
2014	《关于农村土地征收、集体经营性建设用地入市、宅基地制度改革试点工作的意见》	完善宅基地权益保障和取得方式，探索进城落户农民在本集体经济组织内部自愿有偿退出或转让宅基地，改革宅基地审批制度
2015	《中共中央 国务院关于加大改革创新力度加快农业现代化建设的若干意见》	分类实施宅基地制度改革试点，依法保障农民宅基地权益，改革农民住宅用地取得方式，探索农民住房保障的新机制

二、农村宅基地使用权制度的基本特征及主要问题

1. 农村宅基地使用权制度的基本特征

第一,集体拥有宅基地所有权。集体对宅基地的所有权特征主要表现为农户宅基地使用权的获得,必须经过村委会;当农户不再使用宅基地时,集体可以将其收回;宅基地在进行整理或指标交易时,主体也是村委会。因此,在宅基地的所有与使用关系上,集体组织绝不是一个仅仅具有法律意义的一级主体,而是拥有实实在在的支配和控制权力。

第二,农民拥有住房所有权。长期以来,我国一直坚持农村房屋由农民所有,而且对农民买卖、出租、抵押、典权、转让房屋等权利予以充分保障,不断阻止政府或集体组织对农民房屋财产权的侵犯。因此,在农村,农民对于拥有住房所有权也形成了根深蒂固的观念。

第三,宅基地具有成员身份性和无偿性。根据宅基地管理制度,只有集体经济组织成员才有资格申请和得到宅基地,非集体经济组织成员无法获得宅基地;只要是集体经济组织成员,就可以无偿取得宅基地。由于宅基地只被赋予了占有权和使用权,非集体经济组织成员也就无法通过宅基地的交易和转让获得宅基地。由于实行"一户一宅",农民将房屋转让以后就不能再申请和获得宅基地,因此农民不能将宅基地使用权转给非集体经济组织成员。

2. 农村宅基地使用权制度的主要问题

第一,宅基地流转现象普遍,限制政策流于形式。尽管在法律上没有赋予宅基地出租、转让和交易权利,但事实上,农民宅基地进入市场已呈普遍化趋势,宅基地隐形交易日益活跃,尤其是在城市郊区和发达地区,宅基地一般以房屋流转的形式存在,包括房屋租赁、房屋买卖、合作建房等形式。宅基地流转具有十分深厚的市场基础。宅基地在不同类型地区大量入市的现状,不仅解决了工业化、城镇化进程中原居民的财产收入增长问题,缓解了进城人口的居住问题,而且也降低了城镇化的成本,但是这种自发入市与现行法律产生了直接冲突。

第二,宅基地的无偿取得和"一户一宅"难以实施。目前,在沿海地区和广大

城乡接合部地区，随着城镇化进程中土地级差收益的大幅提高，城镇建设用地也越来越紧张，无偿分配宅基地与土地资本化背道而驰，这些地区在20世纪90年代中后期，就不再无偿分配宅基地了。同时，"一户一宅"在城市化地区也很难管理。随着宅基地在这些地区的价值显化，农民充分利用现有宅基地加盖房屋，有的突破了原来分配的宅基地面积，有的突破了各省、市规定的宅基地上盖的住房面积。此外，在传统农区，宅基地无偿分配不利于保护耕地。在传统农区仍然实行宅基地无偿分配，但是，近些年农民出外打工收入提高，他们纷纷回村盖更大的房，原有的宅基地不够用就占用承包地，导致耕地在农区尤其是平原农区的大量流失。

第三，宅基地用益物权不完整，分享宅基地增值收益难。按照《中华人民共和国物权法》规定，农民的宅基地使用权被明确界定为用益物权。中央政策文件一再强调要保障农民的宅基地用益物权，但是对用益物权的赋权是"占有权、使用权和收益权"，而对作为用益物权的宅基地只在法律上予以"占有权和使用权"的赋权，少了"收益权"一项。可见，宅基地用益物权在法律表达上存在自相矛盾之处，以至于农民的宅基地用益物权往往受到忽视和侵害。尤其是在一些推行村庄整理、集中居住和宅基地换房等活动的地区，农民一般仅获得房屋的补偿，而很难分享整理节约出的建设用地出让收益及增值收益。

第四，宅基地的无序扩张不利于城市健康发展。由于宅基地使用现状与法律严重冲突，因此政府对宅基地使用的管理基本处于缺位状态，规划和用途管制无法实施。在政府管制缺位的情况下，农民宅基地的扩张和盖房更是处于无序状态，甚至有蔓延之势。一个典型例子是"城中村"私搭乱建、毫无规划，基础设施和公共服务不足，治理无组织，治安问题严重，加大了城市管理成本和未来更新的难度。

三、改革思路和政策建议

1. 保障农户宅基地用益物权

保障农户宅基地占有权和使用权，是宅基地制度改革的底线。宅基地所有权属于集体，使用权属于农户，但是在现实中，集体组织往往对宅基地所有权有更实际、更大的支配权，且在法律和政策上对农户宅基地所有权的强调也明显强于对农户宅基地使用权的强调,容易导致宅基地所有权侵犯使用权。建议在法律修改中,应该按照宅基地用益物权的原则,在巩固集体所有权的基础上,进一步明确和强化农户宅基地使用权。同时,加快农村宅基地使用权确权登记颁证工作。在此基础上,按照一般用益物权的原则,完善宅基地用益物权,在现有宅基地占有权和使用权的基础上,赋予宅基地使用权人收益权、转让权。

2. 改革完善农村宅基地制度

目前,农村宅基地制度在农村人口与村庄分离的背景下,存在制度不适应性,主要表现为宅基地无偿取得不利于土地集约利用和耕地保护;宅基地的成员身份特性与许多村社边界打开、人员混居不适应;宅基地的居住特性与财产权实现冲突。建议选择不同类型地区进行宅基地制度改革试点,完善农村宅基地分配政策,重点探索宅基地有偿获得与使用、有偿退出与回收,宅基地交易与流转,打破宅基地成员和村社边界,基本取向是逐步实现以财产权赋权交换福利分配权,实现农民对宅基地完整的用益物权,促进土地有效利用。

3. 稳妥推进农民住房财产权抵押、担保、转让

现行宅基地制度是宅基地所有权属于集体、使用权属于农户、农房所有权属于农户三权组合的体系,在宅基地所有权和使用权赋权强度不一的状况下,如果赋予宅基地抵押权、担保权和转让权,在实施中就很有可能成为集体组织抵押、担保和转让的主体,反而会侵犯农户的宅基地使用权。相比之下,农民住房是农民私权,一直受到法律保护,明确赋予农民住房抵押权、担保权和转让权,有利于更稳妥地保障农民的财产收益。当然,这几项权利的实施也只能先在若干试点地区推行,待条件成熟后再推行宅基地抵押、担保和转让。

第四节
农村集体建设用地制度改革

农村集体建设用地是指农村集体经济组织或个人（一般为本集体组织成员）为兴办乡镇企业、建设公益事业和乡镇公用设施以及建住宅等，经依法批准所使用的属于本集体经济组织的土地，这些土地是经依法审批后由农用地转变而来的。农村集体建设用地主要分三大类：农户宅基地、乡镇企业用地和公共公益事业用地。农村集体建设用地制度指农村集体建设用地产权制度与管理制度，表现形式是与农村集体建设用地相关的法律法规及政策。

一、农村集体建设用地制度的变迁

1. 集体所有，免费使用（1982年以前）

在20世纪50年代土地改革时期，对农村少量的工商业用地和公共公益事业用地，政府并不进行没收或征用，仍然维持原有的占有和使用关系。从人民公社时期开始，农村集体建设用地收归集体所有，其中社员宅基地于1962年才收归集体所有。在1958—1981年期间，由于农村经济发展水平低下，社队企业、农民建房以及公共公益事业用地需求量不大，实行免费使用，既不向集体支付土地使用费，也不向集体支付土地补偿费和劳力安置费。

2. 强化规划、审批与面积控制，实行补偿制（1982—1986年）

这一时期，中央政府对于集体建设用地管理主要强调用地规划、审批与面积控制三个方面。1982年，国务院颁布《村镇建房用地管理条例》，针对农民建房、社队企业用地等问题，要求各地做好村镇规划，严格遵循用地审批程序，控制建设用地面积。同时，山东、河北等一些地方政府借鉴国有建设用地单位向集体支付补偿的办法，试行集体用地单位或农民个人使用集体建设用地也必须给予补偿。然而，这一时期，随着包产到户的推行，农民收入增加，农村出现第一轮农民建房高潮。同时，国家政策鼓励农民大力发展乡镇企业，进行结构变革来增加农民收入和非农就业，农村宅基地和社队企业建设用地的增长连续5年超过国家建设，成为占用耕地的大头。

3. 部分实行补偿制度或有偿使用制度（1987—1997年）

1987年，针对农村耕地被大量占用的严峻形势，国家出台了《中华人民共和国土地管理法》，对集体建设用地进行规范，规定了乡办企业、城镇非农业户口居民使用集体建设用地两种情形需要支付补偿。然而，村办企业用地和农民建房使用集体土地是否需要支付补偿，该法未置可否。同时期，在一些地方开始试行农村宅基地使用补偿制度或探索建立有偿使用制度。1990年发布的《关于加强农村宅基地管理的通知》要求各地建立严格的申请、审核、批准和验收制度，并尝试进行农村宅基地有偿使用试点。而到了1993年，农村宅基地有偿使用费和农村宅基地超占费被作为农民不合理负担项目予以取消。

4. 禁止出让、转让或出租用于非农建设（1998—2007年）

1998年新的《中华人民共和国土地管理法》颁布并付诸实施，是中国集体建设用地市场变化的转折点，主要表现为三个方面：一是将农村集体建设用地纳入土地利用年度计划。二是除农民集体兴办企业或者与其他单位、个人以土地使用权入股、联营等形式共同举办企业用地，以及集体兴办公共设施和公益事业建设用地外，农地转为建设用地，必须实行征地；建设需要用地，必须使用国有土地。三是赋予农村集体经济组织收回原土地使用权的权利。

5. 逐步放开农村集体经营性建设用地入市（2008年至今）

2013年的中央1号文件提出在农村集体建设用地使用权地籍调查的基础上，严格规范城乡建设用地增减挂钩试点和集体经营性建设用地流转，同时禁止农村集体非经营性建设用地进入市场。党的十八届三中全会通过的《中共中央关于全面深化改革若干重大问题的决定》，对农村集体经营性建设用地与国有土地"同等入市、同权同价"进行了明确规定，放宽了农村集体经营性建设用地入市的条件限制。2014年的中央1号文件在该决定的基础上，进一步提出加快建立农村集体经营性建设用地产权流转和增值收益分配制度改革。2014年12月，中共中央办公厅和国务院办公厅联合印发了《关于农村土地征收、集体经营性建设用地入市、宅基地制度改革试点工作的意见》，标志着农村集体经营性建设用地正式进入试点阶段，同时文件也对农村集体经营性建设用地存在着的权能不完整，不能同等入市、同权同价和交易规则亟待健全等问题，从完善农村集体经营性建设用地产权制度、赋予农村集体经营性建设用地产权制度权能和建立健全市场交易监管制度三方面提出了解决措施。2015年的中央1号文件在2014年中共中央办公厅和国务院办公厅联合印发的《关于农村土地征收、集体经营性建设用地入市、宅基地制度改革试点工作的意见》的基础上，提出对农村集体经营性建设用地入市改革实施分类试点工作。2015年2月，《全国人民代表大会常务委员会决定授权国务院在北京市大兴区等三十三个试点县（市、区）行政区域暂时调整实施有关法律规定的决定》指出，暂时调整实施集体建设用地使用权不得出让等的规定。2016年的中央1号文件也明确指出在及时总结农村集体经营性建设用地入市改革试点经验的基础上，继续推进集体经营性建设用地入市改革试点，适当提高农民集体和个人分享的增值收益。

表3-4 2013—2015年农村集体经营性建设用地改革的有关政策措施

年份	文件名称	政策内容
2013	《中共中央 国务院关于加快发展现代农业进一步增强农村发展活力的若干意见》	加快农村集体建设用地使用权地籍调查，尽快完成确权登记颁证工作。严格规范城乡建设用地增减挂钩试点和集体经营性建设用地流转。农村集体非经营性建设用地不得进入市场
2013	《中共中央关于全面深化改革若干重大问题的决定》	建立城乡统一的建设用地市场，在符合规划和用途管制的前提下，允许农村集体经营性建设用地出让、租赁、入股，实行与国有土地同等入市、同权同价

(续表)

年份	文件名称	政策内容
2014	《中共中央 国务院关于全面深化农村改革加快推进农业现代化的若干意见》	在符合规划和用途管制的前提下,允许农村集体经营性建设用地出让、租赁、入股,实行与国有土地同等入市、同权同价,加快建立农村集体经营性建设用地产权流转和增值收益分配制度
2014	《关于农村土地征收、集体经营性建设用地入市、宅基地制度改革试点工作的意见》	农村集体经营性建设用地产权制度,赋予农村集体经营性建设用地出让、租赁、入股权能。明确农村集体经营性建设用地入市范围和途径,建立健全市场交易规则和服务监管制度
2015	《中共中央 国务院关于加大改革创新力度加快农业现代化建设的若干意见》	分类实施集体经营性建设用地入市改革试点。赋予符合规划和用途管制的农村集体经营性建设用地出让、租赁、入股权能,建立健全市场交易规则和服务监管机制
2015	《全国人民代表大会常务委员会关于授权国务院在北京市大兴区等三十三个试点县(市、区)行政区域暂时调整实施有关法律规定的决定》	暂时调整实施集体建设用地使用权不得出让等的规定。在符合规划、用途管制和依法取得的前提下,允许存量农村集体经营性建设用地使用权出让、租赁、入股,实行与国有建设用地使用权同等入市、同权同价

二、农村集体建设用地制度的特征与问题

1. 集体建设用地存量巨大,但多处于法外状态

目前在我国各类城市及周边,以旧村庄、旧厂房、旧物业等形式存在的集体建设用地规模庞大,仅广东省就有类似的存量土地 360 多万亩,相当于年新增建设用地规模的十几倍。在北京,中心城区的城乡接合部面积约为 753 平方公里,其中需要改造的行政村共有 227 个,涉及自然村落约 450 处。这些土地靠近人口和生产高度聚集的地段,级差收益潜力巨大,但囿于现有集体建设用地流转和抵押受到限

制,其土地价值得不到充分体现,同时也造成大量土地资源的浪费。另据调查,深圳市现有建设用地面积917.77平方公里,原农村集体经济组织共占用约390平方公里,其中仅有95平方公里为合法用地。

2. 多为无序开发,缺乏抵押融资功能

相对于国有建设用地,集体建设用地的利用因缺乏法律保障,建设主体以农民自发为主,开发相对无序、碎片化和零星化,土地低效配置现象十分突出。为规避法律和政策风险,集体组织只得进行变通,私下出租集体建设用地,或者盖厂房出租,造成建设用地的低效利用。同时,现行的《中华人民共和国土地管理法》不允许集体建设用地抵押、融资,限制了集体土地的资本化能力,大幅提高了集体土地上产业进入的门槛。另外,缺乏抵押融资功能的集体建设用地,市场估值会大大降低,利用效率难以真正提升。

3. 没有纳入城乡规划,抑制了总体经济效益

现行的土地和城市规划相关法律规定,只有先通过征地,把集体土地变成国有土地,才能将村庄纳入城镇规划中,各项市政基础设施才能延伸到村庄。由此导致在集体建设用地上搞产业、造房子,没有正式的规划编制,普遍存在"村民私搭乱建住房"等现象,集体建设用地的"碎片化"利用,大大降低了集体建设用地利用的规模效应。另外,村庄自主设计的各类规划又不被政府承认,结果是市政基础设施的建设成本主要由村集体来支付,加大了村集体的财政压力。

三、改革思路与推进路径

1. 加快开展地籍调查,推进集体建设用地确权工作

建议在全国范围内进行地籍调查,并且分步骤进行丈量、定界、等级和确权等工作。应当建立耕地保护补偿政策并建立相关的法定预算。应当加强对土地确权程序和相关的验收工作的监管,并且力求实行"事实地权确认"。确权既应当包括集体土地所有权的登记颁证,又应当包括集体土地使用权的登记颁证。集体土地涵盖的范围应该包括宅基地、农村建设用地以及农民宅基地上的农房。完成集体土地登记工作后,政府机构执行颁证并提供其他标准服务。土地确权可以借鉴民事认证制

度，依法引进第三方中介机构辅助不动产产权交易，为统一登记制度的建设实施和监管建立专门机构。此外，在农村土地确权登记进程中保护妇女的土地权利。①

2. 开放集体建设用地流转市场，建立增值收益分配体系

存量集体建设用地基本上都是无偿或低价取得的，其使用权实际上相当于一种保留集体土地所有权形式的划拨土地使用权。因此，对于符合流转条件的农村经营性或私人性的存量集体建设用地，可比照城镇划拨土地入市进行市场准入管理，允许土地使用者或者受让者缴纳一定标准的土地增值收益后，在继续保留集体土地所有权的情况下取得出让土地使用权，并依法进行转让、出租、抵押和入股。农村土地管理制度改革必须与城镇国有建设用地使用制度相衔接、相配套，全面统筹城乡建设用地使用制度改革，统一整合城乡建设用地市场。

对于新增的集体建设用地，按照统一标准征收有关政策性税费。比照国有土地出让纯收益水平，对流转入市的集体建设用地按照统一标准由政府收缴土地流转增值收益。对于集体建设用地流转取得的增值收益，比照国有土地有偿使用收益进行管理。农村乡镇企业用地、公共公益事业用地、村内空闲地等，从促进公平的角度出发，应界定集体经济组织为流转主体，流转收益在扣除归公的土地增值收益后留归村组集体，统一纳入村级财务管理，严格规范使用方向。②

3. 完善建设用地使用权制度，推进农村土地管理制度改革

实行最严格的节约用地制度，从严控制城乡建设用地总规模，加快制定和颁布农村集体建设用地流转管理办法，规范产权管理办法。在集体建设用地流转中，对于村组兴办公益性事业的新增建设用地和存量建设用地，可按照保留集体土地所有权形式的划拨土地加以管理。农村宅基地和村庄整理所节约的土地，首先要复垦为耕地，调剂为建设用地的必须符合土地利用规划、纳入年度建设用地计划，并优先满足集体建设用地。

配套改革农村集体建设用地供应和取得制度，对于农村民办企业用地等新增的

---

① 国务院发展研究中心、世界银行：《中国：推进高效、包容、可持续的城镇化》，中国发展出版社，2014年版。
② 张晓山、李周：《中国农村改革30年研究》，经济管理出版社，2008年版。

农村经营性产业用地，逐步纳入有偿使用轨道，城乡经营性新增建设用地一律实行有偿使用制度。村组兴办公益性事业的新增用地，在农用地转用审批后可直接无偿划拨供应，并比照国有划拨土地纳入划拨用地目录统一管理。

4. 加快现行法律的修订工作，逐步完善法律体系

现行法律不允许交易集体土地，且如果发生交易，交易各方得不到法律的保护。同样，在现行法律下，用集体土地作为担保品是非法的。尽管党的十八届三中全会提出，"在符合规划和用途管制前提下，允许农村集体经营性建设用地出让、租赁、入股，实行与国有土地同等入市、同权同价"。但是，集体土地的融资作用仍然得不到充分发挥，相关的出让交易需求依然处于被压制状态。因此，必须对《中华人民共和国土地管理法》《中华人民共和国物权法》和《国家建设征用土地条例》进行修订，对不能充分保护农民权利的条款应当尽快进行修订，对于地方经验已经证明为最有效的有关农村土地权利改革、土地市场建设、农村土地财产分配和管理等方面的实践，应当在近期和中期的立法改革中在更高级别的法律里进行条文化、制度化，逐步完善土地法律体系。[①]

第五节
农村土地征收制度改革

农村土地征收是指国家为了公共利益的需要，对农民的土地通过法定程序征收为国有的行为。农村土地的征收在为城镇化的发展添砖加瓦的同时，也出现了一系列问题。改革开放以来，党和政府逐步推进农村土地征收制度改革。

---

① 国务院发展研究中心、世界银行：《中国：推进高效、包容、可持续的城镇化》，中国发展出版社，2014年版。

一、农村土地征收制度变迁

1. 城乡分治下的土地征用（1982—1997年）

1982年颁布实施改革开放后的第一部《中华人民共和国宪法》，恢复了1954年将"公共利益"作为征地的前提要件，明确"国家为了公共利益的需要，可以依照法律规定对土地实行征用"。但是，该法第一次提出"城市土地属于国家所有"。农村和城市郊区的土地，"除由法律规定属于国家所有的以外，属于集体所有；宅基地和自留地、自留山也属于集体所有。"由此形成"城市土地国有、农村土地集体所有"两种所有制并存的土地所有权结构，成为中国独特征地制度最重要的制度安排之一。

在1982年颁布实施的《中华人民共和国宪法》的原则下，中国于1986年出台了第一部《中华人民共和国土地管理法》。其特点如下：一是坚持法律名义上的土地征用公共利益原则。明确"国家为了公共利益的需要，可以依法对集体所有的土地实行征用"。同时，1986年版《中华人民共和国土地管理法》将宪法规定的"对土地实行征用"改成了"对集体所有的土地实行征用"，第一次明确征地就是针对农村集体所有土地。二是依循城乡分治原则。1986年版《中华人民共和国土地管理法》依照1982年版《中华人民共和国宪法》两种所有制并存结构，采取"城市土地国有、农村和城市郊区土地集体所有"的城乡土地分治办法。三是以政府权力界定征地审批权限。为了保护耕地，采取了界定各级政府审批土地征用权限的办法。四是进一步明确以耕地年产值为基础的补偿安置办法。五是对被征地农民实行就业安置。

2. 土地用途管制和利用规划下的土地征收时期（1998—2008年）

中国于1998年启动了旨在保护耕地的《中华人民共和国土地管理法》的修改，改革土地征收办法是其中的重要内容之一。1998年版《中华人民共和国土地管理法》在征地公共利益原则、城乡分治原则、按原用途补偿原则等一些基本原则上对1987年版《中华人民共和国土地管理法》予以了保留和完善。除此之外，1998年版《中华人民共和国土地管理法》在以下三方面作出的重大改变，对中国的土地征收制度产生了重大影响。一是确立土地用途管制制度。国家编制土地利用总体规划，规定土地用途，将土地分为农用地、建设用地和未利用地。二是规定了建设用地使用的对象和得地方式。第一，任何单位和个人进行建设，需要使用土地的，必须依法申请使用国有土地，包括国家所有的土地和国家征用的原属于农民集体所有的土地。第二，建设占用土地，涉及农用地转为建设用地的，应当办理农用地转用审批手续。征用农用地的，先行办理农用地转用审批。三是实行国有土地有偿使用制度。1998年版《中华人民共和国土地管理法》明确规定了"土地使用权可以依法转让"，以及"国家依法实行国有土地有偿使用制度"。

3. 土地征收制度深化改革时期（2009年至今）

2013年的中央1号文件提出要保障被征地农民的生活水平，提高农民被征收土地增值部分的收益分配比例，尽快修订《中华人民共和国土地管理法》，为农村土地征收提供法律支撑。党的十八届三中全会《中共中央关于全面深化改革若干重大问题的决定》在2013年的中央1号文件的基础上增加了对被征地农民的补偿办法，即除补偿农民被征收的集体土地外，还需保障农民失地后在社会、就业等方面存在的问题。2014年的中央1号文件明确提出要加快推进征地制度改革，缩小征地范围，逐步完善征地补偿办法，确定合理征地补偿标准。2014年12月，中共中央办公厅和国务院办公厅联合印发了《关于农村土地征收、集体经营性建设用地入市、宅基地制度改革试点工作的意见》，进一步对征地过程中所出现的征地范围过大、程序不够规范和被征地农民保障机制不完善等问题进行了说明，要求建立征地社会稳定风险评估制度，并全面公开土地征收信息。2015年的中央1号文件在该意见的基础上进一步强调要完善被征地农民的保障机制，做到合理、公平和多元化，也对土地增值收益分配机制进行了详细说明，即建立兼顾国家、集体、个人的土地增值收益分配机制。2015年2月，全国人大常委会印发的《全国人民代表大会常务委员会关于决定授权国务院在北京市大兴区等三十三个试点县（市、区）行政区域暂时调整实施有关法律规定的决定》对失地农民的社会保障提出了具体的保障措施，即对失地农民进行就业培训、确保被征地农民的城镇社会保障，同时还提出有条件的地方可采取留地、留物业等方式安置失地农民。

表3-5　2013—2015年农村土地征收改革的有关政策措施

年份	文件名称	政策内容
2013	《中共中央　国务院关于加快发展现代农业进一步增强农村发展活力的若干意见》	提高农民在土地增值收益中的分配比例，加快修订土地管理法，尽快出台农民集体所有土地征收补偿条例，完善征地补偿办法，合理确定补偿标准，严格征地程序，约束征地行为
2014	《中共中央　国务院关于全面深化农村改革加快推进农业现代化的若干意见》	改变对被征地农民的补偿办法，除补偿农民被征收的集体土地外，还必须对农民的住房、社保、就业培训给予合理保障。因地制宜采取留地安置、补偿等多种方式，确保被征地农民长期受益
2014	《关于农村土地征收、集体经营性建设用地入市、宅基地制度改革试点工作的意见》	缩小土地征收范围，探索制定土地征收目录，严格界定公共利益用地范围，规范土地征收程序，建立社会稳定风险评估制度，健全矛盾纠纷调处机制，全面公开土地征收信息
2015	《中共中央　国务院关于加大改革创新力度加快农业现代化建设的若干意见》	制定缩小征地范围的办法。建立兼顾国家、集体、个人的土地增值收益分配机制，合理提高个人收益。完善对被征地农民合理、规范、多元的保障机制
2015	《全国人民代表大会常务委员会关于决定授权国务院在北京市大兴区等三十三个试点县（市、区）行政区域暂时调整实施有关法律规定的决定》	暂时调整实施征收集体土地补偿的规定，安排被征地农民的住房、社会保障；加大就业培训力度，将符合条件的被征地农民全部纳入养老、医疗等城镇社会保障体系，有条件的地方可采取留地、留物业等多种方式

二、现行农地征收制度存在的问题

1. 优质耕地被大量占用，危及国家粮食安全

由于征地成本低，地方政府在开发区和城市建设以及大型重点工程建设中，往往选择开发成本低的地域进行建设，由此导致大量优质耕地被征占。2000年后，

我国东部及东南部建设占用耕地增加，致使优质耕地剧减，耕地重心则向东南方向移动。经济发达地区如苏浙沪区和京津冀鲁区建设占用耕地尤为突出，并且新增建设用地总量和建设用地减少量均居首位。这些地区作为中国传统粮食主产区，其大量耕地被占用，导致粮食生产从自然降水充沛和气候温暖的地区向干旱和寒冷地区转移。更应该引起警惕的是，随着中西部地区工业化加速，土地利用与征占仍然在复制东部以地谋发展的模式，对土地的征占量加大，速度加快，对国家粮食安全的威胁不可小视。

2. 政府职能越位，引发大量土地纠纷

由于城市和开发区建设主要依靠土地出让和土地抵押融资，地方政府也有多征、多占、多出让土地的激励，由此造成地方政府违规违法用地的大量发生。伴随城镇化进程，土地价值日益显化，土地增值收益迅速攀升，围绕土地利益的争夺不断加剧。当前我国土地利益分配问题波及的范围有所扩大、程度有所加深，问题越来越突出，最主要的是被征地农民与地方政府之间的利益矛盾。根据国家信访局统计，群体性上访事件60%与土地有关。土地纠纷已经成为税费改革后农民上访的头号焦点，占社会上访总量的40%，其中征地补偿纠纷又占到土地纠纷的84.7%，每年因为征地拆迁引发的纠纷在400万件左右。

3. 土地增值收益分配不公，地方政府债务风险增大

由于地方政府具有合法低价强制征用农民土地和独家出让土地的权力，地方政府成为土地增值收益的主要获得者。2008年金融危机以来，地方政府对土地财政的依赖不仅没有减轻，反而进一步强化，城市政府对土地财政的依赖更强。以征地谋发展的模式保证了中国经济的高速增长，但是，也导致中国经济对土地的过度依赖，土地出让收入和以地融资导致地方政府债务风险增大。我国现行的征地制度对于保障国家经济建设，加快工业化和城市化进程起到了重要的支撑保障作用。但是，随着土地增值收益的大幅攀升，以及土地利益分配不公现象的存在，低价、强制的征地模式已经成为影响社会稳定、影响社会和谐，危及国家长治久安的因素之一。

三、改革思路与政策建议

1. 明确"公益性用途"内涵，缩小征地范围

按照宪法原则，只有在作为公益性用途的情况下才可以征地。但是，由于公益性用途难以界定，因此公益性用地目录制定不出来。土地征收制度改革应当借鉴 2011 年出台的《国有土地上房屋征收与补偿条例》的做法——列出所有类型的可预见的公益用途，以此作为"公共利益"的范围。考虑到立法机关不可能在进行立法的时候想象出所有可以被接受的具体公共利益名目，立法机关可以按它认为合适的方式，给用穷举法制定的有关公共利益范围的"无所不包条款"留出未来扩展空间。

此外，公共基础设施建设用地的取得依然可以采用征收方式，但是必须建立相关的调节控制机制，必须扩大国有土地有偿使用范围，减少非公益用地划拨。对具有竞争性、取得经营收入、改革条件成熟的基础设施、市政设施以及各类社会事业用地中的经营性用地，先行实行有偿使用。例如，在城镇规划圈内、建设用地需求量大、土地使用用途转用增值比较高的地区，探索建立以政府优先购买为主要方式的政府土地储备制度，将非公共目的的土地征收从土地收购储备方式中剔除，将土地征收严格限定在公共利益范围内。

2. 严格限制政府的强制征地权，规范征地程序

政府保留强制征地权是为了获得土地用于公共目的，通常是与经济、社会发展，或者是保护自然环境有关的用途。强征行为容易给那些失去土地的人带来破坏性的打击。因此，征地权应该被置于相关的法律法规的监管之下，应该明确在什么情况下可以征地、被征地的用途范围、征地必须遵守哪些程序、如何确定补偿标准。此外，还应探索更合理的征地方式。

在征地程序方面，一是要法律程序充分，操作程序公平。当代通行的做法是：制定规则，确保事前协商充分、共同参与规划、申诉方便、有效约束政府裁量权。二是要监管到位。透明与有效制衡是监管到位的标志，而且透明与有效制衡可以减少滥用权力和腐败的机会。三是要补偿公平。政策法规应该确保受征地影响的土地

所有人、居住者和使用者得到公平、及时的补偿，无论补偿方式是现金还是安置用土地。为了确保补偿的公平和及时，应当制定规则用于确定而且具有一致性的估值依据。①

3. 提高征地补偿标准，完善多元保障机制

土地出让收入来自于对农民集体土地的征收。现行制度下，地方政府给被征地农民按土地的原用途进行倍数补偿。近几年在确保被征地农民生活水平不下降方面进行了探索，一是提高征地补偿标准，二是敦促地方政府建立被征地农民社会保障制度。但是，随着土地价值的不断提高和土地出让收入的不断攀升，这两种改进并没有改变农民集体在土地出让收入分配中的不公平性。尽管征地和拆迁费占土地出让收入的比重达到37%，但是最主要的原因是城乡接合部拆迁补偿费用的上涨幅度较大，大多数被征地农民所得到的补偿水平依然很低，各地建立的社会保障制度参差不齐，保障水平很低。为了在制度上确保被征地农民在土地增值收益中的分享比例，建议进一步完善征地补偿制度：一是建立对被征地农民的补偿标准调整机制。逐步提高征地补偿标准，增大被征地农民在土地出让收入中的分享份额。二是切实落实对被征地农民的社会保障制度建设。尚未建立被征地农民社会保障制度的地方，应按照国务院要求尽快建立这项制度，将被征地农民纳入相应保障范围；已建立这项制度的地方，应继续完善被征地农民的合理、规范、多元保障机制，合理确定保障水平。明确被征地农民社会保障所需资金计入土地出让成本。

4. 建立公平、共享的增值收益分配制度

依法征收农民集体所有土地，要提高农民在土地增值收益中的分配比例，建立公平、共享的增值收益分配制度，确保被征地农民生活水平有提高、长远生计有保障。第一，加快推进征地制度改革。进一步完善征地补偿安置制度，拓宽安置途径，探索留地安置、土地入股等多种模式，实现保权让利或转权让利，保障农民的长远生计；完善征地补偿争议协调裁决制度，畅通救济渠道，维护农民土地的合法

---

① 国务院发展研究中心、世界银行：《中国：推进高效、包容、可持续的城镇化》，中国发展出版社，2014年版。

权益。第二,区分"涨价归公"与"涨价归政府"。防止"涨价归公"的土地增值变成地方政府,乃至部分地方政府官员的体制外收入,保证"涨价归公"的土地增值用于回馈社会。第三,建立土地基金制度。将一定比例的土地收益归集起来,用于调剂丰歉余缺,平抑市场波动对地方财政的影响,实现土地收益的"年际"合理分配。

5. 探索建立农村财产权利退出机制

"十三五"时期将是工业化、城镇化快速推进,破除城乡二元体制、形成城乡一体化发展的关键时期。这一时期的显著特征之一是大量农民进城,实现农民向市民的身份转换,这就要求农村土地制度作出相应的调整安排,其核心是要探索建立包括土地承包权、宅基地使用权和集体收益分配权在内的农村财产权利的退出机制。

第四章
农业经营制度

第一节
农村基本经营制度的形成和发展

现行农村基本经营制度是中华人民共和国成立之初集体化运动和 19 世纪 70 年代末期农村家庭承包制改革共同作用的产物，是从农民的实践经验中总结升华出来的，并被 1991 年中共十三届八中全会通过的《中共中央关于进一步加强农业和农村工作的决定》正式表述为"以家庭联产承包为主的责任制、统分结合的双层经营体制"。这一制度的确立，激发了亿万农民的积极性和创造性，开创了中国农村改革发展的新局面，为全面改革提供了坚实的物质基础和取之不竭的精神动力。

一、农民合作运动与集体所有制初步形成（1949—1956 年）

在土地改革完成之后，原本的无地少地农民获得了土地，生产积极性得到极大提高。一些缺少生产资料的农民为了解决生产中遇到的困难，按照自愿互利的原则，开始在私有财产的基础上进行互助合作，成立了互助组。1951 年发布的《中国共产党中央委员会关于农业生产互助合作的决议（草案）》把互助组分为三种：简单的劳动互助、常年互助组和以土地入股为特点的农业生产合作社。合作社中的土地是私有的，入股也是根据自愿和互利的原则，并且可以自由退股。当时，中央认为农民具有两个方面的生产积极性：一个是个体经济的积极性，自发趋向是资本主义；另一个是互助合作的积极性。这两个方面的生产积极性会不可避免地在农村产生社会主义和资本主义两条发展道路。为了克服资本主义自发趋向，把农民引导到互助合作的轨道上来，逐步过渡到社会主义，中共中央于1953年发布了《中国共产党中央委员会关于发展农业生产合作社的决议》；1955年发布了《中国共产党第七届中央委员会第六次全体会议（扩大）关于农业合作化问题的决议》，都试图通过合作社引导农民过渡到更高级的社会主义。1955年公布的《农业生产合作社示范章程》进一步将农业生产合作社的发展分为初级和高级两个阶段。初级农业生产合作社是以土地入股、统一经营为特点的农业生产合作社，具有半社会主义性质；高级农业生产合作社中农民的生产资料包括土地都转化为全体社员集体所有，因此高级社属于完全社会主义性质。1956年通过的《高级农业生产合作社示范章程》再次强调了高级农业生产合作社的社会主义性质，并指出高级农业生产合作社要"按照社会主义的原则，把社员私有的主要生产资料转为合作社集体所有"。生产队是农业生产合作社的基本单位，有固定成员并负责经营固定的土地和固定的副业生产。1955年7月份以后，针对合作社发展缓慢的现象，党内开始批评所谓的"小脚女人走路"[①]，农业合作化加速。至1956年4月，全国绝大多数地区已经基本完成了初级形式的农业合作化，10月底，多数省、市实现了高级形式的合作化。[②] 至此，我国农村的集体所有制初步形成，集体所有制和部分集体所有制的合作经济已经在农业经济中占据了绝对优势地位。

二、"三级所有，队为基础"正式确立（1957—1978年）

集体化过程中所有制单位的突然扩大不可避免地导致了生产管理不善和劳动生产率的下降。意识到合作社发展初期存在的问题后，中共中央在1957年9月连续发布了《中共中央关于做好农业合作社生产管理工作的指示》和《中共中央关于整顿农业生产合作社的指示》，通过加强生产管理工作来调动社员的积极性，提高

---

① 薄一波：《若干重大决策与事件的回顾》（上卷），中共中央党校出版社，1991年版，第327页。
② 《关于勤俭办社的联合指示》，载于中国人民大学农业经济系资料室：《农村政策文件选编（一）》，第389页。

劳动生产率，发挥合作社的优越性。两份文件要求，合作社的组织规模一般以百户以上的村为单位，实行一村一社；生产队的规模一般以与居住地接近为原则，20户左右为宜。合作社和生产队的组织规模确定之后，应当长期稳定下来。这两个文件使得生产队的成员基本固定。直到现在，由生产队演化而来的村民小组仍然是我国最基本的农村组织形式，也是最基本的农村集体经济组织。至1957年底，除部分还没有进行土地改革的少数民族地区之外，全国个体农户的比例只剩3%①，生产队一级的基层集体所有全面提高。

不过，按照当时中央的思路，人民公社是合作社发展的必然趋势，因此要积极推进从生产队小集体所有制向人民公社大集体所有制转变。1958年8月，中共中央发布了《中共中央关于在农村建立人民公社问题的决议》，认为随着我国农业生产"大跃进"和农民政治觉悟的不断提高，人民公社的高潮即将来临。决议指出，人民公社的组织规模以一乡一社、2000户左右农户较为合适，并给出了小社并大社进而升级为人民公社的做法和步骤。中央试图以人民公社的形式，使社会主义集体所有制向全民所有制过渡，从而全面实现全民所有制。此后，农村基本核算单位上调至人民公社，实现了农村生产资料的完全公有化、农村经济活动的高度集中统一化、农民收入分配的极大平均化。

此后不久，为了解决集体财产和劳动力被平调而诱发的"四多四少"问题②，基本核算单位便开始下放。1959年8月，中共中央政治局通过了上海会议纪要《关于人民公社的十八个问题》，首次明确了人民公社的三级所有制，即人民公社所有制、生产大队（原高级农业生产合作社）所有制和生产队所有制，其中生产大队所有制为主导。为了防止人民公社中"一平二调"③的共产风、应对连续两年的严重自然灾害、充分调动农民群众的生产积极性，中共中央在1960年11月发出

---

① 《关于正确对待个体农户的指示》，载于中国人民大学农业经济系资料室：《农村政策文件选编（一）》，第579页。
② "四多四少"是指吃饭的人多，出勤的人少；装病的人多，吃药的人少；学懒的人多，学勤的人少；读书的人多，劳动的人少。
③ 人民公社的"一平二调"是指平均主义的供给制、食堂制（一平）和对生产队的劳力、财物无偿调拨（二调）。

了《关于农村人民公社当前政策问题的紧急指示信》，强调"以生产队为基础的三级所有制，是现阶段人民公社的根本制度，从一九六一年算起，至少七年不变"，再次将核算单位下放。1962年2月中共中央发布《中共中央关于改变农村人民公社基本核算单位问题的指示》，不仅论述了以生产队为基本核算单位的诸多好处，还提出农村土地可以确定归生产队所有。1962年9月公布的《农村人民公社工作条例（修正草案）》（即人民公社"六十条"）再次明确，人民公社的基本核算单位是生产队，生产队有权决定自己的生产计划。生产队实行独立核算、自负盈亏，直接组织生产、组织收益分配，而且"这种制度定下来以后，至少三十年不变"。人民公社"六十条"明确指出，生产队范围内的土地归生产队集体所有，这使得生产队的基本所有制度得到进一步完善。直到1978年启动农村改革前，尽管中间略有调整，但我国农村一直实行"三级所有，队为基础"的集体所有制度。

三、"家庭承包、统分结合"成为农村基本经营制度（1978—1991年）

1978年底，党的十一届三中全会召开，在解放思想、实事求是的精神指导下，全会决定把全党的工作重心转移到经济建设上来，并提出要集中精力把农业搞上去，原则通过了《中共中央关于加快农业发展若干问题的决定（草案）》，指出"我们一定要加强对农业的合乎客观实际的领导，切实按照经济规律和自然规律办事，按照群众利益和民主方法办事""我们的一切政策是否符合发展生产力的需要，就是要看这种政策能否调动劳动者的积极性"。草案提出了发展农业生产力的25条政策和措施，包括大幅度提高粮食收购价格和降低农业生产资料价格。正是由于对会议精神的理解，加上对此前召开的中共中央工作会议精神的学习，才使包括小岗村在内的一批贫困农村敢于在1978年底偷吃包干到户的"禁果"。

但在当时的背景下，草案仍然强调"不许包产到户，不许分田单干"。而且，作为一届中央全会，只是原则通过了决议的草案，这本身就说明中央高层对农业农村问题的认识差异极大。此后，随着党内思想的进一步解放，对农村改革的呼声逐渐加大，终于在1979年9月通过的《中共中央关于加快农业发展若干问题的决定》中，把草案中的"不许包产到户，不许分田单干"改为"不许分田单干。除某些副业生产的特殊需要和边远山区、交通不便的单家独户外,也不要包产到户"。正是这一改动,使广大农民和基层干部看到了制度创新的希望。到1979年底,全国包产到户的比重已经达到9%。但是,要在党内特别是高级干部中统一认识尚需时日。包产到户的主要倡导者杜润生曾坦言,像包产到户这样的问题,能否推动的关键在于党的主要领导人。据杜润生回忆,1980年1月,当时的国家农委就包产到户向中央作汇报时,邓小平说,对于包产到户这一大问题,事先没有通气,思想毫无准备,不好回答。[①]可见,此时连最高领导都对包产到户有顾虑。1980年4月,在中央召开的长期规划会议上,杜润生提出在贫困地区搞包产到户试验。会议的主持人、国务院副总理兼国家计委主任姚依林表示支持。在姚依林向邓小平汇报时,邓小平也表示赞成。此后,更多的高级干部开始接受包产到户、包干到户。[②]

为了进一步推进农业生产责任制,1980年9月,中央召开省、市、区第一书记座谈会,会议文件草稿提到"要遵从群众意愿,不禁止自愿选择家庭承包",受到了多数参会者的反对。他们希望在非贫困地区设个"闸门",以免包产到户自由蔓延,其中一位负责同志说:包产到户,关系晚节,我们有意见不能不提,留个记录也好。[③]作为妥协的结果,会议通过了国家农委代中央起草的《关于进一步加强和完善农业生产责任制的几个问题》(后中央以75号文件下发),文件肯定了"党的十一届三中全会以来……普遍建立各种形式的生产责任制,改进劳动计酬办法,初步纠正了生产指导上的主观主义和分配中的平均主义"。但同时,文件又强调"集体经济是我国农业向现代化前进的不可动摇的基础。它具有个体经济所不能比拟的优越性,这是二十年来农业发展的历史已经证明了的……毫无疑问,农业集体化的方向是正确的,是必须坚持的""我国多数地区集体经济是巩固的或比较巩固的",但"在那些边远山区和贫困落后的地区,长期'吃粮靠返销,生产靠贷款,生活

[①] 杜润生:《杜润生自述:中国农村体制变革重大决策纪实》,人民出版社,2005年版,第108—111页。
[②] 杜润生:《杜润生自述:中国农村体制变革重大决策纪实》,人民出版社,2005年版,第114—115页。
[③] 杜润生:《杜润生自述:中国农村体制变革重大决策纪实》,人民出版社,2005年版,第118页。

靠救济'的生产队，群众对集体丧失信心，因而要求包产到户的，应当支持群众的要求，可以包产到户，也可以包干到户，并在一个较长的时间内保持稳定"。这实际上是给"双包"责任制开了个更大的口子。杜润生在那次会议上表示："据今年麦收前后的不完全统计，全国90%的生产队建立了各种形式的责任制，其中，定额包工的约占55%，包产到组的约占25%……6月以后，包产到户有较大发展，初步估计，现在可能达到20%左右，并且向中心地区发展。"① 尽管这次会议的争论比较大，但在当年的5月31日，邓小平与中央负责同志谈话时对安徽省凤阳县大包干制度的肯定②，不仅有利于统一会议参加者的思想，也直接鼓励了正在推进和准备推进"双包"责任制的地方干部和农民。杜润生认为："75号文件也可以说是一份承前启后的文件，它实际上把十一届三中全会决议中关于生产责任制的规定向前推进了一步。它肯定包产到户是一种为解决温饱问题的必要措施，应承认群众自由选择的权利，不能自上而下用一个模式强迫群众。这是在农业政策上对'两个凡是'的破除。"③ 会后各地改革的步伐大大加快，说明了杜润生判断的正确性，也说明大包干这种责任制形式在当时已经成为无法阻挡的大趋势。

1981年，中央召开了全国农村工作会议，这次会议通过的《全国农村工作会议纪要》作为1982年的中央1号文件下发，指出包产到户、包干到户"不同于合作化以前的小私有的个体经济，而是社会主义农业经济的组成部分"，正式承认了"双包"责任制的合法性。为了保留公有制和统一经营的优越性，同时减轻制度变迁的阻力，该文件还强调包括"双包"责任制在内的各种责任制都"是建立在土地公有基础上的，农户和集体保持承包关系，由集体统一管理和使用土地、大型农机具和水利设施，接受国家的计划指导，有一定的公共提留，统一安排烈军属、五保户、困难户的生活，有的还在统一规划下进行农业基本建设"。"实行责任制以后，有些事情分散到农户承担，这样更需要改进工作方法，加强集体统一领导、统

---

① 杜润生：《杜润生文集（1980—1998）》（上），山西经济出版社，1998年版，第2页。
② 此次谈话的部分内容，后来中央以讲话稿的形式发布了题为《关于农村政策问题》的文件。参见《邓小平文选》（第二卷），人民出版社，1994年第2版，第315—317页。
③ 杜润生：《杜润生自述：中国农村体制变革重大决策纪实》，人民出版社，2005年版，第119页。

一管理和协调的工作……生产大队、生产队作为集体经济组织,仍应保留必要的经济职能"。可见,这个文件已经把"统一经营"中"统"的必要性和职能阐述得非常清楚了。

1987年,中央政治局向全党发布了《把农村改革引向深入》,指出:"乡、村合作组织主要是围绕公有土地形成的,与专业合作社不同,具有社区性、综合性的特点。由于经济发展程度不同,目前在乡一级,有些根据政企分开的原则设立了农工商联合社等机构;在村一级,有的单设合作机构,有的则由村民委员会将村合作和村自治结合为一体。不管名称如何,均应承担生产服务职能、管理协调职能和资产积累职能,尤其要积极为家庭经营提供急需的生产服务。有条件的地方,还要组织资源开发,兴办集体企业,以增强为农户服务和发展基础设施的经济实力。"不仅明确了"统"的内在原因和必要性(公有土地),还构建了"统"的基本框架,此后的中央文件尽管说法有差异,但关于统一经营的核心内容基本上没有离开《把农村改革引向深入》的构想。

1991年,党的十三届八中全会通过的《中共中央关于进一步加强农业和农村工作的决定》,把"以家庭联产承包为主的责任制、统分结合的双层经营体制"正式确立为我国乡村集体经济组织的一项基本制度,并要求不断对其进行充实完善。至此,"集体所有、农户承包、统分结合"成为我国农村改革尤其是土地制度改革的基础和出发点。

第二节
家庭承包经营制度的完善和发展

基本经营制度是党的农村政策的基石。自1984年的中央1号文件提出"继续稳定和完善联产承包责任制"以来,如何稳定和完善这一基本制度,一直受到中央的高度关注。1991年,《中共中央关于进一步加强农业和农村工作的决定》指出:

"把以家庭联产承包为主的责任制、统分结合的双层经营体制,作为我国乡村集体经济组织的一项基本制度长期稳定下来,并不断充实完善。把家庭承包这种经营方式引入集体经济,形成统一经营与分散经营相结合的双层经营体制,使农户有了生产经营自主权,又坚持了土地等基本生产资料公有制和必要的统一经营。这种双层经营体制,在统分结合的具体形式和内容上有很大的灵活性,可以容纳不同水平的生产力,具有广泛的适应性和旺盛的生命力。这是我国农民在党的领导下的伟大创造,是集体经济的自我完善和发展,绝不是解决温饱问题的权宜之计,一定要长期坚持,不能有任何的犹豫和动摇。"2013年的中央1号文件明确要求,"充分发挥农村基本经营制度的优越性"。

30多年来,农业、农村、农民面貌的巨大改善和国民经济的高速发展,表明我国的农村基本经营制度具有生命力和优越性。但也要认识到,经过30多年的改革和发展,现阶段我国农业和农村发展的微观基础和宏观环境都发生了深刻变化。为了进一步推动农业发展、农村繁荣、农民增收,从而为经济社会发展和国家工业化、城镇化的顺利推进创造条件,必须按照党的十七届三中全会和党的十八届三中全会的要求,坚持以家庭承包经营为基础、统分结合的双层经营体制,保持现有土地承包关系稳定并长久不变,在此基础上创新完善农村经营体制机制,积极培育新型经营主体,加快新型农业社会化服务体系建设,在"四化"同步的基础上稳步推进农业现代化。

一、稳定土地承包关系并尝试保持长久不变

农民问题的核心是土地问题。土地制度是农村的基础制度,它不仅决定了农民和土地结合的具体方式,还决定了农业生产经营的具体形式。近几年来,农民收入中家庭经营收入所占比重不断上升,土地在提高农民收入中的作用越来越明显。尽管随着农民市民化的推进,一部分农民正逐步摆脱对农村土地的完全依赖,但截至2012年底,常年生活在农村的人仍然占全国总人口的47.4%。即使到2030年前后我国城镇化率达到70%,也仍有5亿人生活在农村。如何保证这部分农民在为城镇居民提供充足的优质农产品的同时,达到和城镇居民相近的收入水平,是一个大问

题。这要求政府作出相应的制定安排,为以种植业为主要从业行业的农民获得更多土地从而获得与城镇居民相近的收入提供基础条件。目前,农村社会保障制度还很不完善,土地对农民的生存和生活保障功能依然十分突出,对农村土地的合理利用和管理,不仅关系到农民收入、粮食安全和经济发展,还关系到社会稳定。正因如此,党的十七届三中全会通过的《关于推进农村改革发展若干重大问题的决定》着重强调,稳定和完善农村基本经营制度,要保持现有土地承包关系稳定并长久不变,并要在此基础上赋予农民更加充分而有保障的土地承包经营权。

21世纪以来,为了完善农村土地制度,中央1号文件作出了多项重大安排。2004年,针对农村土地征用导致农民上访事件多发,中央1号文件提出加快土地征用制度改革。2005年的中央1号文件从严格保护耕地和认真落实农村土地承包政策两个方面作了重点安排。2006年,为了提高粮食产量,中央1号文件提出坚决落实最严格的耕地保护制度,切实保护基本农田、保护农民的土地承包经营权。2007年,针对农村征地和土地流转过程中出现的一些新情况、新问题,中央1号文件再次提出在稳定土地承包关系的基础上加快征地制度改革。2008年的中央1号文件和2009年的中央1号文件对农村土地问题着墨最多,对农村土地涉及的诸多问题都作出了详细安排。2008年的中央1号文件对土地制度的关注主要包括以下几点:切实稳定农村土地承包关系,认真开展延包后续完善工作,确保农村土地承包经营权证落实到户;加强农村土地承包规范管理,加快建立土地承包经营权登记制度,继续推进农村土地承包纠纷仲裁试点;严格执行土地承包期内不得调整、收回农户承包地的法律规定;推进征地制度改革试点,建立征地纠纷调处裁决机制,切实保障农民土地权益等。2009年的中央1号文件结合党的十七届三中全会通过的《关于推进农村改革发展若干重大问题的决定》关于"现有土地承包关系要保持长久不变"的要求,从三个方面强调了农村土地制度:一是稳定农村土地承包关系,通过抓紧修订、完善相关法律法规和政策,赋予农民更加充分而有保障的土地承包经营权,保持现有土地承包关系稳定并长久不变。二是实行最严格的耕地保护制度和最严格的节约用地制度。这是中央针对农村"空心村"问题和城乡建设用地总规模扩大过快作出的重要部署。三是全面推进集体林权制度改革。用5年左右时间基本完成明晰产权、承包到户的集体林权制度改革任务，推动林地、林木流转制度建设，完善林木采伐管理制度。2010年的中央1号文件要求全面落实承包地块、面积、合同、证书"四到户"，扩大农村土地承包经营权登记试点范围，同时要求有序推进农村土地管理制度改革，力争用3年时间把农村集体土地所有权证确认到每个具有所有权的农民集体经济组织。为了让法律跟上实践的需要，中央1号文件首次提出加快修订《中华人民共和国土地管理法》。2012年，除了再次要求保持土地承包关系稳定并长久不变之外，中央1号文件提出加快推进农村地籍调查，推进包括农户宅基地在内的农村集体建设用地使用权登记工作，并再次要求加快修订《中华人民共和国土地管理法》。2013年，中央1号文件对农村土地问题有了新的具体部署，提出全面开展农村土地确权登记颁证工作，用5年时间基本完成农村土地承包经营权确权登记颁证工作，并重申加快修订《中华人民共和国土地管理法》，要求抓紧研究土地承包关系长久不变的具体实现形式，完善相关法律制度，探索建立严格的工商企业租赁农户承包耕地（林地、草原）准入和监管制度，尽快出台农民集体所有土地征收补偿条例。具体来看，为了进一步完善农村土地承包制度，必须做好以下两方面工作。

（1）稳定农村土地承包关系。

在目前农村土地承包关系总体稳定、农民群众对土地承包关系比较满意的背景下，稳定农村土地承包关系，就是要把现有土地承包所形成的权利及义务关系按照法律和政策的规定全部落实下来，搞好土地承包经营权的确权登记颁证工作，确保承包合同到户、承包地块和面积明确，把农民承包土地的各项权利依法落到实处。稳定农村土地承包关系有两个重要的作用。第一，稳定农村土地承包关系，有助于鼓励农民增加农业投入，提高土地的生产率。正因如此，在第一轮土地承包期15年即将期满时，1993年的中央11号文件规定"在原定的耕地承包期到期之后，再延长30年不变"，从而稳定了农民对土地收益的预期，同时开启了以"增人不增地，减人不减地"为特征的第二轮承包进程，形成了现有土地承包关系。第二，稳定农村土地承包关系，有利于缓解由土地调整引发的耕地细碎化及其带来的社会矛盾。在我国的双层经营体制下，土地承包主要与农民户籍相关联。近几十年来，我国农村户籍人口数量增长幅度较大，如果根据户籍人口的变动而频频调整土地承包关系，无疑会导致农村耕地的进一步细碎化。而且土地承包涉及面广量大，情况复杂，土地调整往往会引发许多社会矛盾和利益纠纷，不利于农村社会和谐稳定。稳定农村土地承包关系还涉及集体林地承包、草原承包和海洋滩涂、荒山、荒坡承包等，限于篇幅，本文均不予讨论。

（2）实现土地承包关系长久不变。

所谓土地承包关系长久不变，从字面意思理解，就是在第二轮承包"30年不变"到期以后，农民与集体之间的土地承包关系长期延续，相应的面积、地块除法律另有规定外仍然保持不变，农民对承包经营的耕地拥有的权利和承担的义务长久不变。但是，我们认为，长久不变还有另外一层意思，亦即我国农村基本制度的核心——家庭承包经营制度长久不变。因此，长久不变既不是耕地承包期30年的简单延长，更不是割断现有土地承包关系的重新承包，而是对现有承包关系的稳定和延续，是完善我国农村基本经营制度的重大举措，具有深远的现实意义。长久不变能够使《中华人民共和国物权法》所规定的农民土地承包经营权作为用益物权真正实现，强化了对土地承包经营权的物权保护。在双层经营体制下，土地承包关系长久不变，能够保证农民免于失去土地所有权（虽然土地流转可能在一段时间内让其失去经营权）。大量农村劳动力在城乡之间"候鸟式"转移，要经过相当长时期才能达到均衡，农民有了长久的土地承包经营权，能够在城市和乡村之间有所缓冲，不至于成为城市贫民，也无须为基本的温饱而担忧。对土地这种特殊物品，权能时期越长，其价值就越高，这不仅有利于提高农民的收入水平，也能够促进城镇化的可持续发展，有利于整个社会的稳定。

实现长久不变，关键在于确定一个既符合现有法律法规又得到农民充分认可的起点。人多地少的禀赋及其特殊性决定了农村土地承包必须把公平放在首要位置，在此基础上通过制度创新和技术创新实现效率的提高，否则，任何貌似有效的制度设计都会被农民所摒弃。那么，这个起点如何确定？按照2013年的中央1号文件的要求，"健全农村土地承包经营权登记制度，强化对农村耕地、林地等各类土地承包经营权的物权保护。用5年时间基本完成农村土地承包经营权确权登记颁证工作，妥善解决农户承包地块面积不准、四至不清等问题"。2017年，农业部门已开始着手进行农村土地承包经营权的确权登记颁证工作，我们认为，要以此为契机，把确权登记颁证作为长久不变的起点。自1993年开始第二轮承包后，大部分村都按照1993年中央11号文件的要求，"增人不增地、减人不减地"，因此，按照确权后的承包格局颁证并作为长久不变的起点，广大农民应该是认可的。至于还在进行"小调整"或者"大调整"的少数村（约占5%），应当由当地农民自行决定长久不变的起点，或者以最后一次调整前作为起点，或者进行再一次调整。但无论如何，起点一经确定就不再变动，实现长久不变。当然，在确定起点时，要妥善处理前述两轮承包时放弃耕地的农民、大城市郊区和工业化程度较高村中部分农民的权益问题。在某种意义上可以认为，确定长久不变的起点是解决上述问题的最后一次机会。

二、"三权分置"下农民土地财产权强化

从家庭承包实现了农村土地所有权和使用权的"两权分离"，到党的十七届三中全会提出的赋予农民更加充分且有保障的土地承包经营权，再到2014年的中央1号文件基于党的十八届三中全会精神，对农村土地制度改革进行了全面具体部署，提出"在落实农村土地集体所有权的基础上，稳定农户承包权、放活土地经营权"，即实现农村土地所有权、承包权和经营权的"三权分置"，我国农户拥有的农村土地权利权能日渐完善。

1. "两权分离"下的承包经营权及其权能

承包经营权是在我国农村土地集体所有的制度框架下，农民作为农村社区集体经济组织的一分子而天然获得的承包使用集体所有土地的权利。在农村改革后的最初一段时期，承包经营权权能比较单一，主要为农村耕地使用权，承包是获得这种使用权的途径。1986年颁布的《中华人民共和国土地管理法》第二条规定："任何单位和个人不得侵占、买卖、出租或者以其他形式非法转让土地。""国有土地和集体所有的土地的使用权可以依法转让。土地使用权转让的具体办法，由国务院另行规定。"但是，为了防止土地兼并、实现"以地控人"以及便于征收农业税费，

国务院一直没有给出集体土地使用权转让的相关规定，因此土地使用权转让实际上并不受法律法规支持。不过，自20世纪80年代末以来，伴随着城镇务工机会的增多和农业负担的加重，一些农户在保留承包合同的同时，开始放弃土地经营，把土地转包、出租或干脆"抛荒"，事实上造成了承包权和使用权的分离。在这种情况下，1984年中央1号文件明确"鼓励土地逐步向种田能手集中"。1988年修正的《中华人民共和国土地管理法》第二条修改为"任何单位和个人不得侵占、买卖或者以其他形式非法转让土地"，删去了1986年《中华人民共和国土地管理法》同一条款中的"出租"。根据"法无禁止即可为"的精神，1998年修正的《中华人民共和国土地管理法》显然为农村承包地出租（流转）开了一个口子。至20世纪末，城乡壁垒进一步打破，农村劳动力向城市转移加快，参与土地流转的农户也越来越多。1998年修正的《中华人民共和国土地管理法》第二条进一步明确"土地使用权可以依法转让"。至此，农民通过承包获得的集体土地使用权可以依法转让被正式写进法律。

进入21世纪以来，随着农村改革步伐加快，土地承包经营权的权能不断丰富。2002年下发的《中共中央关于做好农户承包地使用权流转工作的通知》规定："农户对承包的土地有自主的使用权、收益权和流转权，有权依法自主决定承包地是否流转和流转的形式。" 2003年实施的《中华人民共和国农村土地承包法》第十六条指出，土地承包方"依法享有承包地使用、收益和土地承包经营权流转的权利"，把《中华人民共和国土地管理法》中的使用权细化为使用、收益、流转等三个具体权利。此外，该法还明确了土地流转的各种方式，规定："通过家庭承包取得的土地承包经营权可以依法采取转包、出租、互换、转让或者其他方式流转。""承包方之间为发展农业经济，可以自愿联合将土地承包经营权入股，从事农业合作生产。" 2007年实施的《中华人民共和国物权法》则把土地承包经营权界定为用益物权，并在第一百二十五条规定："土地承包经营权人依法对其承包经营的耕地、林地、草地等享有占有、使用和收益的权利。"在第一百二十八条规定："土地承包经营权人依照农村土地承包法的规定，有权将土地承包经营权采取转包、互换、转让等方式流转。"党的十七届三中全会通过的《中共中央关于推进农村改革发展若干重大问题的决定》明确指出,要"赋予农民更加充分且有保障的土地承包经营权""允许农民以转包、出租、互换、转让、股份合作等形式流转土地承包经营权"。承包经营权的权利逐渐清晰和权能不断扩大,为我国农村土地流转奠定了制度基础。据农业部统计,截至2012年底,全国流转土地面积占农村家庭承包经营总面积的21.5%,超过4000万个农户部分或全部转出土地。

2. "三权分置"的提出及其发展

党的十八大之后,随着全面深化改革的推进,党中央开始赋予农民承包土地更多财产权利。2013年的中央1号文件指出,要用5年时间基本完成农村土地承包经营权确权登记颁证工作。产权清晰是市场经济的基本要求,上述具体工作要求表明我国的农村土地制度改革坚持了市场化的导向。党的十八届三中全会通过的《中共中央关于全面深化改革若干重大问题的决定》,要求"赋予农民更多财产权利",在使用、收益和流转的基础上,提出了农民对承包地的占有权,首次明确承包经营权具有抵押、担保、入股权能。农民获得了把承包土地的经营权拿到金融机构进行抵押、担保或者以土地入股农业企业的权利,从而可以得到金融支持或经营性收入。这些安排,在拓展农村土地承包经营权权能方面无疑有了重大突破。此后,中央关于农村土地渐进式赋权的思路逐渐清晰。习近平总书记指出,完善农村基本经营制度,要好好研究农村土地所有权、农户承包权、土地经营权三者之间的关系。

为了贯彻落实党的十八届三中全会精神和习近平总书记的指示,2014年的中央1号文件提出"在落实农村土地集体所有权的基础上,稳定农户承包权、放活土地经营权,允许承包土地的经营权向金融机构抵押融资",明确将农村土地所有权、承包权、经营权"三权分置"作为土地制度改革的一个重要方向。此外,该中央文件还进一步明确了农民的土地财产权利,要求"稳定农村土地承包关系并保持长久不变,在坚持和完善最严格的耕地保护制度前提下,赋予农民对承包地占有、使用、收益、流转及承包经营权抵押、担保权能"。2015年的中央1号文件不仅要求"引导农民以土地经营权入股合作社和龙头企业"和"抓紧抓实土地承包经营权确权登记颁证工作,扩大整省推进试点范围",还提出"分类实施农村土地征收、集体经营性建设用地入市、宅基地制度改革试点。制定缩小征地范围的办法。建立兼顾国家、集体、个人的土地增值收益分配机制，合理提高个人收益。完善对被征地农民合理、规范、多元保障机制"。不久，中共中央办公厅、国务院办公厅发布了《关于农村土地征收、集体经营性建设用地入市和宅基地制度改革试点工作的意见》。为了落实党的十八届三中、四中全会精神，2015年8月，国务院印发了《国务院关于开展农村承包土地的经营权和农民住房财产权抵押贷款试点的指导意见》，提出要"按照所有权、承包权、经营权三权分置和经营权流转有关要求，以落实农村土地的用益物权、赋予农民更多财产权利为出发点，深化农村金融改革创新，稳妥有序开展'两权'抵押贷款业务……"2016年的中央1号文件进一步要求，"稳定农村土地承包关系，落实集体所有权，稳定农户承包权，放活土地经营权，完善'三权分置'办法，明确农村土地承包关系长久不变的具体规定"，并明确提出维护进城落户农民的土地承包权，并支持引导其依法自愿有偿转让。"十三五"规划纲要也指出，"稳定农村土地承包关系，完善土地所有权、承包权、经营权分置办法，依法推进土地经营权有序流转""激活农村要素资源，增加农民财产性收入"。

总之，实行集体所有权、农户承包权和土地经营权"三权分置"，是对农村土地产权的丰富和细分，新的制度安排坚持了农村土地集体所有，强化了对农户土地承包权的保护，顺应了土地要素合理流转、提升农业经营规模效益和竞争力的需要。可以说，"三权分置"创新了农村土地集体所有制的有效实现形式，在中国特色农村土地制度演进史上翻开了新的一页。当然，也应该看到，我国关于农村土地尤其是承包地的法律法规之间，包括《中华人民共和国土地管理法》《中华人民共和国农村土地承包法》《中华人民共和国物权法》《中华人民共和国担保法》等，依然存在着限制农民土地财产权利甚至彼此冲突矛盾的地方。特别是2004年修正的《中华人民共和国土地管理法》已经严重滞后于经济社会发展的需要。中央1号文件也多次提出修法要求，因此必须尽快予以修改。此外，保障农民的财产权利，除了推进农村土地"三权分置"外，还要允许农民土地财产权有偿退出和转让。

三、多措并举加快农村经营体制机制创新

农村改革近40年的历史表明，以家庭承包经营为基础、统分结合的双层经营

体制具有优越性。但是在实践中，各地或者仅注重"分"而忽视了"统"，或者在"统"的方面缺乏行之有效的措施。农户经营规模过小、统一经营不够，是我国农业经营体制的重大缺陷。同时，随着农村转移劳动力的数量增加，农民老龄化、农业兼业化及副业化的态势越来越明显，再加上农业生产经营组织化程度低，农产品市场体系、农业社会化服务体系和国家农业支持保护体系不健全，农业持续发展面临着巨大挑战。并且，随着经济发展、农民收入水平的提高，以及广大农民视野、就业范围的扩大和发展机会的增加，土地已经由19世纪80年代的社会保障资料功能和生存资料功能演变为社会保障资料功能和发展资料功能。其中，社会保障资料功能要求土地承包经营权保持稳定；生存资料功能则由于土地的稀缺性要求公平性，包括起点公平，也包括过程公平，这是19世纪80年代土地频繁调整的内在原因；而发展资料功能则要求土地在稳定的基础上具有部分或全部资本功能，这是近年来土地流转速度大大加快的内在原因。因此，推进农业经营体制创新，必须准确把握对于农民而言的土地功能的变化。

为了应对新形势，党的十七届三中全会把"推进农业经营体制机制创新，加快农业经营方式转变"作为稳定和完善农村基本经营制度的重要内容，并从"统"和"分"两个层次提出了"两个转变"的政策要求，即"家庭经营要向采用先进科技和生产手段的方式转变，增加技术、资本等生产要素投入，着力提高集约化水平；统一经营要向发展农户联合与合作，形成多元化、多层次、多形式经营服务体系的方向转变"。这表明，在"分"的层面，中央已经认识到，超小规模家庭经营难以适应现代农业发展的需要。为了进一步发挥家庭经营的优势，必须推动农户从传统小生产者向采用先进科技和生产手段的现代经营主体转变。但是，按照舒尔茨的逻辑，高度兼业的传统小农户既没有增加技术、资本等生产要素投入和提高集约化水平的意愿，也缺乏运用现代农业科技、获取规模经营效益的能力，因此，《中共中央关于推进农村改革发展若干重大问题的决定》把发展专业大户、家庭农场、农民专业合作社等规模经营主体作为创新农业经营体制机制的重要内容进行了部署。在"统"的层面，中央充分认识到，当前"统"的职能发挥不畅已经严重制约了现代农业的发展，为了提高农业产前、产中、产后的组织化程度，就要鼓励农户联合与合作，就要发展多种形式的社会化服务组织，强化农户与其他涉农主体的利益联结。其中，中央特别强调了农民专业合作社的地位和作用，不仅将其作为提高农民组织化程度的重要方式，还期待它能"成为引领农民参与国内外市场竞争的现代农业经营组织"。此后，如何在新形势下创新农村经营体制机制，成为稳定和完善农村基本制度的重要内容。2009年的中央1号文件强调要推进农业经营体制机制创新。2010年的中央1号文件再次强调了党的十七届三中全会通过的《中共中央关于推进农村改革发展若干重大问题的决定》提出的"两个转变"，并且在"统"的层面上，对农村集体经济组织、农民专业合作社、农业产业化龙头企业以及各种农业农村社会化服务组织进行了具体安排。2012年的中央1号文件明确指出了可以通过政府订购、定向委托、招投标等方式，促进提高农业产前、产中、产后的组织化程度，推动农村经营体制机制创新。党的十八大报告进一步强调，要发展农民专业合作和股份合作，发展多种形式规模经营，构建集约化、专业化、组织化、社会化相结合的新型农业经营体系。2013年的中央1号文件把提高农民组织化水平作为农业生产经营体制机制创新的重要内容，提出要扶持联户经营、专业大户、家庭农场、农民合作社等新型农业经营主体。

农村经营体制机制创新的根本目标，是在保持现有土地承包关系稳定并长久不变的基础上，多措并举，重点解决农民承包地经营规模过小、农村劳动力结构性短缺和农业统一经营程度不足等难题。这需要从三个方面协调推进。

1. 提高规模化经营水平，解决农地细碎化问题

随着农业现代化的推进，我国农地过度细碎化和农户分散经营引发的问题开始显现，推进农地规模经营日益受到中央的重视。早在1987年，中央5号文件就明确提出，有条件的地方可以稳妥地推进土地适度规模经营。1990年，邓小平指出"两个飞跃"，要"适应科学种田和生产社会化的需要，发展适度规模经营"。近几年来，农业技术进步和农村劳动力转移，让适度规模经营的需求变得愈发迫切。为应对这种情况，21世纪以来，多个中央1号文件都对加快土地流转、促进规模经营作出了具体安排。

2005年的中央1号文件提出不得随意收回农户承包地、强迫农户流转承包地，

要"尊重和保障外出务工农民的土地承包权和经营自主权"。承包经营权流转和发展适度规模经营，必须在农户自愿、有偿的前提下依法进行，防止片面追求土地集中。2006年的中央1号文件对土地流转和规模经营表现出更加积极的态度，指出"要健全在依法、自愿、有偿基础上的土地承包经营权流转机制，有条件的地方可发展多种形式的适度规模经营"。随着各地土地流转的迅速兴起，2007年的中央1号文件强调规范土地承包经营权流转。针对土地流转中出现的强迫农民流转、"反租倒包"和通过流转改变土地农业用途等问题，2008年的中央1号文件要求尽快完善土地流转合同、登记、备案等制度，健全土地承包经营权流转市场，有条件的地方可以进一步培育发展适度规模经营的市场环境。党的十七届三中全会通过的《中共中央关于推进农村改革发展若干重大问题的决定》，进一步明确"允许农民……流转土地承包经营权，发展多种形式的适度规模经营"。此后，土地流转全面加速，一些不当做法和新问题也频频出现。针对这一情况，2009年的中央1号文件再次强调了土地流转的"三个不得"，即"不得改变土地集体所有性质，不得改变土地用途，不得损害农民土地承包权益"。2010年的中央1号文件要求加强土地承包经营权流转管理和服务，健全流转市场，在依法自愿有偿的基础上，通过土地流转发展多种形式的适度规模经营。2012年的中央1号文件提出要加强土地承包经营权流转管理和服务，并按照依法自愿有偿原则，引导土地承包经营权流转，发展多种形式的适度规模经营。为了应对近期出现的新情况，2013年的中央1号文件对土地流转和规模经营作出了更为全面的安排：一是要求引导农村土地承包经营权有序流转，支持和鼓励承包土地向专业大户、家庭农场、农民合作社流转，发展多种形式的适度规模经营；二是鼓励农民采取互利互换方式，解决承包地块细碎化问题，发展规模经营；三是强调土地流转的"四个不"，即不搞强迫命令、不损害农民权益、不改变土地用途、不破坏农业综合生产能力；四是规范土地流转程序，逐步健全县、乡、村三级服务网络，强化流转服务。

中央的支持和鼓励迅速提高了土地流转的速度和农地规模经营的程度。截至2012年底，全国家庭承包耕地流转总面积达到2.7亿亩，比2007年底增加2亿多亩，6年间增加了4.22倍；流转面积占家庭承包经营耕地面积的比例达21.5%，比2007年提高了16.3个百分点，增幅显著。经营耕地面积在10~100亩的农户达到了3033.3万户，其中经营面积在30亩以上的种植专业大户超过900万户（土地耕种面积超过5.1亿亩），50亩以上的专业大户、家庭农场有276万户。

从各地的情况来看，适度规模经营发展迅速。山西省的农地规模经营从2008年的84万亩增加至2011年6月的260万亩，占耕地总面积的比例也由不足2%增加到6%。黑龙江省2009年农地规模经营的耕地总面积仅为1803万亩，占农村耕地总面积的13.87%；2012年7月规模经营面积已突破4000万亩，比例增加到30.77%。内蒙古自治区2011年底的规模经营主体为10万户，耕种面积达到2231万亩。[①] 在现代农业较为发达的江苏省和浙江省的一些地方，农地的规模化经营推进速度更快。根据江苏省农委的数据，截至2012年7月，该省农地规模经营比例高达50%左右。[②] 而截至2011年底，浙江宁波市的规模经营面积已经高达61%。此外，在山东、黑龙江、河北等地，受多方面因素的推动，农地的适度规模经营也快速推进。当然，由于人均耕地面积不同，各个地方对规模经营的界定也不同。黑龙江将面积在30公顷（450亩）以上的认定为规模经营，山西、浙江、江苏等地则将规模经营界定为不少于50亩。其他的大部分地方，如内蒙古、山东、安徽、河北等地都将规模经营面积界定为100亩。这种对规模耕种面积的不同要求，既体现了当地的实际情况，也符合中央要求的"适度"精神。

总之，发展适度规模经营是转变农业生产经营方式的重要抓手，是发展现代农业的必然选择，也是提高主要农产品自给水平的重要举措。不过，需要特别指出的是，从现有的政策文件来看，中央并没有把土地流转作为实现适度规模经营的唯一路径，而是鼓励多种形式、多种内容的规模经营，如联户经营、农民合作社经营、农业产业化龙头企业带动经营等。

2. 培育新型农业生产经营主体，解决"谁来种地"的问题

经营主体是生产力中最活跃的因素。改革开放以来，中国的农业生产经营主体

---

① 农业部经管司：《农村土地承包经营权流转规范化管理和服务试点工作座谈会会议材料》，2012年12月14日。

② 高峰：《江苏农业适度规模经营的实践与思考》，《江苏农村经济》，2012第7期。

已由改革初期相对同质性家庭经营农户占主导地位的格局向现阶段多类型经营主体并存的格局转变。① 发展现代农业需要新型农业生产经营主体。准确判断各类经营主体的利益关系，适时调整不适应生产力发展的生产关系，正确引导和合理扶持各类新型主体的健康发展，可以为农业和农村改革发展注入新的活力，扭转农业兼业化及副业化、农民老龄化、农村空心化的趋势，推动工业化、城镇化、信息化和农业现代化协调发展。

近年来，随着工业化、城镇化的深入推进，农村劳动力大量转移就业，农业劳动力数量减少、素质结构性下降等问题日益突出。尤其是近几年，许多地方留乡务农的以妇女和中老年为主，小学及以下文化程度比重超过50%。占农民工总量60%以上的新生代农民工不愿意回乡务农②，我国农业微观经营主体发生着深刻的变化，传统的家庭承包经营户的衰落让"谁来种地"成为一个重大而紧迫的课题。作为家庭经营的有力补充，新型农业经营主体受到广泛关注。加快培育新型农业经营主体，是我国实现从传统农业向现代农业转型跨越的必然要求，也是坚持和完善农村基本经营制度的重要举措。近年来，为了构建新型农业经营体系，稳定提高农业综合生产能力，确保国家粮食安全和重要农产品有效供给，中央开始着力培育新型农业经营主体。

2005年的中央1号文件提出支持农民专业合作组织发展，对专业合作组织及其所办加工、流通实体适当减免有关税费。2006年的中央1号文件开始从法律和制度着手，提出要加快立法进程，加大扶持力度，积极引导和支持农民发展各类专业合作经济组织。但这一阶段，中央的主要思路是让农民合作组织为农民提供生产服务，提高农户的产业化程度，让农民从产业化经营中得到更多的实惠。2007年的中央1号文件明确要求培育现代农业经营主体，积极发展种养专业大户、农民专业合作组织、龙头企业和集体经济组织等各类适应现代农业发展要求的经营主体。2008年，为了加快推进农业机械化、加强农业标准化，中央1号文件提出扶持发展

---

① 黄祖辉、俞宁：《新型农业经营主体：现状、约束与发展思路——以浙江省为例的分析》，《中国农村经济》，2010年第10期。

② 韩长赋：《发展现代农业将着力培育新型农业经营主体》，新华网，2012年12月21日。

农机大户、农机合作社和农机专业服务公司,而且要通过农业标准化示范项目,引导龙头企业、农民专业合作组织、科技示范户和种养大户率先实行标准化生产。党的十七届三中全会通过的《中共中央关于推进农村改革发展若干重大问题的决定》,提出要培养新型农民合作组织,扶持农民专业合作社加快发展,"有条件的地方可以发展专业大户、家庭农场、农民专业合作社等规模经营主体"。针对《中华人民共和国农民专业合作法》实施以来专业合作社蓬勃发展的实际情况,2009年的中央1号文件着重强调要扶持农民专业合作社发展,从人员、财政、金融、登记等方面作出了具体安排,并要求开展示范社建设行动,在金融支持和国家项目扶持方面要向合作社倾斜。此外,2009年的中央1号文件还要求加大对农机大户、种粮大户和农机服务组织的扶持力度,加快推进农业机械化。2010年的中央1号文件提出,为了提高农业生产经营组织化程度,要推动家庭传统手工经营向采用先进科技和生产手段的方向转变,推动统一经营向发展农户联合与合作的方向转变;要大力发展农民专业合作社,在政府补助、贷款担保和自办农产品加工企业方面给予照顾。文件还提出,新增农业补贴适当向种粮大户、农民专业合作社倾斜。2012年,为了进一步推动种粮大户、农民专业合作社等新型经营主体的发展,中央1号文件再次强调新增农业补贴向它们倾斜,并提出要加大对它们的信贷投放力度。与以前不同,2013年的中央1号文件在序言中特别指出,要在充分发挥农村基本经营制度优越性的基础上,着力构建新型农业经营体系。为了创新农业生产经营体制,提高农民组织化程度,文件要求尊重和保障农户生产经营的主体地位,培育和壮大新型农业生产经营组织。党的十七届三中全会通过的《中共中央关于推进农村改革发展若干重大问题的决定》中提出的家庭农场,在2013年的中央1号文件中多次出现。中央将家庭农场作为与专业大户、农民合作社并列的一种新型经营主体来扶持,成为人们关注的焦点。此外,在2013年的中央1号文件中,中央还首次提出要支持联户经营,并指出要像对待专业大户、家庭农场一样,创造良好的政策和法律环境,采取奖励补助等多种办法对其加以扶持。

当前,我国新型农业经营主体至少包括专业农户、家庭农场、农民专业合作社、农业企业、专业服务组织等部分。专业农户是指家庭劳动时间大部分用于农业中的某一产业，且收入占全部收入的50%以上的纯农户。大体上又可分为两类，第一类是种植或者养殖规模较大，尤其是从事种植业生产的农户，流转了大量土地，形成了规模化种植。这类农户一般被称之为"专业大户"。第二类就是除了专业大户之外的其他专业农户，种植户一般没有或者只有较少的流转土地，但专业化水平很高，如山东寿光的菜农、陕西富平的果农等；养殖户一般规模较小，如养猪户的养殖规模一般在50头左右，奶牛养殖规模一般在20头以下等，但专业化水平很高，其种植业也主要是为养殖业服务的。综合农业部门的各项数据，在1.67亿户纯农户中，专业农户数量为一半左右。

近年来，一些地方在专业大户发展的基础上，开始培育多种形式的家庭农场，实现农业经营的企业化、规模化、机械化和知识化，如农业部试点的吉林延边专业农场、上海松江家庭农场、湖北武汉家庭农场、浙江慈溪家庭农场等。按照我们的理解，家庭农场就是达到一定规模并到工商行政管理部门登记注册了的专业大户，具有家庭经营、适度规模、市场化经营、企业化管理和经营者知识化等显著特征。在上述两类主体中，如果说"新"，家庭农场是在政府引导下新出现的，属于新型经营主体。目前，国家工商总局、农业部等部门也在积极准备创立家庭农场的登记制度，一旦实施，并辅之以优惠政策，具备条件的专业大户大都会注册为家庭农场，其数量会大量增加。可以预料，这一制度创新将会对我国的商品性农产品供给起到基础性作用。

农民专业合作社是指在农村家庭承包经营的基础上，同类农产品的生产经营者或者同类农业生产经营服务的提供者、利用者，自愿联合、民主管理的互助性经济组织。作为现代农业的经营主体之一，农民专业合作社主要起到两方面的作用：一是以农户，尤其是专业农户为主要成员，为他们提供一定的产前、产中、产后服务，据农业部统计，95%的合作社能够为成员提供有效的技术信息服务，成为连接小农户和大市场的有效载体。二是成为流转土地的重要主体之一。近年来土地流转的一个显著特点是农民专业合作社逐渐成为重要的流转主体，江苏、浙江等地还出台地方法规鼓励农民以土地入股专业合作社。2013年的中央1号文件提出："加大力度、加快步伐发展农民合作社……鼓励农民兴办专业合作和股份合作等多元化、多类型合作社。"极大地拓宽了农民合作的领域和内容,使合作社真正成为集生产、销售、服务、融资、投资等功能于一体的综合性新型经营主体。

作为我国现代农业的重要主体,农业企业主要包括三大部分:一是农业产业化龙头企业,一般不直接从事第一产业的生产活动,而是以"龙头企业+农户"的形式为专业农户提供产前、产中、产后服务。应该说,自20世纪中期在全国范围内推行的农业产业化政策对提高农业现代化水平起到了极其重要的作用。二是农业科技企业,如从事种子、种苗生产的企业。三是规模较大的专业农户为了生产经营或贷款的方便而到工商部门注册的企业。这三类企业在界定或统计时会有一定的重合部分,如部分较大的农业科技企业可能会被纳入农业产业化龙头企业的范畴。从调研情况看,农业企业既有直接从事农业生产的功能,又有采取"公司+农户"的方式为农民服务的内容。

专业服务组织是指在现代农业发展过程中出现的以为农业生产环节服务为核心内容的社会组织,有的以企业的形式出现,有的以合作社的形式出现,有的则以个体或个体联合的形式为农民服务,最典型的是农机服务组织。一些地区出现的"抓猪队""抓鸡队""打枣队"等也属于这类组织。

截至2012年底,全国有50亩以上的种植专业大户276万户、依法登记的农民专业合作社68.9多万个、农业龙头企业11.1万家。新型农业生产经营主体的涌现,不仅回答了农村劳动力大量转移后"谁来种地"的问题,还强化了农民的组织化程度,并通过专业化、集约化和社会化提高了农业经营效益,增加了农民的收入,稳定了农村生产。我国农业发展迈进了从传统农业向现代农业转型跨越的新阶段,农业生产经营方式开始了由传统小农生产向社会化大生产加快转变的新阶段。至2013年,我国从传统农户经营转向新型农业生产经营主体经营的几种发展态势逐渐明朗:一是专业化的小规模农户和兼业农户可以组建农民合作社,可以由专业大户或家庭农场领办,也可以由其他农村能人领办,通过合作社为成员提供产前、产中、产后服务;二是传统农户中的小部分种粮能手或经营能人发展为专业大户、家庭农场,获得专业化、规模化、集约化生产经营的优势;三是既无法发展为家庭农场,暂时也不愿意加入农民专业合作社的小规模农户,可以走联户经营的路子;

四是小规模农户、专业大户或者家庭农场，甚至是规模不大的农民专业合作社，都可以和规模较大的农业产业化龙头企业相连接，通过龙头企业对接国内市场乃至国际大市场；五是近年来在各地出现的专业服务组织为小规模专业农户和兼业农户提供了大量专业化服务，在一定程度上解决了劳动力季节性供给不足等问题。

当然，我国新型农业生产经营主体尚处于发展初期阶段，仍然面临诸多制约，培育速度需要提高，经营水平急需改善。针对新型农业生经营主体发展面临的问题，必须通过深化农村改革，创新政策、体制和机制，进一步调整不适应生产力的生产关系，为新型农业生产经营主体的健康发展创造有利的政策和制度环境。

3. 加快农业社会化服务体系建设，解决统一经营不足的问题

农业社会化服务体系是农业现代化的重要标志，也是实现农业现代化的重要支撑。纵观发达国家的农业现代化，都是在家庭经营的基础上通过健全的社会化服务体系实现的。我国目前有1.98亿个农业经营户，户均土地规模不足半公顷，与世界上其他国家相比，属于超小规模经营，建立农业社会化服务体系尤为重要。一方面，由于农户生产经营规模小，生产标准化水平低，产品交易成本高，抵御市场风险和自然风险的能力较弱，虽然已经迅速发展起来276万个专业大户，但农业小生产与大市场的矛盾仍然相当严重，农户经常因市场变动或自然灾害而遭受重大损失；另一方面，由于实行小规模的分散生产经营，农户经常会遇到一家一户办不了、办不好、办起来不合算的事，特别是随着农村青壮年劳动力大量转移就业，这一问题更加突出。因此，走有中国特色农业现代化道路，必须解决如何在家庭经营的基础上建设现代农业的问题。通过建立新型农业社会化服务体系，强化双层经营中"统"的职能，为2亿个超小规模农户和几百万个专业大户的农业生产经营提供便捷高效的服务，有利于推动传统农业向现代农业转变，有利于促进农村基本经营制度的稳定和完善。

早在1990年，中共中央、国务院在《关于一九九一年农业和农村工作的通知》中就首次提出了"农业社会化服务体系"的概念，并且将服务主体确定为"合作经济组织内部的服务、国家经济技术部门和其他各种服务性经济实体"。1991年，《国务院关于加强农业社会化服务体系建设的通知》指出："农业社会化服务，是

包括专业经济技术部门、乡村合作经济组织和社会其他方面为农、林、牧、副、渔各业发展所提供的服务。"进入21世纪以后,中央更加高度关注农业社会化服务体系建设。2003年党的十六届三中全会提出"健全农业社会化服务体系",并对相关政策进行安排,使供给主体更加多样化。此后,每年的中央1号文件都对健全农业社会化服务体系作出部署。特别是2006年的中央1号文件提出"培育农村新型社会化服务组织"的新思路,并且将服务内容拓展到法律和财务等领域。党的十七届三中全会通过的《中共中央关于推进农村改革发展若干重大问题的决定》指出,要在"统"的层次上"培育农民新型合作组织,发展各种农业社会化服务组织",并重点强调"加快构建以公共服务机构为依托、合作经济组织为基础、龙头企业为骨干、其他社会力量为补充,公益性服务和经营性服务相结合、专项服务和综合服务相协调的新型农业社会化服务体系"。2012年的中央1号文件再次强调培育和支持新型农业社会化服务组织,通过政府订购、定向委托、招投标等方式,扶持农民合作经济组织、工商企业等社会力量广泛参与农业产前、产中、产后服务。2013年的中央1号文件强调,要"构建农业社会化服务新机制,大力培育发展多元服务主体"。

在中央和相关部委的大力推动下,我国各类农业社会化服务组织快速发展,农村的新型社会化服务体系逐渐建立,在农业生产经营的健康快速发展过程中的保障作用日益凸显。首先,政府公益性服务体系不断优化。农业部的数据显示,2011年农业社会化服务组织县均676个,农业服务业增加值县均2.29亿元。科技部的数据表明,自2002年以来,有11.6万名科技特派员活跃在农村农业基层,覆盖全国1750个县(市、区)。[①] 截至2012年7月,商务部"万村千乡市场工程"已在全国累计建设改造农家店约60万家,覆盖75%的行政村,初步形成了以城区店为龙头、乡镇店为骨干、村级店为基础的农村市场网络。[②] 中央财政从2007年起设立

[①] 张来武:《科技创业服务林业推动林业科技特派员科技创业深入发展》,国家林业局网站,2010年1月22日。
[②] 资料来源:《房爱卿出席商务部市场体系建设工作会议并讲话》,商务部网站,2012年7月5日。

"新网工程"中央财政专项资金,截至2012年底,负责这项工程的供销社全系统共扶持开展连锁经营和配送业务的法人企业5709家,配送中心10548个。其中,农业生产资料连锁经营企业2118家,配送中心5311个;消费品连锁经营企业1297家,配送中心1882个,批发交易市场253个。2012年底,全系统各类连锁配送网点91.3万个,其中县及县以下网点有43万个。"新网工程"专项资金重点扶持了694个网络薄弱与空白县,已经初步形成了覆盖县、乡、村三级的经营服务网络。其次,社会经营性服务主体加快形成。受国家政策的推动,当前我国各类经营性社会服务主体大量涌现。截至2011年底,我国各类产业化经营组织达到28.4万个,其中龙头企业11.1万家,辐射带动全国农户数达1.12亿户。[1] 截至2013年第一季度,我国农民专业合作社数量达到73.06万家,服务成员农户达到5400多万户。[2] 此外,以农村经纪人、基层农资供应商等为主体的个体形式市场性服务主体具有数量庞大、服务内容多样、服务经营形式灵活等特点,在当前的农业社会化服务体系中扮演着重要的角色。

党的十七届三中全会和十八届三中全会为新时期农业社会化服务体系建设指明了方向,就是要按照建设现代农业的要求,建立覆盖全程、综合配套、便捷高效的服务体系,形成多层次、多形式、多主体、多样化的农业社会化服务格局。新型农业社会化服务体系的建立,将有利于强化农业双层经营中"统"的功能,为农民生产经营提供便捷高效的服务,把千家万户的分散生产经营变为相互联结、共同行动的合作生产、联合经营,实现小规模经营与大市场的有效对接,提高我国农业的整体素质和市场竞争力。具体来看,我们可以从三个方面来建立新型农业社会化服务体系。

一是制度建设。要围绕党的十八届三中全会提出的"加快构建新型农业经营体系"和党的十七届三中全会指出的"加快构建以公共服务机构为依托、合作经济组织为基础、龙头企业为骨干、其他社会力量为补充,公益性服务和经营性服务相

---

[1] 董峻、于文静:《农业产业化组织成为建设现代农业重要力量》,新华网,2012年11月25日。
[2] 张凤云:《我国农民专业合作社逾73万进一步发展需解决八个制约因素》,《农民日报》,2013年5月27日。

结合、专项服务和综合服务相协调的新型农业社会化服务体系"的要求展开，在农业技术推广服务、农业生产性服务、农村商品流通服务、农村金融服务、农村信息服务、农产品质量安全服务等方面进行制度优化，形成长效机制。

二是主体建设。就政府主体而言，要加强农业公共服务能力建设，创新管理体制，提高人员素质，在全国普遍建立乡镇或区域性农业技术推广、动植物疫病防控、农产品质量监管等公共服务机构，逐步建立村级服务站点。其中，县级技术推广机构的改革是建立新型农业社会化服务体系的重点之一。无论是农业公共服务能力建设、管理体制创新，还是乡镇农业服务机构的健全、村级服务点的建立、高素质农技推广人才队伍的培养，都需要在县级技术推广机构的指导下进行。同时，支持供销合作社、农民专业合作社、专业服务公司、专业技术协会、农民经纪人、龙头企业等提供多种形式的生产经营服务。此外，还要认识到扶持新型农业经营主体与建立新型农业社会化服务体系是"构建新型农业经营体系"的两个方面。新型农业经营主体的发展会促进农业社会化服务体系的配套；而农业社会化服务体系的配套反过来又会提高新型农业经营主体的建设水平，促进农业生产的集约化、专业化、组织化和（适度）规模化发展。

村级集体经济组织的发展也是农业社会化服务主体建设的重要内容。首先，要加强农村集体经济组织（社区合作组织）的立法工作，依法享有法人地位，使其运转有法可依，解决生产经营行为受限制问题①；其次，要加快农村社区股份合作社改革的步伐，强化社区集体经济组织的合作性质，即"民办，民管，民受益"，调动广大农民的积极性；再次，要出台相关政策，切实推进农村社区集体经济组织的发展；最后，要明确社区集体经济组织最主要的职能就是为农民提供社会化服务。

三是市场建设。市场机制是除政府之外的优化农业社会化服务的重要力量。为此，首先要开拓农村市场，推进农村流通现代化，加快农村日用消费品和农业生产资料连锁经营网络建设，建立以绿色农副产品物流交易中心为龙头的农副产品流通

---

① 郑有贵：《改革以来农村社区集体经济组织服务功能定位的历史考察》，载于2013年农业部农村经济研究中心当代农史研究室编《纪念农村改革开放35周年座谈会暨研讨会会议交流材料》，第83页。

网络，充分发挥信息网络在农村流通现代化中的作用；其次要健全农产品市场体系，完善农业信息搜集和发布制度，发展农产品现代流通方式，减免运销环节收费，长期实行绿色通道政策，加快形成流通成本低、运行效率高的农产品营销网络；最后要保障农用生产资料供应，整顿和规范农村市场秩序，严厉惩治坑农害农行为。

第三节
农村基本经营制度面临的问题与挑战

农村改革以来，尤其是21世纪前后，随着城乡经济社会的快速发展，农村基本经营制度的一些固有缺陷开始显现，集体经济组织"统"的职能发挥不足、家庭经营过于分散等方面的原因导致农民增收、农业增效的难度加大。同时，工业化、城镇化快速推进，一方面导致青壮年农村劳动力持续流失，影响农业综合生产力的提高，加剧了农业兼业化、农民老龄化和农村空心化；另一方面增加了农民土地流转的需求，为我国农业规模经营的实现和新型经营主体的培育提供了新机遇。

一、农村基本经营制度的既有缺陷亟待修补

1. 土地制度不能适应现代农业的发展

首先，"均田制"导致农村土地细碎化严重，降低了农地的规模经营效益和粮食产量。虽然在实行家庭承包经营制度时，中央在1982年的中央1号文件中明确"提倡根据生产的需要按劳力或人劳比例承包土地；由于劳力强弱、技术高低不同，承包土地的数量也可以不同"。但土地是农民最基本的生产资料，为了体现公平、减少矛盾，各地主要采取了按人头把土地分给农户的"均田制"，即在土地按优劣分级之后，把每一等级的耕地都在村民之间平均分配，以保证同一集体组织内部的每一个农民家庭都拥有本村各个等级的土地，这就导致一片土地可能被分成很多小

块，每户的耕地都散落在不同的地块上。此后，随着农村人口的持续增长，农地细碎化程度日益严重。杜润生在回忆这一问题时说："现实中不能令人满意的一个问题，就是土地分割得非常零碎。各地分配土地的具体办法，一是把土地分成上、中、下三等，按等级计算'分数'，然后按'分数'配给土地。但农民要求，分配时必须好坏搭配，结果不得不把好地、坏地平均分成了若干块，最多的一户农民有分到9块土地的。"[①] 1997年全国第一次农业普查结果表明，我国90%以上农户的农地经营规模在1公顷以下，这些农户经营的农地占全国的79.07%。21世纪以来，农村耕地的细碎化程度进一步加剧。据农业部农村固定观察点办公室调查，2003年我国农户家庭平均土地经营规模为7.517亩，户均有土地块数为5.722块，平均每块大小为1.314亩，其中东部地区由于人地比例较高，农户家庭平均土地经营规模为4.438亩，户均有土地块数为3.850块，平均每块大小仅有1.153亩。至2006年全国第二次农业普查，我国农地经营面积不足1公顷的农户数量比重高达92%，全国农地总面积的84.8%由这些小农户分散经营。2011年，国务院发展研究中心统筹城乡发展中农民土地权益保障研究课题组在全国范围内对669户农户的调查表明，拥有自有承包者耕地的受访者共有耕地平均为4.82块，其中10.9%的受访者共有耕地1~2块，53.1%的受访者共有耕地2~5块，25.7%的受访者共有耕地5~10块，10.3%的受访者共有耕地10块以上。[②]

黄宗智的研究发现，农地细碎化是中国传统农业生产中的一个突出特征。[③] 大部分学者认为，农地细碎化阻碍了农业生产规模效益和粮食产量的提高，降低了农户的收入水平，浪费了农村劳动力。[④] 事实也是这样，目前我国多数地区农地的严重细碎化，已经阻碍了农业综合生产力的进一步提高和农业现代化进程。我们在各地农村调查发现，农地细碎化导致中国农地的有效耕种面积被缩小了5%~10%。

[①] 杜润生：《杜润生自述：中国农村体制变革重大决策纪实》，人民出版社，2005年版，第154页。
[②] 张云华、罗丹等：《统筹城乡发展中农民土地权益保障研究》，2011年农业部软科学课题结项报告，未发表。
[③] 黄宗智：《华北的小农经济与社会变迁》，中华书局，1986年版，第79、107页。
[④] 万广华、程恩富：《规模经济、土地细碎化与我国的粮食生产》，《中国农村观察》，1996年第3期。

也就是说，即使农业生产效率不变，只要有效解决农地细碎化的问题，我国的农业产出就有可能增加5%~10%。有的学者计算，如果让所有家庭的零散土地完全归整，即如果每户只有一块土地，则我国的粮食产量每年可以增加7100万吨。① 有学者采用随机前沿生产函数研究了农地细碎化对农户粮食生产的影响，发现土地地块数量对农户的资本投入有负面影响——地块数量增加1%，将导致农户资本投入减少0.32%，因为农地细碎化会减少农户的资本投入和劳动力投入，从而降低了农户的粮食生产效率，减少了粮食产量。②

其次，农村土地所有权界定不清，影响了农地利用效率和农业长期发展。《中华人民共和国宪法》规定，农村的土地除法律规定的以外，属农民集体所有。《中华人民共和国土地管理法》进一步规定，农村土地除了村集体所有和乡集体所有的之外，由村内各农村集体经济组织或者村民小组经营、管理。但是，由于对"集体"的界定不明确，这些规定让人对土地究竟归谁所有产生了认识上的混乱。杜润生在回忆当时的情况时说："承包土地的所有权究竟归谁，不明确。人民公社核算单位以队为基础是指生产队，后来的村民委员会在《中华人民共和国宪法》上定为自治单位，而在很多地方村委会是原来的生产大队。还有少数地方把土地宣布为乡镇所有了。"③

根据农业部1987年对全国1200个行政村的调查，实行土地归行政村所有的占34%，实行土地归村民小组所有的占65%。与农村改革之初的1981年相比，土地所有权归村委会的比重明显提高，相当大一部分原来的生产队，失去了原有的土地所有权。④ 高飞在2008年基于全国10个省30个县1799个农户的抽样调查数据表明，农户认为土地所有权属于国家的占41.91%，认为属于村集体的占29.57%，

---

① 许庆、田士超等：《农地制度、土地细碎化与农民收入不平等》，《经济研究》，2008年第2期。
② 秦立建、张妮妮、蒋中一：《土地细碎化、劳动力转移与中国农户粮食生产——基于安徽省的调查》，《农业技术经济》，2011年第11期。
③ 杜润生：《杜润生自述：中国农村体制变革重大决策纪实》，人民出版社，2005年版，第154页。
④ 陈锡文：《中国农村改革：回顾与展望》，天津：天津人民出版社，1993年版，第117—118页。

认为属于村民小组的占 6.23%，认为属于个人的占 17.62%。① 国务院发展研究中心统筹城乡发展中农民土地权益保障研究课题组 2011 年在全国范围内对 669 户农户的调查结果表明，32.9% 的家庭没有土地承包经营权证，33.7% 的家庭没有与集体签订过土地承包合同。另外，在受访者中，认为土地所有者是村集体和国家的比例分别是 40.6% 和 44.7%，另有 14.7% 的受访者说不清土地的所有权归属。② 上述研究成果表明，我国农村土地所有权虚置问题十分严重，而且有从村民小组所有向村集体所有转变的趋势。所有权虚置、地权关系不稳定，是改革至今各种侵犯农民合法土地权益事件的根源，如在农业结构调整过程中强迫农民统一种植某种作物、在征地补偿时村级组织甚至乡镇政府随意提高留成比例、在土地流转过程中强迫农民转出土地或接受某一价格等。这一状况如不能尽快改变，必将对农业长期发展和农村稳定产生重大影响。

从市场经济的逻辑看，产权清晰是市场有效率运行的重要前提，因此土地制度的经济效果，一直是学术界比较关注的问题。近年来，一些学者对土地所有权虚置造成的效率损失进行了测算。据杨小凯估计，如果在 1987 年允许土地自由贸易的话，中国农民的人均真实收入将增加 30%。③ 虽然其结论背后隐藏的土地私有化逻辑需要讨论，但是这一研究仍然让学界对土地所有权清晰能够产生的经济效益有了量化认识。还有的学者指出，集体土地所有权先天性缺陷与制度供给不足引致了土地经营的低效益、高成本，也直接导致了农村、农民的贫困和农业经济的全面萎缩，因此需要进一步完善我国的农村土地制度。④

2. 集体经济组织"统"的职能发挥不够

实行家庭承包经营之后，集体经济组织逐渐退出了农业生产活动，经营活动逐渐向非农产业转移，其"统"的职能也转变为农业社会化服务，主要负责组织农

---

① 高飞：《集体土地所有权主体制度运行状况的实证分析——基于全国 10 省 30 县的调查》，《中国农村观察》，2008 年第 6 期。
② 张云华、罗丹等：《统筹城乡发展中农民土地权益保障研究》，2011 年农业部软科学课题结项报告，未发表。
③ 党国英：《当前中国农村土地制度改革的现状与问题》，《华中师范大学学报（人文社会科学版）》，2005 年第 4 期。
④ 刘云生：《集体土地所有权身份歧向与价值悖离》，《社会科学研究》，2007 年第 2 期。

民进行农田水利建设和向农民提供某些生产服务等。我们的前期研究发现①，当前农村集体经济组织为农户提供的社会化服务具有以下四个特征：一是集体经济组织为农户提供的服务种类普遍较少，且项目之间被提供的频率具有较大差异。被提供最多的几项服务分别为灌溉服务、技术指导服务、信用评级证明服务和政府法律信息服务、技术培训服务和购买良种服务。二是集体经济组织提供的社会化服务以产前、产中服务为主，产后服务比较薄弱。服务主要集中在灌溉服务、购买良种服务、饲养技术服务、畜禽防疫服务等产前、产中环节，而产后环节的服务，如种植业产品的包装、储藏、运输以及畜禽产品的屠宰、运输和加工等，则很少提供。三是集体经济组织提供的社会化服务大多是自发性的，收费的服务项目比较少。无论是农田灌溉服务、技术指导和技术培训服务，还是政策法律信息服务、购买良种服务等，绝大部分都是集体经济组织主动为农户免费提供的。四是村干部比较重视农业社会化服务，但有计划向农户提供服务的集体经济组织并不多。

在农业社会化服务体系中，村集体经济组织起到连接农户和各种服务主体的作用。早在1991年，《国务院关于加强农业社会化服务体系建设的通知》就指出："农业社会化服务的形式，要以乡村集体或合作经济组织为基础，以专业经济技术部门为依托，以农民自办服务为补充，形成多经济成分、多渠道、多形式、多层次的服务体系。"党的十七届三中全会也提出要"发展集体经济、增强集体组织服务功能"。但在整个服务体系中，村集体经济组织始终是最薄弱的环节。造成集体经济组织"统"的职能发挥不够，为农户提供的社会化服务普遍较少、可持续性差、覆盖的生产环节不全面的主要原因，可以归结为以下四个方面：首先，集体经济组织实力薄弱，无力向农户提供高水平的农业社会化服务。"包产到户的实行，意味着经营权力的转移，把经营权下放给农户了。对基层干部的工作又做得不够充分，使他们感到有点意外，由原来的不积极，转向放任自流。同时出现农民的短期行为，对于公共财产（虽然文件上都要求'保护公共财产'但缺乏具体章法）如农业机械、水利设施、仓库、农具、车马等，有的贱价处理了（约占70%），有的卖

---

① 孔祥智：《中国农业社会化服务：基于供给和需求的研究》，中国人民大学出版社，2009年版，第252—260页。

不出去而废置（约有 30% 的固定资产丧失效用）。"① 国务院发展研究中心"推进社会主义新农村建设研究"课题组 2006 年对 17 个省（市、区）2749 个村庄进行的调查表明，所调查村庄中一般集体收入不到 5 万元，其中资不抵债的村庄占到 32.9%，净资产处于 0 元到 -10 万元的村庄占到 21.9%。② 可见，村级集体经济组织的收入十分微薄，集体经济组织实力普遍不强，受其制约，为农户提供服务的能力也就十分有限。其次，集体经济组织涣散，难以有效承担提供农业社会化服务的职能。"统"的职能，或者说农业社会化服务体系，需要通过相应的组织架构才能实现。但是，由于集体经济组织收入微薄，部分村级集体经济组织已经不能正常运转，村级集体经济组织的凝聚力很弱，村干部的积极性不高，为农户提供服务的能力不足。再次，集体经济组织在农业化服务体系建设中的定位不明，主体功能不突出。在改革开放以后出台的法律法规中，自始至终没有对农村集体经济组织给予定位，在市场经济中，缺乏明确定位的主体是无法充分发挥作用的，也无法实现财富的自我积累。在这种情况下，虽然中央多次强调集体经济组织在农业社会化服务体系建设中的重要作用，并明确集体经济组织开展的服务应以统一机耕、排灌、植保、收割、运输等为主，引导其将服务的重点放在产中环节，但是实际上大部分村集体经济组织根本没有能力提供全面的产中服务。最后，集体经济组织缺乏外部支持，开展农业社会化服务的能力受到限制。这种限制来自两方面：一是少数农户的"搭便车"行为使村级社会化服务难以有效开展；二是政府扶持的缺位导致村级社会化服务难以正常开展。

近些年来，尤其是 2006 年在全国范围内取消农业税费后，农村集体经济组织不再负责收取农田灌溉费用，也就没有了参与农田水利基础设施建设的组织能力和制度激励。农村集体经济组织逐渐脱离农田灌溉和农田水利基础设施建设，其农业社会化服务职能进一步弱化。集体经济组织"统"的功能无法顺利实现，不仅阻

---

① 杜润生：《杜润生自述：中国农村体制变革重大决策纪实》，人民出版社，2005 年版，第 155 页。
② 国务院发展研究中心推进社会主义新农村建设研究课题组：《新农村调查——走进全国 2749 个村庄》，中国社会科学网，2007 年 1 月 22 日。

碍了现代农业技术的采纳和农业生产率的提高,还恶化了农户小生产和大市场的对接关系,加剧了农产品的"卖难"问题。

二、经济社会转型要求提高农村基本经营制度的包容性

1. 工业化、城镇化加速给"三农"带来的新挑战

自20世纪末以来,城乡壁垒逐渐被打破,农村青壮年劳动力大量流入城市,成为城市社会群体中重要的组成部分。据国家统计局统计,2003年,我国有1.139亿劳动力离开农业农村,到了2015年底,全国农民工的数量已经增加到2.775亿,增加了1倍多。农村人口离开农业农村进入城市和工厂,不仅迅速减少了农民的隐蔽性失业,提高了农民的绝对收入,改善了农民的生活状况,而且还有效弥补了城镇劳动力供给的结构性不足,有效地抑制了劳动力成本的上升速度,为发挥劳动力资源优势、提高我国企业的竞争力作出了不可磨灭的贡献。但是,因工业化、城镇化引发大量青壮年劳动力持续离开农村,也给农业农村乃至城乡一体化发展带来了诸多挑战。具体来看,这些挑战集中体现在四个方面。

(1)"谁来种地"问题突出。

自20世纪末以来,我国工业化、城镇化推进加快,农村劳动力持续向城市转移,不少农村出现务农劳动力老龄化和农业兼业化及副业化的现象,农业劳动力结构性不足的问题日益凸显。调查发现,目前从事农业生产的劳动力平均年龄在50岁以上,其中上海等经济发达地区务农农民年龄已接近60岁,"老人农业"现象已成为阻碍中国农业发展的现实难题。[①] 湖南宁乡县农业局2012年对县里100个村1000户农户进行的调查结果显示,在1000户农户中,粮食生产从业人员50岁以上的占了63%,20~29岁的只有3.5%,30~49岁的约占25.3%;从男女比例来看,男性仅占34.3%,女性占到了65.7%;从文化程度来看,小学文化占17.2%,初中文化占67.7%,高中及以上学历的仅占15.1%。[②] 全国产粮先进县尚且如此,其他地方的农村劳动力的老龄化、女性化和低学历化情况可想而知。同时,农业兼业

[①] 张红宇:《"老人农业"难题可以破解》,《农村工作通讯》,2011年第14期。
[②] 颜珂:《明天,谁来种地?》,《人民日报》,2012年12月23日。

化及副业化的现象越来越突出。有学者指出，虽然工业化、城镇化能为农民创造大量的非农就业机会，但农户在综合权衡各种利益得失后，一般不会选择放弃土地，甚至不会参与土地流转，而是选择兼业化经营，以获得更多的收益。① 钱忠好对江苏、河南、宁夏等地467户农户的调查表明，高达66%的被调查农户认为其承包土地面积偏低，生产经营能力未能得到充分利用。② 为了实现收益最大化，农户必须充分利用其劳动能力，兼业化、副业化往往成为第一选择。③

（2）农村"空心村"现象严重。

农村宅基地过度占用耕地、大量房屋闲置造成的土地浪费十分严重。国土资源部的数据显示，当前农村居民点空闲和闲置用地面积达0.3亿亩左右，低效用地面积达0.9亿亩以上，分别相当于现有城镇用地规模的1/4和3/4。④ 以河南省为例，据河南省国土资源厅调查统计，仅"空心村"就浪费耕地150万亩。农户新建住宅像"摊煎饼"一样不断外扩，该省正阳县户均宅基地达3亩，是国家宅基地划拨标准的10倍，全县合计浪费耕地20万亩，其中有一户人家的宅基地多达13亩，且长年闲置。在其他省份的一些地方，随着农村人口持续向城市转移，长期闲置的宅基地和荒废宅院也日渐增多，有的地方闲置比例高达11%。⑤ 21世纪以来，劳动力向城市转移速度加快，农村空心化程度日益严重。据中国科学院地理科学与资源研究所估计，目前传统农区1/4至1/3的村庄有空心化问题，全国"空心村"综合整治潜力可达757.89万公顷，相当于5个北京城的面积。⑥ "空心村"不仅侵占了大量耕地，浪费了土地资源，还诱发了一些社会问题。

---

① 钱忠好：《非农就业是否必然导致农地流转——基于家庭内部分工的理论分析及其对中国农户兼业化的解释》，《中国农村经济》，2008年第10期。
② 钱忠好：《农村土地承包经营权产权残缺与市场流转困境：理论与政策分析》，《管理世界》，2002年第6期。
③ 韩俊：《我国农户兼业化问题探析》，《经济研究》，1988年第4期。
④ 《推进土地节约集约利用的指导意见解读之一》，国土资源部网站，2014年10月28日。
⑤ 张正河：《准城市化下空心村解决思路》，《中国土地》，2009年第8期。
⑥ 中国科学院地理科学与资源研究所：《中国乡村发展研究报告——农村空心化及其整治策略》，科学出版社，2011年版，第7—11页。

(3) 农业劳动生产率提高缓慢。

农业劳动生产率是指平均每个农业劳动者在单位时间（一般指一年）内生产的农产品产量或产值。研究表明，自20世纪90年代以来，无论是与其他国家的农业相比，还是与国内的非农产业相比，我国的农业劳动生产率提高都过于缓慢。从国际对比的角度看，我国与世界主要国家的农业劳动生产率差距持续扩大。世界银行公布的《世界发展指数（2013）》表明，2011年我国每个农业劳动者年生产农业产值为571美元，比2000年的358美元增加了213美元，11年来共增长了59.5%。缓慢的增长速度，不仅导致我国的农业劳动生产率远远低于巴西、俄罗斯等金砖国家，也使得我国与美国、日本等发达国家的农业劳动生产率的绝对差距进一步扩大。① 从国内不同的产业部门来看，农业与非农产业的相对劳动生产率差距也非常明显。2000年，我国农业产值占GDP的份额为15.9%，而农业的就业人口比例高达50%，非农产业与农业的劳动生产率差距已从1990年的3.93倍扩大为5.29倍。② 虽然新时期以来，随着城镇化加速和农村劳动力的转移加快，农业劳动生产率有所提高，但与非农产业相比，仍然有很大差距。《2012年国民经济和社会发展统计公报》的数据表明，至2012年，农业产值占我国GDP的份额为10.1%。但是，农业就业人口依然占到总就业人口的33.6%。③ 据此可以算出，至2012年，非农产业劳动生产率仍然为农业劳动生产率的4.5倍。④ 当然，考虑到流向城市的农村劳动力主要是青壮年，而留守农村的主要为女性或文化程度较低、年龄较大的

---

① 根据世界银行《世界发展指数（2013）》的数据，2000—2011年间，一些国家（以2000年为基期、以美元为单位的不变价格）的农业劳动生产率增长情况如下：美国从35599美元增至51370美元，增幅为44.3%；日本从26181美元增至40385美元，增幅为54.3%；法国从38417美元增至57973美元，增幅为50.9%；德国从21274美元增至32866美元，增幅为54.5%；韩国从9996美元增至20559美元，增幅为105.7%；巴西从2348美元增至4461美元，增幅为90.0%；俄罗斯从1953美元增至3281美元，增幅为68.0%；印度从420美元增至523美元，增幅为24.5%；中国从358美元增至571美元，增幅为59.5%。

② 张红宇：《现状：农民收入实现恢复性增长》，《人民论坛》，2002年第4期。

③ 数据来源：中经网统计数据库。

④ 根据劳动生产率的定义，计算非农产业劳动生产率与农业劳动生产率的差距，可以采用如下公式：倍数 $= \dfrac{GDP \times (1-\alpha)}{P \times (1-\beta)} \div \dfrac{GDP \times \alpha}{P \times \beta}$，其中 P 为总就业人口，α 为农业产值占GDP的比例，β 为农业就业人口比例。因此，只需知道 α、β 的值，即可算出倍数。

男性，这些农民难以在城市找到合适的工作，而且对新技术、新品种的采纳能力和意愿都较弱，因此我国农业劳动生产率提高缓慢有其现实背景。

（4）城乡建设用地不合理地"双增长"。

21世纪以来，我国城镇化的步伐显著加快，大量农村人口不断向城镇迁移。预计到2030年，我国的城镇化率将达到70%左右，期间仍会有大量的农村人口迁入城镇成为市民。一般来讲，城乡土地资源的统筹利用，要求随着农村人口向城镇迁移，城市建设用地增加而农村建设用地减少。但是，受限于我国的农村土地制度，农村宅基地使用权不能在市场上合法交易，进城农户有偿退出宅基地的通道也十分缺乏。受此影响，我国在城镇化率不断提高的同时，城市建设用地和农村宅基地面积却不合理地"双增长"。全国农村宅基地面积从2008年的1.36亿亩[1]，增加至2013年底的1.7亿亩[2]；城市（包括县城）建设用地面积则从2008年的0.82亿亩，增长为2014年底的1.03亿亩[3]。由于土地面积的不可增加性，城乡建设用地增加必然以耕地（或潜在耕地）面积减少为代价。这表明，短短几年时间，仅城市建设用地和农村宅基地的增加，就让耕地面积减少了0.55亿亩。对于我国这样一个人均耕地面积不足世界平均水平一半的国家而言，这无疑进一步增加了耕地保护的压力。

2. 土地承包关系长久不变需要解决几个难题

党的十七届三中全会指出："赋予农民更加充分而有保障的土地承包经营权，现有土地承包关系要保持稳定并长久不变。"这是完善我国农村基本经营制度的重大举措，具有深远的理论和现实意义。党的十八届三中全会通过的《关于全面深化改革若干重大问题的决定》，再次要求"稳定农村土地承包关系并保持长久不变"。

---

[1] 2008年全国农村宅基地以全国农村居民点用地面积估算。按照国土资源部的估算方法，农村宅基地面积=农村居民点面积×村庄居住建筑用地比例，其中村庄居住建筑用地比例取55%。这一比例，既是中心村居住建筑用地比例的下限，也是一般集镇居住建筑用地比例的上限。参见国土资源部咨询研究中心2010年2月发布的《农村宅基地节地政策研究报告》。

[2] 数据来源：2008年的数据来自国务院2010年底印发的《全国主体功能区规划》，2013年的数据转引自《经济参考报》，2014年12月3日第二版。

[3] 数据来源：《中国城乡建设统计年鉴（2014）》。

但是,"长久不变"是一个新的提法,具体如何执行仍面临着很多现实问题。①

一是如何在稳定土地承包关系长久不变的基础上解决"有地无人种"和"有人无地种"的现实矛盾。大部分地方自第二轮承包后(有的自第一轮承包后),就按照中央的精神,没有对农户的承包耕地进行调整。至今家庭人口已经发生了较大的变化,但承包耕地的总面积没有变化,出现了"一人种多人地"和"多人种一人地"并存的现象,有的耕地甚至已经无人耕种。如果据此确权并长久不变,则固化了这种由于自然原因而出现的不平等。目前面临的两难困境是,既要有效解决这一问题,又要保持土地承包经营权的稳定,需要在大量调研的基础上拿出解决问题的对策,关键是要看广大农民的选择。从逻辑上看,承包耕地的频繁调整不利于地权的稳定,从而不利于农民对土地的投入,尤其是农田水利设施等固定资产投入;容易诱发农民对土地的掠夺性使用,导致其不愿意培育土地肥力,并且加剧了承包耕地的细碎化。正是基于以上原因,启动了第二轮承包的 1993 年中央 11 号文件指出:"为避免承包耕地的频繁变动,防止耕地经营规模不断被细分,提倡在承包期内实行'增人不增地、减人不减地'的办法。"党的十五届三中全会也指出:"稳定土地承包关系,才能引导农民珍惜土地,增加投入,培肥地力,逐步提高产出率;才能解除农民的后顾之忧,保持农村稳定。这是党的农村政策的基石,决不能动摇。要坚定不移地贯彻土地承包期再延长三十年的政策,同时要抓紧制定确保农村土地承包关系长期稳定的法律法规,赋予农民长期而有保障的土地使用权。"土地承包关系不稳定及其对农业生产的负面影响,中央自 20 世纪 80 年代中期就发现并于 1987 年决定在贵州省湄潭地区设立农村改革试验区,"最可贵的是与农民协商,接受承包田'生不添,死不减'"②。正是在湄潭试验及其他地区大量调研的基础上,才有 1993 年中央 11 号文件中"增人不增地、减人不减地"做法的出台。因此,这个政策当然应该是符合农民利益的,广大农民也应该自觉选择"增人不增地、减人不减地",但刘守英在贵州湄潭的调查结论却与此相反,"农民对土地调

---

① 孔祥智:《论稳定与完善农村基本经营制度》,《新视野》,2010 年第 3 期。
② 杜润生:《杜润生自述:中国农村体制变革重大决策纪实》,人民出版社,2005 年版,第 158 页。

整的意愿仍然强烈，93%的被调查者同意按人口进行土地再分配"①。贺雪峰在同一地区的调查也得出了相同的结论。② 这起码说明各地情况千差万别并不断变化，如何既确保农民的合法权益得到充分保护，又在统一政策下允许农民有一定的选择弹性，是一个值得深入研究的重大问题。

二是如何保障第二轮承包时放弃承包土地的农户的权利。20世纪90年代，由于当时农村的税费负担较重，一些外出打工收入比较稳定的农民，在农村土地第二轮承包时放弃了承包。近些年来，随着免除农业税费和农村土地流转价格不断升高，这部分人想再次获得承包资格，继续承包农村的土地。从现实中看，有些地方由于留有机动耕地而比较顺利地解决了这类问题，而没有机动耕地的地方则很难解决，成为农村土地纠纷多发的诱因之一。这类问题涉及的农户较多，在目前正在推进的农村土地承包经营权确权登记颁证工作中，是否考虑、如何考虑这部分农户的承包经营权，应引起有关部门的高度重视。

三是如何在已经实行规模化经营（比如集体农场）的大城市郊区落实土地承包关系长久不变。在20世纪80年代末期和90年代初期，一些大城市郊区推行规模经营，把已经承包的耕地再次集中起来，实行集体农场或者家庭农场的经营模式，这种情况下如何体现土地承包关系长久不变？如何把确权和确利相结合，使农民能够充分享受工业化、城镇化带来的土地收益，是这类地区迫切需要解决的问题。

四是如何在工业化程度较高的村庄落实土地承包关系的长久不变。少数村由于工业化程度较高等原因，自始至终没有把土地承包到户，而是坚持采取集中经营的方式，把农业打造为一个生产车间，在村庄高度发达的工业的带动下率先实现了农业现代化。村民的收入绝大部分来自非农产业，对农业的依赖很小。这类村庄的共同特点是：80年代初期开始工业化的资金主要来自改革前30年的农业积累；90年代后期国家实行"最严格的土地制度"，村庄工业的快速发展主要得益于集体所有

---

① 刘守英：《贵州"增人不增地，减人不减地"24年政策效果调查》，《改革内参》，2012年第7期。
② 贺雪峰：《地权的逻辑——地权变革的真相与谬误》，东方出版社，2013年版，第12页。

制下村庄内部土地的非农化。因此，这类村庄的农民实现土地权利的最佳方式可能是以股权换土地，使农民真正获取村庄工业化带来的收益并且与工业化同步增长。

五是对土地承包经营权的管理和相关法律的修订问题。2009年的中央1号文件指出："抓紧修订、完善相关法律法规和政策，赋予农民更加充分而有保障的土地承包经营权，现有土地承包关系保持稳定并长久不变。"2013年的中央1号文件指出："抓紧研究现有土地承包关系保持稳定并长久不变的具体实现形式，完善相关法律制度。"这是具有重大理论和现实意义的任务。从成都等地长久不变的试点情况来看，目前很多涉农法律、法规都需要重新修订，以便明确长久不变的起点和期限、《中华人民共和国物权法》所规定的农村土地承包经营权用益物权的具体体现、作为用益物权的农村土地承包经营权的登记管理等问题。

3. 农民与农村土地"人地分离"的趋势日益加快

1984年的中央1号文件就明确提出"鼓励土地逐步向种田能手集中"，但20世纪80年代的土地流转一度十分缓慢，这是和当时的经济社会环境相一致的。自1995年《国务院批转农业部关于稳定和完善土地承包关系意见的通知》提出"建立土地承包经营权流转机制"后，全国范围内的土地流转逐渐兴起。2008年党的十七届三中全会在作出"长久不变"的决策后，进一步提出"加强土地承包经营权流转管理和服务，建立健全土地承包经营权流转市场"。此后，全国各地的农村土地流转逐渐加快。截至2012年6月底，广西富川县土地流转面积达到40万亩，分别占农用地总面积的21.4%和耕地面积的67.1%。江苏东海县仅2012年1~7月，全县新增流转土地面积就有13.92万亩，累计流转土地面积已达74.57万亩，占全县耕地面积的40.64%，其中新增规模经营面积19.57万亩。据农业部统计，2007年流转土地面积占农村家庭承包经营总面积的5.2%，2008年、2009年、2010年、2011年、2012年分别达到8.9%、12%、14.7%、17.2%、21.5%。至2015年底，全国家庭承包经营耕地流转面积为4.43亿亩，占比达33.3%。

2008年以后土地流转的加快是由许多因素共同促成的。首先，保护农民产权的法律和政策体系基本形成。《中华人民共和国宪法》规定了"公民的合法的私有财产不受侵犯";《中华人民共和国物权法》把农民土地承包经营权界定为"用益物权";《中华人民共和国农业法》《中华人民共和国土地承包法》《农村土地承包经营权流转管理办法》《中华人民共和国农村土地承包经营纠纷调解仲裁法》等构建了比较完善的保护农民土地合法权益、促进土地流转的政策法律框架。其次,外出务工农民和种田能手都有流转土地的现实需要。我国有2.77亿名农村劳动力非农就业,按2亿户农户计算,每户至少有1名劳动力在外务工,其中相当大一部分举家外出。这就在客观上产生了把土地流转出去甚至永久退出的强烈需求。据统计,目前已经有超过4000万户农户部分或全部转出土地。同时,改革开放30多年来,在农村职业分化过程中形成了一支庞大的种田能手队伍,他们需要种植规模达到一定限度后才能获得和外出务工或经商相接近的收入水平,客观上产生了转入土地的强烈需求。最后,各地政府的大力推动,加速了土地流转和土地退出。据我们调查,全国大约有20个省、直辖市、自治区颁布了省级党委或政府有关推进农村土地承包经营权流转的文件,绝大部分市、县都有相应的推进土地流转的举措。一些地区还有专门的奖励措施,如一些地区对转出和转入方各奖励100元,有的则各奖励300元。到目前为止,以县级土地流转市场(中心)为主体的中介组织基本形成体系。很多村由村党支部书记或村委会主任牵头成立了土地流转合作社或土地股份合作社,对于促进土地流转起到了十分重要的作用。此外,宁夏平罗、重庆梁平和河南鹤壁等地还开展了农户土地承包经营权退出的尝试,为"离农、进城"的农户彻底放弃农村土地提供制度通道,受到社会各界的高度关注。

总的来看,现阶段的土地流转和一些地方试点开展的土地退出工作,促进了农业经营规模的扩大,有利于推动现代农业发展;吸引了各方面资金投向农业,实现了农业投入主体多元化;出让人和受让人实现了"双赢",有利于促进农民增收;有利于提高农产品供给水平,促进农业结构优化升级。而且,土地流转和土地退出机制的建立,改变了一部分农民"亦工亦农、亦商亦农"的长期兼业化状态,解除了土地对这些农民的束缚,使他们能够成为彻底的工商业从业人员。但是,有些地方政府对农民的意愿不够尊重,对农民的利益考虑不够充分,在推行土地流转和土地退出时存在以行政手段强迫、利益分配不公等现象,引发了一些社会矛盾。国务院发展研究中心课题组2006年的调查数据显示,农民上访事件中有26%是由土地问题引发的。① 总之,"人地分离"日益成为影响农业发展和农村社会稳定的重要问题,但是当前的土地产权制度和土地管理制度仍然存在一些问题,亟待通过完善农村基本经营制度加以解决。

---

① 蔡敏、马姝瑞:《中国近五成农村劳动力转入非农产业》,新华网,2007年1月29日。

第五章
农产品流通和市场

第一节
逐步开放的农产品流通市场

一、搞活农产品流通市场

自1953年开始,国家逐步实行粮食、棉花、油料等重要农产品的统购、派购制度,只允许国有粮食机构、供销合作社等特定机构以计划价格对农产品进行收购。在农产品严重不足的年代,统购、派购制度在一定程度上起到了稳定农产品价格、保障城镇居民基本生活需求的作用,但同时也造成了生产和需求的脱节,严重影响了农业生产的正常发展和农民收入的提高,甚至带来"越少越统、越统越少"的恶性循环。

1978年底,中国共产党第十一届三中全会原则通过的《中共中央关于加快农业发展若干问题的决定》,确定了加快农业生产发展的目标,提出了25条政策和措施,明确了社员自留地、家庭副业和集贸市场是社会主义经济的必要补充部分,任何人不得乱加干涉;要求减少粮食征购指标;提高农、林、畜及水产品的收购价格。中国农产品价格和市场进入了全面改革的新阶段。

实行家庭联产承包责任制和提高农产品收购价格,是这一时期中国推行的主要农业政策。1979年3月,国家开始陆续提高统购计划内粮食、油脂油料、棉花、生猪、菜牛、菜羊、鲜蛋、水产品、甜菜、甘蔗、大麻、苎麻、蓖麻油、桑蚕茧、南方木材、毛竹、黄牛皮、水牛皮共 18 种主要农产品的收购价格，平均提价幅度为 24.8%。同时，国家还逐步恢复了粮食、油脂油料等农产品的议价收购，允许国营商业公司按照规定的价格浮动范围在市场上议购议销，对超过统购计划出售给国家的粮食、油脂油料加价 50% 收购，对棉花加价 30% 收购或每销售 1 公斤皮棉奖售 1 公斤商品粮。并且，为了更好地贯彻加价收购、议价收购等政策，1979—1980 年，国家先后重新限定了统购派购的范围和数量，规定粮食、棉花、油脂油料、南方木材为统购品种，烤烟、茶叶等 127 种（其中中药材 54 种、水产品 21 种）农产品为派购品种，并对主要派购品种规定了收购基数，几年不变，超过部分有的按固定比例加价收购，有的实行议价收购。

粮食收购价格是自 1966 年调价后的首次提高。从 1979 年夏粮上市起，全国 6 种粮食（小麦、稻谷、谷子、玉米、高粱、大豆）的统购价格平均每 50 公斤由 10.64 元提高到 12.68 元，提价幅度达 20.86%。同时，超购加价幅度由原来的按统购价加 30% 提高到按新统购价加 50%。这次粮食提价，结束了粮食统购价格 12 年未动的局面，极大地调动了广大农民的生产积极性。1979—1984 年，由于家庭联产承包责任制在农村的推行和粮食价格政策的刺激，我国粮食生产连年丰收。1984 年，粮食产量达到 4.07 亿吨，6 年间产量增加了 1.03 亿吨。而在"人民公社"时期，粮食总产量从 2 亿吨增加到 3 亿吨用了整整 20 年的时间。

提高收购价格和奖售物资是国家调动农民发展棉花生产的积极性的主要手段。1978—1984 年，国家三次提高棉花收购价格，一次调低收购价格。在 1978 年棉花收购价格提高 10% 的基础上，1979 年棉花再次提价 15.2%，北方棉花另加 5% 的价外补贴；同时，对各地收购棉花以 1976—1978 年三年平均的收购量为基数，超基数收购部分再加价 30%。1980 年，基数棉收购价格又提高 10%。到 1983 年，棉花收购价格总水平提高了 74%。据测算，从 1979 年到 1984 年，农民因棉花加价增加收入 130 亿元，棉花产量增加了 405.1 万吨。国家在提高棉花收购价格的同时，还实行了棉肥挂钩和棉粮挂钩的物资奖售措施，进一步鼓励农民增加棉花生产。从 1978 年起，每交售 50 公斤皮棉，奖售化肥 40 公斤；每交售 50 公斤锯齿棉，奖售化肥 42 公斤。1982 年，改为每交售 50 公斤皮棉，奖售化肥 35 公斤。1980 年国务院决定拨出 48 万吨粮食补助缺粮棉区的农民口粮,进而实行棉、粮挂钩奖售,以 1980 年收购棉花为基数,超购 0.5 公斤皮棉,奖售 1 公斤粮食。1981—1984 年,共销棉奖粮 2500 万吨。这些奖售措施都刺激了棉花种植面积和产量的大幅度增加。到 1984 年,全国棉花产量达到 625.8 万吨,达到历史最高水平。在这种背景下,为了缓解棉花价格随超购量增加自动上升所带来的收购资金增加和南北方新老棉区棉花实际价格差异拉大等日益严重的问题,国家决定从 1984 年新棉上市起,将棉花的收购加价办法由按基数法加价改为按比例法加价,并取消北方棉花 5% 的价外补贴。规定南方棉区的棉花按"正四六"比例计价(60% 按牌价、40% 按超购加价计价),北方棉区的棉花按"倒二八"比例计价(20% 按牌价、80% 按超购加价计价)。这样,当年的棉花结算价格下降了约 36%。

由于国家提高农副产品收购价格和调整统购派购制度,1978—1984 年,绝大部分农产品价格均保持了上涨的势头。1979 年,农副产品收购价格比上年总体上涨了 22.1%,其中,粮食上涨了 30.5%、棉花上涨了 25.3%、食用植物油和油料上涨了 32.7%、糖料上涨了 30.8%、肉禽和禽蛋分别上涨了 24.2% 和 20.3%。此后,虽然国家没有大范围提高农产品收购价格,但由于农产品连年增产,统购、派购之外的商品量逐年增加,农产品收购价格总体保持了平稳的上涨势头。特别是粮食连年丰收,国家超购数量也越来越大,带动了粮食收购价格的快速上涨,到 1984 年,粮食收购价格总体上涨了 98.1%,是所有农产品类别中上涨幅度最大的。

同一时期,农产品的零售价格上涨幅度并不大。从城镇零售物价指数看,虽然食品类零售价格一直在上涨,但总体涨幅不大,1984 年比 1978 年总体上涨了 24.6%,其中受国家调整零售价格影响,副食品零售价格上涨幅度最大,而粮食零售价格基本保持稳定。国家在提高农副产品收购价格的同时,没有同步提高其零售价格,而是由国家向经营部门提供财政补贴。1979 年 11 月,国家决定提高猪肉、牛肉、羊肉、家禽、鲜蛋、蔬菜、水产品、牛奶共 8 种主要副食品的零售价格,同时给城镇职工发放适当的副食品补贴。而粮食、食用植物油、棉花、食糖等的零售价格没有提高,仍由国家向经营部门提供财政补贴,弥补其亏损。

二、农产品统购派购制度改革

随着农业生产的发展和市场供求关系的改善,国家开始逐步缩小农产品指令性计划收购的范围,相应扩大市场调节的比重。中共中央在1983年1月发布的《当前农村经济政策的若干问题》中规定:对重要农副产品实行统购派购是完全必要的,但品种不宜过多;农民完成统购派购任务后的产品(包括粮食,不包括棉花)和非统购派购产品允许多渠道经营。

水产品是农副产品中最早缩小统购派购的品种。在《当前农村经济政策的若干问题》出台前,国家将1979年水产品派购任务从上年的全部派购改为派购60%,1981年又将非集中产区的淡水鱼全部放开,海水鱼派购品种减少到21种。1983年,根据《当前农村经济政策的若干问题》的要求,国家开始分品种、分步骤地陆续缩小农产品统购派购的范围,调整有关部门分类管理农产品的目录。9月,国家决定对海洋渔业减少派购品种,降低派购比例,将对虾、大黄鱼、带鱼等8种鱼产品列为二类产品,派购比例降为50%,其余鱼产品退出派购范围,并在全国范围内对淡水鱼全部放开。10月,国家将二类中药材从54种减少到30种,将商业部系统主管的一、二类农产品从46种调减为21种。1984年4月,国家进一步将商业部系统主管的农产品从21种调减为12种,将二类中药材从30种调减为24种,同时,将淡水鱼和8种二类海产品全部退出了派购。到1984年底,国家统购派购的农产品由过去最多时的180多种减少到了38种(其中中药材24种),统购派购的范围大幅度缩小。在农民出售的农副产品总额中,国家计划牌价统购派购的比重从1978年的84.7%下降到1984年的39.4%,国营商业和供销社代国家经营的农产品的市场份额也从1978年的82%下降到1984年的73%。

农村家庭联产承包责任制的实施和对农产品统购派购制度的初步改革,有力地促进了农业生产的发展,到1984年,全国主要农产品供应紧张的状况有了明显的好转,为进一步改革农产品流通体制奠定了基础。同时,农业连年丰收凸现了农产品流通中仓储、运输能力不足的矛盾,对农产品流通体制改革提出了新的要求。1985年1月,中共中央、国务院发布的《中共中央 国务院关于进一步活跃农村经济的十项政策》提出了全面改革农产品统购派购制度的任务，要求从当年起，除个别品种外，国家不再向农民下达农产品统购派购任务，按照不同情况，分别实行合同定购和市场收购，农产品的价格形成机制发生了重大变化。

到1984年，随着农业生产连年丰收，我国农产品供应紧张的状况有了明显的好转，农产品贸易形势也发生了较大的变化。粮食产量超过4亿吨，比1978年增长33.6%；棉花产量达到625.8万吨，比1978年增长1.89倍；糖料产量达到4780万吨，比1978年增长1.01倍。粮食净进口量从1983年开始大幅度减少，1985年出现了出口量略大于进口量的情况；棉花、食用植物油、食糖的净进口量也大幅度下降，其中食用植物油在1984年变为净出口；1985年，在棉纺织品出口量继续增长的同时，棉花也出现净出口。

农产品的丰收也导致了一些新问题的出现。1984年前后，吉林、河南、安徽等省由于仓储设施不足，产品又不能及时外运，出现了"卖粮难"现象；河北、江苏、湖北等省也因为相同原因陆续出现了"卖棉难"现象。1984年下半年，基于对农业生产形势的乐观估计和减轻化肥进口、农药购销价格倒挂等所造成的财政压力的需要，国家决定调整1985年粮食、棉花的收购价格。

1985年1月发布的《中共中央 国务院关于进一步活跃农村经济的十项政策》规定，粮食取消统购，改为合同定购。国家收购的粮食由商业部门在播种季节前与农民协商，签订定购合同，统一按合同定购价收购，定购以外的粮食可以自由上市。但在销售方面，将国家供应农村的各种用粮的销售价格调整到购销同价，而对城镇人口供应的口粮仍按原统销价不变，即保留统销制度。至此，我国粮食进入了由政府直接控制的市场与自由交换的市场并存的购销"双轨制"时期。

1985年出台的粮食合同定购价实际上相当于国家下调了粮食的收购价格。按照规定，对于国家定购的粮食，国家统一按"倒三七"比例记价的合同定购价收购，即30%按原统购价、70%按原超购价，相当于比原来的超购价低10%。同时取消了原来的超购加价政策，对于定购以外的粮食只以原定购价进行收购。对农民来说，意味着新增产的粮食卖给国家不仅价格低于原来的超购价，而且还低于新出台的合同定购价。

而1985年粮食产量的大幅度下滑，使得新的粮食收购政策在执行过程中遇到了困难。粮食减产带动了市场粮价的迅速回升，到1985年底，市场粮价比上年同期上升了10%，与国家收购价格的差距重新拉开，导致农民不愿与政府签订合同，国家的粮食收购任务难以完成。于是，许多地方又开始采用强制性的行政手段来落实定购合同，用封锁市场等办法来保证合同的实现。为保证国家粮食收购任务的完成，从1986年开始国家每年分地区、分品种小幅度调高粮食合同定购价格，并在1989年将粮食合同定购价格平均提高18%，以期缩小合同定购价格与市场价格的差距。但是国家提高粮食合同定购价格的努力并没有起到缩小与市场价格差距的作用，据统计，1989年与1985年相比，籼稻、小麦和玉米的合同定购价格分别提高了43.4%、14.2%和21.8%，而同期市场价格分别上涨了1.56倍、1.44倍和1.2倍。在此背景下，国家在1985年底重新赋予合同定购以"国家任务"的性质，并于1990年正式决定将"合同定购"改为"国家定购"，明确规定完成合同定购是农民应尽的义务。

棉花在取消统购后，1985年国家再次调低收购价格。按照《中共中央 国务院关于进一步活跃农村经济的十项政策》的规定，从1985年起，国家取消了对棉花执行了30多年的统购制度，改为合同定购，定购的棉花由供销社按国家规定的价格收购，定购外的棉花允许农民上市销售。在确定1985年的定购价格时，国家根据棉花总体供大于求的形势，决定南方棉区继续实行"正四六"比例价，北方棉区则实行"倒三七"比例价，进一步调低了收购价格，并同时调减了定购总量，将1985年的定购总量定为425万吨，比1984年减少了29%。1986年，国家又进一步将北方棉区的收购价降低到"倒四六"比例价。与1983年相比，1984年后的三次调价使北方棉花每50公斤的定购价格下降了17.8元。同时，国家逐步取消了物资奖售政策，缺粮棉区农民口粮采取购销同价、"高来高去"；部分省取消了棉奖肥，部分省降低了奖肥的数量，在实际中还出现了奖肥无法兑现的现象。

合同定购制度的一个主要目的是更好地发挥市场对棉花供求的调节作用。但由于对棉花需求的增长估计不足，1985年棉花流通体制改革发挥市场调节作用的目标并没有实现。1984年、1985年连续调低棉花收购价格后，棉花的播种面积和产量开始下降，符合国家的改革意图。但棉花需求却出现了迅速增长的势头，1984—1989年，全国棉纺生产能力从2220万锭增长到3566万锭，6年间增加了1346万锭，年均增加近270万锭。迫于供求矛盾突出的压力，国家开始提高棉花收购价格。1987年，国家决定对棉花执行全国统一的"倒三七"比例价，此后又连续3年提价，到1990年每50公斤标准皮辊棉收购价格比1987年提高了70%。同时，国家恢复对棉花的物资奖售，1987年每收购50公斤皮棉奖售棉农35公斤化肥，1988年增加奖售2.5公斤化肥，并向棉农预付订金。

1984年国家大幅度缩减鲜活农产品统购派购范围后，鲜活农产品的生产和供给增长迅速，1984年全国肉、水果、水产品的总产量分别达到1690万吨、985万吨、619万吨，比1978年提高了97.43%、49.92%、32.83%，为进一步放开鲜活农产品市场奠定了良好的基础。1985年，《中共中央、国务院关于进一步活跃农村经济的十项政策》要求生猪、水产品和大中城市、工矿区的蔬菜也要逐步取消派购，自由上市、自由交易、随行就市、按质论价。此后，各地迅速放开了鲜活农产品价格。1985年，猪肉、牛羊肉、水产品等鲜活农产品的产量都有大幅度的增长，蔬菜的市场供给充足、品种增多、质量改善。

1985年改革后，粮食、棉花等个别农产品仍由政府制定收购价格，其他鲜活农产品等的价格则由市场决定。从价格走势看，1985年、1986年价格涨幅较小，1987年、1988年涨幅较大，1989年价格涨幅开始回落，部分品种价格在1990年出现了负增长。肉禽价格波动最大，涨幅最高接近50%（1988年），而1990年价格下降了近7%。棉花是唯一一个价格上涨幅度逐年加大的农产品，从1985年的负增长逐年扩大到1990年的近30%。棉花收购价格的快速上涨是对前期棉花统购制度改革过程中提价较慢的一种补充。与1978年相比，1990年农产品收购价格总体上涨了174%，其中粮食类上涨了224.4%，与价格完全放开的糖料、肉禽、禽蛋基本同步，而棉花价格只上涨了174.7%，略高于油料的上涨幅度。

同期，农产品销售价格保持了较快的上涨势头。除1990年外，城镇农产品零售价格年上涨幅度最小为7.0%（1986年），最大为21.3%。其中，价格放开最早的水产品零售价格上涨幅度在10%~30%，肉禽蛋1987—1989年的零售价格上涨幅度均超过10%，粮食零售价格在1988年和1989年也保持了10%以上的上涨幅度。这一时期，国家为保证城镇居民生活水准不因农产品价格上涨而下降，采取了向每个城镇居民发放一定数量的价格补贴的政策。

三、市场经济条件下宏观调控手段的探索

通过20世纪80年代的改革，除粮食、棉花等少数农产品外，绝大多数农产品的市场已经完全放开，国家开始将更多的精力集中在市场体系建设上。同时，由于粮食收购价格不断提高，粮食购销价格的倒挂问题越来越严重，加上统销数量大于定购数量，给国家财政造成了沉重的负担，改革粮食统销制度、探索新的宏观调控手段迫在眉睫。

1. 粮食流通体制改革

第一，取消粮食统销制度。1990年，我国粮食获得大丰收，粮食供求形势明显好转，为改革粮食购销体制创造了宽松的环境。1991年5月，国家提高了城镇居民定量内口粮的销售价格，综合平均每50公斤提价10元，提价幅度平均达67%。1992年2月，国家再次提高定购粮价格，平均每50公斤小麦提价6元、平均每50公斤粳稻提价5元、平均每50公斤籼稻提价3元、平均每50公斤玉米提价3元；同年4月，又一次提高城镇居民定量内口粮的销售价格，平均提价幅度为43%，基本上实现了购销同价，为进一步改革粮食购销体制创造了条件。

从1988年以来，山西省、河南省新乡地区、广西壮族自治区玉林地区、内蒙古卓资县和贵州省湄潭县等地方在中央改革方针的指导下，已经因地制宜地进行了粮食购销体制改革的试验。1988年，山西省率先压缩平价粮销售。1989年，黑龙江、辽宁、河北、山东、河南、浙江、江西等省开始压缩平价粮销售。在总结国务院农村改革试验区和一些地区改革粮食统销制度的经验后，1991年国家作出了粮食购销体制改革可采取"分区决策、分省推进"的决定。1992年，广东率先实行了全面放开粮价的改革措施；1993年1月，浙江放开粮价，江苏、安徽、福建、江西和上海于同年4月全面放开粮食购销价格，取消粮票；北京于同年5月也采取了类似措施。到1993年6月底，全国宣布放开粮价的县（市）已超过总数的95%，

粮食统销制度彻底解体。

第二，提高粮食定购价格。为了调动农民的粮食生产积极性，国家根据市场粮价的变动，多次提高了粮食的收购价格。1994年6月10日，国家将小麦、稻谷、玉米、大豆四种粮食的定购价格平均每50公斤提高到52元，定购粮综合收购价提高了40%。1996年，国家再次提高粮食定购价格，中等质量标准的小麦、稻谷、玉米、大豆四种粮食的定购价格，在1995年各省、自治区、直辖市平均收购价格（不含价外补贴，全国平均每50公斤67元）的基础上，每50公斤提高15元，并允许地方以此为基准价，在上浮不超过10%的范围内具体确定收购价格。据统计，当年全国平均每50公斤小麦由51.8元提高到67.5元，提高了30.3%；平均每50公斤早籼稻由46.9元提高到67.5元，提高了43.9%；平均每50公斤粳稻由53.8元提高到76.9元，提高了42.9%；平均每50公斤玉米由40.8元提高到61.9元，提高了51.7%；平均每50公斤大豆由87元提高到111元，提高了27.6%。1996年的粮食定购价格相当于在1994年的基础上再提高42%。由于当年粮食产量大幅度增加，市场粮价有所下降，粮食定购价与市场价非常接近，个别地区的个别品种甚至出现了定购价高于市场价的现象。1997年，国家采取了按保护价敞开收购农民余粮的措施，保护农民的粮食生产积极性。1997年7月召开的全国粮食购销工作会议要求各地区、各部门要按照国务院的部署一齐行动，所有粮食收购站都要迅速挂出定购价和保护价的牌子，全面敞开收购。

第三，实行"米袋子"省长负责制。1993年后，我国逐渐放开了粮食市场，粮食价格开始由市场供求关系决定。当时，我国尚处于市场经济体制的初建时期，刚刚放开的粮食市场很不完善，不仅缺乏成熟的粮食市场交易主体，而且政府建立的粮食市场宏观调控体系也很不健全，不能有效地调控粮食市场价格的波动。1993年底，我国粮食价格开始上涨，并且引发了长达两年之久的粮食价格上涨风波。此后，国家一方面加强了对粮食市场的管理，另一方面又加大了对粮食生产的支持力度。

1995年，国家开始实行粮食地区平衡和"米袋子"省长负责制。早在1982年，中央就曾对各省、自治区、直辖市实行"粮食征购、销售、调拨包干一定三年"的管理办法。1993年发布的《国务院关于加快粮食流通体制改革的通知》规定：各省、自治区、直辖市人民政府要切实加强粮食管理，搞好本地区粮食数量、品种平衡，确保城乡市场粮食供应。并且从这一年起取消省际计划调拨，省际粮食流通全部通过市场进行。1994年，《国务院关于深化粮食购销体制改革的通知》进一步明确规定：实行省、自治区、直辖市政府领导负责制，负责本地区粮食总量平衡，稳定粮田面积、稳定粮食产量、稳定粮食库存，灵活运用地方粮食储备进行调节，保证粮食供应和粮价稳定。1995年，《国务院关于深化粮食棉花化肥购销体制改革的通知》将坚持和完善省长负责制作为当时深化改革的重点之一，并进一步明确了省长负责制的内涵。

省长负责制的主要内容是：①稳定粮食播种面积和规定的库存数量。②完成国家下达的定购任务、储备粮收购计划及地方确定的市场收购计划。③按照国家核定的规模建立地方粮食储备风险基金。④粮食主产省要保质保量地完成国家规定的省际粮食调剂任务，并进一步提高粮食商品率，不能自给自足的省、自治区、直辖市必须完成粮食进口计划和调剂任务，并逐步提高粮食自给率，努力组织粮源，确保市场供应和粮价稳定。

实行"米袋子"省长负责制，一方面是因为我国财政制度改革后省级财政较为宽裕，特别是粮食供不应求的省、区多为经济增长较快的省、区，有能力负担起本省、区粮食的供需平衡；另一方面可以遏制东南沿海省、区因工业化、城市化和农业生产结构调整对粮田挤占过多，粮食产量下降过快的势头。同时，实行"米袋子"省长负责制，打破了各省、区长期依赖中央解决粮食问题的思想，分散了全国粮食安全的风险。

2. 棉花流通体制改革

棉花是我国重要的出口产品，也是供销合作社长期专营的品种，其流通体制的改革过程经历了反复。1991年，经过连续几年提高棉花收购价格，棉花生产达到1949年以来第二个历史高峰。当年棉花种植面积为9807万亩，产量为567.5万吨，收购量为527.1万吨，供求矛盾有所缓解。1992年5月，国务院批转国家体改委《关于改革棉花流通体制的意见》，确定棉花流通体制改革的最终目标是：放开经营、放开市场、放开价格，逐步建立起在国家宏观调控下，以市场调节为主要手段、内外贸相互联结、高效畅通的棉花流通新体制，并计划通过试点逐步增加放开棉花流通的省、区，最终于1995年基本建立起棉花流通新体制。改革的具体内容包括：将合同定购改为市场调节；工业企业和棉花经营企业通过批发市场等直接交易；棉花收购价格和供应价格由国家定价改为买卖双方协商定价；由供销社统一经营改为开放棉花市场，允许棉花上市交易等。

然而，受严重自然灾害和棉铃虫病害的影响，1992年和1993年棉花产量连续大幅度下降。虽然1992年棉花播种面积比上年增加了400多万亩，但产量反而减少了近100万吨，平均亩产下降了14公斤。1993年，棉花产量更是降到了1985年以来的第二个历史低点，当年全国供销社收购量仅为254万吨，比1991年下降了约52%，棉花的供求矛盾再次变得突出。在棉花收购过程中，出现了高价抢购棉花、掺杂使假和抬级抬价的现象，棉花收购市场十分混乱。特别是从1993年底到1994年上半年，许多非棉花经营单位插手棉花的收购、加工和经营，严重扰乱了棉花流通的正常秩序。在此背景下，国家不得不重新加强对棉花购销的计划管理。

1994年9月，国务院发出《国务院关于切实做好1994年度棉花购销工作的通知》，确定了棉花的"三不放开"和"两个统一"政策，即不放开棉花经营，不放开棉花市场，不放开棉花价格，继续实行国家统一定价，由供销社统一经营；同时，为调动农民的生产积极性，在1993年棉花提价10%的基础上，1994年收购价格再提高59%，将标准级皮辊棉收购价格调整为每50公斤500元，加上价外加价44元，实际收购价格由原来的每50公斤342元提高到了544元。也就是说，《关于改革棉花流通体制的意见》还没有得到实施，就被更严格的计划手段所代替了。1995年，国家再次大幅度提高棉花收购价格，标准级皮辊棉收购价格由每50公斤544元提高到700元，提价幅度达28.7%。同时，和粮食一样，对棉花工作也实行省长负责制。1996年，受纺织品市场特别是国际纺织品市场变化的影响，纺织企业生产经营开始出现困难，对棉花的需求减少，导致了棉花调销不畅的状况。出于稳定生产和促进购销的考虑，国家提出了稳步推进棉花供应改革和加快纺织工业结构调整的思路，决定实行棉花交易会制度，实行在国家计划指导下的供需直接见面、双向选择的棉花供应方式；改进棉花供应价格管理形式，由国家定价改为国家指导价。棉花流通体制改革迎来了新的契机。

1998年4月，国家首先对棉花价格机制进行了改革，把棉花收购价格由政府定价改为政府指导价，棉花供应价格实行市场调节。改革的具体内容包括：①内地标准级皮辊棉收购价格每50公斤由700元调整为中准价650元，允许上下浮动5%。②新疆标准级皮辊棉收购价格每50公斤由630元调整为中准价600元，浮动幅度由自治区政府确定，甘肃棉花收购价格参照新疆办法执行。③适当缩小高等级棉的等级、长度差价率。1998年12月，国家决定深化棉花流通体制改革，要求：①从1999年9月1日新的棉花年度起，棉花的收购价格和销售价格均由市场形成。有关部门要提出下一年度棉花收购指导性价格、指导性种植面积及国内外棉花信息，引导棉花生产，促进总量平衡。②拓宽棉花经营渠道。供销社及其棉花企业、农业部门所属的种棉加工厂和国营农场、经资格认定的纺织企业，都可以直接收购、加工和经营棉花。③国家要根据宏观调控和中央财政承受能力，确定国家储备棉规模。④各种棉花收购企业的资金贷款要分渠道供应。供销社的收购资金继续由农发行供应，实行库贷挂钩、封闭运行、及时还清。纺织企业收购资金由国有商业银行供应；其他棉花经营单位所需购棉贷款，由其开户行按有关规定办理。⑤供销社棉花经营企业要与供销社彻底分开，成为独立的经济实体。经过1998年的改革，依靠市场机制实现棉花资源合理配置的新型棉花购销体制初步建立。

四、市场经济条件下宏观调控体系的建立与完善

自1997年以来，我国粮食一直供大于求，粮食价格持续低迷，进一步改革粮食的购销体制和价格形成机制迫在眉睫。同时，加入世界贸易组织也要求我国尽快建立适应世界贸易组织规则的市场调控体系。

2001年，国务院发布了《国务院关于进一步深化粮食流通体制改革的意见》，决定完全放开主销区粮食购销，粮食价格由市场调节。首先放开主销区粮食购销和价格，一方面是因为粮食主销区经济相对比较发达，粮食市场发育较好，具备放开粮食购销和价格的条件；另一方面是因为放开主销区粮食购销和价格，有利于加快

主销区种植业生产结构调整步伐，为主产区粮食销售腾出市场空间，促进市场粮价合理回升，支持主产区粮食生产的稳定发展。当年，浙江、上海、福建、广东、海南、江苏、北京、天津等经济比较发达的粮食主销区彻底放开了粮食购销和价格。2004年，国务院再次发布《国务院关于进一步深化粮食流通体制改革的意见》，决定全面放开粮食收购市场，粮食收购价格由市场供求形成。至此，除烟叶、蚕茧外，我国农产品价格全部放开，市场机制的调节作用进一步增强。

出于国家粮食安全的考虑，国家全面放开收购市场，并于2004年起全面实行对种粮农民的直接补贴，开启了粮食市场调控新阶段。此后相继出台了最低收购价、临时收储、良种推广补贴、农机购置补贴和农资综合直补等市场调控政策。本着"放开购销市场，直接补贴粮农，转换企业机制，维护市场秩序，加强宏观调控"的原则，适应社会主义市场经济发展要求和我国国情的粮食市场调控体系初步形成。

随着农产品购销市场和价格的放开，市场供求日益成为农产品价格走势的决定因素，价格波动较大。国际市场对国内市场的影响越来越大。这一时期，我国农产品对外贸易规模继续保持快速增长势头，农业的外贸依存度进一步上升，国内农产品价格走势日益受到国际因素的影响。

第二节
农村市场体系建设

一、农村集贸市场的恢复与发展

继1979年发布的《中共中央关于加快农业发展若干问题的决定》允许农村集市贸易作为社会主义经济的附属和补充存在后，为解决原有农产品流通体制不能满足快速发展的商品生产的要求，造成鲜活农产品大量积压与浪费等问题，1981年的《全国农村工作会议纪要》专门提到了"关于改善农村商品流通"的问题，

1983年的《当前农村经济政策的若干问题》明确提出了农产品流通体制改革的方向，明确了以坚持计划经济为主、市场经济为辅的方针，要求调整购销政策，改革国营商业体制，放手发展合作商业，适当发展个体商业，实现以国营商业为主导、多种商业形式并存的流通局面，提出要打破城乡分割和地区封锁，广辟流通渠道。

1979年，在国家政策的鼓励下，全国各地的农村集市贸易迅速恢复和发展起来，到年底，全国农村集市贸易的数量和规模基本恢复到1966年的水平。1980年，各地普遍恢复了传统的定期集、插花集、早晚集、庙会、骡马大会、物资交流会等交易形式，农村集市贸易的成交额在1979年大幅度增长的基础上又增长了23.9%，成为农业合作化以后最高的年份。上市商品品种达两三百种，一些多年少见的土特产品、传统产品又重新上市。农村集市贸易在农产品流通中发挥的作用越来越大，粮食集市贸易恢复后，全国集市粮食成交量由1978年的25亿公斤上升到了1984年的83.5亿公斤。

二、以批发市场为中心的农产品市场体系建设

随着农业生产的发展，我国刚刚开始改革的农产品流通体制、流通设施、流通格局已不能满足需要，1985年前后，部分农产品开始出现"卖难"问题。从1984年起，国家加大了农产品市场体系改革和建设的力度。

这一时期，国家完全放开了初级农产品市场。1985年发布的《中共中央 国务院关于进一步活跃农村经济的十项政策》要求敞开"城门"，允许菜农、商贩进城卖菜，提倡国营基层食品站、集体、个体经营户和农民直接进城卖肉，或搞城乡联营。至此，各地陆续取消了限制农民进城贩卖农产品的做法，农村和城市集贸市场完全放开，初级农产品市场开始进入一个快速发展的时期。此后，国家继续加大集贸市场的建设力度，完善市场的服务设施，到1990年，全国集贸市场数量和成交额分别达到83001个和5343亿元，比1985年分别增长35.3%和745.0%。

国家加大了农产品批发市场的建设力度，初步形成了覆盖全国的农产品批发市场网络。继1984年提出建设农产品批发市场以后，1987年1月通过的《把农村改革引向深入》进一步提出要求抓紧农副产品批发市场建设，开拓远郊和外埠蔬菜基

地和其他副食品供应基地。1988年，经国务院批准，农业部会同其他部委开始了"菜篮子工程"的建设，在各大中城市建立副食品批发市场。这一时期，农产品批发市场发展迅速，入市交易的农产品品种迅速增加、规模迅速扩大，除棉花等几个品种外，批发市场成为农产品流通的主要通道。在产地批发市场蓬勃发展的同时，销地批发市场也日渐兴起，农产品批发市场体系雏形基本形成。

进入21世纪，党的十八大提出"新四化"建设，给予了农产品批发市场升级改造的良好机遇，批发市场建设步入了由数量向质量转变、由单一市场向集团市场转变，并且以优化布局、提升质量档次为重点的新的阶段。随着工业化、城镇化进程的不断推进，消费人口逐渐向经济发达地区和大中城市集聚，同时商务部等部门实施的"双百市场工程""南菜北运""西果东送"等一系列工程也使得农产品批发市场有集中的趋势。大型农产品批发市场为促进全国农产品流通、稳定农产品供需平衡、保障居民生活水平发挥了重要作用。

农产品批发市场是我国农产品流通的主渠道和中心环节，承担着农产品集中、分散和价格形成功能。它是随着农业的商品化、市场化、专业化的发展而发展起来的。如何保证农产品生产者不再有"卖难"问题，农产品批发市场是关键一环。在农产品供应链下游，城市农贸市场的货源、生鲜超市的货源、餐饮企业的货源是农产品批发市场。如何让农产品"最后一公里"问题不再出现，城市居民不再"买贵"，批发市场也是解决问题的关键点。由此可见，农产品批发市场在我国农产品流通中的重要地位和所起的关键作用。

农产品批发市场具有很强的公益属性，比如应对突发事件时，可以在组织跨区域调运、保障市场供应方面发挥骨干作用；市场异常波动时，可以发挥平抑物价、稳定市场运行的作用。我国农产品批发市场建设延续"谁投资，谁受益"模式，政府缺乏对农产品批发市场公益性建设的整体规划和监管，受到政府的财政投入不足，农产品批发市场相关收费过高，农产品批发市场的经营者自身利益膨胀、公益性意识淡化，公益性批发市场建设立法滞后等因素的影响，我国的公益性农产品批发市场的建设问题难以解决。我国没有针对农产品批发市场专门的法规，一些政府部门也出台了有关农产品批发市场的行政法规，国务院国内贸易部、全国供销合作总社、农业部等分别制定并颁布了《批发市场管理办法》《供销合作社批发市场管理办法》《全国"菜篮子工程"定点鲜活农产品中心批发市场管理办法》《水产品批发市场管理办法》等。但是这些立法法规都没有明确地定义农产品批发市场的公益性职能,对批发市场的性质、地位认识不清,导致批发市场发展的后续问题很多。

2014年,商务部会同国家发展改革委、财政部、农业部等13个部门出台了《关于进一步加强农产品市场体系建设的指导意见》,组织编制了《全国农产品市场体系发展规划(2015—2020年)》征求意见稿。此后,商务部、财政部选择了10个地方开展公益性农产品批发市场建设试点,着力在投资保障、运营管理、政府监管方面建立长效机制,增强政府在应对突发事件和市场异常波动时的宏观调控能力和民生保障能力;选择6个地方开展跨区域农产品流通基础设施建设,着力打造全国农产品流通骨干网。

2015年发布的《商务部办公厅关于印发〈公益性农产品批发市场标准(试行)〉的通知》要求推动公益性农产品批发市场建设,完善公共加工配送中心、公共信息服务平台、检验检测中心、消防安全监控中心、废弃物处理设施等公益性流通基础设施建设和公益功能实现的长效机制。2016年,商务部等12个部门出台了关于加强公益性农产品市场体系建设的指导意见,公益性农产品批发市场建设进入快速发展新阶段。

三、农产品期货市场的建设

随着我国农业生产的发展,农产品供求关系开始由过去的长期短缺向供求总量基本平衡转变,农产品的生产与消费对农产品市场体系的建设提出了更高的要求。为此,国家加大了农产品市场体系建设的力度,并制定了具体的优惠政策与扶持措施。

20世纪80年代中期,我国放开农产品初级市场和提出建设农产品批发市场;90年代,国家加快推进农产品市场网络建设,并提出要逐步建立和完善以批发市场为中心的农产品市场体系。在国家一系列政策的作用下,我国农产品批发市场的数量与规模取得了飞速发展。截至1993年，全国已有农产品批发市场2081家，在1987年的基础上增加了1倍多。随着"菜篮子工程"的实施，农产品批发市场的建设力度进一步加大，"九五"期间，国家每年安排1亿元中央财政贴息贷款，用于蔬菜批发市场建设，并提出了在发展区域性批发市场的同时，有计划地组建全国性中心批发市场，形成覆盖全国各地的市场网络的目标。经过10多年的建设与发展，我国农产品批发市场建设取得了惊人的成绩。截至1998年底，全国农产品批发市场已达4000多家，初步形成了覆盖全国的农产品批发市场网络。

随着农产品集贸市场与批发市场的发展，国家着手准备建立更高级形态的农产品期货市场，以便进一步完善中国农产品市场体系的建设。1984年，国家有关文件多次提出建立农产品期货市场的要求，直到1990年7月国务院批转了原商业部等8个部委发布的《关于试办郑州粮食批发市场的报告》，决定成立由原商业部和河南省政府合办的中国粮食批发市场，农产品期货市场才正式开始筹建。

1990年10月12日成立的郑州粮食批发市场是现货批发市场，但其组织结构、交易规则参照期货市场的模式设立，实行会员制、保证金制等，并允许远期合约在场内转让，是首次引进期货机制的规范化交易市场。郑州粮食批发市场是中国第一个以期货业为目标的商品交易市场，主要经营小麦、玉米等产品的远期批发交易。1993年5月28日，郑州商品交易所成立，推出了大豆、绿豆、小麦、玉米、芝麻等5个商品的标准化期货合约，制定了符合国际通用原则的交易规则和经纪公司代理章程，并逐步发展在国内具有影响的期货交易所。

继郑州商品交易所推出期货交易后，上海粮油商品交易所、苏州商品交易所、华南商品交易所、海南中商期货交易所等先后成立，豆油、菜籽和菜籽油、生丝、坯绸、原糖、橡胶等期货交易相继推出。

据不完全统计，截至1993底，全国期货交易所或商品交易所已达39家，其中专营或兼营农产品的有十几家，农产品期货市场发展迅猛。但农产品期货市场也出现了许多问题：各地盲目争办期货市场，结果出现"一个品种多家办"的现象，影响了期货市场的正常发育；期货市场投机成分多，套期保值者少；期货交易所自身管理不够规范，期货经纪业发展混乱；期货市场小品种交易活跃而大品种交易冷淡，不利于期货市场的发育；等等。面对这些问题，国家在1995年对期货市场进行了整顿，经中国证监会审批，共有15家期货交易所被确定为试点单位，其中有12家专做或兼做农产品期货交易，被中国证监会确认上市和试运行的农产品期货共有25个品种。至此，中国农产品期货市场开始进入规范发展的阶段。

2001年，我国农产品期货成交金额为21653.82亿元，成交量为10938.98万手，总体看来我国农产品期货交易规模较小。2003年，我国农产品期货成交金额和成交量分别为83561.06亿元和25328.29万手。2007年的成交金额和成交量分别为265161.12亿元和64034.24万手。2010年，我国农产品期货成交金额高达1334243.22亿元，成交量为186818.18万手，创造了21世纪以来农产品期货成交金额和成交量的最高值。2011年全球经济形势动荡，国内经济结构面临转型，相比2010年下降幅度较大，成交金额和成交量分别下降58.57%和69.34%。2010年，宽松的货币环境和部分商品供需缺口的炒作等因素导致了农产品期货市场的量价齐升，造成基数较高。2011—2014年，我国农产品期货的成交金额和成交量呈波动变化趋势，且成交量的波动幅度较明显。

2001年，郑州商品交易所上市的农产品交易品种有小麦、绿豆2种，大连商品交易所有大豆和豆粕，全国共有4种农产品上市交易。2002年，大连商品交易所将大豆细分出黄大豆一号进行上市。2003年，郑州商品交易所将小麦划分为强筋小麦和硬质小麦分别上市。2004年，郑州商品交易所新上市一号棉花，大连商品交易所又将原先的大豆品种整合为黄大豆一号、黄大豆二号进行上市，同时还推出玉米作为新的上市品种。在2006年全国新增白糖和豆油上市的基础上，2007年趁热打铁，又推出菜籽油和棕榈油上市交易。2009年，早籼稻在郑州商品交易所上市交易。2012年，郑州商品交易所增加了油菜籽、菜籽粕的上市，并在扩大交易单位的基础上，将硬白小麦改为普通小麦进行上市交易。2013年，全国新增粳稻和鸡蛋上市交易。2014年，晚籼稻在郑州商品交易所挂牌交易，大连商品交易所也推出玉米淀粉期货新品种。

截至2014年底，郑州商品交易所已推出强麦、白糖、一号棉花等10种农产品上市交易；大连商品交易所拥有黄大豆一号、黄大豆二号、玉米等8个农产品交易品种；而上海期货交易所的期货品种一直都是以金属钢材、能源化工类为主，没有农产品类期货。

四、农产品市场升级改造与农村现代流通体系建设

2002年，农业部制定了《全国农产品批发市场发展规划纲要（2002—2005年）》，对批发市场的建设提出了新的目标。2004年，农业部印发了《农产品批发市场建设与管理指南》，对市场建设、交易、监管提出了具体规范，为市场的现代化升级改造提供了指导。2015年农业部出台《全国农产品产地市场发展纲要》，旨在建立中国特色的农户营销服务体系，提升我国农产品流通的能力与效率。同年，商务部等10部门联合发布《全国农产品市场体系发展规划》，提出将于2020年初步建成中国特色农产品市场体系。

经过多年的发展，我国农产品市场体系逐渐完善，形成了由初级收购市场、零售市场、批发市场、期货市场等组成的多层次市场体系。如今一个以批发市场为中心、城乡集贸市场为基础，连锁超市、直销配送、期货市场等为重要补充的农产品市场体系初步形成，基本实现了全国大市场、大流通格局，奠定了我国农业市场体系的基本框架。

流通设施发展较快，为形成"大市场、大流通"格局创造了条件。据统计，我国大宗农产品的运输主要有铁路运输、水路运输和公路运输。改革开放以来，特别是近年来，我国公路、铁路、港口等交通基础设施建设发展很快。截至2015年底，全国公路通车总里程达457万公里，农村公路布局更加优化，99%以上的乡镇和建制村通公路，98%以上的乡镇和94%以上的建制村通沥青水泥路。乡村公路特别是油路的兴建，大大改善了行车环境，对疏通农产品流通渠道、减少运输过程中的损耗、降低流通成本、提高农产品市场竞争力起到了较好的作用。

同时，经过多年的努力，粮油流通网络基本形成。我国在东北地区以大连北良港口为龙头，共建设60个现代化粮食中转库，形成了该地区的散粮流通网络；在长江中下游，从张家港到城陵矶，建设了6个现代化散粮流通港口库，形成了散粮流通的"长江走廊"；在广西，建成了4个现代化散粮流通港口库和内陆中转库。

近年来,利用国债资金等又建设了拥有 500 亿公斤仓容的粮食仓库,这些粮食仓库都采用国际先进水平的散粮储运方式。至今,我国散粮流通体系已基本形成,极大地改善了粮油流通的落后局面,缩小了与国际先进水平的差距。鲜活农产品的冷链流通也发展迅速,大大减少了农产品的在途损失和成本。

五、市场信息体系与质量安全管理体系建设

1. 农产品市场信息体系建设

2001 年,农业部发布了《"十五"农村市场信息服务行动计划》,提出了用 3~5 年的时间,基本建立起覆盖全国省、市、县、大多数乡镇以及有条件的农业产业化龙头企业、农产品批发市场、中介组织和经营大户的农村市场信息服务网络;积极推进省、地(市)、县信息平台和乡镇信息服务站建设等发展目标。2004 年,又完善和推出了"金农工程""三电合一"工程,加大了农产品生产信息体系建设的力度。目前,我国农业信息工作已初步完成了基本框架的构造阶段,开始步入健全完善和提高阶段。初步建成了以中国农业信息网为核心,集 20 多个专业网于一体的国家农业门户网站,各省级农业部门、80% 左右的地级和 40% 的县级农业部门都建立了局域网和农业信息服务网站。在全国乡镇信息服务站中,有计算机并可以上网的约占 80%。农业信息服务网络正快速向中介组织、龙头企业、批发市场、乡村以及经纪人、种养大户延伸。通过抽样调查、典型调查等方式,建立了基本覆盖农业、市场、资源等重要内容的信息采集系统 36 个,省级农业部门大都建立了定期的农业和农村经济形势会商制度,信息资源整合开发工作取得了较好的进展。从 2003 年起,农业部建立了以"信息发布日历"为主要形式的信息发布工作制度,形成了以部属中国农业信息网、中央电视台农业节目、农民日报社、中国农村杂志社和中央农业广播学校等媒体为主,各相关媒体参与的信息发布系统,信息分布覆盖面逐步扩大。

2. 农产品质量安全管理体系建设

随着收入提高,生活不断改善,人民对农产品质量安全的关注程度迅速提高。党的十六大以来,中央对农产品和食品质量安全问题给予了高度关注,重视程度不

断提高。党的十六大明确提出要"健全农产品质量安全体系",2004年国务院发布《国务院关于进一步加强食品安全工作的决定》,确立了以分段监管为主、品种监管为辅的食品安全监管体系。2006年,《中华人民共和国农产品质量安全法》正式颁布,农产品质量安全依法监管进入了一个新阶段。2009年,《中华人民共和国食品安全法》开始实施,标志着我国农产品质量安全与食品安全管理已经形成了比较完善的法律法规体系,保障农产品质量安全和食品安全已成为我国农业政策乃至整个社会发展的重要目标。

随着农产品供求形势的变化、人民生活水平的提高和农产品国际贸易的发展,国家开始全面加强农产品质量安全管理,以农产品生产源头污染控制为重点,通过健全农产品质量安全法律法规,建立农产品标准、检验检测、认证等保障体系,强化农产品质量安全监督,加强农业投入品监管和农业生产环境治理等措施,全面提高了农产品的质量安全水平。

2001年1月,中共中央、国务院下发的《中共中央　国务院关于做好2001年农业和农村工作的意见》提出,要加强农产品质量标准和检测体系建设,同年11月,中央经济工作会议提出,"要把食品质量、卫生和安全工作放到十分突出的位置"。此后,国务院和有关部门先后制定和完善了农产品质量安全管理的规章制度,第十届全国人大常委会第二十一次会议表决通过了《中华人民共和国农产品质量安全法》,并于2006年11月1日起实施。

2001年4月,经国务院批准,农业部启动了"无公害食品行动计划",准备通过建立健全质量安全体系,对农产品实行从产地环境、投入品、生产过程、加工储运到市场准入全过程的质量安全控制,力争用5年左右的时间,基本实现食用农产品的无公害生产,保障消费安全。"无公害食品行动计划"首先在北京、上海、天津、深圳4个城市进行试点,2002年上半年增加了兰州、南京、大连和寿光4个城市,同年7月开始在全国范围内推行。自2002年起,有关部门以产品认证为重点、体系认证为补充,积极开展农产品质量安全认证工作,如无公害农产品认证、绿色食品认证和有机食品认证、水产品企业HACCP认证和兽药企业GMP认证等。经过多年的发展,农产品质量安全管理制度建设已取得以下成效:

一是初步建立了农产品质量标准体系。为配合"无公害食品行动计划"的实施，农业部于2001年制定和发布了首批73项无公害食品行业标准及其配套的技术规范，2002年又制定和发布了126项无公害食品行业标准和4项有机茶行业标准。目前我国已基本建立起以农业国家标准为龙头、农业行业标准为主体、地方农业标准为基础、企业标准为补充的全国农产品质量标准体系框架。

二是加强了质量安全检验检测。2000年，农业部建立了农产品和农业投入品质量安全定点监测制度。从2001年开始，农业部针对市场上蔬菜农药残留超标和畜产品中"瘦肉精"污染突出的问题，对北京、天津、上海、深圳等城市蔬菜农药残留和畜产品中"瘦肉精"污染开展了例行监测。从2003年1月起，农业部正式制定并实施了每年5次的农产品质量安全例行监测，蔬菜农药残留的例行监测扩大到全国37个省会城市和计划单列市，畜产品中"瘦肉精"污染的例行监测扩大到16个主要省会城市和计划单列市。

三是初步建立了农产品追溯制度。从2004年开始，农业部在北京、上海等8个城市开展了农产品质量安全监管试点工作，积极探索农产品质量安全追溯的有效途径。2004年5月，农业部"进京蔬菜产品质量追溯制度"项目正式启动。2012年的中央1号文件提出要加强农业标准化和农产品质量安全工作，健全农产品标识和可追溯制度，强化农业投入品监管。

第三节
多元市场主体培育与发展路径

一、国营商业与供销社主导的农产品流通市场

随着农产品市场的建设和发展，国家开始改革与完善国营商业、供销社等国有商业组织，并开始允许社队集体商业、农民个人或合伙等多种经济形式进入一些农

产品的流通领域，农产品流通主体开始朝多元化的方向发展。到20世纪80年代后期，各地已出现了一批农民联合购销组织，不仅有乡、村合作组织兴办的农工商或多种经营服务公司，有同行业的专业合作社或协会，而且还有个体商贩、专业运销户自愿组成的联合商社等。

二、社队集体商业与农民个体进入农产品流通领域

为更好地解决农产品生产与市场连接不够紧密的问题，国家开始注重引导和培育新型市场主体的工作。1991年，国家要求在充分发挥国营商业和供销社主渠道作用的同时，要重视发挥乡村集体商业组织和个体运销专业户的作用，保护各种联合组织已形成的产供销关系，凡是放开实行市场调节的产品，都要允许它们经营。从1998年起，国家开始把重点放在大力培育能够真正代表农民自身利益的各种形式的农民运销组织上，并提出要积极发展产销一体化经营组织。

三、农产品流通主体多元化格局形成

经过20多年的不断改革，中国农产品市场流通主体已形成多元化格局。除粮食、棉花外，绝大部分农产品都是由国有商业组织、集体商业组织、个人及合伙、各种农民专业协会或销售合作社、私营企业甚至外资企业共同来经营与组织流通。其中在鲜活农产品的流通中，个人及合伙运销组织、龙头企业、各种农民专业协会或销售合作社等产供销一体化组织发挥着更为重要的作用，而且发展相当迅速，它们已经成为主要的鲜活农产品市场流通主体。

自2001年以来，随着粮食收购市场的放开和中国加入WTO，虽然政府对粮食实行保护价收购政策，但市场供求关系已经成为影响农产品价格的主要因素，国内市场价格受国际市场的影响越来越大，主要农产品特别是粮食等的价格上涨空间越来越小。同期，中国农产品市场体系建设取得重大进展，市场主体多元化格局已经形成，国营商业和供销合作社等商业组织在农产品市场流通中仍然发挥着重要作用，农民个体运销户、经纪人日趋活跃，农民合作经济组织、农业产业化龙头企业日显重要；农产品市场体系逐步健全，农产品批发市场逐步完善，农产品零售市场

逐步规范，农产品期货市场的导向作用开始发挥，超市快速发展；农产品市场基础设施建设逐步完善，企业和社会资本也开始积极涉足农产品市场建设和管理；市场服务体系全面加强，农产品运销"绿色通道"逐步建立，市场信息体系日趋完善，农业信息组织机构体系逐步建立，农业信息采集系统初步形成。

经过多次的农产品流通体制改革，我国农产品市场主体已经从单一经营发展为多元化并进。市场主体有了长足发展，表现在参与主体增加、参与程度加强、农产品流通渠道多样化上。市场主体主要包括农民、各种中介组织、国有流通企业等。市场主体的实力和发育水平是农产品市场整体功能发挥的关键。农民是农产品市场流通的第一环节主体，其生产行为和销售行为直接影响着整个市场的发展状况。农产品市场流通体制放开后，允许各种具备资格的经营主体进入市场，从而催生了一大批中介组织，包括农民经纪人、农民协会、农业流通龙头企业、代理商、私人商贩等。中介组织在农产品市场流通中扮演着桥梁的作用。经过政策引导，农业流通龙头企业凭借雄厚的资金、技术实力和网络优势，已经成为市场流通中的"领头羊"。而私人商贩则以机动灵活、服务较好成为农产品市场体系中的一员。农产品市场流通渠道日益多元化，包括零售商直接销售、依托大型农产品批发市场进行异地销售、通过农业产业化龙头企业加工并进行异地销售、依托各种中介组织进行异地销售等。

第四节
农产品储备与进出口调控制度

一、农产品储备与调控

1. 专项粮食储备制度

1990年，鉴于当年粮食丰收，国家粮食周转库和储备库存粮大幅度增加，国家决定建立专项储备制度。《中共中央 国务院关于一九九一年农业和农村工作的通知》要求除了中央建立专项粮食储备外，地方也要储备，建立多级粮食储备制度。1990年9月制定的《国务院关于建立国家专项粮食储备制度的决定》对国家专项粮食储备制度作出了具体的规定。即成立国家粮食储备局，该局为国务院直属机构；当年专项粮食储备计划重点照顾粮食调出省和地区，开始定为175亿斤，后来追加到250亿斤；国家专项储备粮由国务院统一调度。之后，国家根据粮食市场的变化和在政策执行过程中出现的问题，对国家专项粮食储备制度进行了多次调整。1997年12月，国务院领导提出，加快完善粮食储备体系，建立中央专项储备粮垂直管理体制和高效、灵活的调控机制。中央专储粮的规模和品种结构由国务院确定，并尽快建立起中央直属储备库体系，做到储得进、调得动、用得上。

1993年，国家开始建立粮食风险基金。同年11月发布的《中共中央 国务院关于当前农业和农村经济发展的若干政策措施》要求从1993年起建立粮食风险基金。粮食价格放开后，中央和地方财政减下来的粮食加价、补贴款要全部用于建立粮食风险基金，并明确规定中央储备发生的亏损由中央财政建立的风险基金解决，地方储备发生的亏损由地方财政建立的风险基金解决，中央财政对粮食主产区给予适当补助。1994年5月，国务院发布《关于印发〈粮食风险基金实施意见〉的通知》，明确了建立粮食风险基金的目的、内容、用途、资金来源等，完善粮食宏观调控体系的进程迈出了一大步。之后，中央积极落实粮食风险基金制度。到1995年，中央的粮食风险基金已经到位，同时，中央积极督促尚未完全到位的省、区按中央规定的比例及早落实，并从财政上单独划出来，建立由粮食、财政、物价、农业、计划等部门组成的风险基金管理使用小组，实行专管专用。

由于1993年全国从南到北发生了一次粮油与蔬菜、猪肉等副食品全面性价格上涨风波，国家为完善主要农产品的市场宏观调控体系，开始建立油、肉、糖等副食品的专项储备制度。1994年4月发布的《国务院关于加强"菜篮子"和粮棉油工作的通知》要求建立粮、棉、油、肉、糖等主要农副产品的专项储备制度，实行旺吞淡吐，调控市场、平衡供求。国家储备肉15万吨，费用由中央财政负担，按实际结算；国家储备食糖160万吨，费用由中央财政垫付。把中央和地方减下来的粮、肉、菜等专项补贴，全额用于建立粮食和副食品风险基金，还要从其他方面筹集一些资金，充实风险基金，形成一定的规模。副食品风险基金主要包括：中央财政在三年内减下来的扶持生猪生产"议转平"饲料差价款3.83亿元，要全部转为中央副食品风险基金，1991年减了1.28亿元，安排其余2.55亿元继续用于发展生猪生产、生猪产销一体化和种猪场；副食品价格放开后地方财政对副食品企业减少的亏损补贴，要全部转为地方生猪、蔬菜等副食品风险基金，已收回或挪用的必须恢复。副食品风险基金制度要形成一种机制，滚动使用，不断有所增加。

2. 粮食直补制度

2004年，国家在总结直接补贴试点经验的基础上，决定全面实行对种粮农民的直接补贴。对种粮农民实行直接补贴，最早是作为农村税费改革试点工作的一部分，于2002年开始在安徽省试点，并于2003年6月在全省推开。2004年，全国有29个省、自治区、直辖市共安排直接补贴资金116亿元，其中13个主产省、自治区、直辖市安排103亿元。国家规定：粮食主产省、自治区、直辖市实行直接补贴的粮食数量，原则上不低于前三年平均商品量的70%。其他省、自治区、直辖市也要比照粮食主产省、自治区的做法，对粮食主产县、市的种粮农民实行直接补贴。直接补贴的标准，按照能够补偿粮食生产成本并使种粮农民获得适当收益，有利于调动农民的种粮积极性、促进粮食生产的原则确定。直接补贴的对象主要是主产区种粮农民（包括农垦企业、农场的粮食生产者）；粮食风险基金优先用于对种粮农民的直接补贴。

3. 最低收购价政策

由于从2004年开始，我国粮食生产获得连年丰收，2004—2006年，三年内粮食累计增产1335亿斤，粮食价格已经面临着较大的下行压力，如何调控粮食市场价格，继续稳定粮食生产，避免重蹈"谷贱伤农"的老路，成为决策者面临的主要问题。从我国粮食波动发展的历史看，经常出现这样的情况：在连续丰收之后必然伴随着连续的减产，其原因除了一些不可控的因素之外，最重要的就在于"谷贱伤农"情况的发生，连续的丰收导致了粮食的相对过剩，使得"卖粮难"的现象一再发生，极大地抑制了农民种粮的积极性，从而导致丰年、歉年有序循环的规律。国家决定执行最低收购价政策预案，正是为了预防历史重演而采取的一项重要措施。同时，随着我国工业化进程的加快，"三农"问题越来越成为掣肘我国经济发展的主要因素，而粮食增产、农民增收是"三农"问题的关键一环，工业反哺农业已提到实施的层面，为此，从 2004 年以来，国家采取了一系列对粮食的宏观调控措施，涉及农田和耕地、粮食生产、市场价格、进出口和库存等多个方面。如通过控制保护农田和耕地，确保粮食生产和粮食安全的基础条件；通过实行"三补贴"政策，鼓励粮食生产、调动农民的种粮积极性；通过实施最低收购价政策来稳定粮食生产、引导市场粮价和增加农民收入等。

4. 临时收储政策

临时收储政策是 21 世纪以来，继粮食最低收购价政策之后我国又一项为稳定粮食和其他重要农产品生产而出台的农业宏观调控政策。自 2004 年以来，我国针对水稻和小麦两个主要口粮作物出台了最低收购价政策，但对玉米、大豆、油菜籽、棉花、食糖等其他关系国计民生的重要农产品缺乏有效调控政策。

从近年来政策执行的情况看，除个别年份、个别地区，粮食最低收购价执行预案、重要农产品临时收储预案基本都启动了。2005—2010 年和 2013—2014 年，均启动了早籼稻最低收购价执行预案；除 2004 年，均启动了中晚籼稻最低收购价执行预案；除 2011 年，均启动了小麦最低收购价执行预案；除 2011 年，均启动了玉米临时收储预案；2008—2013 年，均启动了大豆和油菜籽临时收储预案；2011—2013 年，均启动了棉花和食糖临时收储预案。

（1）玉米临时收储。

2007 年，我国玉米获得丰收，新玉米上市后，价格持续走低。为此，2008 年 2 月，国家先后下达了两批中央储备和国家临时储存玉米收购计划，开启了我国粮食临时收储政策的序幕。临时收储政策既是我国粮食价格支持保护制度的有益探索，也是粮食最低收购价政策的重要补充。与最低收购价政策相比，临时收储政策更加灵活，可根据粮食市场变化随时出台和调整，因而更容易适应形势变化。

临时存储玉米实行顺价销售原则，在粮食批发市场或网上公开竞价销售，销售底价按最低收购价加收购费用和其他必要费用确定。销售盈利上交中央财政，亏损由中央财政负担。临时收储政策的执行主体为国家指定的收购企业，包括中储粮总公司及其分公司、中粮集团公司、中国华粮物流集团公司和各省省级地方储备粮公司等。

同时，为了引导关内企业到东北地区采购粮食，国家在某些年份还鼓励南方销区部分地方储备粮公司和加工企业到东北产区收购，并对在执行期间到东北产区按不低于临时收储价格收购粮食的企业给予一定的费用补贴。企业按临时收储价格收购所需贷款，由农业发展银行按照国家规定的最低收购价和合理收购费用及时足额发放。贷款利息、收购保管费用，地方储备粮公司发生的由省级人民政府从粮食风险基金中列支，不足部分可向中央财政借款；中储粮总公司发生的由中央财政拨付。临时收储玉米价格由国家有关部门在政策出台时发布，收储价格根据玉米生产成本的变化情况以及合理的种植效益确定。

随着国内外市场的深刻变化，特别是国际大宗农产品价格走低，继续实施国家收储政策助长了市场价格信号的扭曲和市场机制的失灵。随着成本刚性上升，我国玉米收储价格呈逐年上升态势，从2008年的70元每50公斤上升到2014年的112元每50公斤，涨幅为60%。2015年，国内外玉米每吨价差在600元左右，国内玉米不仅丧失了国际市场竞争力，也丧失了国内市场竞争力，其结果是出现了玉米连年增产、库存高企、进口增多的"三高"现象。2007—2015年，我国玉米产量从1.52亿吨增加到2.25亿吨，各地粮库出现了"收不进、调不动、销不出、储不下"的尴尬局面，玉米加工、流通、贸易等产业链环节也由于玉米价格高企，呈现整体乏力不振的状态。在双重挤压下，不仅让国家背负了沉重的财政补贴负担，长期来看，也不利于国家的粮食安全和农民利益的保护，玉米临时收储制度改革势在必行。2016年3月28日，国家发改委会同中央农办、财政部、农业部、粮食局等部门召开新闻通气会，明确取消在东北三省和内蒙古自治区实行了8年的玉米临时收储制度，按照市场定价、价补分离的原则，建立市场化收购加补贴的新机制。2016年6月，经国务院同意，财政部会同有关部门印发了《关于建立玉米生产者补贴制度的实施意见》，决定在东北三省和内蒙古自治区建立玉米生产者补贴制度。至此，玉米收储取消保护价。

随着改革的推行，2017年玉米市场化收购进展顺利，粮食价格逐渐回归市场，产业链上的各个主体被激活，粮食加工、流通、贸易等环节出现了回暖，玉米收储财政压力明显减小。

（2）棉花临时收储。

棉花是关系到国计民生的重要农产品，长期以来一直受到了国家的高度重视。从1954年9月起，国家对棉花实行统购统销政策，并一直延续到1998年。1999年，国家对棉花流通体制进行改革，不再对棉花收购提供资金支持。2001年，国务院发布了《国务院关于进一步深化棉花流通体制改革的意见》，决定彻底放开棉花市场，并要求棉麻企业与供销社脱离。2003年3月，由国务院批准成立了中国储备棉管理总公司（简称"中储棉公司"），将国家储备棉与棉花经营彻底脱离，主要目的则是减少国家储备棉对市场的干预。然而，在2010年2月至2011年8月期间，国内外棉花价格经历了同步的剧烈波动，中国棉花价格指数（CCIndex328）先由2010年2月份的14905元/吨上涨到2011年3月份的30733元/吨，13个月的时间价格就翻了一番；然后又从2011年3月份开始迅速一路下跌，至2011年8月下降到19318元/吨，短短几个月的时间就下降了37.1%，每吨棉花价格下降了11415元。为了防止棉花价格继续下跌，保护棉农的经济收益和种棉积极性，国家于2011年9月开始实施棉花临时收储预案，以每吨19800元的价格对棉花敞开收购，这一政策的实施，抑制了棉花价格的进一步下跌，使中国棉花价格指数维持在了19000元/吨左右。2012年、2013年国家连续两年实施棉花临时收储预案政策，并且将临时收储价格提高到了20400元/吨。临时收储价格一旦敲定，对市场上的棉价就会产生强烈影响，引导市场价格沿着收储棉价的水平运行，这对平抑价格过度波动有一定作用，但是由于棉花临时收储价过高，储备量过大，导致进口与库存大幅增长，棉纺企业生存困难，财政负担骤增，在经济市场化和国际化程度不断提高的大环境下，给棉纺织企业和棉农带来了负面影响。2014年的中央1号文件明确提出要"科学确定重要农产品储备功能和规模"，从2014年4月开始，我国过去3年实行的棉花临时收储政策宣告结束。除将在新疆开展棉花目标价格补贴试点工作外，2014年11月，有关部门确定内地棉花补贴范围为山东、湖北、湖南、河北、江苏、安徽、河南、江西和甘肃9省。2014年度的补贴标准为2000元/吨，以后年度的补贴标准以新疆补贴额的60%为依据，上限不超过2000元/吨。因此，棉花市场运行环境发生重大变化，进入"后收储时代"，棉花价格也将逐步回归市场。

5．目标价格补贴改革试点

2013年发布的《中共中央关于全面深化改革若干重大问题的决定》指出，完善主要由市场决定价格的机制。凡是能由市场形成价格的都交给市场，政府不进行不当干预。2014年的中央1号文件进一步提出要完善粮食等重要农产品价格形成机制。2014年，政府启动东北和内蒙古大豆、新疆棉花目标价格补贴试点。6月25日，国务院常务会议明确提出要在保护农民利益的前提下，推动最低收购价、临时收储和农业补贴政策逐步向农产品目标价格制度转变，从大豆和棉花入手，分品种推进补贴试点。与临时收储政策相比，目标价格补贴政策是一项过渡政策。

由于历史原因，我国普遍存在"黑地"现象，特别是北方地区，许多"黑地"其实是林地、草地等不适合耕种的土地。目标价格补贴发放的依据是目标价格与市场价格的差价和种植面积、产量或销售量，这些指标都要以统计部门公布的数据为基础。如果执行方式可行，将使农民种"黑地"的积极性降低，贫瘠的土地渐渐退出生产。

二、农产品进出口调节

1．我国农产品贸易发展阶段

改革开放以来，为适应全球经济一体化和贸易自由化的国际经济合作趋势，中国加快了外贸体制方面的改革，外贸政策的统一性和透明度进一步增强，涉外法规日益健全，农产品外贸体制领域及进出口政策也不断调整，外贸环境大大优化。我国农产品贸易政策改革大致经历了以下几个阶段：第一，计划和市场双重管理阶段（1979—1991年）。在这一阶段国家对农产品贸易开始实行计划和市场双重管理，计划成分明显。第二，"复关"和入世准备阶段（1992—2001年）。进一步规范了农产品进出口秩序。第三，入世后的全面开放阶段（2002—2005年）。入世后我国在农业方面作出了巨大的减让承诺。2005年，我国农产品平均进口关税率已下降为15.3%，仅为世贸所有成员平均水平的1/4。第四，全面快速发展新阶段（2005年至今）。2005年农业对外开放争取来的过渡期结束，为了严格遵守世界贸易组织的规则，我国开始不断完善农业方面的法律法规，逐渐对外放开农业市场的准入条件，同时积极参与世界各国的交流与合作，使得对外交流的领域不断扩大和深入。

2. 进出口调节制度的实施效果

改革开放以来，我国农产品贸易规模不断扩大，这一趋势在加入WTO以后表现得更为明显。1991—2001年，我国农产品贸易总额从184.88亿美元增长到364.26亿美元，年均增长8.8%；2002—2015年，农产品贸易总额则由403.65亿美元增长到1875.6亿美元。当前，我国已成为世界农产品贸易第四大国。另外，从2003年开始我国农产品贸易格局出现了重要变化，进口增长速度大于出口增长速度，最终在2004年出现了46.4亿美元逆差，开始进入农产品大幅进口和逆差的新常态，并于2012年农产品进口额第一次超过美国，成为农产品第一大进口国。不过，随着工业化进程的加快，中国农产品贸易占整个贸易的比重呈快速下降的趋势，从20世纪80年代的20%以上下降到2001年的5%左右，2009年下降至3.87%。中国从一个农产品出口比重较大的国家转变为一个以非农产品出口占主导的国家，成为一个进出口双向大规模流动的农产品贸易大国，在国际农产品贸易中发挥着越来越重要的作用。

第五节
发展趋势与政策取向

一、完善农产品市场流通体系

在优势产区建设一批国家级、区域级产地批发市场和田头市场，推动公益性农产品市场建设。实施农产品产区预冷工程，建设农产品产地运输通道、冷链物流配送中心和配送站。打造农产品营销公共服务平台，推广农社、农企等形式的产销对接，支持城市社区设立鲜活农产品直销网点，推进商贸流通、供销、邮政等系统物流服务网络和设施为农服务。

二、健全农产品市场调控政策

继续执行并完善稻谷、小麦最低收购价政策。积极稳妥推进玉米收储制度改革，综合考虑农民合理收益、财政承受能力、产业链协调发展等因素，建立玉米生产者补贴制度。调整完善棉花、大豆目标价格政策。继续推进生猪等目标价格保险试点。探索建立鲜活农产品调控目录制度，合理确定调控品种和调控工具。改革完善重要农产品储备管理体制，推进政策性职能和经营性职能相分离，科学确定储备规模，完善吞吐调节机制。发展多元化的市场购销主体。稳步推进农产品期货等交易，创设农产品期货品种。

三、促进优势农产品出口

巩固果蔬、茶叶、水产等传统出口产业优势，建设一批出口农产品质量安全示范基地（区），培育一批有国际影响力的农业品牌，对出口基地的优质农产品实施检验检疫配套便利化措施，落实出口退税政策。鼓励建设农产品出口交易平台，建设境外农产品展示中心，用"互联网＋外贸"推动优势农产品出口。加强重要农产品出口监测预警，积极应对国际贸易纠纷。

四、加强农产品进口调控

把握好重要农产品进口的时机、节奏，完善进口调控政策，适度增加国内紧缺农产品进口。积极参加全球农业贸易规则制定，加强粮、棉、油、糖等大宗农产品进口监测预警，健全产业损害风险监测评估、重要农产品贸易救济、贸易调整援助等机制。加强进口农产品检验检疫监管，强化边境管理，打击农产品走私。

第六章
农业支持保护制度

第一节
"三农"工作领导体制和决策机制

改革开放以来，经过积极探索，我国逐步形成了党委统一领导，党政齐抓共管，农村工作综合部门组织协调，有关部门各负其责的农村工作领导体制和工作机制。

一、"三农"工作领导体制演变脉络

1. 发展调整阶段（1978—1993 年）

改革开放以来，先后有三位在党和政府担任领导职务的负责同志，分管过农业农村工作。1979—1980 年，王任重分管农业农村工作。1980—1988 年，万里分管农业农村工作。1988—1993 年，田纪云分管农业农村工作。

这一阶段，先后设置过两个农村工作综合部门，负责组织协调农村工作。1979—1982 年，根据党的十一届三中全会决议成立国家农业委员会，王任重和万里先后兼任主任。1982—1989 年，中央决定撤销国家农业委员会，成立中共中央书记处农村政策研究室，后改为中共中央农村政策研究室，并加挂国务院农村发展研究中心牌子，杜润生任主任。

国务院设置国家农业部、国家林业部、国家水利部等三个主要涉农部门，分别

承担农业、林业、水利等方面的行政管理职能。

2. 逐步完善阶段（1993—2003年）

这一阶段，先后有三位在党和政府中担任领导职务的负责同志，分管过农业农村工作。1993—1995年，中共中央政治局常委、国务院副总理朱镕基分管农业农村工作。1995—1998年，中共中央政治局委员、国务院副总理姜春云分管农业农村工作。1998—2003年，中共中央政治局委员、国务院副总理温家宝分管农业农村工作。

中央农村工作领导小组建立后，下设办公室，作为农村工作综合部门，负责组织协调农村工作，段应碧任主任。

国务院设置国家农业部（或国家农牧渔业部）、国家林业部（或国家林业局）、国家水利部等三个主要涉农部门，分别承担农业、林业、水利等方面的行政管理职能。

3. 稳定发展阶段（2003年至今）

这一阶段先后有两位在中央担任领导职务的负责同志分管过农业农村工作。2003—2013年，中共中央政治局委员、国务院副总理回良玉分管农业农村工作。2013年后，中共中央政治局委员、国务院副总理汪洋分管农业农村工作。

这一时期的中央农村工作领导小组办公室作为农村工作综合部门，继续负责组织协调农村工作，陈锡文、唐仁健、韩俊先后担任主任。

国务院设置国家农业部、国家林业局、国家水利部等三个主要涉农部门，分别承担农业、林业、水利等方面的行政管理职能。

二、"三农"政策决策机制和分工机制

改革开放以来，经过探索与实践，我国基本确立了在中共中央、国务院的领导下，分管领导主持，综合部门牵头，有关部门参加的农村政策决策体制和分工机制。

1. 中央农村工作领导小组

中央农村工作领导小组是中央领导农村工作的议事协调机构。自1993年3月

成立以来,先后有5位在中央担任领导职务的负责同志任组长。1993—1998年,朱镕基和姜春云先后任组长。1998—2003年,温家宝任组长。2003—2013年,回良玉任组长。2013年后,汪洋任组长。

中央农村工作领导小组成员由中央和国家机关有关单位组成。1998年,由中央财经领导小组办公室、国家发展计划委员会、科技部、财政部、水利部、农业部、中国人民银行、全国供销合作总社、国家林业局等9个单位组成。2003年,除国家发展计划委员会调整更名为"国家发展改革委员会"之外,其他成员单位没有变化。2006年,在原有成员单位的基础上,增加中共中央组织部、中央宣传部、中央机构编制委员会办公室、中央农村工作领导小组办公室、国家教育部、民政部、劳动和社会保障部、国土资源部、交通部、卫生部等10个单位。2007年,在原有成员单位的基础上,增加建设部为成员单位。2008年,除劳动和社会保障部调整更名为"人力资源和社会保障部"、交通部调整更名为"交通运输部"、建设部调整更名为"住房和城乡建设部"之外,其他成员单位没有变化。2010年,在已有成员单位的基础上,增加商务部为成员单位。2013年,除卫生部与计生委调整合并更名为"卫生计生委"之外,其他成员单位没有变化。目前,中央农村工作领导小组由21个单位组成。

中央农村工作领导小组下设办公室。主要职责是组织开展农村重大问题调查研究;研究起草"三农"工作重要文件;组织协调国家有关部门之间的涉农工作事宜;承担完成中央交办的"三农"工作重要任务等。

2. 中央农村工作会议文件起草组

文件起草组,在中央分管农业农村工作负责同志的主持下开展工作,由中农办主任具体负责,下设三个小组。

一是领导小组,由中农办、国务院办公厅、国家发改委、财政部、农业部、中央政策研究室、国务院研究室等单位的分管领导组成。

二是调研小组,由中央农村工作领导小组部分成员单位分管司局负责人、其他有关单位分管司局负责人和长期从事"三农"问题研究的有关专家学者组成。

三是工作小组,由调研小组的部分成员、中央农村工作领导小组部分成员单位分管司局和其他有关单位分管司局的有关人员组成。

3. 中央农村政策措施落实部门分工

根据有关部门职能，落实有关政策措施部门分工，明确牵头单位和参与单位，牵头部门对分工任务负总责，其他部门根据各自职能分工配合，建立工作机制，抓好落实工作。对各部门承担的分工任务，属于制度建设的，抓紧研究提出设计方案；属于项目实施的，抓紧制订实施工作方案；属于原则性要求的，研究提出推进工作意见和措施。

国务院负责督促检查各项任务的落实情况，各牵头部门在当年10月底前将牵头负责分工任务的落实情况报送国务院办公厅。国务院办公厅负责与有关部门的协调与沟通，在当年11月底前将各项分工任务的落实情况汇总报送国务院。

第二节
农产品价格支持制度

价格是生产的"指挥棒"，是利益的调节器。在市场经济条件下，农产品价格对引导农业生产、促进农民增收具有不可替代的作用。发展农业既要尊重价值规律，完善农产品价格市场形成机制，又要加大对农业的保护力度，健全农产品价格支持制度。改革开放以来，我国坚持推进农产品市场化改革，陆续放开了大部分农产品价格，并于2004年全面放开了粮食市场和价格，同时，实行了最低收购价制度。总体而言，这些制度有效地调动了农民的种植积极性，使主要农产品生产基本保持稳定，对国民经济的平稳发展起到了支撑作用。

一、取消统购派购制度与提高粮食收购价格（1979—1992年）

我国对农产品的价格支持最初表现为提高粮食的统购价格。1979年，党的十一届四中全会通过了《中共中央关于加快农业发展若干问题的决定》，提出：粮食统购价格从 1979 年夏粮上市的时候起提高 20%，超购部分在这个基础上再加价 50%，棉花、油料、糖料、畜产品、水产品、林产品等农副产品的收购价格也要逐步相应提高；农业机械、化肥、农药等农资用品的出厂价格和销售价格，在降低成本的基础上，在 1979 年和 1980 年降低 10%~15%，把降低成本的好处基本上给到农民。国家通过提高农产品价格，降低农资用品价格，间接地使大量资金留在农村并用于农业生产。1979 年的这次农产品提价，结束了连续 12 年粮食收购价格没变化的局面。

1985 年，在农业生产连年增长和部分农产品市场已经逐步放开的基础上，政府决定彻底改革实行了 30 多年的农副产品统购派购制度。1985 年初发出的中央 1 号文件规定：取消粮食统购，改为合同定购和市场收购；定购粮按"倒三七"比例计价（即三成按原统购价，七成按原超购价）；定购以外的粮食可以自由上市，如市场粮价低于原统购价，国家仍按原统购价敞开收购，保护农民利益。从 1985 年起，我国农产品价格形成机制改革快速推进，农产品价格中的国家定价进一步放开，对一些农产品运用国家指导价进行管理。粮食取消统购，实行合同定购。我国开始对农产品价格实行双轨制。1986 年，全国农产品收购价格总指数比 1978 年提高了 77.5%，平均每年递增 7.4%。1987 年、1988 年、1989 年国家又连续三年有计划地调高了粮食和部分食用植物油收购价格；1989 年、1990 年两次调高棉花收购价格。

1990 年夏粮上市后，市场粮价疲软的问题引起了政府的关注，国务院于 7 月和 9 月连续下发两份关于粮食流通问题的文件。采取的具体措施有：①各地向农民收购议价粮，不得低于国家规定的保护价格。各省、自治区、直辖市要向农民宣布分品种的保护价格，农民无论什么时候出售，国家都按不低于宣布的保护价格收购。②建立国家专项粮食储备制度。对粮食部门收购的议价粮，除各地"议转平"、议销和合理周转库存以外的多余部分，按分配的计划指标和结算价格转作国家专项储备。

二、实行保护价收购政策（1993—2003 年）

为保护农民的生产积极性，维护农民的利益，1993 年 2 月，国务院召开全国粮食产销政策发布及订货会。会上国家物价局、财政部、国家计委等部门发布了关于建立粮食收购保护价制度,改进粮棉"三挂钩"兑现办法等政策。关于粮食收购保护价格的原则、范围、权限程序、品种标准等问题的通知如下:①制定粮食收购保护价格的原则。要以补偿生产成本并有适当利润,有利于优化品种结构,并考虑国家财政承受能力为原则。②执行粮食收购保护价格的范围,限于原国家定购和专项储备的粮食。③制定粮食收购保护价格的权限和程序。粮食收购保护价由国务院和省、自治区、直辖市人民政府制定。④明确粮食收购保护价格的品种及标准。对粮食的主要品种实行收购保护价格制度,除早籼稻外,其他粮食品种的保护价格,按不低于国家合同定购价格制定。⑤建立粮食风险基金制度。为保证落实粮食收购保护价格制度,国务院决定建立中央和省(区、市)两级粮食风险基金制度。在粮食市价低于保护价时,按保护价收购,在粮食市价上涨过多时,按较低价格出售。上述价差由风险基金补偿。⑥要求切实执行粮食收购保护价格制度。未放开粮食收购价的地方,对原定购粮食要执行国家定价;对专项储备的粮食要执行国家规定的专储价格。已经宣布放开粮食收购价格、取消定购任务的地方,要采取经济合同的办法,按原定购数量与农民签订购粮合同,这部分粮食在市场价低于保护价时要按保护价收购。

从这时起,国家不再强制要求全面进行粮食保护价收购,政策开始松动。同时将保护价的价格具体确定下来,即上一年的定购价位。1993年3月,国家制定了主要农产品收购最低保护价,即中等小麦每50公斤31元,中等早籼每50公斤21元,并改进了粮、棉挂钩物资的奖售办法。另外,1993年颁布的《中华人民共和国农业法》,第一次用法律的形式规定对粮食及其他有关国计民生的重要农产品进行价格保护,同年11月,国务院决定在粮食价格和购销放开后,对粮食实行保护价制度。

1994—1996年,国家又两次大幅度提高农产品价格。至1998年,我国主要农产品的收购价格已接近市场水平,农村工业品零售价格的增幅大大小于农产品收购价格的提高幅度,工农产品交换比价逐步调整,国家与农民的利益关系得到初步改善。同时,国家通过构建价格保护制度,调动农民的种粮积极性,保护了农民的利益。1996年，随着保护价水平的大幅提高，国家开始真正按粮食保护价敞开收购农民余粮。农产品实行保护价收购制度，有利于在市场经济体制下对农业和整个经济的稳定运行提供保障。

由于党中央、国务院采取了一系列促进粮食生产发展的政策措施，保护和调动了农民生产粮食的积极性，我国的粮食产量稳定增长，粮食的综合生产能力提升到一个新水平。1995—1999年，我国的年粮食产量分别为46655万吨、50450万吨、49115万吨、51225万吨和50838.67万吨，提前5年实现了"九五"计划确定的粮食生产目标。1996年下半年，粮食市场形势发生了变化，粮食供应短缺的状况发生了根本性变化，出现了阶段性粮食过剩的情况，市场粮价开始下跌。

1997年7月，国务院召开粮食购销工作会议，对保护价政策进行修改，修改的内容主要有两点：一是降低保护价水平。以定购粮的基准价为新的保护价，而定购粮的基准价比实际定购价低10%。二是改变补贴办法。政府作出新的承诺，对国有粮食收储企业因收购增加、销售下降而增加的周转库存，由粮食风险基金给予利息和费用补贴。简而言之，就是要进一步降低保护价价格，以定购粮的基准价来作为保护价，且国有收储企业的风险损失不再由中央财政直接拨款，而是由粮食风险基金给予弥补。

1998年，国务院颁布《粮食收购条例》，对粮食实行"三项政策，一项改革"，即敞开收购、顺价销售、资金封闭运行，深化粮食企业改革，严格限定粮食收购和经营主体。

保护价收购有效地稳定了粮食市场，提高了农民收入，保护了农民的种粮积极性。然而，随着保护价收购政策的实施，弊端也随之出现了。政府大幅提高收购价格导致粮食增产，市场上粮食价格降低，导致"谷贱伤农"的现象出现，农民利益受损。政府出台粮食保护价本来的目的是维护农民利益，但事与愿违，实行保护价收购反而导致了粮食供求关系进一步失衡，粮价持续低迷，农民收入提高缓慢，且国有收粮企业也有很沉重的负担。于是，改革被提上日程。国务院在1999年5月中旬召开的全国粮食流通体制改革工作会议上，决定从2000年起适当缩小按保护价敞开收购的范围，如黑龙江、吉林、辽宁以及内蒙古自治区东部、河北北部、山西北部的春小麦和南方早籼稻、江南小麦，从 2000 年新粮上市起退出保护价收购范围。这有利于促使农民调整粮食种植结构、发展优质粮食生产。中国粮食保护价政策开始进行调整，逐步缩小收购范围，走上选择性保护部分农民利益的道路，而并非保护所有农户，政府负担得到缓解。

三、最低收购价政策与进一步改革（2004 年至今）

自 1998 年开始，我国粮食供应逐渐出现暂时性过剩的现象，粮价大幅度下降，农户因种粮收益降低甚至亏损而不愿种粮，导致播种面积急剧下滑。加之自然灾害的发生，致使我国粮食产量连续 5 年下降。到 2003 年，我国粮食产量已低于 20 世纪 90 年代的平均水平。粮食安全形势严峻。如何调控粮食市场价格，继续稳定粮食生产，避免"谷贱伤农"重演，解决国家的粮食安全问题，成为决策者面临的主要考验。

为了稳定种粮收入，保障国家粮食安全，2004 年，国家决定执行最低收购价政策。2004 年 5 月 19 日，国务院通过了《粮食流通管理条例》。该条例规定："当粮食供求关系发生重大变化时，为保障市场供应、保护种粮农民利益，必要时可由国务院决定对短缺的重点粮食品种在粮食主产区实行最低收购价格。"由此，国家粮食价格支持政策由粮食保护价收购政策转变为粮食最低收购价政策。

2004 年，针对早籼稻上市后出现的价格回落，国家在江西、湖南、湖北、安徽 4 个省实行最低收购价政策。2006 年，针对小麦价格下跌，国家在河北、江苏、安徽、山东、河南、湖北 6 个小麦主产区实行最低收购价政策。由此，形成了对作为口粮的稻谷和小麦两大品种的价格支持政策。2008 年，受全球金融危机影响，国际粮价大幅下跌，我国粮食市场也受到冲击，价格大幅下跌，出现农民"卖粮难"的问题。为保护农民收益，我国当年在东北三省和内蒙古自治区启动玉米、大豆临时收储政策。由此，临时收储政策逐步演变成为国家支持玉米和大豆价格的主要方式。最低收购价和临时收储政策实施以后，国内粮食价格稳步上升，棉花、油料、食糖价格总体在高位运行。由于最低收购价政策一般于年初公布最低价格水平，农民对当年的粮食市场价格有了一个比较清晰的预期，吃了"定心丸"，种植积极性得到有效调动。此外,由于最低收购价政策的成本基本上是由中央政府承担,没有增加地方政府的负担,因此提高了主产省种粮的积极性。还有,由于最低收购价政策的实施范围从早籼稻扩展到中晚籼稻、粳稻和小麦,再到油菜籽,促使我国粮食与油料播种面积趋于稳定,从而保持了主要农产品生产的基本稳定,粮食产量实现不断增长,农民收入不断平稳较快增长。这对稳定物价总水平、保持国民经济持续较快发展起到了重要支撑作用。

最低收购价和临时收储政策将国家对农民的补贴包含在价格之中,是一种"价补合一"的直接价格支持政策。但这种政策存在许多问题:①定价不合理,会在一定程度上导致农民盲目种植。最低收购价政策刺激了农民种植农产品的积极性,粮食产量得到提高,但之后易产生"卖粮难"和"谷贱伤农"的问题。农产品价格波动剧烈,价格大起大落时有发生。同时,最低收购价的确定没有充分考虑到粮食的品质差价,难以实现鼓励优种、淘汰劣种的种植结构调整目的。②扰乱了正常的市场机制,粮食市场化改革可能会走回头路。一是政府最低收购价逐步替代市场价格。最低收购价事实上转为最高收购价,政府定价逐步取代了市场价格,这使粮食价格脱离了真实的市场价格。二是粮食经营由多渠道又回到单一渠道。由于政府的最低收购价高出合理的市场价较多,一般粮食企业因担心收购后亏损而不敢入市收购,基本上是中储粮公司委托的定点企业在兜底收购,一般粮食企业要么按兵不动,要么替中储粮公司"打工"(代收)维持经营。③中央财政负担加重。④农民难以完全享受到最低收购价政策带来的实惠。由于我国农民的粮食生产和销售涉及千家万户,粮食收购难以完全做到面向农民直接收购,大部分还是只能从中间商手中收购,加上信息不对称的情况,农民实际出售价格往往达不到国家规定的最低收购价水平,因此,亟须进行农产品目标价格改革。

随着国际农产品价格的持续低迷和下降,中国不断强化的主要农产品最低收购价和临时收储政策到2013年之后已经难以持续,改革势在必行。从2014年开始,国家启动了市场改革,采取了减少市场干预的各项重大措施,对缓解和解决粮、棉、油、糖等农产品供给侧结构性问题起到了重要作用。

首先,从2014年开始,不再提高最低收购价和临时收储价格。稻谷最低收购价在2014年和2015年保持基本不变后,从2016年开始下调;小麦最低收购价在2015—2017年期间维持在2014年的水平。与此同时,政府在2015年后显著降低了玉米临时收储价格。其次,从2014年开始,分步骤地取消棉花、大豆、油菜籽和食糖的临时收储政策。2014年,新疆棉花和东北与内蒙古大豆临时收储政策被对市场干预程度较低的目标价格政策所替代,在市场价格低于目标价格时按价差补贴生产者。2015年,彻底取消了油菜籽和食糖的临时收储政策,价格形成回归实施临时收储政策前的市场机制。再次,2016年,取消玉米临时收储政策,实施"价补分离"政策,政府不再按保护价收购玉米,让价格随行就市;同时,政府给予生产者一定的补贴。最后,2017年,取消在东北与内蒙古自治区实施的大豆目标价格政策。原本希望能同时实现农民增收和市场价格形成机制双重目标的大豆目标价格政策被证明为弊多利少,仅实施3年就退出了政策舞台。

第三节
农业补贴政策

农业补贴是国内农业支持保护体系中地位最重要、使用最频繁、效果最直接的政策手段,也是工业化、城镇化达到一定阶段后的必然选择。农业补贴政策对农业农村经济发展起到巨大推动作用。党的十六大以来,我国出台并实施了一系列农业补贴政策,开启了财政支农的新时代,取得了巨大的经济效应和社会效应。随着农业农村经济的迅速发展和农业自身新矛盾、新问题的形成和积累,随着城乡关系的深刻调整和宏观政策的加速转型,随着国内外农业发展环境、发展需求的重大变化,我国农业发展正在呈现新的阶段特征,现行农业补贴政策在取得巨大成效的同时,其局限性也在凸显,亟待调整完善。

一、农业补贴政策演变历程

农业补贴是政府对农业部门或农产品生产经营者提供的补贴,是为保证粮食安全和农产品有效供给、维护农产品市场稳定及保障或增加农民收入,而对农产品生产、流通以及贸易环节实行的转移支付。改革开放近40年来,尤其是进入21世纪以来,中央始终高度重视"三农"工作,不断加大投入力度,连续出台一系列强农惠农富农政策,基本构建了补贴、价格、金融、保险、贸易、投资等相互支撑的农业补贴政策框架体系。

第一,建立农业补贴制度是保障农产品有效供给、促进农民增收和城乡协调发展的需要。到20世纪末21世纪初,我国农业和农村经济出现困难与挫折,主要农产品价格持续低迷,粮食生产连年减产,农民种粮积极性严重受挫,农民收入持续多年增长缓慢,耕地、资金和优质劳动力等农业资源外流问题加剧。特别是到2003年,我国粮食连续5年减产,粮食总产量降到1990年以来的历史最低水平,全国农民人均纯收入的增长率连续7年低于5%,城乡居民收入差距扩大至3.23∶1。与此同时,当时以重点补贴粮食流通环节为特征的粮食流通体制改革陷入困境,"产粮大省(县),财政穷省(县)""种粮越多,增收越难"等现象日趋普遍,在放开粮食收购市场的同时,迫切需要加大对粮食主产区和种粮农民的支持。尽快缓解我国农业发展面临的矛盾与压力,实现工农城乡协调发展,迫切需要加强对粮食主产区和种粮农民的支持,建立对种粮农民的补贴制度。

第二,建立农业补贴制度是应对国际竞争的需要。2001年我国加入WTO后,农业的对外开放程度迅速提高,提高我国农产品国际竞争力的重要性和紧迫性凸显。根据入世谈判承诺,我国农产品黄箱政策的国内综合支持量(AMS)最高只能有农产品产值的8.5%,远低于WTO大部分成员国的支持水平。WTO成员国普遍把农业补贴视为农业政策的核心,许多国家特别是欧美发达国家每年都对农业提供巨额的资金补贴支持,成为本国农民收入的重要来源和本国农业参与国际竞争的重要支撑。缺乏系统有效的农业补贴政策,导致我国农业在与外国特别是发达国家的农业竞争中,面临着不平等的竞争环境。因此,根据我国财力水平、农业发展要求和WTO规则,尽快制定实施旨在加强农业国内支持的农业补贴政策,促进我国农业国际竞争力的提升,日益成为加入WTO后我国农业应对国际竞争需要解决的紧迫课题。

第三,建立农业补贴制度是适应经济社会发展新阶段的需要。党的十六大以来,基于对我国经济发展阶段特征的准确判断,对"三农"问题的深刻把握,对国际发展经验的总结借鉴,中央审时度势、与时俱进地提出了一系列指导"三农"工作的新理念、新论断,确立了把解决好"三农"问题作为全党和政府全部工作重中之重的战略思想。近年来,我国经济进入新常态,发生了一系列趋势性变化。这些变化主要集中体现在三个大的方面,即速度变化,经济增长速度由高速增长转为中高速增长;结构优化,经济结构由低端的产业结构和布局转为高端的产业结构和布局;动力转化,推动经济发展的动力由过去更多依赖土地、劳动力等资源要素投入,转为更多依靠科技创新。经济进入新常态,农业发展遵循新战略,需要农业补贴政策保驾护航。2016年,中央审时度势,作出了加快推进农业供给侧结构性改革的重大决策,提出全面推进农业补贴制度改革。中央关于"三农"工作的理论创新使国家经济实力不断增强,为制定实施农业补贴政策奠定了理论和经济基础。

二、农业补贴政策现状

经过近40年的发展,我国初步形成了以稳定粮食产能为主要目标,以直接补贴农民为主要方式,低标准、广覆盖、普惠制的农业补贴政策体系。2015年种粮直补、良种补贴、农机购置补贴、农资综合补贴"四补贴"资金达1671.55亿元,按农村户籍人口计算人均为277元,占农民人均纯收入的比重为2.6%。围绕农业经济发展各个方面,制定了农业防灾减灾稳产增产关键技术补助政策,测土配方施肥补助、土壤有机质提升补贴、动物防疫补助、草原生态保护补助奖励政策,产粮(油)大县奖励等政策。2015年,国家启动农业"三补合一"改革,将种粮直补、农资综合补贴、良种补贴合并为农业支持保护补贴,目标明确为支持耕地地力保护和粮食适度规模经营。

1. 以"四补贴"为主体,其他补贴为补充

我国农业补贴种类已经由单一的种粮直补,扩展为种粮直补、农资综合补贴、农机购置补贴、良种补贴"四补贴",同时又纳入了农业保险保费补贴、农业重点

生产环节补贴、防灾减灾稳产增产重大关键技术补助等新的农业补贴，符合我国现阶段国情的农业补贴制度框架已基本成型。

2. 总体规模较大，补贴增量有保障

农业补贴规模由2004年的116亿元增长到2015年的1718.7亿元。早在2013年9月，中央财政就提前下达了2014年农机购置补贴170亿元。2014年初，中央财政又向地方拨付2014年种粮直补151亿元、农资综合补贴1071亿元。2014年政府工作报告明确表示："不管财力多么紧张，都要确保农业投入只增不减。"这为农业补贴规模的进一步扩大提供了体制保障。

3. 补贴拨付入卡，发放形式多样化

补贴方式由现金直接发放升级为"一卡通"拨付为主，多种形式并存。例如，农机购置补贴采取"差价购机、统一结算"的方式，部分良种补贴的发放方式可以描述为"财政招标、低价供种"，农业保险保费补贴则采取"超低保费、补贴险企"的方式，防灾减灾稳产增产重大关键技术补助的发放以"联技计补、钱物兼容"为主。多样化的补贴方式为补贴政策的调整创造了一定的空间。

三、农业补贴政策存在的问题

1. 为农民收入提供支持的目标指向不够清晰

随着我国经济发展和农业比较优势的下降，农业补贴不断增加，甚至被当作提高农民收入的手段之一。实际上，在我国农业以小规模经营为主的国情下，以农业补贴来提高农户的收入并不现实，而且也超出了国家现阶段的财政承受能力。即使在美国、日本等发达国家，农业补贴的作用也只是稳定农民收入，而不是大幅提高农民收入。所谓美国补贴占农民收入40%的流行说法，其计算依据是1999—2001年补贴金额占农业净利润的比例。实际上，该数字近年来持续下降，2010年之后已经降低到10%以下。

2. 对农业生产发展的效果呈现出递减态势

从宏观层面上看，我国粮食总产取得了历史性的"十二连增"，但补贴对粮食产出的贡献越来越小。2004年，农业补贴从无到有，其增量与粮食增产量的相关系数曾经高达0.52,到2007年该相关系数已经下降至0.06,此后几年已经接近于0。而且,大部分微观层次的研究表明,补贴并非农民选择种粮的主要因素。甚至,有76%的农民基本不清楚农业补贴发放的依据。尤其是,直接发放到户的补贴由农户统一安排,可能用于生产,也可能用于家庭消费,对农业综合生产能力提升的意义不大。

3. 与相关政策尚未形成协调配合的机制

目前,新增补贴强调对某一具体产业的支持,对形成农业生产发展、农民收入增长的长效机制着力不大。例如,酝酿之中的目标价格补贴制度在政策表达上,只关注了某种农产品价格降低情况下的补贴机制。但是,农民遭遇农业灾害之后,农产品产量减少,价格可能上涨,农民收入反而会减少。根据其制度设计,目标价格补贴却无法启动,这就失去了稳定农民收入的作用。再如,农业防灾减灾稳产增产关键技术补助政策本意是为了推广适用技术、落实联技计补,但在发放上也分为南方早稻集中育秧、东北水稻大棚育秧和玉米"坐水种"、小麦"一喷三防"等,几乎成为某一地区某一产业的支持政策。同时,这也导致WTO框架下我国"黄箱"补贴规模持续膨胀,甚至有"破箱"风险。

农产品出口补贴

农业国内支持
- "绿箱"支持措施:主要包括对农业的一般服务补贴,粮食安全储备费用补贴,国内粮食援助,对生产者的直接农业补贴,与生产不挂钩的直接收入支持,自然灾害救济补贴,环境保护或地区援助计划下的补贴等,这类补贴不会对农产品价格和贸易产生明显扭曲,不受WTO规则限制,免于削减承诺。
- "蓝箱"支持措施:在限产计划下,按固定面积、产量,或基期生产水平的85%及以下或固定动物数量给予的直接补贴,亦不受WTO规则约束。
- "黄箱"支持措施:包括政府或其代理机构的预算支出和放弃的税收、对特定产品和非特定产品的市场价格支持、不可免除的直接支付或其他任何不属于免除削减承诺范围的补贴,此类农业补贴受WTO限制,不能超过规定标准,并可能被要求作出相应削减承诺。

图6-1 WTO农业协定对农业补贴的分类

4. 未能顺应新型经营主体快速发展的形势

目前,大部分补贴的发放依据是承包地面积。在绝大部分农户经营规模较小的情况下,这种公平优先的补贴发放方式适应了我国的基本国情。然而,近年来,新型经营主体快速发展,农业经营规模不断扩大,土地流转比例迅速提高。据农业部统计,我国农村土地流转比例从2007年底的5.4%增长到2015年底的33.3%。这种情况下,再强调补贴均等发放就难以适应新型经营主体的需求,形成种粮主体与补贴对象配置脱节的局面。

5. 缺乏对农业可持续发展的支持

在我国粮食"十二连增"的同时,增产的"弦"绷得过紧,给资源环境带来了一定的压力。首先,耕地质量下降。全国中低产田面积已占耕地总面积的70%以上,并且有进一步下降趋势。其次,农地污染严重。环保部数据显示,我国目前有3亿亩耕地受到重金属污染。最后,水资源开发利用模式不可持续。近10年,全国地下水超采量近160亿立方米,超采区面积约占平原区面积的11%,全国高效节水灌溉率不足13%。在现有的补贴制度设计中,并没有考虑引导农业实现可持续发展,反而在一定程度上加剧了部分地区资源环境的压力。

四、完善思路与政策建议

推进农业补贴政策改革,是主动适应经济发展新常态、顺应农业发展新形势的重要举措,是供给侧结构性改革在农业生产领域的具体体现。通过梳理我国现行农业补贴制度的成效及其存在的问题,研究借鉴发达国家农业补贴政策的成功经验,结合我国国情和农情,完善农业补贴制度的政策指向是,提高农业特别是粮食综合生产能力,促进农民收入稳定增长,促进农业发展方式加快转变,实现农业可持续发展。完善农业补贴制度的基本原则是,农业补贴力度不减,存量保持稳定,增量优化结构,突出新型主体,提高支持效率。完善农业补贴制度的基本思路是,发挥财政补贴杠杆作用,引导市场力量配置农业资源,推进农业补贴规范化、制度化、可持续。

1. 完善农业补贴的基本思路

第一,明确补贴目标,探索实施目标收入补贴制度。建立农民从农业生产经营中获得稳定收入的"安全网"。在目标价格补贴确立的同时,探索建立目标收入补贴制度，稳定农民农业经营收入。尤其是，在粮食主产区和其他重要农产品主产区，根据历史单产和农作物播种面积，为农民提供单位经营土地面积的保底收入。探索建立营销贷款援助制度，由农业部门与金融监管部门共同建立能够适应我国国情的农产品信贷公司，以未来收获的农产品为抵押担保，为农民提供生产经营性贷款。

第二，转变补贴体制，提高财政支农资金使用效率。归并整合涉农资金，集中财力物力，提高农业综合生产能力。继续开展粮、棉、油、糖高产创建工作，支持种粮大户、家庭农场、农民合作社、产业化龙头企业等新型经营主体开展高产示范工作，带动技术、管理经验等推广至小规模农户。继续健全和完善粮食主产区利益补偿机制，根据主产区对国家粮食安全的贡献，增加一般性转移支付和产粮大县奖励补助。建立粮食产量、商品量和利益相挂钩的机制，使粮食生产大县财政收入达到沿海中等县、市水平。

第三，调整补贴思路，建立支持"三农"的长效机制。探索并完善农产品目标价格补贴制度，及时公布农产品的目标价格，尝试一次性出台未来3～5年的指导性目标价格，努力形成农业补贴随生产成本、市场形势变化的长效机制。完善政策性农业保险制度，加大保险保费补贴力度，开发以农业收入为标的的农业保险产品。加大财政投入力度，推进农业防灾减灾稳产增产关键技术补助政策的常态化，开展病虫害统防统治补贴等新的"联技计补"政策试点。以政策的实施和完善为契机，促进科研、教育和推广的结合。在政策宣传和国际农业谈判的过程中，必须澄清新增补贴并没有扭曲市场，也没有向农户提供任何形式的价格支持。

第四，扩大补贴对象，建立补贴向新型经营主体倾斜的新机制。在有条件的地方探索开展按实际粮食播种面积或产量对生产者进行补贴试点，提高补贴的精准性、指向性。从国家农机购置补贴中划出专门资金，对农机大户和合作社进行购机补贴。采取以奖代补的方式，对部分服务范围广、操作水平高、信用评价好的农机大户或者合作社，直接奖励大型农机具或重点作业环节农业机械。探索以农业补贴作为生产经验性贷款抵押物的信贷制度，以财政部门农业补贴数据库为基础，摸清农户每年的补贴收益，建立健全相关制度。

2. 完善农业补贴的具体建议

第一，价格支持政策。价格是市场经济条件下引导农民发展粮食生产的"指挥棒"。近年来，粮食价格形势发生了显著变化，价格补贴政策陷入"两难"境地。托市收购价格不提高，势必影响农民的收入和积极性；如果继续提高托市收购价格，进口压力会进一步加大，财政负担日益沉重，难以持续。因此，价格支持政策亟待完善。价格支持政策的功能定位是：推动完善市场形成价格的机制，保障生产者的基本收益，保护和调动生产者的积极性。具体思路是：①逐步建立目标价格制度。核心是实行价补分离，价格低时补贴生产者，保障生产者的基本收益，价格高时补贴低收入消费者。在2014年对东北和内蒙古大豆、新疆棉花开展试点的基础上，综合考虑国内外农产品市场形势及其变化，加快建立科学的采价信息体系，"十三五"时期，适时启动实施糖料、油料、玉米等重要农产品的目标价格政策。科学评估目标价格补贴政策对水稻、小麦等口粮的适用性，审慎出台针对口粮的目标价格补贴政策。近期，综合考虑国际市场形势和农民生产成本，灵活设定粮食等重要农产品的政策性收储的启动门槛，仍然提供保底收储。长期，探索开发重要农产品平均收入保险，为农民提供收入保障性质的农业保险。②开展粮食等重要农产品规模经营主体营销贷款试点。由农业部门和政策性金融部门共同组建国家农产品信贷公司，为农产品营销贷款提供体制保障。农民可用自己将要生产的农产品作为抵押，按国家确定的抵押贷款价格（农产品生产成本加适当利润）申请贷款，在此基础上加少量利息，由国家农产品信贷公司在产前为农民提供生产经营性贷款。农民销售农产品的市场价格如果高于这个价格，农民就可用营销贷款合同中确定的抵押农产品价格偿还贷款，相当于补贴没有启动，国家只是给予了营销贷款援助。如果农产品的市场价格低于抵押贷款价格，农民可按市场价格偿还，低于抵押贷款价格的部分，国家予以补贴。③探索实施目标价格保险。近期重点探索试点粮食、生猪、蔬菜等农产品的政策性目标价格保险。在实施时，应注重目标价格与农产品产量的充分结合，考虑农民的收入保障水平。综合考虑农业投入、市场价格、比较效益等因素确定目标价格，根据之前两年的农产品平均市场价格确定市场价格，统计县域范围内过去五年的农作物亩产或每头出栏牲畜平均肉奶产量，去掉最高单产和最低单产之后进行平均,计算农民最终每亩作物或每头牲畜的收益。之后,按照不同的收益比例设计保险保单,确定有高有低的保费标准,供农户自由选择购买。一旦市场价格低于目标价格理赔时,按照约定目标价格与市场价格差价,结合约定的单产和赔付比例,计算应赔付的金额。中央财政和省财政为农民支付大部分保费,可考虑最低档次的保险保费直接由财政全额补贴。

第二,农业生产补贴政策。近年来,农资价格、土地租金、人工成本持续上涨,我国农业生产已经进入高成本时代。应对高成本,必须高投入,给予高补贴,不断完善农业生产补贴政策。农业生产补贴政策的功能定位是:弥补粮食生产成本上涨损失,促进提高农业生产科技含量,保护和调动农民的种粮积极性。具体思路是:①完善农机购置补贴。简化农机补贴目录,扩大水稻机插、玉米机收等薄弱环节重点机具敞开补贴试点,加快提升薄弱环节的机械化水平。同时,扩大农机补贴覆盖范围,鼓励发展高效节约、智能化和产后商品化处理等技术装备,尽快把设施农业、农产品初加工和仓储物流主要机械设备纳入农机购置补贴范围。②继续整合优化补贴政策。2016年财政部、农业部下发的《关于全面推开农业"三项补贴"改革工作的通知》提出,全面推开农业"三项补贴"改革,以绿色生态为导向,将农业"三项补贴"合并为农业支持保护补贴,政策目标调整为支持耕地地力保护和粮食适度规模经营。下一步,建议继续深化改革,提高补贴政策的瞄准性。③实施新型农业经营主体补贴。对粮食主产区经营耕地面积在一定范围内(如30~150亩),且主要从事粮食生产的新型经营主体,按粮食实际种植面积给予补贴。④建立销区补偿产区机制。每年按照主销区粮食调入量由销区财政拿出相应资金上交中央财政,中央财政以转移支付的方式对主产区调出粮食按调出量给予补贴。

第三,技术服务补贴。为农民提供覆盖全程、便捷高效的技术服务,是确保国家粮食安全和农产品质量安全的重要支撑,为农民提供相应的技术服务支持理应是政府的责任。技术服务补贴的功能定位是:引导农民采纳先进适用技术,提高农业社会化服务水平,使农业生产简单化、方便化、标准化、社会化。具体思路是:①支持发展多元化的服务供给主体,对政府公益性农业服务机构和具有资质的经营性服务组织一视同仁,由农民自主选择服务主体。②坚持补贴的导向性。只要符合政策导向，种植粮、棉、油，发展标准化生产就给补贴，多种多补、不种不补、谁种补谁。③坚持技术服务补贴的普惠性。无论是分散、小规模、兼业化的小农户，还是具有一定规模的专业大户、家庭农场、农民合作社，均可按服务面积享受相应补贴。

第四，农业环保补贴。我国农业基础差、底子薄，基本建设历史欠账多，长期以来农业生产经营方式不合理，过度消耗资源甚至牺牲环境，农业可持续发展面临的压力越来越大。适应加快转变农业发展方式的新形势，应尽快设立农业环保补贴。农业环保补贴的功能定位是：引导采用资源节约、环境友好的生产方式，促进耕地、草原、渔业等资源合理利用与保护，推动加快转变农业发展方式。具体思路是：①设立农业清洁生产技术补贴，推广节地、节水、节种、节肥、节药、节电、节油等节约型技术。②建立耕地保护补偿制度。补偿资金来源按照"取之于地、用之于地"的原则，从新增建设用地有偿使用费、土地出让金和耕地占用税中提取一定比例。主销区应按照粮食调入量，支付一定的耕地保护补偿金。完善草原生态保护补助政策，建立与合理载畜量和畜产品价格挂钩的奖补机制。③在特定地区设立休耕和轮作补贴。在东北地区特别是黑龙江，实施轮作补贴，引导形成"两到三年玉米，一年大豆"的科学轮作方式；在南方部分重金属污染地区，实施转种补贴，扩大高粱等高秆、重金属吸附能力弱的作物种植；在部分生态较为脆弱和污染严重的地区，实施适度休耕补贴。

第五，基础设施补贴。长期以来，我国农业基础设施欠账较多，很多地方还在靠吃二十世纪五六十年代的老本，成为发展现代农业和多种形式规模经营的瓶颈。必须创新农业基础设施建设机制，通过基础设施财政补贴带动农业基础设施的改善。基础设施补贴的功能定位是：发挥财政资金的引导作用，调动各方面开展农业基础设施建设的积极性，强化抗旱排涝减灾能力和可持续发展能力，提高土地产出率、资源利用率、劳动生产率。具体思路是：①强化农业基础设施建设资金整合。目前的相关项目建设职责分布在国土、农业、发改、财政、水利、林业、环保等诸多部门，"九龙治水"，效果大打折扣，应打破这种体系、行业和环节壁垒，强化资源整合，明确中央和地方的事权，力争在"十三五"期间集中力量办成几件大事，包括大规模建设高标准农田和农田水利设施等。②创新农业基础设施建设投融资方式。一方面，政府应切实把基础设施建设的重点转向农业农村，加大财政投入力度；另一方面，要建立多元化的筹资机制，通过股份制等多种形式引进社会资本参与农业基础设施建设。③改革小型农田水利设施建管机制。可以通过财政以奖代补、先建后补等方式，调动农民参与建管的积极性。

第四节
农业利益补偿机制

一、主产区利益补偿

主产区在我国粮食生产中具有举足轻重的战略地位。近年来，国家初步建立起支持粮食主产区的财政体系框架，带动主产区的粮食综合生产能力不断提高。但"产粮大县（省）、经济小县、财政穷县"的局面仍未改变，粮食主产区经济发展滞后、农民收入偏低、农业基础设施薄弱等问题仍然突出，影响地方和农民发展粮食生产的积极性。要在粮食连年增产的高起点上，巩固提升粮食综合生产能力，潜力在主产区，关键在政策激励。加快完善粮食主产区利益补偿机制，充分调动主产区政府重农抓粮、农民务农种粮的积极性，是促进粮食生产稳定发展的重要基础，以及确保国家粮食安全的战略举措。2010年，国务院"从确保国家粮食安全和食品安全的大局出发，充分发挥比较优势，重点建设以'七区二十三带'为主体的农产品主产区"，即构建以东北平原、黄淮海平原、长江流域、汾渭平原、河套灌区、华南和甘肃、新疆等农产品主产区为主体，以基本农田为基础，以其他农业地区为重要组成的农业战略格局。这是保护粮食主产区的战略部署，更是立足国情、粮情的现实选择。2013年，国务院提出完善粮食主产区利益补偿机制，要求建立健全农业投入增长、生态补偿、粮食产业发展保护等机制，增加中央财政对粮食大县的奖励资金，新增农业补贴向主产区和优势产区集中。2016年的中央1号文件明确提出，要加大对农产品主产区和重点生态功能区的转移支付力度，完善主产区利益补偿机制。2018年的中央1号文件提出，要落实农业功能区制度，加大重点生态功能区转移支付力度，完善生态保护成效与资金分配挂钩的激励约束机制。

粮食主产区是国家粮食生产的核心力量，是保障国家粮食安全的"压舱石"。一般来说粮食主产区主要包括三个层次：一是粮食主产省。按照粮食产量、播种面积和商品粮量及其在全国的比重，将河北、内蒙古、辽宁、吉林、黑龙江、江苏、安徽、江西、山东、河南、湖北、湖南、四川等13个省、自治区确定为粮食主产区，将北京、天津、上海、福建、浙江、广东、海南等7个省、直辖市确定为主销区，其余11个省、自治区、直辖市为产销平衡区。二是产粮大市。主要指粮食产量过100亿斤的31个大市。这些大市主要分布在河北、内蒙古、吉林、黑龙江、江苏、安徽、山东、河南、湖北9个省、自治区。三是产粮大县。目前有两种划分方法，分别是产粮大县奖励政策覆盖的1000多个县和《全国新增1000亿斤粮食生产能力规划（2009—2020年）》确定的800个产粮大县。

1. 利益补偿机制的思路、目标与路径

（1）基本思路。

贯彻落实新形势下国家粮食安全战略的总体部署和实施藏粮于地、藏粮于技战略的要求，针对粮食主产区发展中面临的困难和问题，统筹协调中央政府、粮食主产区和主销区的利益关系，加大政策扶持力度，加强基础设施建设，强化生态环境保护，进一步完善中央政府和地方政府纵向协调、粮食主产区和主销区横向平衡、政府调控与市场调节统筹互动的主产区利益补偿机制，着力提升主产区粮食综合生产能力，促进粮食生产稳定发展，夯实国家粮食安全基础。

（2）目标原则。

利益补偿机制的主要目标在于以下三个方面：一是主产省农民人均纯收入基本达到全国平均水平。二是主产省人均财政收入基本达到全国平均水平。三是主产区与主销区区域协同机制基本形成。

主产区利益补偿机制的基本原则：一是坚持"谁受益、谁补偿"。二是坚持产能提升和生态保护。三是坚持市场调节与政府调控。四是坚持统筹协调与均衡发展。

（3）实现路径。

补偿对象主要针对两个层次，一是主产区政府，二是种粮农民。补偿方式主要从三个方面入手：一是优惠政策。通过减免税收和配套资金、加大财政补贴等优惠政策，提高主产区发展粮食生产的积极性。二是产业带动。鼓励发展粮食加工、物流等产业，打造全产业链，提升产业附加值。建立产区及销区协作机制，鼓励粮食主销区向主产区转移产业，带动当地经济发展。三是资金补偿。设立利益补偿基金，加大转移支付力度，支持主产区政府和农民发展粮食生产。

2. 存在的问题

总体上看，主产区利益补偿机制的建立弥补了地方财力的不足，促进了地方农业产业的快速发展。但是由于补偿规模有限、标准不高，尤其是中央财政收入增速开始下滑，因此主产区利益补偿机制还不够完善，远没有达到有效调动地方政府发展农业生产的积极性的目标。一方面，粮食主产区发展生产与财政增收的矛盾依然十分突出。据统计，主产区的粮食生产保持着稳步增长势头，非主产区则呈现快速下滑趋势；主产区与非主产区在财政收入、地方生产总值方面的差距仍在持续扩大，主产区存在的粮食大增、财政缩水的矛盾依然尖锐。一些全国产粮大县确定了类似"工业是立县之本，农业是立县之根"的发展思路，不得不大力开展招商引资。另一方面，其他大宗农产品生产大县的利益补偿还有待破题。除了要在粮食、油料、生猪大县实施奖励政策之外，棉花、肉牛、肉羊等生产大县以及制种大县也亟待建立财政奖补政策，用于筹集发展农业生产的专门资金。

3. 具体建议

完善粮食主产区利益补偿机制，是保障国家粮食安全和平衡区域发展的重要战略决策，需要综合发挥宏观协调和市场机制两方面的作用，完善纵向、横向两方面机制，加大政策扶持、基建投资、农业补贴、价格支持、收入保障、利益联结等措施的力度，加强机制改革创新、优化利益补偿效率、保护好主产区利益，稳定提高主产区政府重农抓粮的积极性和农民务农种粮的积极性，促进粮食产业的可持续发展。

（1）加大对主产区生产政策的扶持力度。

一是增加对主产区的奖补资金。二是完善均衡性转移支付办法。三是加大一般性转移支付力度。四是提高主产区财政支持能力。同时，重点补贴优势产区和新型经营主体。完善农业补贴方式，整合优化农业项目，建立动态奖励机制。

（2）强化主产区粮食生产基础设施建设。

一是加强粮食基础能力建设。二是探索农业开发新方式。三是推进保护性耕作。同时，通过优化产业布局，推进结构调整，提升产业化水平和主产区粮食产业的整体质量效益。

（3）稳定国内粮食市场。

一是完善粮食价格支持保护政策。灵活设定粮食等重要农产品的政策性收储的启动门槛，仍然由国有收储部门提供保底收储。在长期内，探索开发重要农产品平均收入保险，为农民提供收入保障性质的农业保险。在保护农民利益的前提下，推动最低收购价、临时收储和农业补贴政策逐步向农产品目标价格政策体系转变。

二是改革粮食流通储备体制。建立中央储备和地方储备各司其职、协同互补机制，形成储备调控合力。要强化政府粮食储备监管体系建设，健全政府粮食储备吞吐调节机制，推进储备粮收购、销售、轮换等业务环节公开透明，使储备粮更好地服务粮食宏观调控。加大科技投入，通过采纳先进的烘干设备、机械通风等方式改善粮食存储，减少粮食在仓储与运输过程中的损耗。

三是构建以市场为主的价格形成机制。按照"分品种施策，渐进式推进"的思路，完善农产品市场调控制度。继续实施并完善棉花、大豆目标价格试点，在非试点区域通过支持企业收储或给予农民直接补贴等方式，建立农民收入保障机制。探索开展玉米目标价格试点，配套建立农民收入补贴机制。

四是健全粮食进出口调节机制。实施进口多元化战略，把配额发放与国内调控结合起来，提高粮食等重要农产品的贸易掌控力。支持农业"走出去"，在财税、金融等方面对重点企业给予扶持，培育国际大粮商。要制定实施分品种、分国别的重要农产品贸易战略，加快构建全球重要农产品监测、预警和分析体系。建立重要农产品产业损害防范与救济机制，制定实施农业对外合作发展规划，鼓励企业在境外开展全产业链投资。

（4）构筑粮食安全保障网。

一是实施口粮安全保障网计划。根据粮食主产区为保障国家粮食安全作出的贡献和付出的成本，增加对粮食主产区的转移支付和各项支持，促进主产区经济社会加快发展，确保主产区政府和种粮农民得到合理的利益补偿。应重点向口粮核心产区倾斜，要在粮食主产区功能区划的基础上，进一步界定口粮产区的范围，以便各类资源真正向口粮产区集中，实现口粮绝对安全。

二是实施农民收入安全保障网计划。建立农民从农业生产经营中获得稳定收入的安全保障网。在目标价格补贴确立的同时，探索建立目标收入补贴制度，稳定农民农业经营收入。尤其是，在粮食主产区和其他重要农产品主产区，根据历史单产和农作物播种面积，为农民提供单位经营土地面积的保底收入。

（5）创新产销区域利益联结机制。

一是建立区域合作新机制。加大对产粮大县的财政转移支付力度，有条件的地方可以探索建立耕地开发权赎买和土地开发权转发制度来保护和平衡粮食主产区与主销区之间的利益关系。减轻粮食主产区财政负担，取消粮食风险基金地方配套。建立粮食主销区与主产区的利益补偿机制，逐步在粮食主销区建立粮食储备库，实现粮食储备由粮食主产区向粮食主销区转移。

二是探索农村金融新机制。尽快出台支农贷款风险担保和补偿政策。扩大农业贷款担保抵押物范围，稳步推进农村土地承包经营权、林权和宅基地使用权抵押试点。鼓励发展政府出资、村级合作、社会参与等多种形式的融资服务担保机构。探索建立营销贷款援助制度，由农业部门与金融监管部门共同建立能够适应我国国情的农产品信贷公司，以未来收获的农产品为抵押担保，为农民提供生产经营性贷款。加大对村镇银行、贷款公司、农村资金互助合作社的定向补贴。鼓励、引导和规范社会资本进入农村金融领域，培育发展新型农村金融服务主体。尽快建立财政支持的农业大灾风险分散机制，帮助保险机构有效规避大灾风险。

（6）严格落实粮食安全责任。

一是理顺关系。理顺中央与地方、产区与销区、不同部门之间的关系。中央政府要加强宏观调控和财政支持。各省、自治区、直辖市人民政府必须切实承担起保障本地区粮食安全的主体责任，全面加强粮食生产、储备和流通能力建设，各级财政要继续支持保障粮食安全的相关工作。粮食主销区和产销平衡区要及时足额安排粮食风险基金。地方各级人民政府要按照保障粮食安全的要求，落实农业、粮食等相关行政主管部门的职责任务。

二是明确责任。进一步明确中央和地方的粮食安全责任与分工，在中央承担首要责任的同时，全面落实省级人民政府在粮食生产、流通、稳定区域市场和粮食质量安全方面的责任，真正建立起在国家宏观调控下省级人民政府对粮食安全全面负责的体制。

三是加强监督。严格落实粮食安全省长责任制考核办法，定期组织对各省、自治区、直辖市人民政府落实粮食安全省长责任制情况进行考核，对成绩突出的给予表扬，对不合格的予以通报批评、责令整改并追究责任。

二、耕地保护补偿机制

人多地少是我国的基本国情。随着工业化、城镇化建设加快推进，我国耕地后备资源不断减少，实现耕地占补平衡、占优补优的难度日趋加大，激励、约束机制尚不健全，农地保护面临多重压力。同时，我国耕地质量总体不高、局部退化，难以满足粮食和农副产品的生产需求，耕地保护面临数量、质量、生态等多重压力。党中央、国务院高度重视耕地保护，实行最严格的耕地保护制度和节约集约用地制度，建立了耕地补偿机制，为经济和社会发展提供了有力的支撑。

1. 建立和完善耕地保护补偿机制

建立耕地保护补偿机制是促进耕地长效利用的有效方式。1996年，我国开始提出耕地总量动态平衡战略，并不断完善相应的配套政策。如1998年明确提出建设用地占用耕地要实行"占一补一"政策，并由"先占后补""边占边补"发展为"先补后占"；开展农用地分等定级基础工作，积极进行耕地占补按等折算的实践；提出"18亿亩耕地保有量"的红线约束性指标。耕地总量动态平衡战略的提出，特别是建设用地占用耕地"占一补一"政策,在约束建设用地对耕地的占用方面发挥了巨大作用。1997年发布的《中共中央国务院关于进一步加强土地管理切实保护耕地的通知》、1998年颁布的《中华人民共和国土地管理法》和《基本农田保护条例》等政策、法规对基本农田保护工作予以明确规范,形成了较为成熟的基本农田保护制度。2007年,第十届全国人大第五次会议的政府工作报告明确提出"一定要守住全国耕地18亿亩这条红线,坚决实行最严格的土地管理制度"。为此,国土资源部门建立了耕地用途管制制度、节约用地制度和占补平衡制度,促进了土地管理工作重心从保障建设用地供应向切实保护土地转变,土地管理工作方式从分级限额审批向用途管制转变。2008年党的十七届三中全会提出,要"划定永久基本农田,建立保护补偿机制,确保基本农田总量不减少、用途不改变、质量有提高"。2016年发布的《国务院办公厅关于健全生态保护补偿机制的意见》明确提出,要"建立以绿色生态为导向的农业生态治理补贴制度,对在地下水漏斗区、重金属污染区、生态严重退化地区实施耕地轮作休耕的农民给予资金补助。扩大新一轮退耕还林还草规模,逐步将25度以上陡坡地退出基本农田,纳入退耕还林还草补助范围。研究制定鼓励引导农民施用有机肥料和低毒生物农药的补助政策"。2017年1月,中共中央、国务院印发了《中共中央 国务院关于加强耕地保护和改进占补平衡的意见》,这是自1997年以来中央再一次就耕地保护专门发文。文件指出,要坚守土地公有制性质不改变、耕地红线不突破、农民利益不受损三条底线,坚持最严格的耕地保护制度和最严格的节约用地制度,像保护大熊猫一样保护耕地,耕地管控、建设、激励多措并举,落实"藏粮于地""藏粮于技"战略,切实提高粮食综合生产能力,保障国家粮食安全。2018年的中央1号文件提出,要建立市场化、多元化生态补偿机制,落实农业功能区制度,加大重点生态功能区转移支付力度,完善生态保护成效与资金分配挂钩的激励约束机制。

2. 耕地保护的做法和经验

(1) 实行最严格的耕地保护制度和节约用地制度。坚守"18亿亩耕地保有量"红线不动摇,加强国土空间用途管制和规划计划管控;开展永久基本农田划定工作,对基本农田实行特殊保护;严格落实耕地占补平衡政策,实现建设占用和补充耕地的平衡，同时把好补充耕地的质量关，切实提高新补充耕地的产能；将耕地保护纳入政府绩效考核，管控和激励多措并举，提升耕地数量及质量管护水平；推进土地资源的节约集约利用，探索推广资源节约集约利用模式，不断完善节约集约利用市场调节机制。

（2）持续加大建设投入力度。实施"藏粮于地"战略，加大资金投入，加快建设集中连片、旱涝保收、稳产高产、生态友好的高标准农田，优先建设口粮田；以地力培肥、土壤改良、养分平衡、质量修复为主要内容，以高标准农田工程建成区、占补平衡耕地项目区、耕地质量问题突出区为实施重点，大力推进耕地质量保护与提升；全面推进耕作层剥离再利用，将剥离的耕作层土壤用于垦造耕地、高标准基本农田、农村土地综合整治建设用地复耕等项目，提升新造耕地的质量和产能；支持林业重点工程和草原生态建设，加大草原生态保护补助资金投入力度，完善森林、草原、湿地、水土保持等生态补偿制度。

（3）不断完善利益补偿和激励机制。从2011年开始，我国在内蒙古、新疆、西藏、青海、四川、甘肃、宁夏、云南等8个主要草原牧区建立草原生态保护补助奖励机制，实施禁牧补助和草畜平衡奖励，落实对牧民的生产性补贴政策，加大对牧区教育发展和牧民培训的支持力度、促进牧民转移就业。2014年，国家启动了新一轮退耕还林还草，继续在陡坡耕地、严重沙化耕地、重要水源地实施退耕还林还草，中央财政对退耕还林的土地每亩补助1500元，其中现金补助1200元，种苗造林费300元。2017年，国家将新一轮退耕还林种苗造林费的补助标准从每亩300元提高到每亩400元。截至2017年，新一轮退耕还林总规模扩大到近8000万亩。

（4）创新保护农用地的体制机制。农村土地承包经营权确权登记颁证工作稳步推进，截至2017年9月底，已经有多个省基本完成该项工作。农村土地承包经营权确权登记颁证进一步明确了农民对承包土地的各项权益，给农民吃上了"定心丸"，有利于农用地的保护与利用。集体林权制度不断完善。2008年以来，我国全面推进集体林权制度改革并取得重大成果，实现了"山定权、树定根、人定心"，稳定了集体林地承包关系，放活了生产经营自主权。

（5）始终坚持依法保护农用地。我国耕地保护与利用法律体系建设不断加强，出台或修订了《中华人民共和国土地管理法》《中华人民共和国农村土地承包法》《中华人民共和国草原法》《中华人民共和国森林法》《基本农田保护条例》《土地管理法实施条例》《退耕还林条例》等法律、法规，使农用地的保护与利用有法可依。同时加大土地执法工作力度，国土资源、农业方面的相关职能部门紧密配合，加强日常执法巡查，对不符合规定要求的土地使用行为做到早发现、早制止、早报告、早查处，执法能力不断增强，土地利用更为规范。

第七章
城乡发展一体化

第一节
农业政策调整与工农城乡关系的变化

一、农民从事经济活动的选择权扩大

1. 农民获得生产经营自主权

国家通过人民公社制度、户籍制度以及统购统销制度为中国的工业化积累了大量的资金，但长期的重工轻农给农业生产带来了严重的后果，造成了农业的停滞、农村的凋敝和农民的生活长期得不到改善。从 1957 年到 1977 年，农业劳动力人均粮食生产量由 1030 公斤下降到 962 公斤，减少了 6.7%。到 1978 年，每个生产队的固定资产总额不足 1 万元，我国农村的许多地方没能解决温饱问题，有的甚至连简单的再生产也无法维持，中国农民在这 20 年之内人均收入仅增加了 60 元。从全国来看，农业生产依然是以手工作业为主。从 1952 年到 1978 年，农业的全要素生产率下降了 3.4%。

在这种背景下，农民开始自寻出路，家庭联产承包责任制开始在农村萌芽，并由小岗村发起。这个发端于农民的改革试验，起到了很好的农业增产效果，各地开始仿效，并逐步得到中央政府的认可。在国家政策的鼓励下，1980 年，全国实行包产到户或包干到户的生产队占生产队总数的份额由年初的 1.1% 上升到年底的约

20%。1982年，30%的中等偏下的生产队和30%的中等偏上的生产队实行了包产到户或包干到户。1983年，进一步将15%的较好的生产队纳入包产到户或包干到户的轨道。

1982年中央1号文件《全国农村工作会议纪要》肯定了多种形式的责任制，特别是包干到户、包产到户。为表明包产到户具有的兼容性，吸纳公有制和个体经营的双重优势，正式定名为"家庭联产承包责任制"。文件还提出疏通流通领域，把统购统销纳入改革的议程，有步骤地进行价格体制改革；并重申了发展多种经营和社队企业，鼓励个体经济、私人经济和专业分工。1983年中共中央印发了《关于当前农村经济政策的若干问题》的文件，再次肯定了家庭联产承包责任制，使得家庭联产承包责任制作为农村基本经营制度得以确立。

统计资料表明，从1978—1984年，以不变价格计算的中国农产品产值增长42.23%，年均增长6.05%，是1949年中华人民共和国成立以来增长最快的时期，其中，增幅的46.89%归功于制度改革，大大高于提高农产品收购价格、降低农用生产要素价格等其他因素的贡献。

2. 农产品市场化水平大大提高

1983年的中央1号文件提出了"两个转化""三个一点"的目标。"两个转化"是促进农业从自给半自给经济向较大规模的商品生产转化，从传统农业向现代农业转化；"三个一点"是党和政府各部门、各级领导干部都应该力求做到：思想更解放一点，改革更大胆一点，工作更扎实一点。该文件的核心内容是扩大农民生产经营活动的选择空间，如允许农民个人或联户购置农副产品加工机具、小型拖拉机和小型机动船，从事生产和运输；大中型拖拉机和汽车在原则上也不必禁止私人购置。农民个人或合伙进行长途贩运，应当允许，但限于贩运完成交售任务后允许上市的农副产品。

1982年的中央1号文件和1983年中央1号文件的重点是解决农业和农村工商业微观经营主体的经营问题。商品生产的顺利需要有自由的贸易体系，需要资金、土地和劳动力诸要素保持流动性。过去农村20年实行统购派购制度，除了对粮、棉、油等实行统购外，还对生猪、鸡蛋、糖料、桑丝、蚕茧、黄红麻、烤烟、水产品等实行派购和专营，品种多达132种，几乎包括了所有的农副土特产品。多项派购量占总产量的比重达90%以上，事实上，农产品交易均由公营商业实行高度垄断。资金、土地、劳动力的流动性又受到生产资料公有制和公社组织制度以及户籍制度的限制。

1984年的中央1号文件针对这一现象将发展重点放在宏观调控上，主要内容是：土地承包期延长15年，在此期间允许转让土地使用权；允许农村社会资金自由流动，鼓励加入股份合作、入股分红；允许农民自带口粮进城镇做工、经商、办企业；随着生产的发展和市场供应的改善，继续减少统购派购的品种和数量等。1984年我国农业生产达到了一个阶段性的顶峰。几十年来被看作是重中之重的粮食，甚至出现了由"手中无粮，心中发慌"，转变为"粮食多了，卖粮难"的局面。"谷贱伤农"，靠现有的农业生产结构不可能实现收入翻番的任务，需要一个新的结构。当时的主要问题是，农产品统购派购制度的改革滞后于农村经济发展的新要求。统购派购制度已经成了鼓励各省保省内自给或自给率的一项政策，这就迫使各省一定要制定计划保证粮食播种面积，因而影响了因地制宜地安排种植业。这样，1984年的农村工作会议就把改革统购派购制度、调整产业结构作为1985年农村改革的中心议题。围绕这个中心，还提出了发展林业，兴办交通，支持乡镇企业，鼓励技术进步、人才交流，放活金融市场，完善农村合作制，加强小城镇建设，发展外向型经济等任务。

1985年改粮食统购制度为合同收购，合同之外由政府议价改为由市场收购；派购的132种农产品，只留桑丝、药材和烤烟3种，其余均通过市场交易，由市场形成价格。这本来是一步到位的彻底改革，然而问题就出在工农和城乡的利益分配关系上。提高粮食收购价格，而没有相应提高城市居民的粮食销售价格，这样，粮食增产越多，财政补贴越多，使得国家财政不堪重负。国家按惯性维持原有的利益分配格局，为了保持城市非农集团的收益水平，就以降低农民的贸易优惠来减轻市民的负担，取消了原有的超购加价50%的规定，将所有粮食按平价收购。这大大减弱了对粮食增产的激励，农民利益受损迅速反映在粮食和其他农产品供应的减少上。

农村改革也伴随着农产品价格形成机制的改革。价格改革是循着消费品价格改革、生产资料价格改革、要素价格改革的顺序进行的，至今已经历了两个阶段：第一阶段为1978—1984年。在此期间，价格调整采取比价调整的办法，而没有涉及价格形成机制的改革，即由政府物价部门出面，提高供不应求商品的价格，降低供过于求商品的价格。从1985年开始，价格改革进入了将市场机制引入产品、物资价格形成的第二阶段。这一时期价格改革的主要措施是以不同形式、不同程度逐步放开产品和物资的价格，实行了同一产品和物资计划内部分实行政府定价、计划外部分实行市场定价的双轨制。随着计划外生产、流通和非国有经济的快速扩张，市场价格轨所占比重越来越大，计划价格轨所占比重越来越小。到1993年，价格在市场上形成的产品，已占社会商品零售总额的95%、农产品收购总额的90%以及生产资料销售总额的85%。

1997年，开始实行按保护价敞开收购农民余粮的政策。2004年，全面放开粮食收购市场。从2004年起，全面实行对种粮农民的直接补贴，粮食主产省、自治区实行直接补贴的粮食数量，原则上不低于前三年平均商品量的70%。

从2004年开始，在最低收购价、临时收储等政策的支持下，我国粮食连年高位增产，库存压力渐增。国家顺应时事，于2014年提出目标价格改革，在全国范围内取消棉花、大豆临时收储政策，开展目标价格改革试点，进一步突出市场的作用。

3. 农民大规模进入非农领域

改革开放以后，乡镇企业发展迅速，乡镇企业在国民经济中发挥的作用也越来越重要。1978年，乡镇企业占全国非农产业总产值的份额为11.8%，其中工业产值所占的份额为9.3%；1992年这两个指标分别提高到33.3%、32.6%；2007年，全国乡镇企业增加值为68000亿元，占国内生产总值的28.52%，从1978—2007年的30年间，乡镇企业用于支农、补农、建农的资金达4012亿元，显著提高了农民收入、改善了农业生产条件、完善了农业技术装备、促进了产业融合；2013年，我国乡镇企业的总产值达到了67万亿元，占到农村社会总产值的87%。乡镇企业的迅速发展，使城市经济不再孤独前行，出现了城市、乡村经济共同发展的新局面，对进一步促进我国社会主义现代化建设起到了不可替代的作用。与此同时，以乡镇企业为载体的农村非农产业的发展吸引了大量的农村剩余劳动力,并不断向第二、第三产业转移,为城镇化、工业化建设提供充足的人力资源,为扭转就业结构转换严重滞后于产值结构转换这个几十年来困扰政府的大难题,作出了很大的贡献。据统计资料计算,1978—1998年,仅乡镇企业的就业增加量9710万人一项,就占全国非农产业就业增加量23285万人的41.7%。通过乡镇企业转移的农村剩余劳动力累计达到1.61亿人,对农民的人均净收入贡献达到1/3以上。由于非农产业的发展,从事农、林、牧、渔业的劳动力占农村劳动力总数的份额由1978年的70.7%下降到2006年的42.6%,变化幅度高达28.1个百分点。农户收入结构中非农收入所占比例逐渐增加。随着收入结构的转变,非农收入逐渐成为中国农户收入增长的主要来源。以农户工资性收入为例,1983年,农户工资性收入仅占总收入的18.6%,到了2015年,工资性收入已经占到40.3%(见图7-1)。

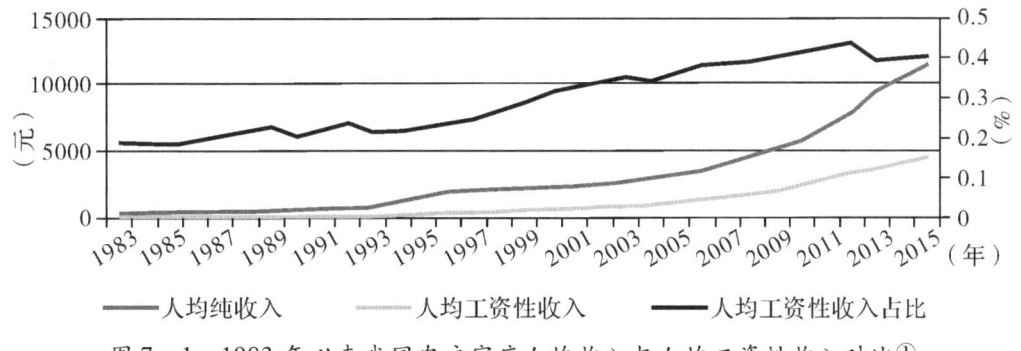

图7-1 1983年以来我国农户家庭人均收入与人均工资性收入对比①

资料来源:国家统计局网站数据。

4. 农村劳动力大规模向城市流动

1958年全国第一届人大通过了《中华人民共和国户口登记条例》,实行城乡分割的二元制度,城乡人口被严格地分割开来。从1958年到1978年,我国严格的城乡隔离经历了21年。城乡隔离期间,城乡之间、农村地区之间的人口流动都受到严格限制。除了特殊情况和计划用工之外,农民被严格地束缚在土地上,大量人员

---

① 图中所示为1983年以来农户家庭人均纯收入与人均工资性收入对比情况,其中人均纯收入、人均工资性收入以左面纵坐标为标准,人均工资性收入占人均纯收入百分比以右面纵坐标为标准。

积压在第一产业，人地矛盾加剧，导致农业生产效率长期低下。1978年的全国人均粮食占有量仅和1957年相当，全国农村有2.5亿人没有解决温饱问题。这一期间的城市化进程也受到了严重影响，城市化率仅从16.2%上升到17.9%。

1978年以后，随着改革开放的到来和家庭联产承包责任制的推行，城市发展对劳动力的需求增加，农村也积累了更多的剩余劳动力，有了更加强烈的流动需求，但这时乡村人口迁徙还相对较少，到1980年，全国外出打工的农民不超过200万人。随后，中国对农民流动的限制逐渐放松，主要有三个方面的制度变化：一是扩大经营自由度。伴随着农业生产责任制的推行和人民公社的解体，国家和地方政府在经济和政治上对农民的管制放松。农民向国家交够一定数量的粮食后，在没有地方政府允许的情况下，从事其他产业和向其他地域流动成为可能。二是赋予农民活动空间自由。这主要是以户籍制度、劳动就业制度和食品配给制度等为主要内容的城市改革。政府对在城市企业的就业限制逐渐放松，企业在劳动力雇用上的自主权扩大，这样，城市居民不愿意从事的一些职业和工种，可以雇用农民来做。三是为进城农民提供物质保障。在农产品生产和供给能力扩大的情况下，国家的食品配给制度逐渐解体，那些在城市部门需要凭票证供应的商品种类，由改革初期的73种下降到1985年的粮食和食用油2种，到1993年，城市的粮食和食用油配给制度也全部取消。这样，流向城市的农民可以在市场上获得基本的生活用品。城市住房租赁市场的开放，也为农民在城市居住提供了条件。

以家庭联产承包责任制为核心的农村改革催生了户籍制度的改革。1984年，《中共中央关于1984年农村工作的通知》指出，"1984年，各省、自治区、直辖市可选若干集镇进行试点，允许务工、经商、办服务业的农民自理口粮到集镇落户"。这次改革并不包括县政府所在地的镇。当年全国流动人口猛增到2000万，从此以后，国家加快了户籍改革，乡村人口的迁徙也越来越势不可当。1992年邓小平同志南方谈话后，我国农业经济结构得到进一步调整，人口流动方面的政策重点转移到宏观调控下的有序流动。1993年开始了正式的户籍制度改革，同年9月，党的十四届三中全会通过的《中共中央关于建立社会主义市场经济体制若干问题的决定》明确指出，逐步改革小城镇的户籍管理制度，允许农民进入小城镇务工经商，发展

第七章
城乡发展一体化

农村第三产业，促进农村剩余劳动力的转移。根据这个文件，从 1994 年开始，由公安部、建设部、农业部、国家经济体制改革委员会等部门组成的研究小组，开始制订小城镇户籍改革方案。这个方案明确指出，"要积极地、分阶段地推进户籍制度改革，最终取消城市户口和农村户口的划分，消除城乡人口流动的制度障碍"。改革的基本方针是，如果农民在小城镇有稳定的职业、收入和固定的住所，那么就允许他们向小城镇迁移。这里所说的小城镇不仅包括乡镇政府所在地的集镇，也包括县政府所在地的镇，这在 1984 年改革的基础上又前进了一步。

2003 年 10 月 14 日，中国共产党第十六届中央委员会第三次全体会议通过的《中共中央关于完善社会主义市场经济体制若干问题的决定》明确指出，"农村富余劳动力在城乡之间双向流动就业，是增加农民收入和推进城镇化的重要途径。建立健全农村劳动力的培训机制，推进乡镇企业改革和调整，大力发展县域经济，积极拓展农村就业空间，取消对农民进城就业的限制性规定，为农民创造更多就业机会。逐步统一城乡劳动力市场，加强引导和管理，形成城乡劳动者平等就业的制度。深化户籍制度改革，完善流动人口管理，引导农村富余劳动力平稳有序转移。加快城镇化进程，在城市有稳定职业和住所的农业人口，可按当地规定在就业地或居住地登记户籍，并依法享有当地居民应有的权利，承担应尽的义务"。

城乡隔离政策的松动导致农村劳动力转移规模持续扩大。根据国家统计局统计，截至 2015 年底，全国农民工总量为 27747 万人，其中外出务工农村劳动力已达 16884 万人；2004—2013 年，在全国乡村劳动力总量年均下降 2.0% 的前提下，农村非农就业劳动力人数年均增长速度仍达 2.3%。并且，转移到非农产业的劳动力以高素质和青壮年劳动力为主，根据统计，2013 年，1980 年及以后出生的新生代农民工为 12528 万人，占农民工总量的 46.6%，占 1980 年及以后出生的农村从业劳动力的比重为 65.5%。在新生代农民工中，有 10061 万人选择外出从业，占比达到 80.3%。2013 年间，87.3% 的新生代农民工没有从事过任何农业生产劳动。

长期以来，我国实行的是以户籍管理制度为基础的城乡分割体制，把城乡居民划分为农业户口和非农业户口，使农村人口不能自由向城市迁移，阻断了农民进入城市就业的途径，造成并维持了城乡居民之间过大的收入和消费差距。进入 20 世纪90年代后,随着城镇户籍管理制度的改革,以及城市用工制度的松动,农村大量劳动力进入城市打工,但这只是一种体制外的、暂时的流动,他们的户口仍然在农村,就业也不纳入城市的管理。以户籍制度、就业制度和社会保障制度为主要内容的城乡分割体制并没有发生根本性的改变,使大量的农业剩余劳动力滞留在农村,导致就业结构与增加值结构存在较大的结构性偏差,但是偏差逐年缩小(见表7-1)。

表7-1 第一产业就业结构与增加值结构偏差值

年份	A：第一产业增加值比重（%）	B：第一产业就业比重（%）	C：就业结构与增加值结构偏差值（B-A）
1978	28.2	70.5	42.3
1980	30.2	68.7	38.5
1985	28.4	62.4	34.0
1990	27.1	60.1	33.0
1995	19.9	52.2	32.3
2000	15.1	50.0	34.9
2002	13.7	50.0	36.3
2004	13.4	46.9	33.5
2005	12.5	44.7	32.2
2006	11.7	42.6	30.9
2008	10.2	39.6	29.4
2010	9.5	36.7	27.2
2012	9.4	33.6	24.2
2014	9.1	29.5	20.4
2015	8.8	28.3	19.5

资料来源：国家统计局网站。

二、政府的城市偏向政策导致农村资源外流

自1978改革开放以后,农村资金通过财政、金融机构以及工农产品价格"剪

刀差"等方式大量流入城市。在市场经济制度确立以前（1978—1993年），绝大部分的农村资金以工农产品价格"剪刀差"的方式流出农村；市场经济制度确立后，财政、金融等手段逐渐成为农村资金抽离的主力军。如今，中国仍然处于向农村抽取资金的发展阶段。

1. 政府通过土地征用获取大量级差地租

在工业化、城镇化快速推进的过程中，大量土地被占用，1995—2010年，全国城市建成区面积增加了20000多平方公里，1999—2008年，排名前十位城市的建成区面积从2629平方公里扩增到7727平方公里。城镇化进程中的土地来源主要有两个：一是盘活存量建设用地，通过集约和合理用地来增加有效面积；二是通过征收农村集体土地获取，抽样调查显示，约八成新增建设用地需要征收集体土地。从农村集体征集到的土地，通过高价出售每亩地可以赚几万元到数十万元。根据相关统计，1980—1999年，国家向农民征用土地约1亿亩，国家利用垄断一级市场的制度和征地"剪刀差"（土地市场价与征地补偿费的差）总共从农民手里拿走土地资产2万亿元以上。有学者估计，截至2013年，政府在城镇化建设中赚取的土地价差达30万亿元以上。

2. 非均衡的投资结构造成农村基础设施建设滞后

20世纪80年代是我国农村固定资产投资增长较快的时期，1980—1990年，农村固定资产投资年均增长速度达到25%，占全社会固定资产投资的比重由14.6%提高到27.5%。但进入90年代以后，由于国民收入分配向城市倾斜，农民收入增长缓慢，农民投资能力减弱，社会投资向城市倾斜，农村固定资产投资增长速度明显降低。在这种情况下，20世纪90年代以来，农村固定资产投资占全社会固定资产投资的比重总体上处于下滑的态势。1995—2014年，全社会固定资产投资从20019亿元增加到512020.8亿元，增幅为年均18.6%。其中，城镇固定资产投资从15644亿元增加到501265亿元，年均增幅为20.0%；而农村固定资产投资从4375.6亿元增加到10755.8亿元，总量虽有增加，但是增幅明显低于全社会固定资产投资和城镇固定资产投资，年均增幅仅为4.8%。农村固定资产投资占全社会固定资产投资的比例从1995年的21.9%下降到2014年的2.1%，已经降到了1981

年以来的最低点。农村公共基础设施建设滞后,导致城乡发展差距扩大。

3. 财税资金流出额逐年扩大

农业各项税收和乡镇企业税收是财政部门从农村筹集资金的主要方式,国家财政用于农业的支出是财政部门向农村注入资金的主要渠道。改革开放以来,财政资金在农村的流动明显分为两个时期:1984年以前,财政资金是向农村净流入的,但流入量逐年减少;1985年以后,财政资金是从农村净流出的,且流出量逐年增加并呈加速趋势。1978—2006年,农业税收和乡镇企业税收由54亿元增加到7189亿元,年均增长19.1%。其中,农业税收由28亿元增加到1084亿元,年均增长速度为13.9%;乡镇企业税收由26亿元增加到6105亿元,年均增长21.5%,同期财政用于农业支出的增长速度大大小于农业税收、契税和乡镇企业税收的增长速度(见图7-2)。2006年以后,国家取消农牧业税,但是契税、烟叶税、耕地占用税等和农业相关的税收的总额仍然逐年递增,乡镇企业税收继续以较大幅度不断增加,2011年乡镇企业上缴税金增加到13413亿元,比2006年增加了1倍多,年均增幅达17%。

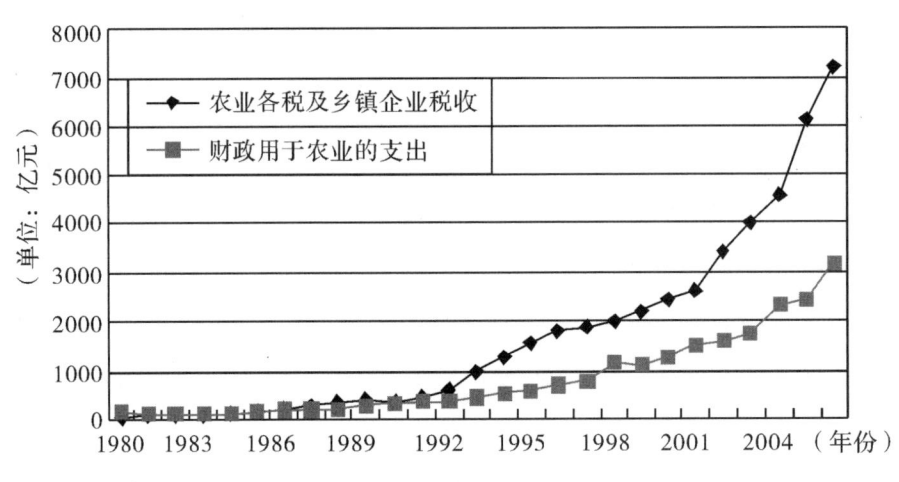

图7-2 农村财政资金收支变化情况

资料来源:1.《中国统计年鉴2003》,中国统计出版社。

2.《中国农业发展报告2007》,中国农业出版社。

4. 农村资金大量流入城市

一直以来,我国银行均实行分支行制,总行设在大城市,各分行吸收聚集的资金往往要转移到大城市发放。同时，我国农村金融市场存在信息不对称、缺乏抵押物、存在特质性成本与风险、征信体系不健全、激励机制缺乏等问题，因此形成了许多银行在农村惜贷的局面，从而导致了农村资金易出不易进，大量资金由农村流向城市。

当前在我国农村地区的正规金融机构主要有农村信用社（部分地区的农村信用社改制为农村商业银行或农村合作银行）、中国农业银行和中国邮政储蓄银行。一是农村信用社。农村信用社用于"三农"的支出比例相对较大，但是也有大量的信贷资金以上缴存款准备金、转存银行款、购买国债和金融债券等方式从农村大量流出，尤其是21世纪以来，一些地区的农村信用社改制为农村商业银行或农村合作银行，其中农村商业银行的商业性更强，更易导致农村资金的流失。有研究表明，1978—2012年，通过农村信用社进行存储的农村资金达到62.09%，其中存储到农村信用社的资金里有近35%没有流回到农村。二是中国农业银行。进行商业化改革以后，在农村地区的分支网点面向农户和涉农企业的贷款很少。三是中国邮政储蓄银行。1989年就开始在农村地区吸收存款，但是直到2007年才开启对农村地区的贷款业务，在此之前一直充当资金"抽水机"的功能。有关研究表明，1978—2012年，通过中国农业银行、农村信用社和中国邮政储蓄银行从农村净流出的资金规模达到66256.89亿元，年均外流1893.05亿元。农村资金的大量外流削弱了对县域经济和农村中小企业的支持，导致农村出现严重的资金短缺。

5. 城乡发展差距尚未消除

改革开放以后，随着社会分工的不同，逐渐形成了城市以发展工业为主，农村以发展农业为主的产业格局。相对于工业生产周期短、生产效率高、经济回报高，农业则是生产周期较长、资金流动性较差、投资农业风险较高。因此，随着社会的不断发展，农业产值所占的比例逐渐减小。中华人民共和国成立初期国家采用优先发展工业、农村支持城市的发展战略，大量农村资源流入城市。同时，我国的城乡二元结构还限制了农村人口的自由流动，导致我国城乡之间的差距始终存在，某些方面的差异十分显著，具体表现在城乡收入差距、城乡消费差距、城乡教育差距等几个方面。

一是城乡收入差距状况与变化趋势。改革开放以后，农村发展持续向好，农民绝对收入持续增加，但是与城市收入增长的幅度相比，差距较大。1985年城镇居民人均可支配收入和农村居民人均纯收入分别为739元和398元，到2014年该值分别为28844元和10489元，相对差距由1.86增加到2.75，绝对差距由341元增加到18355元。近年来，由于国家支农惠农政策的不断加强，城乡绝对收入差距不断缩小，但是相对差距仍在逐年扩大。2009年城乡收入相对差距为3.33.绝对差距为12022元，到2014年相对差距缩小到2.75，但是绝对差距却增加到18355元，增加了6333元。

二是城乡消费差距状况与变化趋势。收入决定消费，城乡收入差距的扩大导致城乡居民生活消费差距扩大。自1985年以来，城乡消费水平差距的变化与收入差距的变化是一致性较强，具有较强定的协同性。1985年城镇居民人均生活消费支出为673元，是农村居民生活消费支出的2.12倍；2000年城镇居民人均生活消费支出为4998元，是农村居民生活消费支出的2.99倍；2007年城镇居民人均生活消费支出为9998元，是农村居民生活消费支出的3.10倍，这一时期城乡居民生活消费支出差距亦始终呈现出加速扩大的趋势。2008年以后，城乡消费的绝对差距逐渐缩小，但是相对差距不断扩大，到2014年，绝对差距缩小到2.38，相对差距从2007年的人均6773.6元扩大到11586元。

三是城乡教育差距状况与变化趋势。由于农村地区人口分散、地域分散，长期实行县乡分级管理体制，中学多由县统一管理，小学多由乡级管理，投资的责任交给地方，导致城乡教育资源差异较大，农村人口受教育水平始终低于城市。城乡识字率的差异不断缩小，近几年已经不太明显。改革开放以后，城乡之间成人识字率的变化均呈平滑上升的趋势，而且由于农村成人识字率的增长速度快于城镇，其城乡差别呈现出逐渐缩小的趋势。到2002年，城镇和农村的成人识字率分别为94.58%和87.13%，相差7.45个百分点；到2015年，我国已经基本消除文盲。

农村成人识字率的上升可能得益于多年来农村义务教育事业的普及。就小学教育而言，自20世纪90年代以来，无论是毛入学率还是净入学率，城乡之间的差距都不大。到2009年，城镇的净入学率基本上在99%以上，文盲比例不足5%。

但是城乡教育回报率始终存在一定的差异,许多研究结论认为城镇教育回报率高于农村。1994年,李实等就对我国城乡教育回报率进行了估计,结果是城镇教育回报率为3.8%,农村教育回报率为2.5%;2004年,姚先国等比较了我国城乡居民的教育回报率,估算出城镇教育平均回报率为8%左右,农村教育平均回报率为4%左右;2005年,姚先国对教育回报率的估计结果是城镇教育回报率为9.29%,农村教育回报率为3.66%。

第二节
21世纪城乡一体化发展的探索

一、探索户籍制度改革

进入21世纪以来,户籍管理制度改革不断深化,中央和地方各级政府又进行了许多探索和实践,并取得了一些重要进展。户籍制度改革顶层设计迈出了实质性的步伐。2011年1月国务院办公厅发布《国务院办公厅关于积极稳妥推进户籍管理制度改革的通知》,2014年3月《国家新型城镇化规划(2014—2020年)》颁布,2014年国务院发布《关于进一步推进户籍制度改革的意见》,对户籍制度改革进行了全面部署,并在以下三个方面取得重要突破:一是对新型户籍制度进行了整体构建,加强了人口和户籍的登记管理功能;二是进行总体调整和综合配套改革,开始把户籍与一些福利制度相剥离;三是落户条件的规定体现了在社会公平方面的进步,城市综合承载能力较强的城市落户条件进一步降低。同时,地方政府的探索实践也取得了突破:第一,各地不断推进农民工在城市享受就业培训、随迁子女教育、医疗卫生和社会保障等公共服务;第二,全国多数省份都取消了农业户口和非农业户口的划分,建立城乡统一的户口登记制度;第三,部分地区实行积分入户制度,例如在广东省和上海市等地,农民工积分达到一定分值,可申请城镇户籍。当前的户籍制度改革已经触及城乡二元户籍制度的深层次矛盾和问题，对推进城乡发展一体化，全面建成小康社会具有重要的意义。

专　栏　一

中国居住证制度的经验

广东是最大的外来务工人员流入省，接受了近3000万外来务工人员。广东省政府在2010年开始实行居住证管理省内所有城市的流动人口。广东也是第一个将积分制用于户口转换，替代传统的入户指标制度的省份，从2010年起逐渐降低了外来务工人员的转换标准。积分的计算基于教育、职业证书和专业技能、社保缴纳年限、慈善活动如献血和志愿服务，以及政府奖励。在2010年到2011年间，共有69.6万流动人口通过积分制转换了户口。

在深圳，户口不在本地的年满16岁的居民，有工作、有投资、有不动产，是海归或拥有"创新性的才能"，可以获得长期居住证。在深圳没有工作、没有投资或不拥有不动产的居民可以获得"临时居住证"。长期居住证使外来工作人员能够享有与有当地户口的居民同样的住房、医疗、教育和养老福利。到2008年底，深圳共颁发了500万张这样的居住证。

在重庆，申请居住许可资格的人必须有工作，且在重庆主城区工作满5年或在大重庆范围内的镇上工作满3年。他们只能在工作的地方成为登记居民。这一揽子的改革措施包括免费获得义务教育的权利，与城市居民享有同样的医疗补贴、退休保险，在正规单位工作的失业保险、免费或有补贴的职业培训。通过抽签，重庆当地政府让具有居住许可资格的居民拥有享受廉租房的权利，其补贴约占市场租赁价格的一半。通过三轮抽签，共有10万人享受廉租房待遇。考虑到混合社区，这些廉租房也对没有住房的长期居民开放。这次改革仅外省的迁徙人群有资格享受廉租房待遇。

在上海，自2013年起，任何拥有合法稳定工作的人都可以申请居住许可资格，资格的获得要依据积分系统。积分的计算基于居民的年龄、工龄、在上海缴纳的社保，以及教育和技术资格。在上海有重大投资或促进当地就业的，可以获得 100 分，而提供虚假信息的将被扣掉 150 分。违反计划生育政策或者有违法犯罪记录的，没有资格申请。具有居住许可资格的居民共需要获得 120 分才能享受社会福利，如社会保险、子女在上海参加高考的权利。医疗保险补贴和住房补贴不会自动提供给具有居住许可资格的居民。

最近，天津在 2013 年颁布了积分制文件并将在 2014 年实施，而北京则宣布将在 2014 年制定居住证制度。

资料来源：国务院发展研究中心、世界银行，《中国：推进高效、包容、可持续的城镇化》，2014 年。

二、探索劳动力和城乡要素的平等交换

1984 年，国家允许务工、经商的农民自带口粮进城打工，为农村劳动力自由流动创造了条件，农村劳动力有机会根据自身条件在城市获得相对合理的劳动报酬，我国人口流动迅速猛增。2000 年以后，为降低农民外出就业门槛，政策上更倾向于为农民进城提供服务，创造公平的就业环境。2015 年农民工监测调查报告显示，2015 年全国农民工总量为 27747 万人，其中外出务工农村劳动力已达 16884 万人。

随着城乡人口互动的加强，城乡要素平等交换问题也提上日程。党的十八届三中全会通过的《中共中央关于全面深化改革若干重大问题的决定》提出"推进城乡要素平等交换"，并提出要"维护农民生产要素权益"。市场机制正常运行的基本条件是所有经济资源与产品的产权必须明确并受到保护，土地产权的明确是促进城乡要素平等交换的先决条件，是避免在土地流转过程中出现土地权属纠纷，化解农村社会矛盾的有效途径。2009 年以来中央对农村土地承包经营权确权办证工作越来越重视，并作出了相应的部署和安排，农村土地确权工作逐渐提上日程，尤其是自 2013 年的中央 1 号文件对农村土地承包经营权的确权颁证工作提出"用 5 年时间基本完成农村土地承包经营权确权登记颁证工作"以来，农村土地承包经营权确权登记颁证工作稳步推进，到 2015 年已有 2300 多个县市、区、旗开展了试点，涉及 2.4 万个乡镇、38.5 万个村，完成承包耕地确权登记面积 4.7 亿亩，为城乡土

地要素平等交换提供了保障,也在一定程度上促进了土地流转。截至2015年底,全国家庭承包经营耕地流转面积4.43亿亩,占比达33.3%。

三、逐步改善随迁子女平等享有受教育的权利

从20世纪90年代中期开始,大量农村劳动力涌入经济发达城市,举家进城的农民工开始增多,大量义务教育阶段适龄儿童也随之进城,进城农民工子女辍学问题突出。① 为解决这一问题,2001年5月国务院颁布的《国务院关于基础教育改革与发展的决定》首次提出随迁子女义务教育"两为主"政策:以流入地区政府管理为主,以全日制公办中小学为主,采取多种形式,依法保障流动人口子女接受义务教育的权利。

2001年以来,中央和各地政府出台了很多相关的政策措施,在随迁子女就读公立学校方面取得显著成绩②,根据《2014年全国教育事业发展统计公报》,截至2014年,"全国义务教育阶段在校生中进城务工人员随迁子女共1294.73万人。其中,在小学就读955.59万人,在初中就读339.14万人。全国义务教育阶段在校生中农村留守儿童共2075.42万人。其中,在小学就读1409.53万人,在初中就读665.89万人"。

专 栏 二

解决外来工子女上学问题的"上海模式"

2008年,上海市委原书记俞正声宣布"十一五"规划(2006—2010年)期间,上海努力为所有的外来工子女提供免费义务教育,市政府启动一项规模庞大的项目——建数百所新的公立学校。同时,有选择性地在私立学校"购买学位"

---

① 国务院妇女儿童工作委员会办公室等单位在2003年11月发布的《让我们共享阳光——中国九城市流动儿童状况调查研究报告》称:全国有流动儿童近2000万人,一直未上学的占6.85%,辍学者占2.45%。

② 2009年7月,国家计生委对北京、上海、深圳、太原和成都的抽样调查显示,在7~14岁的外来工子女中98.2%的人有学可上。其中,69%入读公立学校,25%入读私立学校,仅有6%就读"外来工子弟学校"。

> 安置外来工子女。上海并非依靠私立学校吸收外来工子女的唯一城市,但上海成为与众不同的模式是因为政府积极通过提供资金和技术支持来帮助改善私立学校的质量。这些努力使上海在2010年成为首个成功为该市100%的外来工子女提供义务教育的城市。
>
> 鉴于公立学校实行系统费用控制管理的困难,上海扶持私立学校的模式可能是有价值的,也许是解决农民工随迁子女就学问题的能承受得起的一种办法。当前,上海的私立学校仍是次优选择,因为它们的质量仍不如公立学校,并只得到了相当于公立学校一部分成本的财政支持。随着质量和条件的改善,它们可能会逐渐转成公立学校。另一个选择是,它们发展成为一个相对独立的系统,并给公立学校带来竞争压力,以促使公立学校的改善。
>
> 资料来源:国务院发展研究中心、世界银行,《中国:推进高效、包容、可持续的城镇化》,2014年,第221页。

四、解决农业转移人口的就业创业服务问题

中央和各地政府高度重视农民工的就业创业服务问题,出台了一系列的政策措施,主要包括以下几个方面:逐步实行城乡平等的就业制度,进一步清理和取消各种针对农民工进城就业的歧视性规定和不合理限制;做好农民工转移就业服务工作,城市公共职业介绍机构向农民工开放,免费提供政策咨询、就业信息、就业指导和职业介绍;加强农民工职业技能培训;支持农民工返乡创业。不断强化对农业转移人口的就业创业服务,对促进农村劳动力转移就业、增加农民收入、促进城乡经济发展具有重要意义。

五、改善农业转移人口的医疗和社保条件

医疗方面,按照相关规定,部分公共卫生和基本医疗服务应该向辖区内所有居民免费提供,一般主要包括九项:健康档案、健康教育、免疫、传染疾病的防治、儿童保健、妇女保健、老人保健、慢性疾病治疗和精神健康问题严重案例管理。后来还增加了乙肝免疫、为15~59岁妇女检查子宫癌和乳腺癌、为穷人做白内障手

术等。这些公共卫生和基本医疗服务，一般通过社区卫生服务中心向其辖区内的城市人口包括流动人口提供。对于这些基本公共卫生服务的费用，一般由中央政府和地方政府根据常住人口（含流动人口）的数量进行筹资补贴。

社保方面，从20世纪90年代中期开始建立起来的城镇社会保障体系在规定上并没有将农民工群体尤其是在单位正规就业的农民工排除在外。按照《中华人民共和国劳动法》，只要是与在我国境内的企业、个体经济组织等各类用人单位形成劳动关系的劳动者都可依法参加社会保险和享受社会福利。为了提高农民工的社会保障水平，2006年国务院出台的《国务院关于解决农民工若干问题的意见》要求，积极稳妥地解决农民工社会保障问题，依法将农民工纳入工伤保险范围，有条件的地方，可直接将稳定就业的农民工纳入城镇职工基本医疗保险和城镇职工基本养老保险，农民工也可自愿参加原籍的新型农村合作医疗。

第三节
主要问题与政策建议

一、城乡一体化过程中遇到的障碍和问题

1. 户籍制度改革中的问题

一是小城镇落户条件基本放开，大城市户籍制度改革进展较慢。通过近30年的小城镇户籍制度改革，小城镇的落户问题已基本解决，尤其是中西部地区的小城镇常住人口基本可以落户。大中城市的户籍改革一般把重点放在挑选城市自身所需要的特定外来人口上，致力于吸引高技能、较为富裕的群体，农民工进城落户的难度仍然很大，例如设置技术、投资或收入门槛，或者设定落户指标限制。

二是本地户籍农民获取城镇公共服务较为容易，外来人口仍然较为困难。很多地区在推进城乡发展一体化过程中，已经将本地户籍的农民纳入城镇公共服务体系

中，但对外来人口仍然有诸多限制。比如，广东省规定本省农民工在同一居住地连续居住并依法缴纳社会保险费5年，有稳定职业、符合计划生育政策的，其子女接受学前教育、义务教育应当与常住人口学生同等对待。

三是原有与户籍挂钩的福利还没有完全剥离，又有一些新的福利在与户籍挂钩进行分配管理。户籍制度改革的重点是要剥离附着在户籍上的各种福利，这方面的改革还没有取得突破性的进展。而近几年，很多地方又在将一些福利与户籍挂钩[1]，比如前几年一些城市对企业雇佣本地户籍人口给予奖补，还有很多城市对没有本地户籍的居民买房进行了诸多限制。

2. 就业创业服务不平等问题依然存在

从实际情况看，农业转移人口的就业创业服务仍然存在一些突出的问题：一是部分城市的一些特定行业仍然存在对外地人的歧视性规定。比如北京的出租车行业仍不对外地人开放，部分政府机关、事业单位和国有企业在招收应届毕业生时设置户籍限制。二是一些大城市中等职业教育资源相对过剩，但仍不向农民工子女开放。比如北京市中等职业学校将面临生源不足的危机，但因种种原因，未对农民工子女开放。三是现有政府职业技能培训效果欠佳。一方面资源分散，在人保部、农业部、国务院扶贫办等部门，培训项目资金使用效率不高；另一方面，培训内容常常与农民工就业实际需求脱节，大同小异，培训效果欠佳。四是一些特殊岗位的安全生产技术培训的企业主体责任没有完全落实。

3. 随迁子女就学问题仍然严峻

目前仍有很多孩子因为各种原因难以在城市入学而成为"留守儿童"，还有大量农民工随迁子女无法进入公办学校而进入民办打工子弟学校就读或者辍学。造成这一问题的主要原因包括以下几个方面。

一是城市公办学校资源不足。相对于农民工随迁子女的规模，城市公办学校资源相对不足，尤其是缺乏足够的教育基础设施、教师和相应的教育经费。在现行财

---

[1] 2011年国务院办公厅发布的《关于积极稳妥推进户籍管理制度改革的通知》要求今后出台的有关就业、义务教育、技能培训等政策措施，不要与户口性质挂钩。

政体制下，义务教育经费拨付的依据是本地户籍，大多数城镇的政府预算中没有针对外来农民工子女的教育经费。

二是入读公办学校的条件较为严格。在很多城市，对随迁子女申请就读当地学校设置了较为严格的准入资格，一般都要求向当地教育部门递交务工就业证明、实际住所居住证明等各项证明材料。而且，一些地方对随迁子女就读公办学校收取赞助费和择校费，给其家庭造成较大负担。

三是民办打工子弟学校教学质量差。民办打工子弟学校总体上存在师资力量薄弱、设备设施落后、教学质量不高等问题，一般通不过当地教育部门的审批，得不到当地教育部门的支持和服务。部分民办打工子弟学校甚至还会因不具备办学条件、安全措施不到位等理由而被取缔。

四是农民工子女在常住地参加高考的条件在部分城市仍然较为严格。比如北京市规定：自2014年起，凡进城务工人员持有效北京市居住证明，有合法稳定的住所，在北京连续缴纳社会保险已满6年，其子女有北京市学籍且在北京连续就读高中阶段教育3年，可以在北京参加高等职业学校的考试录取。满足了较为严格的条件之后，也只能在北京参加高职考试，而不能参加高考。

4. 城乡社会融入问题

针对广州当地居民的一份调查显示，超过半数的城市居民认为，农村迁移人口理应有权享有医疗、义务教育、参加工会、在居住地的选举权利。约有同样数量的居民反对迁移人口申请失业补偿、低保和廉租房①。另一项于2010年完成的研究，利用2005年全国综合社会调查数据发现，公共服务更完善、公共服务质量更高的地区的居民，更不愿意接受迁徙人口②。这项调查还发现，社会经济背景状况差的城市居民同样不愿意接受迁徙人口，面临较高就业压力的城市居民也持相同的态度。在部分城市还发生了城市学生家长到学校抗议招收的农民工随迁子女过多的事件。

---

① 刘林平：《交往与态度：城市居民眼中的农民工——对广州市民的问卷调查》，《中山大学学报（社会科学版）》，2008年第2期，第183—192页。
② 王嘉顺：《区域差异背景下的城市居民对外来人口迁入的态度研究——基于2005年全国综合社会调查数据》，《社会》，2010年第6期，第156—174页。

5. 地方政府的顾虑

地方政府担心，一方面，额外的服务需求大幅增加，将导致现有城镇居民享有的服务质量下降，这会加剧社会矛盾；另一方面，人口流入可能不是为了获得劳动力市场的机会，而是为了享有城市公共服务。而且深化户籍改革的好处是全国性的，但根据目前对基本公共服务提供的政府间财政安排，主要社会服务和社会保障项目所需的多数资金由地方政府负责，改革的成本主要由地方政府来承担，地方政府缺乏为农民工及其家庭提供免费服务或补贴服务的动力。

面对外来人口规模持续增长，城市公共服务供给不足已经非常明显。如果提高公共服务的可及性，外来人口将更多地举家迁移，使得人口流入城市的速度加快，公共服务需求将进一步增加。扩大城市公共服务覆盖面，就需要新建学校，增加更多的社区卫生服务中心，增加更多的社会保障补贴，将对公共财政造成较大的压力，一些城市短期内无力承担这些财政资金的支出。

二、推进城乡发展一体化的对策建议

如今，我国正处于经济转型升级和推进社会主义现代化建设的关键时期，为实现共同富裕，全面建成小康社会，必定会加快推进城乡一体化建设。《国家新型城镇化规划（2014—2020年）》指出要"加快消除城乡二元结构的体制机制障碍，推进城乡要素平等交换和公共资源均衡配置，让广大农民平等参与现代化进程、共同分享现代化成果"。可以预见，我国城乡一体化的步伐将加速迈进，具体会表现在五个方面：一是城乡统一的要素市场将逐步形成。城乡人才交流障碍进一步清除，城乡劳动者平等就业、同工同酬制度基本建立，建立起城乡统一的建设用地市场，农村居民同样可以享受土地的增值收益，城乡金融服务差距会逐渐缩小，城乡要素市场实现对接。二是城乡规划、基础设施和公共服务实现一体化发展。城乡基础设施建设和社会保障机制衔接紧密，更多地将城乡统筹纳入城市发展规划中，户籍制度改革进一步推进，城乡户籍福利差距不断缩小，政府主导、覆盖城乡、可持续的基本公共服务体系基本完成。三是城乡居民收入差距进一步缩小。预计城乡居民收入持续增长，农村居民人均收入增长速度略高于城镇。四是城乡一体化的市场体系将逐步建成。随着城乡基础设施建设、要素资源的一体化，农产品收集、存储、加工、运输、销售将实现一体化发展，在"互联网+"的助推下，城乡一体化的市场体系将日趋成熟。五是将会构建起城乡一体化的行政管理体制。根据这一预期，结合现实情况，提出以下几点建议。

1. 继续推进城乡户籍管理制度改革

户籍制度改革的目的是打破制度限制，让市场引导劳动力和人口的自由流动。通过户籍制度改革，可以提高农民工在第二、第三产业的就业能力，有效转移农村剩余劳动力，促进农村土地流转。国家应出台政策，加速推进城乡一体化，使户籍与劳动就业、居住权利、就学教育、养老医疗等社会福利相脱钩。还应该降低二、三线城市入户门槛，首先解决一批长期在城市就业和居住的农民工户籍问题。

2. 完善城镇就业创业服务体系

一是完善就业失业登记管理制度，将农业转移人口纳入就业失业登记管理体系中；二是面向农业转移人口全面提供政府补贴职业技能培训服务，强化企业开展农民工岗位技能培训责任，鼓励高等学校、各类职业院校和培训机构积极开展职业教育和技能培训，推进职业技能实训基地建设；三是加大创业扶持力度，扶持农民工返乡创业和农民就地就近创业。

3. 改善农民工基本医疗卫生条件

一是要根据常住人口配置城镇基本医疗卫生服务资源，将农业转移人口及其他常住人口纳入社区卫生和计划生育服务体系，提供基本医疗卫生服务；二是鼓励有条件的地方将符合条件的农民工及其随迁家属纳入当地医疗救助范围；三是加强重大传染病防控政策宣传，改善农民工的疾病防控服务；四是强化企业主体责任，加强职业卫生安全监察，切实改善农民工的职业病防护。

4. 保障随迁子女平等受教育权利

第一，要保障农民工随迁子女以公办学校为主接受义务教育，关键是扩大公办学校的规模；第二，对未能在公办学校就学的，采取政府购买服务等方式，保障农民工随迁子女在普惠性民办学校接受义务教育，政府应该通过资金扶持、教师援助等多种方式提高民办学校教育水平；第三，逐步完善并落实随迁子女在流入地接受中等职业教育免学费和普惠性学前教育的政策;第四,推动建立健全农民工随迁子女接受义务教育后在流入地参加升学考试的实施办法,包括参加初中升高中的考试;第五,完善随迁子女接受义务教育的经费筹措保障机制,将随迁子女义务教育纳入各级政府教育发展规划和财政保障范畴。

5. 扩大城镇社会保障覆盖面

一是要允许农业转移人口参加城镇居民医疗保险和城镇居民养老保险。二是完善城乡社会保障衔接机制,将农业转移人口在农村参加的养老保险和医疗保险规范接入城镇社会保障体系,完善并整合城乡居民基本医疗保险制度,加快实施统一的城乡医疗救助制度。三是提高统筹层次,实现基础养老金全国统筹,加快实施统一的城乡居民基本养老保险制度,落实城镇职工基本养老保险关系转移接续政策。

第八章
农村财税金融制度

第一节
农村财税制度的演变

改革开放以前，我国走的是一条城乡分割、重城轻农的发展道路。在计划经济体制下，财政资金主要投向重工业，而农村公共物品的供给基本以自力更生为主，财政支农力度十分有限。实行改革开放后，国家发展战略发生根本性改变，财政支农力度逐渐加大，尤其是进入21世纪后，中央财政对"三农"的支出快速增长，公共财政覆盖农村成为农村税费改革的重要方向。纵观农村财税制度的演变，本质上是国家与农民关系的演变，从"多取"到"少取"到"不取"，从"少予"到"多予"，最终目标是实现城乡基本公共服务均等化。

一、改革开放初期的乡镇财政制度

改革开放以后，我国实行家庭承包经营制度，农民获得了生产经营自主权，成为独立的生产经营主体。原有的"三级所有、队为基础"的人民公社管理体制逐步解体，被由乡镇政府和村民自治组织构成的乡村治理机制所取代。实行政社分开，建立乡镇政府，设立村民委员会和村民小组，实行村民自治。

随着乡镇政府的建立，乡镇一级财政和相应的预决算制度逐步建立起来，收入来源和开支范围进一步得到明确。村集体财务收入主要依靠收取农业税费提成和直接向农民收取公积金、公益金和管理费，以及向农民直接收取其他税费。农民负担

加重，1990年向农民征收的各种税负达到149项，1991年农民的税负达到当年农民人均纯收入的13%。[①] 这一时期我国乡镇及村的财政收入和支出构成情况如表8-1、表8-2所示。

表8-1 乡镇财政收入和支出构成情况

乡镇财政收入构成	国家预算内部分	镇企业所得税和奖金税、屠宰税、城市维护建设税、集市交易税、牲畜交易税、车船使用牌照税、契税和其他收入
	预算外资金	上级政府划归乡镇财政的农业税附加、农村教育经费附加、行政事业单位管理的预算外收入，以及一些镇按照国家规定征收的公用事业附加
	自筹资金	征收农村办学、计划生育、军属优抚、民兵训练、道路交通等五项公共事业费
乡镇财政支出构成	国家预算内部分	上级政府划归乡镇财政管理的行政管理费，文教、科学、卫生事业费，农、林、水事业费和其他支出
	国家预算外部分	用于上述各项附加收入和行政事业单位管理的预算外收入安排的各项支出
	用自筹资金安排的各项支出	用于乡村两级办学、计划生育、优抚、民兵训练、修建乡村道路、五保户供养等民办公助事业

资料来源：根据1985年财政部《乡（镇）财政管理试行办法》整理；自筹资金收入和支出根据1991年12月国务院发布实施的《农民承担费用和劳务管理条例》整理。

表8-2 村财务收入和支出构成情况

村财务收入构成	村财务支出构成
上级拨入	固定资产
直接生产经营	生产经营
企业上缴	对内/外投资
财产变卖及租赁	公共事业

---

① 陈华栋等：《建国以来我国乡镇机构沿革及角色演变研究》，第175—179页。

(续表)

村财务收入构成	村财务支出构成
宅基地有偿使用	公益事业
计划生育罚款	上缴上级
农户上缴提留与集资	行政管理费
代上级收缴税费	其他支出
其他收入	

资料来源：根据中国乡村财政与公共管理研究课题组调研结果整理。宋洪远等，《中国乡村财政与公共管理研究》，中国财政经济出版社，2004年版。

为规范农民负担管理，1991年12月国务院发布《农民承担费用和劳务管理条例》，对农民负担项目和资金的收取使用作出了明确的规定：农村集体经济组织向农民收取的村提留资金和乡镇政府向农民收取的乡统筹费，以乡镇为单位不得超过上一年农民人均纯收入的5%；公积金用于农田水利基本建设、植树造林、购置生产性固定资产和兴办集体企业，公益金用于五保户的供养和特别困难户的补助、合作医疗保健以及其他集体福利事业，管理费用于村干部报酬和管理开支。

由于相当多的乡镇政府并无稳定可靠的财政收入来源，有一半以上的行政村是没有稳定收入来源的"空壳村"，乡村基层组织提供农村公共产品和公共服务的能力下降，导致农田水利建设、农村基础教育和医疗卫生等公共服务不足。与改革以前的人民公社时期相比，农村合作医疗的覆盖率由90%下降到1989年的4%[①]；农业技术推广由人民公社时期的县、公社、生产大队、生产小队四级机构减至县、乡两级。

二、分税制改革和农民负担问题

在乡镇政府机构建立起来后，乡镇政府的职能不断增加和强化，人员快速增长，财政供养负担加过重，到20世纪90年代中后期，有相当一部分的乡镇政府和

[①] 张元红：《农村公共卫生服务的供给与筹资》，载于中国社会科学院农村发展研究所编：《聚焦"三农"：中国农村发展研究报告NO.5》，社会科学文献出版社，2006年版，第332页。

村级组织已经很难正常运转。1993年12月15日，国务院发布《国务院关于实行分税制财政管理体制的决定》，从1994年开始实行分税制改革。这项改革的内容可以概括为"按事权划分支出、按税种划分收入、建立税收返还制度、建立转移支付制度"。从当时的制度设计和实施效果来看，这次改革没有成为健全地方财政体制、解决农民负担问题的契机，反而使农民负担问题进一步趋于恶化。

实行分税制改革后，乡镇政府的财权逐步减少，事权却因为处在政府层级的底端而不断增加。1993年，中央政府与地方政府的财政收入比例为22∶78；到1994年，两者的比例扩大为56∶44（见表8-3）。地方政府又有省、市、县、乡四个层级，真正到达基层政府的资金很少，县、乡财政陷于十分困难的境地。与此同时，国家财政资金用于农业支出的比重不仅没有上升，反而有所下降。

表8-3 1993—1999年中央财政和地方财政收支情况

年份	全国财政收入（亿元）	中央财政收入（亿元）	地方财政收入（亿元）	中央财政收入比重（%）	地方财政收入比重（%）	全国财政支出（亿元）	中央财政支出（亿元）	地方财政支出（亿元）	中央财政支出比重（%）	地方财政支出比重（%）
1993	4348.95	957.51	3391.44	22.02	77.98	4642.3	1312.06	3330.24	28.3	71.7
1994	5218.1	2906.5	2311.6	55.7	44.3	5792.62	1754.43	4038.19	30.3	69.7
1995	6242.2	3256.62	2985.58	52.2	47.8	6823.72	1995.39	4828.33	29.2	70.8
1996	7407.99	3661.07	3746.92	49.4	50.6	7937.55	2151.27	5786.28	27.1	72.9
1997	8651.14	4226.92	4424.22	48.9	51.1	9233.56	2532.5	6701.06	27.4	72.6
1998	9875.95	4892	4983.95	49.5	50.5	10798.18	3125.6	7672.58	28.9	71.1
1999	11444.08	5849.21	5594.87	51.1	48.9	13187.67	4152.33	9035.34	31.5	68.5

资料来源：历年《中国统计年鉴》。

在中央政府财政投入不足的情况下，农村基础设施建设、基础教育和医疗卫生等公共事业，主要由地方政府向农民征缴的税收、"三提五统"、集资、摊派、积累工和义务工提供。"头税轻（农业税）、二税重（乡统筹、村提留等收费）、三税是个无底洞（指其他集资、摊派等）"的现象比较普遍，加上"搭车"收费、加码收费等，农民负担逐步加重。农民与基层政权组织的矛盾激化，农民负担问题引发的恶性案件和群体性事件时有发生。

表8-4 1996—2000年全国乡镇自筹和统筹资金情况

年份	乡镇财政总收入（亿元）	乡镇自筹、统筹资金（亿元）	乡镇自筹、统筹资金占乡镇财政总收入比重（%）
1996	802	272.9	34.03
1998	869.9	337.31	38.78
1999	969.8	358.86	37
2000	1026.65	403.34	39.29

资料来源：1.《中国财政年鉴2000》。
2.《中国财政年鉴2001》。

表8-5 1994—1999年农民负担情况

年份	农业各税		提留统筹		社会负担		劳动积累工和义务工	
	总额（亿元）	人均（元）	总额（亿元）	人均（元）	总额（亿元）	人均（元）	总额（亿元）	人均（元）
1994	231.49	25.3	365.8	40.0	70.5	7.7	71.1	16.4
1995	278.09	30.3	487.0	53.2	114.9	12.6	68.1	15.5
1996	369.46	40.2	605.9	65.9	131.2	14.3	105.7	23.7
1997	397.48	43.4	645.5	70.5	134.9	14.7	81.7	18.2
1999	423.50	45.9	602.0	65.3	256.0	27.8	84.4	18.0

资料来源：马晓河，《我国农村税费改革研究》，中国计划出版社。

注：本表中，农业各税包括农业税、牧业税、耕地占用税、农业特产税和契税。社会负担包括集资、行政事业性收费和罚没款等。

三、从农村税费改革到公共财政覆盖农村

为从根本上解决农民负担问题，2000年3月，中共中央、国务院下发《中共

中央 国务院关于进行农村税费改革试点工作的通知》，确定在安徽全省实行以"三取消、两调整、一改革"为主要内容的农村税费改革试点。具体内容包括：取消乡统筹费、农村教育集资等专门面向农民征收的行政事业性收费和政府性基金、集资，取消屠宰税，逐步取消统一规定的劳动积累工和义务工；调整农业税和农业特产税政策；改革村提留征收使用办法。2001年3月，国务院发出《国务院关于进一步做好农村税费改革试点工作的通知》，围绕取消"两工"的步骤和期限，进一步完善农村税费改革的有关政策。江苏自主决定在全省范围实施改革试点。2002年3月，国务院办公厅发出《国务院办公厅关于做好2002年扩大农村税费改革试点工作的通知》，确定河北省等16个省（自治区、直辖市）为试点省。2003年3月，国务院发出《国务院关于全面推进农村税费改革试点工作的意见》，决定在全国普遍开展农村税费改革试点工作。

2004年，中央决定农业税税率总体上降低1个百分点，取消除烟叶外的农业特产税，并选择吉林、黑龙江2个省进行全部免征农业税试点。2005年中央决定在国家扶贫开发工作重点县实行免征农业税试点，在其他地区进一步降低农业税率，在牧区开展取消牧业税试点，28个省（自治区、直辖市）全部免征农业税。2005年12月全国人大常委会通过关于废止《中华人民共和国农业税条例》的决议，农业税于2006年1月1日起全面取消。

随着"农业四税"（农业税、农林特产税、牧业税、屠宰税）和"乡镇五项统筹"（农村办学、计划生育、军属优抚、民兵训练、道路交通）及村管理费的取消，农村公共产品的供给主体、资金来源和投入方式都发生了变化：除村内农民认为需要兴办的集体生产生活等其他公益事业项目所需资金采取"一事一议"的办法筹资筹劳外，原来由乡镇政府和村级组织提供的公共产品由国家财政负担。中央不失时机地作出了推进农村综合改革的重大决策，提出了乡镇机构、农村义务教育、县乡财政管理体制改革的任务，建立了精干高效的农村行政管理体制和运行机制、覆盖城乡的公共财政制度、政府保障的农村义务教育体制，促进了农民减负增收和农村社会事业发展。

以2003年为分水岭，"公共财政覆盖农村"正式提到政策层面。按照"统筹城乡经济社会发展"的要求,国家财政把"让公共财政的阳光逐步照耀农村"作为新时期财政支持"三农"的基本指导思想。国家财政支持"三农"的政策出现了重大转变,农民看到了实现基本公共服务均等化的曙光。近年来,中央坚持"多予少取放活"的方针,不断调整国民收入分配格局,增加国家财政和预算内固定资产投资对农业农村的投入,逐步建立了财政支农资金稳定增长机制。2006年中央提出"三个高于"的要求,即"国家财政支农资金增量要高于上年,国债和预算内资金用于农村建设的比重要高于上年,其中直接用于改善农村生产生活条件的资金要高于上年"。2008年提出了"三个明显高于"的原则,即"财政支农投入的增量要明显高于上年,国家固定资产投资用于农村的增量要明显高于上年,政府土地出让收入用于农村建设的增量要明显高于上年"。2010年中央提出按照总量持续增加、比例稳步提高的要求,不断增加"三农"投入。"十二五"期间,国家加大对"三农"的政策支持力度,历年中央1号文件均强调构建"三农"投入稳定增长长效机制,在各级财政支出过程中把农业农村作为优先保障领域;同时,调整完善财政支农政策体系,实施农业可持续发展战略、支持发展多种形式农业适度规模经营、提高农业补贴的精准性和指向性,构建完善针对农村贫困地区、贫困人口的财政综合扶贫体系。体制机制的创新和完善促进了农村生产关系变革,农村基础设施建设明显加强,公共服务水平进一步提升。

第二节
农村金融体系的演变

农村金融是现代农村经济的核心,是支持及服务农业和农村经济发展的重要力量。增加农村金融供给,改善农村金融服务,是农业和农村经济发展的重要保障。改革开放以来,我国农村金融体系屡经改革,农村金融机构得到重建或新建,分工合理、投资多元、功能完善、服务高效的农村金融组织体系已经初步形成。

一、农村金融体系改革历程回顾

改革开放以前，我国农村的正式金融组织主要有两类：一是国家银行，二是农村信用社。国家银行时而打人民银行的牌子时而打农业银行的牌子，但两者始终是替代关系，从未共同经营过农村的金融业务。农村信用社按行政区划设置机构网点，行政管理隶属关系几经变动，虽始终在农村基层范围内活动，但缺乏经济上的独立性和经营上的灵活性。在农村社会主义改造完成，中国实行计划经济体制后，除农户之间的互助性借贷活动外，其他传统的民间金融形式都销声匿迹了。由于受高度集中的计划经济体制和"左"的意识形态的影响，中国农业银行始终没能从中国人民银行中独立出来，并形成一个比较完整的机构体系，其功能仅属于管理银行性质，并不是一个独立的经济实体。农村信用社经历了一个非常曲折的历程，从民办转为官办，从创办之初的合作金融组织演变成改革之初的银行基层机构，走过了一条自我否定的发展道路，由国家银行和农村信用社两类金融机构共同组成的农村金融体系，事实上已变为由单一组织要素组成的大一统的金融结构了。[1]

自1978年以来，农村进行了卓有成效的改革，农村商品经济获得了长足发展，在这一转变过程中，旧的大一统的金融结构无法满足日益增加的投资和融资需求，一场以金融机构多样化创新为主要内容的农村金融体系变革开始了。

1. 恢复和成立新的金融机构（1978—1987年）

建立一个什么样的农村金融体系才能适应经济体制转轨和经济发展的需要，是贯穿在整个农村金融体制改革过程中的一个重要指导思想。在改革过程的开始阶段，为了适应农村经济改革和农村商品经济发展的要求，我国农村金融体制改革从原有的农村金融机构入手，调整资金、信贷管理体制。

首先恢复中国农业银行，1979年2月，国务院下发了《关于恢复中国农业银行的通知》，作为直属于国务院的机构，管理中国人民银行的全部农村金融业务，实现支农资金的统一管理。1981年，国家提出中国农业银行企业化的口号，提高

---

[1] 曹和平：《农村金融组织结构的现状、问题和变革趋势》，载于发展研究所综合课题组编《改革面临制度创新》，上海三联书店，1988年版。

资金的使用效率。到1983年中国农业银行已基本上形成了一个独立完整的机构体系。

然后是1983年中国农业银行总行发出《关于改革信用社管理体制试点的通知》，对农村信用社进行了改革试点，恢复其群众性、民主性、灵活性，恢复其集体金融组织的性质，让信用社真正成为群众性的合作金融组织，增强自我发展的意识和改善经营管理的积极性，到1985年信用社的体制改革全面推开。从1985年起，中国农业银行开始调整同农村信用社的关系，对信用社实行了新的领导与监督形式。①

与此同时，农村的民间金融也开始恢复和兴起，适应农村商品经济多成分、多层次、多形式发展的需要，广大农民群众积极兴办了多种新的合作金融组织。除了农村合作基金会外，有自由借贷、民间集资私人钱庄、合会等多种形式。1981年5月，国务院批转中国农业银行《关于农村借贷问题的报告》，肯定了民间借贷的作用，并认为民间借贷是中国农业银行和信用社的补充，提出由银行和信用社的改革与发展来引导和管理民间信用。

进入20世纪80年代中期，随着整个经济、金融体制改革的推进，按照"建立社会主义有计划商品经济"的要求，政府在承认既有农村金融体系合理性的基础上，开展了以农业银行企业化、农村信用社合作化、民间金融规范化为主要内容的改革。农业银行按照"把农业银行办成真正的经济实体"的要求，在信贷计划管理、资金管理、财务管理、认识管理和劳动工资制度等方面进行了改革。从1985年起，人民银行为了理顺同专业银行的资金关系，对专业银行实行了新的信贷资金管理体制。②

2. 建立和完善农村金融体系（1988—1997年）

推动农业银行商业化。1988年农业银行在全国专业银行中率先全面实行了财

---

① 1985年，各级农业银行调整了同信用社之间的关系，对信用社实行新的领导与监督形式。基本内容是：完善存款准备金制度，规定信用社的存贷款基准利率和浮动利率，指导、监督信用社正确贯彻执行党和国家的有关方针、政策，对信用社业务活动进行稽核审查。
② 1985年，人民银行在总结以往信贷计划管理经验的基础上，实行了新的信贷资金管理办法。基本内容是：统一计划，划分资金，实贷实存，相互融通。

务包干和承包经营责任制。① 针对农业银行因商业性贷款增加、政策性贷款减少而显示出的"非农化"取向，1993年12月，国务院发布了《国务院关于金融体制改革的决定》，提出建立中国农业发展银行，将农业银行原有的政策性金融业务转移给发展银行，农业银行的性质为国有商业银行，执行自主经营、自担风险、自负盈亏、自我约束的经营原则。1996年8月，国务院发布《国务院关于农村金融体制改革的决定》，提出农业银行不再领导和管理农村信用社，1997年，农业银行与农村信用社的脱离工作基本完成，农业银行进入真正国有商业银行化的时期。

1994年初，国务院发出《国务院关于组建中国农业发展银行的通知》，指出要组织建立农业发展银行，专门为农业发展提供政策性贷款。1997年农业发展银行增设了地、县级基层机构。1998年以后，农业发展银行的业务不直接涉及农业、农户，其主要任务是承担国家规定的政策性金融业务并代理财政性支农资金的拨付。

农村信用社按照"自主经营，独立核算，自负盈亏，自担风险"的要求，在恢复信用社的合作性质、建立内部经营机制、进一步放开搞活基层信用社、加强信用社县联社建设等方面进行了改革，1988年推行经营承包责任制和实行"区别对待，分类指导"的改革政策②。《国务院关于农村金融体制改革的决定》的出台，标志着中国农村信用合作社重新走上了独立发展之路，信用社按照合作制原则重新规范，把农村信用社办成了由社员入股、社员民主管理且主要为社员服务的真正的农村合作金融组织。

针对民间金融发展较快的情况，1988年秋开始民间借贷活动的治理整顿，金融管理机关试图对民间融资活动进行一次清理，但由于各方面认识不一，这项工作并没有取得实质性进展。

---

① 1988年，经国务院批准，由中国农业银行率先试行财务包干和承包经营责任制。基本内容是：农业银行同国家财政实行利润基数财务包干，超收部分"倒一九"分成；在系统内实行"三包一挂"承包经营责任制，即包上交利润、包完成国家金融宏观调控任务、包资金效益指标、实行综合考核与利润留成挂钩。

② 1988年，围绕着放开、搞活、管好农村信用社这个中心，推行经营承包责任制和实行"区别对待，分类指导"的政策。承包形式主要是农村信用社主任承包、职工集体承包、面向社会公开承包等。根据各地的经济发展水平，对农村信用社实行了不同模式的改革试点。

3. 农村信用社主体地位形成（1998—2006年）

亚洲金融危机后，中国以"忽视内涵性增长、注重数量与规模扩张"为特征的外延式金融发展模式受到前所未有的挑战，对金融风险的控制也开始受到重视。1997年中央金融工作会议确定了"各国有商业银行收缩县（及以下）机构，发展中小金融机构，支持地方经济发展"的基本策略，包括农业银行在内的国有商业银行开始日渐收缩县（及以下）机构，到2002年，包括农业银行在内的四大国有商业银行共撤并3.1万个县（及以下）机构。这一时期对非正规金融活动也进行了打击，民间金融行为受到压抑。1999年在全国范围内撤销农村信用合作基金会，并对其进行清算，这从客观上强化了农村信用合作社对农村金融市场的垄断。农村金融体制改革的重点确定为对农村信用合作社的改革上，进入2003年以来这一政策趋势日益明显且力度不断加大。国家放宽对农村信用合作社贷款利率浮动范围的限制、加大国家财政投入以解决农村信用合作社的不良资产问题、推动并深化信用合作社改革试点。党的十六届三中全会通过的《中共中央关于完善社会主义市场经济体制若干问题的决定》提出了"完善农村金融服务体系"的要求。这次农村金融改革，针对农村信用社的体制弊端和历史包袱不断暴露和积累，严重影响了为"三农"服务的能力；农业银行在商业化改革的过程中，机构网点收缩和贷款业务权上收；农业发展银行的政策性金融业务范围缩小，难以发挥政府金融支农的作用；邮政储蓄向邮政服务提供政策性补贴的机制尚未理顺，农村资金外流削弱了农村金融体系为"三农"提供金融服务的能力等农村金融体制中存在的突出问题，提出了以深化农村信用社改革为突破口，完善农村金融服务体系的要求和部署。

2003年6月27日，《国务院关于印发深化农村信用社改革试点方案的通知》下发各地，在吉林、浙江、山东、江西、贵州、陕西、重庆、江苏等8个省、市进行试点。2004年，在认真总结8个省、市改革试点经验的基础上，国务院办公厅于2004年8月17日颁布了《国务院办公厅关于进一步深化农村信用社改革试点的意见》，决定将深化农村信用社改革试点的范围扩大到除海南、西藏外的21个省、自治区、直辖市。2005年11月，国务院又批准了海南省政府上报的《海南省人民政府关于参加深化农村信用社改革的请示》，同意海南省在2006年进行深化农村信用社改革的试点工作。

4. 探索农村金融市场增量改革（2007年至今）

2006年中央1号文件首次提出："允许私有资本、外资参股乡村社区金融机构""大力培育由自然人、企业法人或社团法人发起的小额贷款组织""引导农户发展资金互助组织，规范民间借贷"。2006年12月22日，中国银行业监督管理委员会发布《中国银行业监督管理委员会关于调整放宽农村地区银行业金融机构准入政策 更好支持社会主义新农村建设的若干意见》，通过放开准入资本范围，调低注册资本，取消营运资金限制，调整投资人资格，放宽境内投资人持股比例，放宽业务准入条件与范围，调整董（理）事、高级管理人员准入资格，调整新设法人机构或分支机构的审批权限等措施，鼓励在农村地区新设村镇银行、贷款公司和农村资金互助社三类新型金融机构，支持各类资本参股、收购、重组现有农村地区银行业金融机构，并鼓励符合条件的金融机构在农村地区开设分支机构。此举被誉为新一轮以增量为突破口的农村金融体制改革正式破冰的标志。

2008年，党的十七届三中全会通过的《中共中央关于推进农村改革发展若干重大问题的决定》提出"建立现代农村金融制度"的要求。这次农村金融改革，主要是针对农村金融供给不足、农村金融风险仍然偏高、农产品期货和农业生产保险发展不足等突出问题，提出了建设与现代农村经济相适应的现代农村金融制度的要求和部署。

加快推进农村金融创新、积极改进和完善农村金融服务，是金融工作的重要着力点。2008年10月，人民银行、银监会联合出台了《人民银行 银监会关于加快推进农村金融产品和服务方式创新的意见》，选取中部六省和东北三省部分有基础的县、市，开展加快推进农村金融产品和服务方式创新试点。在1年多的试点基础上，2010年5月，中国人民银行、中国银行业监督管理委员会、中国证券监督管理委员会、中国保险监督管理委员会联合发布了《中国人民银行 中国银行业监督管理委员会 中国证券监督管理委员会 中国保险监督管理委员会关于全面推进农村金融产品和服务方式创新的指导意见》，在全国范围内推进农村金融产品和服务方式创新工作。

农业政策性保险也在此阶段开始试点。2006年6月,国务院出台了《国务院关于保险业改革发展的若干意见》,对推进政策性农业保险作出了具体部署。2007年发布的《中共中央 国务院关于积极发展现代农业扎实推进社会主义新农村建设的若干意见》明确指出,要"鼓励龙头企业、中介组织帮助农户参加农业保险"。2007年初,财政部印发了《中央财政农业保险保费补贴试点管理办法》,决定在吉林、内蒙古、湖南、新疆、四川、江苏6个省份进行农业保险保费补贴试点。2008年财政部又分别印发了《中央财政种植业保险保费补贴管理办法》和《中央财政养殖业保险保费补贴管理办法》,试点扩大到山东、辽宁等16个省份。部分省(市)在地方财政的支持下开展了农业保险试点工作。国务院于2012年颁布《农业保险条例》,为农业保险提供了法律基础。

二、当前农村金融体系的构成

农村金融经过十几年的改革和发展,逐步形成了由以下几种金融组织构成的体系。

1. 中国农业发展银行

中国农业发展银行为国家政策性银行,主要承担国家规定的农业政策性业务。1994年6月,农业政策性金融业务与商业性金融业务分离,同年11月,农业发展银行总行成立并正式运营。1995年底完成省级分行的组建工作,计划到1997年底完成地(市)和县(市)分、支行的组建工作。在农业发展银行的分支机构建立健全之前,其业务主要是由农业银行全面代理的。增设分支机构后,基本实现业务自营。农业发展银行实行分支行制,总行对其分支机构实行垂直领导的管理体制。按照国家对农业政策性信贷资金实行"封闭运行"的要求,实行"统一计划,指标管理,统借统还,专款专用"的资金计划管理体制。

2. 中国农业银行

中国农业银行是按照现代商业银行经营机制运行的国有商业银行,主要承办农村的商业性金融业务。现为国务院直属局级经济实体,业务上受中国人民银行领导。总行对其分支机构实行"一级法人,分级经营"的组织结构。按行政区划设置机构网点，总行设在北京，各省、自治区、直辖市和计划单列市设分行，各地（市）设中心支行，各县（市）设支行，乡（镇）设营业所或办事处。除经营传统的存、放、汇业务外，逐步发展了信托、房地产信贷、信用卡和国际业务。2008年，农业银行开始"三农"金融事业部制改革试点，构建向"三农"业务倾斜的内部资源配置机制，正逐步建立起一套有别于城市业务的信贷政策制度体系。

3. 农村信用合作社

1979年中国农业银行恢复后，信用社正式成为中国农业银行的基层机构，走上了"官办"的道路。1996—2002年期间，国家引导农村信用社恢复其合作金融的性质，但没有真正得以实现。2000年下半年开始，中国人民银行在江苏省进行信用社改革的试点。在试点的基础上，2003年6月，国务院发出《国务院关于印发深化农村信用社改革试点方案的通知》，提出按照"明晰产权关系、强化约束机制、增强服务功能、国家适当支持、地方政府负责"的总体要求，把农村信用社逐步办成由农民、农村工商户和各类经济组织入股，为农民、农业和农村经济发展服务的社区性地方金融机构。2006年，时任中国银监会副主席唐双宁在银监会合作部全体干部工作座谈会上表示，农村合作金融机构要争取用5~10年时间，分期分批逐步过渡到符合现代金融企业要求的有特色的社区性农村银行机构。2011年，中国银监会合作金融机构监管部主任姜丽明表示，今后将不再组建新的农村合作银行，现有农村合作银行要全部改制为农村商业银行。全面取消资格股，鼓励符合条件的农村信用社改制组建为农村商业银行。

4. 中国邮政储蓄银行

中国邮政储蓄银行于2007年3月20日正式挂牌成立，是在改革邮政储蓄管理体制的基础上组建的商业银行。目前，邮政储蓄银行已成为全国网点规模最大、覆盖面最广、服务客户数量最多的商业银行，其中70%以上的网点分布在县及县以下农村地区，是发放小微企业和农户贷款的重要力量。邮储银行还在全国范围内围绕专业市场、产业集群建立了99家特色邮政储蓄银行支行，支持蔬菜、药材、水稻、农业机械加工等领域整体产业化。

5. 新型农村金融机构

新型农村金融机构包括村镇银行、小额贷款公司和农村资金互助社等。这些新型农村金融机构通常经营规模较小，被称为"小型金融机构"甚至"微型金融机构"。村镇银行是指经中国银行业监督管理委员会依据有关法律、法规批准，由境内外金融机构、境内非金融机构企业法人或境内自然人出资，在农村地区设立的主要为当地农业、农民和农村经济发展提供存贷款等金融服务的银行业金融机构，属一级法人机构。小额贷款公司是国家为了扶持农村金融市场和缓解微型企业融资困难而鼓励建立的新型农村金融机构，分两种类型，一是银监会批准的小额贷款公司，具有金融业务经营许可证，属于非银行业金融机构；另一类是经地方政府批准的，没有金融业务经营许可证，属于从事金融业务（贷款业务）的非金融企业。农村资金互助社是以农民为主体的社区合作性金融组织，相对于村镇银行、小额贷款公司而言，农村资金互助社的资本金要求很低，能够确保农村低收入地区的农民有能力、有资格建立。

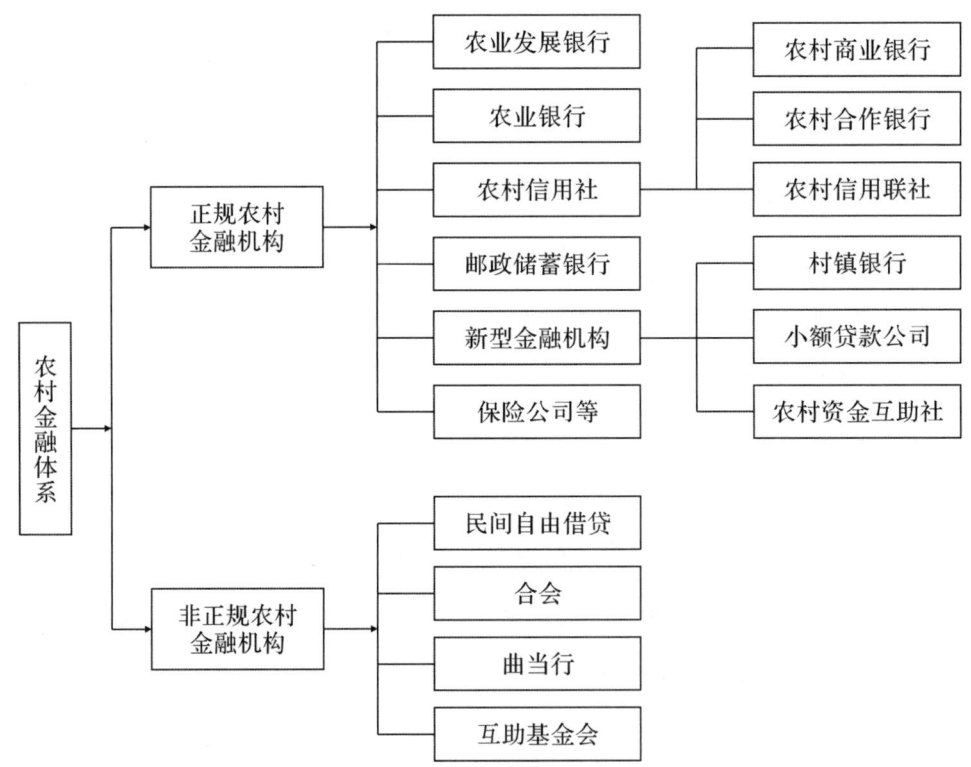

图 8-1　中国农村金融体系的基本结构

除了上述商业性银行、政策性银行和新型融资组织外,在中国农村金融领域中,还有办理农业保险业务的中国人民保险公司及其分支机构、部分专业银行及其分支机构和各级政府及部门组建的一些金融信托投资公司等非银行金融机构。盛行于一些地区农村中的民间借贷,也可以划入农村金融的范围。图8-1列出了目前中国农村金融体系的基本结构。从图8-1中可以看出,农村金融体制经历了30多年改革,目前已经形成以正规农村金融机构为主导,商业性、政策性、合作性金融机构为核心,其他金融机构和民间组织为补充的较为完备的农村金融体系。

第三节
农村财税金融改革的成效与问题

一、农村公共财政体系初步构建,但城乡基本公共服务仍不均等

1. 财政支农资金投入增加较快,但资金使用有效性较低

进入21世纪以来,国家财政支农资金投入增加较快。从2003年的1754.5亿元增加至2012年的12387.6亿元,农业支出占财政支出的比重由7.1%增加至10.5%(见图8-2)。"十二五"期间,全国一般公共预算用于农、林、水事务支出规模屡创新高,累计达到6.68亿元,年均增长16.4%。[①]

目前农村公共财政资金管理和使用分散,缺乏系统性和整体协调性,导致公共财政资金使用效率较低。国家财政支农资金的分配权分属于政府的不同部门,各部门按照项目的大小分级进行分配和管理,大、中、小微型项目之间缺少统筹规划,资金重复分配和使用浪费的现象比较严重,资金项目建设"最后一公里"问题常

[①]《中国财政年鉴2016》,第62页。

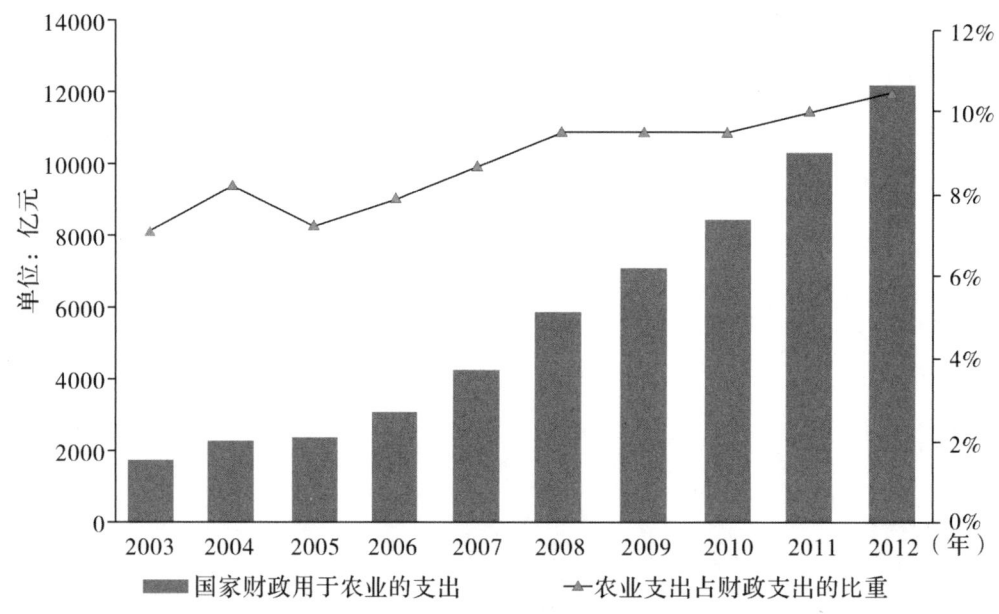

图 8-2 2003—2012 年财政支农支出及其占比

资料来源:《中国农村统计年鉴》,2013 年。

注:从 2007 年起,国家财政支农支出因报表制度调整,口径与往年不同,2007 年以后的数据为中央财政用于"三农"的支出。

常无法解决。我国农业和农村工作行政管理职能分布在农业、林业、水利、气象、发改、财政、商务、科技、环保等多个部门中,中央财政资金被切块分割成各类专项资金,并通过各级管理部门层层下拨至农村基层单位,各部门制定的发展规划和目标任务很难协调起来,项目资金不能形成合力,资金重复使用形成浪费的现象严重。据国家审计署公布的 38 个中央部门单位的 2013 年度预算执行情况报告,目前具有专项性质的转移支付明细项目就有 363 项,有的专项转移支付项目设置交叉重复现象严重。

2. 农村基础设施建设加快,但公共产品供给仍然滞后

国家财政大幅度增加了农村基础设施建设的投入,加强农村人畜饮水安全、农村电网改造、乡村道路、农村沼气、农村危房改造等基础设施建设,明显改善了农村居民的生产生活条件。截至 2015 年底,全国农村集中式供水人口受益比例从 2004 年底的 38% 提高到 82.4% 以上,农村自来水普及率达 76%,供水保证程度和

水质合格率均大幅提高，自 2005 年农村饮水安全工程实施以来，全国共解决 5.2 亿名农村居民和 4700 多万名农村学校师生的饮水安全问题，加上原有的农村供水基础，我国农村饮水安全问题基本得到解决[①]；2003—2012 年，全国新改建农村公路 292 万公里，"十二五"期间，我国新增约 5000 个建制村通公路，近 900 个乡镇和 8 万个建制村通硬化路，全国新改建农村公路将超过 100 万公里，通车总里程约 395 万公里，基本实现所有乡镇和东中部地区建制村通硬化路；自 2008 年以来，农村危房改造逐步由试点转为全面推开，到 2016 年底，全国完成农村危房改造 2300 多万户。

从农村公共产品供给情况看，目前农村公共产品滞后依然是主要问题，突出表现在农田水利、农村人畜饮水、乡村道路、农技推广服务等方面。从农田水利设施看，全国大型灌区骨干工程、中小型灌区水利工程、50% 的小型农田水利工程，都不同程度地存在着设施不配套、老化失修等问题，农田灌溉"最后一公里"问题仍然突出。从农村饮水安全状况看，我国幅员广阔，农村自然地理、水资源条件复杂，经济社会发展不平衡，农村饮水安全问题具有明显的阶段性、反复性和动态性特点，尤其是贫困地区，存在水源地保护欠缺，运行管护机制不完善，小型工程标准偏低，部分工程净水消毒设施不配套等导致的饮水安全不达标、易反复问题。从乡村道路建设看，截至 2015 年，除西藏外西部地区还有 20% 的建制村未通沥青（水泥）路，11 个集中连片特困地区具备条件的建制村还有 15% 未通硬化路。目前还有 13.5% 的建制村未通硬化公路，农村公路等级低、路面窄、路况差、抗灾能力弱等问题突出，部分农村公路甚至处于"失养"状态。从农村基本公共服务看，农业技术推广基层服务组织发育滞后，大多数乡镇还不具备农产品质量安全检测和监管的条件和手段，国家公共消防体系还没有覆盖到大部分乡村，农村居民生活垃圾收集处理等环境卫生服务缺失。

3. 农村社会事业加快发展，但城乡基本公共服务仍不均等

国家财政加大了对农村社会事业发展的投入，农村基础教育、医疗卫生、社会

[①] 田学斌：《在 2016 年全国水利厅局长会议上的总结讲话》。

保障水平显著提高。自 2006 年起，国务院深化农村义务教育经费保障机制改革，对农村学生实行"两免一补"（免学杂费、免费提供教科书、对家庭经济困难的寄宿生补助生活费），到 2012 年，全国近 1.3 亿名农村学生享受了免除学杂费和免费使用教科书的政策，3000 多万名寄宿生被免除了住宿费，中西部地区 1200 多万名家庭经济困难寄宿生获得生活费补助。2003 年启动新型农村合作医疗试点，中央和地方财政每人每年各补助 10 元；2016 年各级财政补助标准提高到每人每年 420 元，新型农村合作医疗实现了农村居民全覆盖。从 2009 年下半年开展新型农村社会养老保险试点，到 2012 年仅用 3 年的时间就基本实现了社会养老保险全覆盖，到 2014 年已开始建立全国统一的城乡居民基本养老保险制度，2015 年我国首次统一提高全国城乡居民养老保险基础养老金最低标准。2007 年开始在全国范围内建立农村居民最低生活保障制度，将符合条件的农村贫困家庭全部纳入低保范围，2011 年农民最低生活保障标准提高到每人每月 130 元，2011—2015 年农民低保标准年均增长率为 18%，部分城市实现了城乡低保标准的"并轨"。

同时，城乡公共资源配置不均衡导致了城乡基本公共服务不均等，突出表现在农村基础教育、医疗卫生服务、社会保障水平远远落后于城市。从政府财政投入农村教育的经费看，2015 年，各级教育生均公共财政预算教育事业费支出，农村普通小学、普通初中均低于全国平均水平；各级教育生均公共财政预算公用经费支出，农村普通小学、普通初中均低于全国平均水平（见表 8-6）。

表 8-6 全国普通小学和初中的财政投入情况　　　　　　　　　　单位：元

	生均公共财政预算教育事业费支出		生均公共财政预算公用经费支出	
	普通小学	普通初中	普通小学	普通初中
全国	8838.44	12105.08	2434.26	3361.11
农村	8576.75	11348.79	2245.30	3093.82

资料来源：《2015 年全国教育经费执行情况统计公告》。

从城乡医疗卫生技术人员结构看，2015 年城乡每万人拥有的卫生技术人员比例是 2.6∶1，每万人拥有的职业或助理医师比例是 2.3∶1，每万人拥有的注册护士比例是 3.3∶1；从城乡医疗卫生机构床位数看，2015 年城乡每万人拥有医疗卫生机构床位数的比例是 2.2∶1（见表 8-7）。

表 8-7 2015 年城乡医疗卫生技术人员和机构床位情况

	每万人拥有卫生技术人员（人）	每万人拥有职业或助理医师（人）	每万人拥有注册护士数（人）	每万人拥有医疗卫生机构床位数（张）
城市	102	37	46	82.7
农村	39	16	14	37.15

资料来源：中国统计局网站。

从城乡基本医疗保险保障筹资水平看，2012 年新农合人均缴费水平是城镇职工筹资水平的 13.5%。从补偿水平看，2012 年新农合每次报销平均补偿金额为 138.0 元，是城镇职工医疗保险补偿水平的 34.9%，是城镇居民医疗保险补偿水平的 36.2%（见表 8-8）。

表 8-8 2012 年城乡居民医疗保险差异

	城镇基本医疗保险		新型农村合作医疗保险
	城镇职工基本医疗保险	城镇居民基本医疗保险	
参保人数（亿人）	2829	27516	8.05
基金收入（亿元）	6062	877	2484.7
补偿收益人次（亿）	12.3	2.3	17.45
基金支出（亿元）	4868	877	2408.0
住院医疗费用基金支付比例	81%	64%	—

资料来源：城镇基本医疗保险数据来自国家人力资源和社会保障部发布的《2012 年全国社会保险情况》；新型农村合作医疗保险数据来自《2013 年中国卫生统计提要》。

另外，城乡居民最低生活保障水平差距较大。从保障标准和实际保障支出看，2015 年城镇居民最低生活保障平均标准是农村居民的 1.7 倍，城镇最低生活保障平均支出水平是农村居民的 2.1 倍（见表 8-9）。

表8-9　2015年城乡居民最低生活保障差异

单位：元/（人·月）

	最低生活保障平均标准	最低生活保障平均支出水平
城市	450.1	303.4
农村	265.2	144.6

资料来源：民政部。

二、多元化农村金融体系基本构建，但农村金融供给仍然滞后

1. 金融供给不断增加，但与农业发展水平仍然不相适应

改革开放以来，我国出台了若干鼓励金融机构在农村增设机构、增加金融供给的政策措施，各家金融机构积极贯彻落实，不断增加对"三农"的金融供给。农村金融在"三农"领域扮演着越来越重要的角色，这为农村经济发展和农民收入提高贡献了重要力量。截至2015年底，银行业金融机构涉农贷款余额为26.4万亿元，同比增长11.7%，涉农贷款余额在各项人民币贷款余额中的占比达28.1%，涉农新增贷款在全年新增贷款中占比为32.9%，新增贷款中超过1/3的款项投向了"三农"发展，金融机构小微企业贷款余额为17.4万亿元，同比增长13.9%。截至2015年末，全国共组建农村信用社1373家，农村商业银行859家，农村合作银行71家，村镇银行1377家，农村资金互助社48家。新型农村金融机构特别是村镇银行蓬勃发展，成为支农支小的主力军，机构覆盖全国31个省份的1232个县（市、旗），县域覆盖面达到65.9%，农户与小微企业贷款余额累计为5067亿元，占比为83%。目前，农村及贫困地区基本实现乡乡有机构，村村有服务，乡镇一级基本实现银行物理网点和保险银行全覆盖，农村居民金融服务的便利性显著改善。

尽管从涉农贷款总量、机构数量和覆盖面来看，我国农村金融供给明显增加，但与发展现代农业、新型城镇化建设的需求相比仍有差距，"三农"贷款难、贷款贵的局面未从根本上改变。从供给方面来看，商业性金融在农村的影响力和作用有减弱趋势，国有大银行从农村撤并网点；作为政策性银行的农业发展银行，相对农

村金融需求而言，其业务范围和支农作用仍然有限；作为合作性金融的农村信用社，近年来基本是朝着商业性金融的方向在改革，合作的本质属性开始被削弱，与此同时，还存在转型较慢、基础设施较差等诸多问题，无法满足农业现代化的金融需求，导致服务"三农"还不到位等；新型农村金融机构的准入还不够充分，市场规模和支农作用还有进一步扩大和提高的空间。从需求方面来看，随着我国农业现代化的快速推进，新型农业经营主体和新型农业服务主体成为建设现代农业的骨干力量，农业生产经营发生改变，无论是高附加值的经济作物生产周期还是大型农机具、农产品精加工的投资回报期限，普遍都在 1 年以上，与传统农户的金融需求差别较大，也就需要更适应现代农业发展的金融产品和服务；同时随着农民收入的提高和理财意识的提升，其对金融的需求也正从单一的信贷向理财、保险和信贷相融合的多元化需求转变。如何在提升农村金融增量的同时调整结构是农村金融改革的方向。

2. 多层次的组织体系初具雏形，但仍有待完善和发展

农村金融组织体系改革贯穿了农村金融发展的全过程，随着农村金融体制改革的深入推进，农村金融组织体系日渐完善，职责分工日趋合理。我国大部分县以下农村地区新增了农业发展银行、邮政银行、村镇银行、小额贷款公司、资金互助合作社等金融机构，形成了商业性金融、政策性金融、合作性金融和其他金融组织分工协作的金融服务框架，证券、保险、期货、担保、典当等非银行业金融机构对"三农"服务有所增加，功能互补、合作共生的农村金融服务体系初具雏形。

涉农企业开展直接融资，根据统计，截至 2014 年末，218 家涉农企业（包括农林牧渔业、农产品加工业）发行 782 只、7233.39 亿元债务融资工具，期末余额为 2953.58 亿元。2013—2014 年，首发上市的农业企业有 3 家，融资 17.3 亿元；农业类上市公司再融资 20 家，融资 250.6 亿元。截至 2014 年末，共有 66 家涉农非上市公众公司在全国股份转让系统挂牌，其中 2014 年新增公司 55 家，5 家公司共发行股份 4556.9 万股，共募集资金 12511.45 万元。农业保险实现了跨越式发展，农业保险类金融产品不断增加、农业保险条款全面升级，大幅拓宽保险责任、提高保障水平和赔付标准、降低保险费率并简化理赔流程。截至 2015 年，农产品

价格保险试点扩展到26个省份,承保农作物增加到18种,"十二五"期间,农业保险累计为10.4亿户次农户提供风险保障6.5亿元。农房保险已覆盖全国所有省、市,参保农房有9358万间,提供风险保障达1.4万亿元。中国农业保险再保险共同体承保能力扩大到2400亿元,可满足国内96%以上的分保需求。农产品期货市场获得较快发展,玉米、棉花、天然橡胶、早籼稻、鸡蛋等近20个农产品期货上市,为农民和农业企业提供套保避险的手段。

总的来看,农村金融市场格局并未根本改变,除了私人借贷外,正规的农村金融市场仍然由农村信用社、商业银行主导,各商业银行金融机构对于新型农业经营主体的支持大多处于实验和探索阶段。各类机构主体在市场定位上仍然不够明确,在与农业产业的结合度上也有待提高,特别是我国农村地域广阔,农业生产各异,更需差异化、专业化的金融产品,这些都需要通过进一步加强信贷、证券、保险等多方面、各层次的合作,从大金融的角度丰富农村金融供给。

3. 金融产品和服务方式不断创新,但有待进一步开发和创新

加快农村金融产品和服务方式创新是完善农村金融服务的重要突破口,在国家政策的引导下,银行、证券、保险等各部门在农村金融服务方面加快创新与合作,改变了我国涉农金融产品单一、创新缺乏的局面,从而更好地服务"三农"和小微企业,改善了薄弱环节的金融服务。不同类型的金融机构在全国各省份开展多种方式的信贷产品和服务创新活动,如发展农户小额信贷业务,针对科技型农村企业、科技特派员下乡创业的信贷,创新符合农村特点的抵(质)押担保方式和融资工具,探索农业科技专利质押融资业务,积极发展涉农金融租赁业务、林权抵押贷款,开展信贷资产质押再贷款试点、大型农机具融资租赁试点、承包土地经营权和农民住房财产权抵押贷款试点,发展"三农"融资担保和再担保机构。在期货市场方面,启动"保险+期货""保险+期货+银行""粮食银行"等创新试点,拓展服务"三农"和实体企业的渠道和机制。

近年来,网络借贷、股权众筹融资等互联网金融手段兴起。互联网金融可以消除金融的地域歧视,积极吸引城市富余资金回流农村;同时,可以有效甄别具备潜在偿还能力的借款农民,将信用进行资本化,通过对缺乏信用记录和抵押品的农户

进行授信和小额贷款支持，建立农户信用记录，为其获得传统金融服务打下基础。另外，移动互联网的加速发展，降低了金融机构的营运成本，为金融普及提供了更多的解决方案。

目前，我国涉农金融产品仍然存在不足，金融产品创新市场机制尚未完全形成，如资产评估、担保公司、征信登记等金融中介机构缺失，极大地限制了以农业、农户已有权益为基础的涉农金融产品创新，同时涉农的证券、保险类金融产品种类偏少，规模偏小，使得相关领域创新乏力。

第四节 政策建议与趋势展望

一、健全公共财政体制

实行统筹城乡发展，一个重要的内容就是要逐步建立健全能够覆盖城乡、惠及全民的公共财政体制，以及由公共财政支撑的公共产品供给体系。

1. 建立公共财政"三农"支出稳定增长机制

针对农村基础设施建设历史欠账多、公共产品供给不足的问题，按照"总量持续增加，比例稳步提高"的要求，明确中央和地方各级财政对农业、农村投入的资金比例和增长速度；按照推进城乡发展一体化的要求，加强农村基础设施建设和农村社会事业发展，加快改善农业发展和农村生产生活条件。

《中华人民共和国农业法》明确规定，财政农业投入增长要高于经常性财政收入的增长，要继续认真贯彻落实这一规定。同时，考虑到我国各级财政的实际运行情况，要进一步拓宽资金来源渠道。建议进一步提高土地出让净收益用于农业基础设施建设的比重，将土地治理投入纳入财政专项资金支持范围；从中央和省级国有资本经营预算收入中安排固定比例用于"三农"支出，确保公共预算对农业支出的稳定增长；将预算超收部分安排固定比例用于"三农"支出，以弥补公共预算资金的不足。

2. 健全中央和地方财力与事权相匹配的财政体制

健全财政体制，既是推动城乡区域协调发展、促进科学发展的重要体制保障，也是完善公共财政体系和社会主义市场经济体制的客观需要。结合农村义务教育经费保障机制改革、医药卫生体制改革，以及新农合、新农保等重大民生政策实施，按照东中西财政状况确定差别补助政策，促进财力与事权相匹配。深化省以下财政体制改革，探索建立县级基本财力保障机制，积极推进省直管县和乡财县管财政管理方式改革，进一步提高基层政府公共服务保障能力和财政管理水平。县级政府是落实民生政策、提供基本公共服务的重要责任主体，在中央和省级财政加大支持力度的基础上，通过建立和完善奖补机制，全面建立起县级基本财力保障机制，进一步增强县乡政府提供基本公共服务能力，促进城乡统筹发展。

3. 完善中央对地方的财政转移支付制度

财政转移支付是解决地方财政困难，实现各地区公共服务能力均等化的保证。针对当前财政转移支付存在的主要问题，建议从如下三个方面建立规范、公平、高效的财政转移支付制度。一是增加财政转移支付资金总量，优化财政转移支付结构。按照存量适度调整、增量重点倾斜的原则，增加中央财政转移支付对农村的投入比例，完善省、市级财政向县、乡级财政的转移支付制度。加大专项转移支付和一般性转移支付的支持力度，优化转移支付资金使用结构，通过一般性转移支付弥补地方财政缺口。逐步降低直至取消占较大比重的税收返还项目。根据各地区发展差异，以公共服务均等化为目标，进行合理转移。对于东部经济发达地区，中央的转移支付比重可以低一些；对于中西部落后地区，中央可以提高转移支付比例，加大转移支付力度，以确保农村所需的公共产品供给。二是改进财政转移支付计算方法，以因素法代替基数法。在确定中央对各地转移支付资金数量时，综合考虑多种因素，包括人口数量、土地面积、人均耕地、人均GDP、少数民族居住情况、自然资源和社会发展情况等，合理确定这些因素所占的分值或计分权数，计算各省、市、自治区的分数，最终得出各地区的补助数额。三是健全法律法规体系，规范财政转移支付制度。认真贯彻落实新修订的《中华人民共和国预算法》,借鉴国际经验,明确中央政府与地方政府事权与财权的划分标准。制定有关财政转移支付的单行法规,对财政转移支付的政策目标、资金来源、核算标准等作出具体明确的规定,确保财政转移支付有法可依。

4. 优化财政支农结构与使用效率

贯彻落实各项惠农政策,继续推进新农村建设,大力支持农村公路升级改造,实施农村公路双控户工程、农田水利、安全饮水等惠民工程,切实解决农民生产、生活、出行问题;健全教育投入机制,促进城乡教育事业均衡发展,巩固完善城乡义务教育经费保障机制,支持加快推进农村义务教育薄弱学校改造和城市义务教育学校扩容改造;进一步提高城乡居民最低生活保障标准以及优抚对象等群体的待遇水平,提高新农合财政补助、基本公共卫生服务人均补助。

针对农村公共产品供给"自上而下"的决策机制导致农村公共产品供给不足且供求失衡的问题,尽快建立能够反映农民需求的"自下而上"的农村公共产品供给决策机制,这样既满足了农民需求,又有利于把有限的财政资金用到实处,提高财政资金的使用效率。近几年实施的农村公益事业"一事一议"财政奖补政策,使财政资金的分配和使用处于农民的民主监督之下,资金使用效果较好,解决了村内道路升级改造、垃圾清理、小微型水利设施建设等农民需求迫切的问题。继续完善村民"一事一议"筹资筹劳管理办法,简化操作程序,进一步提高财政奖补比例,完善财政奖补政策,构建筹补结合、多方投入的村级公益事业建设投入新机制。

党的十八大报告对加快改革财税体制、完善公共财政体系提出了明确要求,未来农村财税制度的改革方向,是贯彻落实按照党的十八大要求,加快推进财税体制改革,完善公共财政体系,确立加大投入和制度建设并重的财政支农思路,在增加投入的同时,优化投入结构、创新分配机制,提高各级财政预算透明度,最大限度地发挥财政支农效益,让农民真正看到实现基本公共服务均等化的曙光。

二、完善农村金融体制

党的十八大报告对深化金融体制改革、完善金融监管、推进金融创新、维护金融稳定等提出了明确要求。农村金融是现代农村经济的核心,而农村金融服务仍是我国整个金融体系中最薄弱的环节。因此,各级政府应继续深化农村金融体制改革,推进农村金融机构科学发展,农村金融机构也要积极应对国内外复杂多变的金融形势,确保农业经营稳健发展。

1. 进一步强化农村金融支持政策

强化中央财政对普惠金融发展的支持作用,综合运用业务奖励、费用补贴、贷款贴息、以奖代补等方式,对普惠金融相关业务、机构、对象给予支持,拓展普惠金融的深度和广度。继续综合运用财税、货币、监管等政策,加强窗口指导,推动信贷资金更多地投向"三农"。建议各级财政对各类涉农贷款担保基金提供一定比例的资金配套,尽可能提高这些基金对涉农贷款的担保能力;对各类农村资金互助组织按互助股金的等比例配股,股金交由合作社管护,尽可能扩大互助合作的受益面;对各类新型农村金融组织,比照农村信用社给予货币政策、税收政策等优惠,对其发放涉农贷款给予相应的奖励和补助,并提供相应的业务指导和帮助。

2. 进一步健全农村金融监管政策

不断完善农村金融监管制度,改进监管手段和方法,促进农村金融市场稳健发展。探索实施涉农信贷投放与监管评级、市场准入的"双挂钩"政策。督促银行业金融机构不断完善"三农"金融服务机制,适当提高对分支机构"三农"业务考核的分值权重。结合涉农贷款季节性特点,对涉农贷款占比较高的县域法人金融机构实施弹性存贷比要求。支持符合条件的银行业金融机构发行"三农"金融债,增加支农信贷资金来源。优先对涉农贷款开展资产证券化和资产流转试点。实施多层次的风险监测预警制度,切实防范涉农信贷风险。

3. 进一步创新农村金融产品和服务

加快农村"两权"的确认、登记、颁证工作,稳妥开展农村承包土地经营权和农民住房财产权抵押贷款试点,尽快修订有关法律、法规,推动开展"两权"流转交易,解决"两权"抵押物的处置流通和变现问题。积极推进大型农业机械设备融资租赁和农产品营销贷款试点,加大财政支持力度,扩大试点范围。丰富农村金融服务主体,稳步培育发展村镇银行,重点布局老少边穷地区、农业主产区和小微企业聚集地区，不断提升村镇银行在农村的覆盖面。加强融资担保公司管理，大力发展政府支持的融资担保机构和再担保机构，鼓励其开展涉农融资担保业务，完善银担合作和风险分担机制。支持组建以促进农业现代化为目的，主要服务"三农"的金融租赁公司，支持金融租赁公司开展大型农机具融资租赁试点。引导信托公司通过多元化金融服务支持农村实体经济发展。鼓励和引导汽车金融公司、消费金融公司在做好风险防范的基础上，不断加大对农村居民消费金融服务的支持力度，支持农村地区消费信贷发展，满足农村居民合理消费信贷需求。

4. 进一步加强农村信用体系建设

完善农户、家庭农场等农业经营主体的信用信息采集与应用机制，推进农业经营主体的信用评价和信用村、信用乡镇创建，出台以信用为基础的相关政策措施，增进农业经营主体的信用价值，提高其融资的可获得性和便利性。

5. 进一步完善农业保险政策

一是尽快建立主要粮食等品种基本保险普惠补贴制度。认真落实中央1号文件提出的降低和取消产粮大县保费补贴配套比例的政策要求。在此基础上，建议对主产区主要粮食作物和大宗经济作物实行基本保障水平保险全覆盖，保额以全部直接物化成本为标准，保费由中央和省级财政全额分担，县级财政和农民不再支付保费。对非主产区，根据农民实际承保面积，中央财政依据保额给予一定比例（50%以下）的保费补贴。二是尽快建立中央财政对地方优势特色农业保险的以奖代补制度。对现已纳入中央财政补贴的其他农产品、地方特色农产品保险，保险经营企业按照核定的费率和保额，以商业化方式经营，中央和省级财政根据投保人的认可程度，确定费用奖励标准和金额并给予奖励，以鼓励保险机构主动提高农业保险服务水平。三是尽快建立主要农产品市场保险制度。在粮食等主要农产品主产区，整合现行最低收购价、临时收储、自然灾害保险等相关支持政策，研究开发农民收益保险品种，加快试点探索，从保自然风险逐步向保市场风险和自然风险并重转变。在生猪养殖大县，对规模养殖场全面开展生猪目标价格保险试点，将生猪保险理赔与病死猪无害化处理有机结合起来。针对新型农业经营主体的避险需求，建议采取"基本险+附加险"的模式，开发覆盖直接物化成本、完全成本、基本收益等不同保障水平的保险产品，财政对基本险的保费给予全额补贴，对高保障附加险的保费给予一定比例的补贴。

从1996年国务院颁布《国务院关于农村金融体制改革的决定》算起，中国农村金融改革已经经历了20年的艰苦探索，努力是积极的，成果也是十分显著的。但是，要从根本上解决农村金融服务供给不足问题，建立适应"三农"发展的多层次、广覆盖、可持续的农村金融体系还需要长期的努力与探索。应深入推进农村金融体制改革，主动适应农村实际、农业特点、农民需求，不断深化农村金融改革创新，及时总结新型农村金融合作、"两权"抵押贷款、金融扶贫等农村金融综合改革试点经验，在信贷开发、信贷管理、风险防控、监管方式等方面不断探索，健全金融支农制度，提升金融支农能力，实现农村金融与农业，以及农村经济的共同发展。

第九章
乡村治理机制

第一节
乡镇政权建设

乡镇政权是我国在农村的基层政权组织,是国家政权的基础,在国家政权中具有十分重要的地位。我国大多数人生活在农村,乡镇政权建设的状况,关系到农村社会以及整个国家的稳定和发展。乡镇政权的所有重大决策都是在中国共产党设在乡镇的党的委员会上形成的,这一会议的延伸形式是党委扩大会和党政领导班子联席会议。重大决策的建议一般是在乡镇党委书记、副书记的碰头会上形成的,乡镇党委书记在决策过程中居于核心地位,乡镇长一般兼任乡镇党委副书记,党政主要领导的意见可以在碰头会上得到协调。乡镇长办公会一般是贯彻落实党委会或党政领导班子联席会议的决议,尽管自20世纪80年代农村改革以来,乡镇机构进行过多次调整改革,但这种决策方式基本上没有变化。

一、乡镇政府指导村民委员会的基本原则

乡镇政府指导村民委员会主要有以下三点原则:一是合法原则。乡镇政府对村民委员会进行指导的前提是不违反任何的法律、法规和规章。干预活动需有一定限度,干预范围需要在职责范围内。例如,乡镇政府可以依法责令村委会对违法违纪行为进行改正,但根据《中华人民共和国村民委员会组织法》的规定,乡镇政府无权停止村委会职责范围内的正常工作。二是中立原则。乡镇政府在日常管理和资

源分配过程中要坚持公平、公正、公开的原则,不能主观臆断,而是要用制度衡量。这就要求乡镇政府必须及时完善、修订、废止不合理的制度,并着力构建内容科学、程序严密、配套完备的制度体系。三是程序原则。乡镇政府在处理农村事务过程中坚持中立原则十分重要,但在政策的具体实施中,有诸多因素可能会影响政策执行的公平、公正和公开,因此,必须将中立原则具体化为一系列合理的程序。只有这样,才能最大限度地保证乡镇政府在处理村务工作中的独立性与公正性。

二、乡镇政府机构的调整与改革

自 1983 年中央决定恢复建立乡镇政府,并于 1986 年基本完成这一工作以来,中央和地方都多次进行乡镇机构的调整改革,尽管这一过程在各地的表现形式有所不同,但其基本脉络大体上是一致的。

20 世纪 80 年代中后期,新建立的乡镇政府逐步建立了自己的财政,在人民公社体制下脱胎改造形成了农业、乡镇企业、土地、计划生育、民政、文教等行政管理机构,或者设立了行使不同行政职能的助理员。同时设立了一些与县级机构对口的工商、税务、公安、农机、文化等站所,这些站所大多由县级部门实行垂直管理,或者以县级部门管理为主,有的也下放到乡镇管理。但在这一时期,计划经济时期行政管理的色彩还比较浓重,乡镇直接办企业相当普遍,甚至在一些经济发达地区还设有与乡镇政府并列的乡级经济组织,亦有诸如"经济联合社""总公司"之类的名称,这与乡镇政府管理经济的职能往往相互交叉,以致在两个组织之间会发生工作上的矛盾。为此,绝大多数撤社建乡时设置了乡级经济组织的地方,逐步撤销了这一组织,同时代之以乡镇政府内设的行政性经济管理机构,结束了党委、政府和乡级经济组织三驾马车并存的状态。1986 年以后,中央提出要改革条块分割的体制,乡镇的管理权有所加强,但也有一些权力的下放,实际上下放的是经济负担,如相当长一个时期的农村教育以乡镇管理为主,通过乡统筹来解决学校建设和教师工资问题,给农民造成了沉重的负担,也对农村教育造成了严重的负面冲击。

到 20 世纪 90 年代初期,各地要求向乡镇放权的呼声高了起来,有的地方也进行了一些加强乡镇政府职能的尝试，但从总体上说乡镇政府的职权没有多少实质性的扩大，甚至一些地方一度下放了的土地、税务、工商行政、公安派出所的管理权，由于在执法和管理过程中出现了一些混乱现象，又重新收归上级部门管理。为了转变职能，理顺关系，精简机构，提高工作效能，强化服务，同时也是迫于乡镇机构不断扩大过程中的财政压力，一些乡镇开始核定职能、编制，把一些比较分散的职能部门合并为党政综合、组织人事、社会事务、农业、财贸、政法、教育等若干整合了相近职能的办公室，同时进行了清退聘用人员的工作。但在乡镇规模较小或者经济落后地区，很多还是实行民政、司法、文教等行政管理干部的助理制。这些改革，对于精简机构，提高行政效率，发挥了一定的作用，但对于国家财政供养的乡镇工作人员的精减，由于难度较大，成效并不明显。

20世纪90年代后期，以转变政府职能为核心的乡镇机构改革，解除了乡镇政府与所办经济实体的行政隶属关系，实行行政机关和事业单位的分开，减少行政审批事项，要求行政机关定职能、定机构、定编制。特别是自2000年以来，随着税费改革的逐步深入，开展了以撤并乡镇、精简机构和分流人员为主要内容的乡镇机构改革，同时加强了县级政府对乡级财政的统筹管理和调控。随着中央和地方财政力量的增强，建设社会主义新农村重大战略决策的实施，实现了全部免除农业税、教师工资由县级统筹、实行种粮直接补贴等重大变革，公共财政支出开始向农村倾斜。与此同时，乡镇政府在催收税费方面的职能逐步消失，国家对于计划生育的管理手段和工作方式发生了重大变革，乡镇政府的功能和运行方式正在发生前所未有的变化，由此必然会导致乡镇机构进行带有实质意义的重大改革。应该说，改革的困难和阻力是不可避免的，但改革势在必行，比较宽松的财政经济环境也为改革创造了有利条件。这一改革至今仍在进行之中，改革的目标还远远没有达到。与此相关的是，对于乡镇机构的改革、改制乃至乡镇政府体制存废的讨论，仍在继续进行。但是，有几点结论应该是清楚的：乡镇从来就没有形成一级具有完整功能的政府机构，今后也不可能形成这样的机构。随着市场经济体制的发育和农村产权制度的深化改革，乡镇政府直接介入乡镇集体企业经济活动的状况将逐步成为历史，而提供公共服务的职能将会有所加强。随着县域经济的发展和国家宏观调控能力的加强,乡镇政府调控区域经济发展的功能将逐步减弱。随着农村民主政治建设尤其是村民自治体制的进一步确立,乡镇党政领导机关对于村民自治事务的干预空间将逐步缩小,乡镇层次的民主政治建设将会提上日程。

第二节
村民自治实践

农村民主政治建设是指农村村民自治制度建设、农村党内民主制度建设以及在这种制度建设过程中形成的新型的村民自治组织与村级党组织、乡镇政府与村民自治组织之间的关系。

一、村民自治制度建设

我国的村民自治制度,是指在农村建立村民自我管理、自我教育、自我服务的基层群众性自治组织即村民委员会,实行民主选举、民主决策、民主管理和民主监督。

1. 民主选举

自1998年《中华人民共和国村民委员会组织法》正式实施以来,各省(区、市)相继制定了村民委员会的选举办法,选举的规范化、程序化水平得到提高。各地在选举工作实践中也创造了许多新的经验,进行了新的探索,如一些地方实行了村民委员会候选人的海选制度,一些地方实行了不设候选人直接由群众选举村民委员会成员的海推直选制度,一些地方实行了村民委员会选举观察员制度等。

民主选举方面存在的问题主要有:村民民主选举对于乡镇党政机关的依赖性很强,一些地方由于乡镇领导对于民主选举不予启动,导致长期不能进行村委会换届选举,也给乡镇领导违法干预村委会民主选举过程留下了空间,甚至一些村委会成员当选以后,由于乡镇领导的干预,无法行使职权,需要进一步强化这方面的法律约束；我国城市化过程中农村人口的流动性增大，对于村民和集体经济成员一体化的传统体制造成了冲击，使村民委员会选举中的选民资格争议时有发生，顺应这一变化，根本的解决办法是通过深化产权制度改革使两种身份相对分开，各行其道，当前比较现实的解决办法是通过民主形式予以认定；一些地方尤其是发达地区村委会选举中存在人为操纵行为和贿选现象，有待于通过进一步完善选举的法律规定加以遏制。

2. 民主决策

近年来，由于各地并村的结果，一般村的规模都在千人以上，而且，随着农村劳动力外出务工经商的增多，村民会议难以召集并进行实际议事的矛盾逐渐显现出来，村民代表会议有职权逐步增多、作用继续加大的趋势。

当前，农村民主决策中存在的主要问题是，村民代表会议作为一种经常性的民主决策组织形式，其组织功能却是很不完备的，大多没有自己的召集人，其发挥作用的程度取决于村干部的自觉程度，甚至仅仅只是村干部的一种工具，难以使民主决策落到实处。这种民主决策组织功能严重不到位的情形，也是造成农村党支部和村委会相互争权、矛盾加剧的根本性原因，需要通过完善村民自治组织体制来解决。

3. 民主管理

村民自治章程和村规民约是村民自治制度在特定村庄的具体化，其所涉及的内容包括经济管理、社会治安、村风民俗、婚姻家庭、计划生育等方面的要求，具有村民自我管理的鲜明特征，在保障村民自治制度的落实上发挥着重要作用。村民自治章程和村规民约的制定，必须经过村民的充分讨论，经村民会议或者村民代表会议讨论通过才能生效，同时，不得与宪法、法律、法规和国家的政策相抵触，不得有侵犯村民的人身权利、民主权利和合法的财产权利的内容。

当前民主管理方面存在的主要问题是：一些村庄没有通过村民民主制定的村民自治章程和村规民约，村干部办事不民主，不遵守从事公务管理活动的有关政策法规，得不到应有的程序性约束；村民之间难以通过自治活动实现自我管理，不利于村庄治理水平以及村民素质的提高。这种状况的形成与村民代表会议制度的不完善有着密切的关系，需要通过法律的修改及充实，增加有关民主管理的程序性规定。

4. 民主监督

根据《中华人民共和国村民委员会组织法》的规定和《中共中央办公厅　国务院办公厅关于健全和完善村务公开和民主管理制度的意见》，村民委员会实行村务公开制度，其中涉及财务的事项，至少每六个月公开一次，接受村民的监督。除了要公开由村民会议和村民代表会议讨论决定的事项及其实施情况以外，还必须公开国家计划生育政策的落实方案，国家救灾救济款的发放情况，水电费的收缴，土地征用补偿及分配，农村机动地和"四荒地"发包，村集体债权债务，村内"一事一议"筹资筹劳，农村新型合作医疗、种粮直接补贴、退耕还林还草款物兑现和国家其他补贴农民和资助村集体的政策落实情况，以及其他涉及本村村民利益、村民普遍关心的事项。

目前民主监督方面存在的主要问题是村民民主监督的手段不强。一些地方没有建立村务民主监督组织，有的地方尽管建立了民主监督组织，但由于与村党支部、村委会并不是处在一个平等的对应位置上，没有一个强有力的村民自治权力机构作为后盾支撑，其发挥作用的程度受到严重局限，甚至有的监督组织及其成员由于清查村干部的经济问题受到打击报复，处境相当尴尬。需要通过完善有关政策法律的规定，强化村务民主监督组织的独立性，并使之行使职权的行为取得村民自治权力机构的有力支持。

二、村民自治的基本原则

1. 依法自治原则

所谓依法自治，是指必须依照法律规定的程序和要求行使自治权，其自治行为必须严格遵循现有法律的规定，同时，基层政权也不得干预村民依法自治范围内的事项。《中华人民共和国村民委员会组织法》第二十七条规定："村民自治章程、村规民约以及村民会议或者村民代表会议的决定不得与宪法、法律、法规和国家的政策相抵触，不得有侵犯村民的人身权利、民主权利和合法财产权利的内容。"也就是说，村民行使自治权必须在法律范围内，自治权的行使不得与有关法律、法规相抵触。任何组织和个人都不得委派、指定或撤销村民委员会成员，村庄依法享有制定自治章程、村规民约和其他自治规范，实行自我管理的权利。

作为村民自治的主体，全体村民应该遵守三方面的法律：第一是国家立法机关和地方权力机关制定的法律、法规和规定；第二是有关政府及其民政部以及国家行政机关制定的有关村委会的行政性法规和规定；第三是村民自治组织自己制定的规章制度。

2. 直接民主原则

所谓的直接民主是指不借助于中介或代表，自己对自己的事务进行直接的管理，即村民直接参与行使权力，所遵循的原则是少数服从多数。在农村，村委会成员由全体村民直接选举产生和罢免，村委会服务于全体村民，并对村民会议和村民代表会议负责。

1987年《中华人民共和国村民委员会组织法（试行草案）》在第六届全国人大第二十三次会议审议时，彭真便做过一段题目为"通过群众自治实行基层直接民主"的论述。他指出，如果想要让村民能够真正地行使民主权利，那么就要在基层实行群众自治，也就是群众的事情由群众自己依法去办，应该由群众直接行使民主权利。2000年，在全国人大内务司法委员会召开的贯彻执行村民委员会组织法研讨会也认为《中华人民共和国村民委员会组织法》的基本精神是村民实行直接民主。学者仝志辉也发文阐述，认为村民自治，其本质是一种直接民主。

3. 维护村民合法权益原则

维护村民合法权益的原则是指通过民主方式办理本村公共事务和公益事业，不得以牺牲村民的合法权益为代价。历史上的乡村自治也有村民自治的影子，但是当时的乡村自治实际上是乡绅的自治，大批农民因为失去土地而不得不依附于地主乡绅，乡绅的权力和宗族的权力相互纠缠在一起。当时乡村自治的主体是乡村地主，而农民则只是被治理的对象，权益根本得不到有效保障。事实证明，这种无法保证农民权益的治理手段是得不到长久维系的。如今，我国的村民自治和历史上的乡绅自治有着本质的区别，相关法律明确规定村民委员会的性质是基层群众性自治组织，村民自治的主体是全体村民，村民自治所要维护的重要利益群体之一就是村民。在自治过程中，不能以自治为名使用任何手段侵害农民利益，这是村民自治最基本的原则之一。

4. 坚持党的领导

推行村民自治制度需要由有效的政党主导，在我国，执政党就是中国共产党，其执政地位决定了它必须充当领导村民实行村民自治的主导力量。坚持党的领导是基础，没有党的领导就没有统一的精神认识，没有党的领导，村民自治的过程可能会走很多弯路。但是在坚持党的领导过程中也要清楚政党领导与政党控制有着本质的区别，我们实行的是党的领导，我们的党不是农村社会的统治者，而是要作为社会利益的代表者、维护者，通过法定的政治程序，积极参与群众性的自治活动，其参与的目的是进一步维护和实现社会的利益，保障群众自治的实现。

经过20多年的不断完善和发展，我国的村民自治制度已经逐步走向程序化和规范化，这一做法也越来越多地为广大群众所接受。虽然部分地区还存在民选举制度不健全、乡镇基层政府与"两委"的关系不清等情况，但是村民自治的总体方向一直是沿着健康的路径平稳发展。据统计，目前"全国35%的村每年都召开村民会议，75%的村每年都召开1次以上村民代表会议。98%以上的村制定了村民自治章程和村规民约。85%的村建立了村民会议或者村民代表会议制度，92%以上的村建立了村民理财小组、村务公开监督小组等组织"。总之，村民自治是我国基层民主政治建设的伟大实践，是我国发展农村民主的必然选择，随着时代的发展，村民自治的质量和水平也不断提高，它将继续作为我国基层农村自我管理、自我教育、自我监督、自我服务的基层群众自治制度而长期存在。

三、村民自治制度建设历程

我国的农村民主建设，自改革开放起得以真正实现，大体上经历了四个阶段：自发探索阶段、法制介入阶段、深入探索阶段和完善发展阶段。

1. 农村民主建设自发探索阶段（1978—1982年）

1978年12月中国共产党第十一届中央委员会第三次全体会议胜利召开，这是对于我国的发展进程具有重要历史转折意义的会议。会议公报指出"人民公社各级组织都要坚决实行民主管理、干部选举、账目公开",第一次在中央文件中涉及农村民主建设。尽管当时的民主建设内涵还不够具体和深刻,且与我们现在所说的民主建设存在着很大差异,但依然具有里程碑的意义。这是中央文件第一次明确提出要实行基层组织的民主管理,在这一次伟大的具有开创性的会议中,中国共产党的领导人不仅认识到了工作重心从政治转向经济的重要性,同时他们潜意识中存在着的民主管理的思想也得到了彰显。

在中央文件的指引下,1980年广西宜山县(现在是宜州市)屏南乡果作村农民通过自发选举成立了全国第一个村民委员会,几乎与此同时,广西罗城、宜山县其他村庄的农民也自发选举产生了带有自治性质的新组织,名称各不相同,有的叫"村委会",有的叫"村管会",还有的叫"治安领导小组"。这些组织经村民授权成立后,将分散的村民集中组织起来,共同商定各项村规民约,管理村内公共事务,协助乡镇政府维护社会治安,取得了良好的效果。

对于村委会这一新生事物,广大农民表示欢迎,党中央也给予了高度重视。1982年的《中华人民共和国宪法》在总结农村实践经验的基础上,首次确认了村民委员会作为农村基层群众自治组织的法律地位,其中第111条规定:"城市和农村按居民居住地区设立的居民委员会或者村民委员会是基层群众性自治组织。居民委员会、村民委员会的主任、副主任和委员由居民选举。居民委员会、村民委员会同基层政权的相互关系由法律规定。居民委员会、村民委员会设人民调解、治安保卫、公共卫生等委员会,办理本居住地区的公共事务和公益事业,调解民间纠纷,协助维护社会治安,并且向人民政府反映群众的意见、要求和提出建议。"《中华人民共和国宪法》明确规定了村民自治最核心的内容,即组织性质与权力来源,为村民自治的发展起了重要的导向作用和保障作用。1982年中共中央又下发了第36号文件,要求各地开展建立村委会的试点工作,自此,村民委员会开始登上历史舞台,在全国各地农村陆续建立起来,在农村基层民主建设中发挥了重要作用。

这一时期的村民自治正处于初创阶段,难以避免存在诸多问题。比如,多数村委会对于乡镇政府与村委会是什么关系、如何具体组织选举、选举之后怎么办等重大问题,都在制度上缺乏具体的规定,农民在选举和其他事务实践中的参与性并不高，而且其中的民主性也不够明显。尽管如此，在农民群众和国家政策的双重推动下，农村民主建设中具有法治、自治、民主、参与特征的村民自治作为一种新的管理模式已然开始进入历史画卷，我们党带领广大农民开始了适应当时经济社会发展需要的新的探索阶段。

2. 农村民主建设法制介入阶段（1983—1989年）

1983年10月，中央发出《关于实行政社分开，建立乡政府的通知》，对如何建立村民委员会提出了具体的要求，通知指出"现有社队企业要继续完善生产责任制，加强群众的民主管理，办成名副其实的合作经济企业。在改革中，要严防财产损失和个人损公肥私"，自此，村民委员会的建立进入了具体的实施阶段。

建立乡政府的工作完成以后，为了进一步巩固和发展已取得的改革成果，1986年9月，中央发布了第一个专门以"加强农村基层政权建设"为标题的文件——《中共中央　国务院关于加强农村基层政权建设工作的通知》，第一次提出了现代意义上的村民民主管理，对农村民主建设具有重要的指引意义，可以看出农村基层建设的重要性日益凸显。

1987年《中华人民共和国村民委员会组织法（试行）》颁布时，全国绝大部分地区都已建立了村民委员会，村民自治作为一种崭新的管理模式已经初步形成，中国共产党领导广大农民走上了一条适应我国农村经济社会发展需要的治理道路。在此基础上，1988年2月26日，民政部发出《关于贯彻执行〈中华人民共和国村民委员会组织法（试行）〉的通知》，要求各地充分重视《中华人民共和国村民委员会组织法（试行）》的学习、宣传和贯彻，把这些当作一件大事对待，指定固定的时间，利用广播、黑板报、问答、文艺宣传等各种手段和工具，采取生动活泼的、易为群众接受的形式，设计《中华人民共和国村民委员会组织法（试行）》的学习和宣传活动。目的是通过宣传提高认识，使《中华人民共和国村民委员会组织法（试行）》这部重要的法律家喻户晓，妇孺皆知。此举为《中华人民共和国村民委员会组织法》的实施，村民自治的推进，农村民主建设的发展，打下了良好的群众基础和舆论基础。

3. 农村民主建设深入探索阶段（1990—1997年）

1990年以后，中共中央进一步加强了农村基层组织的建设，我国农村民主建设发展进入了深入探索阶段。经过20世纪80年代的发展，我国农村民主建设已经具备相应基础。为进一步加强对《中华人民共和国村民委员会组织法》实施工作的指导，有组织、有计划、有步骤地在农村基层逐步实现村民自治，民政部决定在全国农村开展村民自治示范活动，并于1990年9月印发了《关于在全国农村开展村民自治示范活动的通知》。该通知对村民自治示范村制定了五条具体标准："（一）村委会干部由村民民主选举产生，村委会领导班子坚强；（二）村委会各工作委员会和村民小组健全，工作职责和规章制度明确，切实发挥作用；（三）定期召开村民会议或村民代表会议，实行村民民主参与制度，坚持村务公开、民主办理、群众监督原则；（四）经济发展，安定团结，公益事业办得好，村容村貌整洁；（五）村民依法履行公民义务，全面完成国家交办的各项任务。"这是"村务公开"的提法第一次在中央的文件中出现，从此中央关于农村基层政权建设的所有文件基本上都出现了"村务公开"的字眼。同时该处的表述也可以看作是正在发展中的"四个民主"。在某种程度上可以说，真正意义上的村民自治是由此开始的。

紧接着，1990年12月13日发布的《中共中央关于批转〈全国村级组织建设工作座谈会纪要〉的通知》中讲道，"加强村级组织建设是当前农村工作的一项重要而紧迫的任务"，并且提出要"认真实施《村民委员会组织法（试行）》，加强基层民主政治建设"。在此前的12月1日，中共中央、国务院在《中共中央 国务院关于一九九一年农业和农村工作的通知》中，也要求各级党委、政府"把村民委员会和村民小组建设好"，并强调"要建立村民议事制度、村务公开制度。凡是群众普遍关心的重大事情都要向群众公开，接受群众监督。要把村民小组建立健全起来。要发动群众依法订立村规民约，增强村民遵纪守法和自我管理、自我教育的能力，树立良好的村风"。在半个月内，中共中央连续发文强调村务公开的重要性，说明中共中央对农村民主管理和村务公开的重视，这也为民主管理的进一步发展提供了新的契机，为村民自治的进一步发展提供了新的方向。

1994年2月民政部印发《全国农村村民自治示范活动指导纲要（试行）》，明确指示各地要认真执行，每个县都要选取一定数量的村庄开展村民自治示范活动，摸索经验，树立典型，明确提出了四项民主制度（民主选举、民主决策、民主管理、民主监督）。这无疑是对民主管理的明确定位，同时也是"四个民主"的提法首次出现在中央的文件之中。全国村民自治示范活动开始走向规范化。

1994年11月5日，中共中央发布《关于加强农村基层组织建设的通知》，这是村民自治产生以来，中央文件第一次对村民自治的问题作出了具体而明确的要求，主要涵盖村民选举制度，村民议事制度，村务公开制度和村规民约制度，这是中央第一次提出要建立以民主管理为主的一种制度，这无疑开创了民主管理发展的新征程。从文件中还可以发现，民主管理相对于村务公开已经不再是一个平行的概念了，而是一个上位的概念，村务公开制度成了即将要建立的民主管理制度的组成部分。这个文件还充分肯定了村级民主管理的重要意义。

1995年2月27日民政部发布的《民政部关于进一步加强村民委员会建设工作的通知》没有再笼统地提"四个民主"，而是强调了民主管理、民主决策、民主监督的重要性，可以看出中央已经把实现村民自治的重点从村民选举转移到民主管理上来，从而使民主管理相对独立的重要性得到彰显。因为村民自治的实现，选举只是前提，而民主管理才是村民自治能够长远发展的实质内容和关键所在。

1997年，党的十五大把村民自治的内容概括为"四个民主"。至此，村民自治更加受到党和国家的重视，也成了我国基层民主政治建设中的关键词。

4. 农村民主建设完善发展阶段（1998年至今）

1998年11月4日，《中华人民共和国村民委员会组织法》经九届全国人大常委会通过，并于公布之日起正式实施。与之前的试行法相比，正式实施的《中华人民共和国村民委员会组织法》补充了一些新内容，在很多方面有了突破性的进展。一是坚持了村委会自治组织的性质，进一步明确了乡镇政府与村委会的关系，有利于保障农民的自治权利。二是第一次在法律中阐明了党组织在村民自治中的作用。中国共产党在农村的基层组织中，按照中国共产党章程进行工作，发挥领导核心作用；依照宪法和法律，支持和保障村民开展自治活动、直接行使民主权利。三是吸收了试行10年的成功经验，完善了"四个民主"的基本规则。在民主选举上，特别强调任何组织或者个人不得指定、委派或者撤换村民委员会成员。对推选村民选举委员会、直接提名、差额选举、秘密划票、当场公布选举结果、罢免都作了规定。在民主决策上，确立了村民代表会议的合法地位。在民主管理上，规定村民自治章程、村规民约以及村民会议或者村民代表讨论决定的事项不得与宪法、法律、法规和国家的政策相抵触，不得有侵犯村民的人身权利、民主权利和合法财产权利的内容。在民主监督上，突出强调和规范了村务公开制度。正式实施的《中华人民共和国村民委员会组织法》内容更丰富、程序更具体、保障更有力，成为一部扩大农村基层民主，指导村民自治跨入21世纪的重要法律。它的颁布与实施对于在国家、基层党组织、自治组织和农民之间建立一种新的治理结构，更有效地满足国家和农民的需求，具有重要意义。

至此，村民自治实现了历史性跨越。村民自治的实践和经验从基本普及转为全面展开，制度体系初步建立，自治组织逐步健全，民主形式丰富多样，自治理念和技术程序得到推广。

2007年，党的十七大报告作出了继1998年10月党的十五届三中全会得出村民自治是党领导下我国亿万农民的伟大创造这一科学结论后的又一项重大决策。报告中指出："人民依法直接行使民主权利，管理基层公共事务和公益事业，实行自我管理、自我服务、自我教育、自我监督，对干部实行民主监督，是人们当家作主最有效、最广泛的途径，必须作为发展社会主义民主政治的基础性工作重点推进。"这是对基层群众自治制度地位的重大提升，为村民自治的发展带来了机遇也提出了更高的要求。

这一时期，国家和社会对基层党组织建设的重要性的认识更加深入，农村基层党组建设以解决农村实际问题为出发点，以提高党在农村的执政能力为重点，助力农村民主建设取得了实质性进展。《2015年社会服务发展统计公报》显示，截至2015年底，基层群众自治组织共计68.1万个，全年共有16.5万个村（居）委会完成选举，参与投票人数为1.6亿人，占参与选举的村（居）民登记数的76%。可以预见，伴随着新的认识、新的目标，村民自治将会有新的实践和更快的发展。

四、村民自治中面临的问题与地方的探索实践

改革开放以来，我国的乡村治理取得了显著进展，尤其是村民自治在维护社会稳定、促进农村经济发展和推动农村基层民主政治建设方面成效明显。但是随着现代化的加速推进、信息化的纵深发展，我国乡村社会的外部环境与内部机制都发生了巨大变化，基层治理面临着诸多新的问题和挑战。

1. 城镇化背景下的农村"空心化"和乡土文化遗失

随着工业化、城镇化的持续推进，农村人才、资金外流，"空心化"问题越来越严重。改革开放，尤其是20世纪90年代以来，在比较利益的驱动下，中国农村剩余劳动力不断流入非农部门和非农产业，农村人口大量、持续向城镇转移。农村劳动力的城镇化转移，保障了工业部门和城镇发展的顺利进行，但也造成农村人口，尤其是农村青壮年劳动力的急剧下降，据统计，2015年外出农民工已经达到16884万人。农村常住人口急剧下降的同时，人口结构也不断畸形化，女性化、老龄化严重，"386199部队"等词也应运而生，以人口"空心化"为核心的农村凋敝问题逐渐凸显，中国人力资本与劳动经济研究中心发布的《中国人力资本报告2016》显示，从1985年到2014年，农村劳动力人口的平均年龄从32岁上升到了37岁。

此外，城市中心主义思想和城乡文化的对冲，造成原有乡村认同的消解与秩序的离散，农村原有的乡土文化和村规民约受到质疑，社会复杂程度不断提高。在城镇化进程快速推进的背景下，现代传媒的强势介入和农村人口的大规模流动等多种因素共同导致农村传统文化内部的稳定结构被外来异质性文化打破，变得十分脆弱。一方面，农村社会的青壮年劳动力流失严重，留守在农村的儿童、妇女、老人等人群不易成为农村传统文化传承的真正主角，一些手口相传的民间技艺和传统美德相继失传。另一方面，由于长期以来城乡之间的经济和社会保障水平存在较大差距，农村居民对城市生活充满向往和期待，加剧了农村居民对城市文化的接受和对本土文化的忽视。

乡村人口的净流出和农村人才的流失导致了乡村治理主体的弱化，乡土文化的

凋敝导致了农村居民对乡规民约的质疑和对乡村权威认可度的下降，凝聚力不足，社会治理难度大大增加。

2. 后农业税时代的村庄自治功能弱化

2004年，国务院开始实行减征或免征农业税的惠农政策，2006年《中华人民共和国农业税条例》被废止，这意味着在我国沿袭了2000年之久的农业税的终结。农业税的取消，减轻了农民的负担，增加了农民的权利，还体现了公平原则。但是，农业税的取消，也导致国家与农民之间的关系发生了重大变化，导致乡村治理中各利益主体之间的利益关系和行为逻辑发生重大变化。

取消农业税之前，基层政权的财政来源主要是税收，尤其是经济较为落后的地区，对税收的依赖程度更深。基层政府可以通过提取税收自留费的方式维持基础设施建设和公共物品供给。为完成各种税费提留任务，乡镇深度介入农业生产和农村公共事务之中。村干部的收入由村里自筹，村委会则介于乡镇政府和农民之间，既能起到桥梁作用，又具备一定的治理主动性和议价权威。

取消农业税之后，村一级不再协助乡镇征收农业税费，乡镇与农村、农民利益关系瓦解，村委会从农村内部获取资源的难度加大，乡镇政府和村委会的治理积极性下降，在乡村治理中"乡退出村、村退出组"的现象日趋严重，导致村庄向心力不足，村委会的权威下降、自治功能弱化。

3. 资源下乡的项目制导致乡村治理行政化

后农业税时代，工业反哺农业、城市支持农村成为主基调，但是在项目制成为国家治理重要形式的背景下，村级组织日益成为乡镇的派出机构，乡村治理逐渐陷入附属行政化困境。

农业税取消以后，基层政府无法再强制向村民摊派集资款，在没有强制约束的情况下，农村"一事一议"政策的执行也遇到意见分歧大、村民不支持等诸多困难，村委会开展工作的难度加大。同时，村委资金来源由自筹为主变成上级拨付，村委会对乡镇政府的财政依赖性不断增强。国家支农的力度不断加大，支农资金多以项目形式发放，导致支农项目成为各村相争抢的对象，村委会对乡镇政府的依赖度进一步加大，致使部分村委会在一定程度上更加受制于乡镇政府，其职能逐渐由上下沟通的桥梁转化成乡镇政府的派出机构。

4. 阶层分化下的社会矛盾凸显

20世纪90年代中期以来,中国各阶层在经济基础、社会地位等方面分化加剧,阶层间的流动渠道滞阻,但从集体时代的机会相对均等中走过来的中国底层群体仍然强烈地渴望公平和富裕,这与生存生态不断恶化的底层现实形成鲜明对比。随着中国市场化改革的持续推进,农村居民也出现分化,而且分化程度不断提高,使得原来经济、社会地位相差不大的农民出现了利益和阶层的分化。加之完善的社会利益分配机制建设还有待加强,农村社会因利益矛盾引发的冲突不断增多,主要集中在土地、环境、工程项目等方面。

土地争议。因土地事件而引起的争议占我国群体性事件的一半左右。中国社会科学院开展的关于农村土地争议的随机抽样调查结果显示,强行和非法征用土地是引起农村土地争议的主要原因。农民经常通过上访,集体包围省级、地市级政府,围堵高速公路等影响范围广的做法来抗争,容易造成冲突、引发恶性事件。

环境维权。随着社会的进步,农民的环境意识和维权意识不断增长,一些大型污染工程项目在农村的建设也成为引发基层社会冲突的主要原因之一。除了一些工程带来的污染之外,农村长期以来在环保方面的欠账也成为引发农村环境维权事件的重要隐患,这一点集中表现在垃圾处理问题上。我国现行的环保法律、法规、标准,主要是针对城市、工业点源污染防治而制定的,有的法律、法规对农村环保有原则性规定,但针对性和可操作性不强,相关排放标准还存在空白,已经不能有效解决日趋严重和复杂的农村环境问题。相关法律、法规的缺失造成农民通过司法途径维护环境权利变得十分困难,以致农民不得不采取群体抗争的方式。

公共工程建设。农村水电路气房等基础设施与农民生产生活息息相关,但在农村公共物品供给的过程中,经常会出现一些问题,如工程供给与农民需求不相符合、工程招标和合同订立不够规范、监管能力弱等。这些问题容易引发农民对工程质量的不满和对资金使用的质疑,进而激发不满和对抗。

专栏三

乡村治理的特色实践——以广东省云浮市自然村乡贤理事会为例

1. 云浮市自然村乡贤理事会发展现状

云浮市乡贤理事会试点培育最早开始于2011年6月的云安县,试点培育之初建立了组、村、乡(镇)三级理事会,经过一年多的试点运行,于2012年9月遴选出综合效果最好的自然村乡贤理事会,并开始重点培育。为了配合工作的推进,2012年10月云浮市印发《关于培育和发展自然村乡贤理事会的指导意见》,重申了自然村乡贤理事会的意义,明确了自然村乡贤理事会的性质、宗旨、主要职责等方面内容,并提出了相应培育措施。同年,云浮市成立了云浮市培育和发展三级理事会工作领导小组,负责组织、协调、指导培育和发展该市三级理事会工作,市委书记和市长均为其组成人员。工作小组成立以后,云浮市乡贤理事会在政府主导下发展迅速,到2014年就基本实现了自然村全覆盖。目前,云浮市已经培育自然村乡贤理事会8243个,理事会成员73819人,其中51%的成员为常住人口,49%的成员为外出乡贤和经济能人。

2. 云浮市自然村乡贤理事会的运行机制

云浮市自然村乡贤理事会是由当地政府扶持和培育,以乡村精英为核心力量的社会组织。该组织以自然村为基本单位建立章程,利用宗族力量、乡村精英在"熟人社会"中的权威和号召力,对上承接任务、协同共治,对下示范带头、协调沟通,与政府是依附与合作的关系,与基层村民有着天然紧密的联系,它在各利益主体间形成缓冲,起到缓解冲突、促进沟通的作用。

职责任务和管理制度

云浮市自然村乡贤理事会以自然村为基本单位建立章程,理事会成员需保证有5个或5个以上,主要负责人需具备独立承担民事责任的能力,理事成员由自然村中具有独立民事责任能力,保证遵纪守法的农村经济文化能人、老干部、劳动模范、退复军人、外出乡贤等热衷于本村经济发展的拥有一定威望的村民推荐提名，经党支部审核公示后正式确认为理事会成员。

理事会对上承接任务、协同共治，对下示范带头、协调沟通，具体工作包括协助调解邻里纠纷、协助兴办公益事业、协助村民自治等。受到村（居）委和群众监督。其资金来源主要有自筹经费、社会捐赠、政府资助、政府"以奖代补"经费及产生的相关利息等。

运行方式

自然村乡贤理事会的运作模式是"组为基础，三级联动"。"组为基础"是指将村民自治单元下沉到村民小组，云浮市在村民小组一级建立村民理事会，将村民小组作为村民自治的基本组织单元。这一做法可以解决行政村自治单元半径过大、产权与自治权脱离、行政与自治功能冲突等问题，实现了村级治理的落地。"三级联动"是指组、村、乡（镇）三级联动机制，即将原来行政村一级的事务向下延伸、向上扩展，在组一级建立自然村乡贤理事会，利用宗族力量、乡村精英在"熟人社会"中的号召力和带头作用，使大量公共事务和公益事业在自然村内商议解决。自然村内解决不了的问题提到村解决。同时，为完善治理体系，加强监管，云浮市2011年在村委成立了三个小组，分别为监督组、经济拓展组、会议召集组，每个小组3个人，负责乡村事务的谋划、监督。乡（镇）级则负责需要在全乡（镇）范围解决的公共事务和公益事业。这种做法在一定程度上解决了乡镇行政管理与基层群众自治脱节的问题，实现了政府行政管理与基层群众自治的有效衔接和良性互动。

（1）充分利用了"熟人社会"中非正式领袖的个人影响。

自然村乡贤理事会的权威性有很大一部分源自其成员的威望。理事会成员主要由三种人构成。一是长者，如一些老党员、老干部等。年龄是传统中国村庄非正式领袖的重要依据，长者在"熟人社会"的农村，尤其是宗族文化氛围较浓的南方乡村，具有很高的"日常权威"。二是能人，如知识分子、经济能人等。在乡村，村庄精英一直拥有较高的社会地位和个人威望，由于他们个人能力较强、财富积累较多、互动交流更频繁，因此很容易得到村民的信服。三是口碑较好的人，如劳动模范、公益模范等。传统道德体系决定了道德信息更容易在"熟人"

中传播，农村中品行突出的人特别受到村民的尊重和信任，在开展工作中也容易得到理解和配合。自然村乡贤理事会充分利用这些非正式领袖的个人影响，填补解决一些政府看不到、办不好的问题，创建德治、法治、自治相结合的村庄治理新模式。

（2）形成了缓冲机制，将矛盾对立主体分割开来。

自然村乡贤理事会在处理各种乡村事务时充当各利益主体博弈的"中间人"，在不同的事务中充当不同角色，表达不同群体的意见。乡贤理事会与村"两委"、乡镇政府之间进行协商时，表达的是村民的意志；在与村民协商时，表达的是政府的意志；在处理内部纠纷时，充当调解人的角色。这就在村民与企业之间，村民与村"两委"、乡镇政府之间形成缓冲，缓解了各对立主体的分歧。

（3）兼顾了各方利益，实现多方平衡。

云浮市自然村乡贤理事会可以迅速推广的重要原因之一是这种模式兼顾了各方利益，能够实现多方共赢。第一，社会组织参与乡村治理在"单轨政治"和"双轨政治"中找到了一个平衡点。它不同于由国家权力来全面控制社会的"单轨政治"，也不同于"皇权不下县，县下行自治"情况下国家权力和社会自治相对分离的"双轨政治"。它是在不动摇国家治理体系的前提下，对乡村共同体的重建，是对国家构建有效治理体系的补充。第二，乡贤理事会的运作兼顾了多方利益。一是乡镇政府。乡贤理事会在政府与社会之间建立起了沟通的桥梁，利用理事会成员的威望组织、协调、督办政府"出让""遗漏"或"难办"的事务，在一定程度上弥补了乡镇政府在乡村资金、技术、农业服务以及基础建设等方面建设的不足。二是村民。在小农户、大政府的不对称对接下，村民的个人利益表达存在一定障碍，而乡贤理事会则可以在政府和村民之间建立一个民间可信任的利益表达机制，将农民的诉求集中、汇总反映给政府。同时，还可以通过理事会成员示范带头，激发村民的自治意识，这有利于发挥群众的主体作用，实现"共谋、共建、共管、共享"。三是村"两委"。乡贤理事会是在村"两委"有意扶持和培育下产生的，在乡村治理中的作用是辅助村"两委"，弥补其治理功能的不足，理事会为村"两委"处理乡村事务提供有效平台，破解了乡村治理危机，促进了乡村社会稳定。

3. 云浮市乡村治理制度创新的主要举措

分类指导，示范带动

云浮市按照实践、总结、推广"三部曲"，组织各有关部门深入农村开展调研，先摸情况，再出政策。对基础好的、一般的、较差的村，因地制宜，采取不同方式和途径，按照低投入、大效益的原则分类推进。同时，云浮市还积极培育各地不同类型、各有特色的理事会示范点。例如：云城区安塘街下白村乡贤理事会、河口街双上村乡贤理事会、罗定市双东街新开坝村乡贤理事会，水台镇石龙岗旧村乡贤理事会、富林镇大坪村乡贤理事会等。

规范完善，引导发展

一是云浮市出台了一系列相关政策，规范引导乡贤理事会的发展方向。例如，2012年10月云浮市印发了《关于培育和发展自然村乡贤理事会的指导意见》，明确了自然村乡贤理事会的性质、宗旨、主要职责、资金管理、组织机构和理事成员的产生方式等方面内容，还提出了相应培育措施。二是积极开展培训，着力提升理事履职素质和能力。云浮市以县（市、区）、镇（街）为单位，以各级党校作为培训主阵地，以党校教师授课、优秀理事会代表经验介绍授课组合，采取集中培训、交流培训、远程培训等形式，对自然村乡贤理事会的理事成员进行了轮训，市社工委还就"云浮市'以奖代补'项目介绍"等进行专题辅导。例如，2012年5月28日至6月8日，由云浮市委党校牵头、各县（市、区）委党校配合，以送课下乡形式在各县（市、区）举办了5期专题培训班，其间还邀请发展较好的自然村乡贤理事会代表介绍经验。三是多渠道宣传推广。采取各种形式在各级新闻媒体、政府网站及时推广自然村乡贤理事会建设的好经验、好做法、好典型。

以奖代补，一事一议

为了配合自然村乡贤理事会调动村民的积极性，云浮市政府对村庄的项目资金不是直接拨款，而是采用向乡贤理事会提供竞争性"以奖代补"项目和村级公益事业建设"一事一议"财政奖励补偿项目的方式进行。每年梳理一批公益性项目向社会公示,首先由理事会提出项目申报,申报成功后先自筹资金开展建设活动,建设完成后由政府有关部门检查验收,验收通过的项目下拨相应款项,拨款金额占建设项目的一定比例,比例并不固定。例如,云浮市农村垃圾处理采用"村收集、镇运输、县处理"的办法,广东省、云浮市和具体的县分别出60%、20%、20%的垃圾处理费用,折合30元/人,资金由县里统筹安排,对垃圾收储设备和储运点进行奖补,不足部分则由村民自筹解决。2015年,云浮市设立了农村基础设施、农村环境建设、农村公共服务、农村社会管理四大类共10小类竞争性"以奖代补"项目,以及村级公益事业建设"一事一议"财政奖补项目904个。2015年以来,云浮市自然村乡贤理事会协助自然村以座谈会形式研究申报"以奖代补""一事一议"奖补项目5794场次;协助入户发动村民申报"以奖代补""一事一议"奖补项目4.9万户次;协助村民小组申报"以奖代补""一事一议"奖补项目1513个。

正面激励,激发活力

一是探索建立履职激励机制。云浮市以县、镇为单位,对作出积极贡献的理事会给予适当奖励。例如,云安县试点建立自然村乡贤理事会理事长"年度评议、以奖代补"履职激励机制。由镇组织评议,县财政每年安排200万元作为"以奖代补"经费,并按照百分制计分,以得分计算奖金,奖金标准为10元/分,激发理事长的履职热情。二是探索建立荣誉激励机制。云浮市提倡在有条件的地方以编写村歌、撰写村史、设公德榜、公益事业捐建"命名制"、媒体报道等形式对有贡献的乡贤给予精神激励,命名了"柏林街""国生大桥"等,吸引了更多乡贤关注并参与到理事会工作中。三是探索建立评议监督机制。云浮市在各县(市、区)选取一批自然村乡贤理事会试点建立了"优秀理事长""优秀理事"等群众评议监督机制,每年12月组织群众开展评议。对评议分数不理想的理事,由理事会给予提醒。2015年,理事会接受群众综合评议达到了3127次。

4. 自然村乡贤理事会对治理村庄的作用效果

云浮市培育发展的乡贤理事会,探索出了一条利用农村社会组织参与乡村治理、协同共治的新路子，在解决村民自治延伸不足、改善农村生活环境、激发村民主人翁意识等方面取得了实质性的进展。

一是加快了经济发展。云浮市在"公司+合作社+农户"的基础上，借助自然村乡贤理事会的沟通、协调优势，创建了"公司+理事会+农户"经营机制，克服了企业与农民对接过程中融入难、效率低、成效差等诸多难题。乡贤理事会在实际工作中协助农业龙头企业解决了土地集约、标准化生产、生产环境整治等现实问题，截至目前，云浮市各地理事会已累计协助农业龙头企业解决生产环境整治问题2100余个。

二是推进了公益建设。自然村乡贤理事会协助村里发动和组织村民积极申报竞争性"以奖代补"项目和村级公益事业建设"一事一议"财政奖补项目。理事会成员也会带头捐款，为乡村公益建设筹集资金，成效明显，例如，云城区河口街双上村就是依靠乡贤理事会的不断协调、沟通才解决了拖了3年的村游泳池建设用地问题。2011年以来，理事会成员协同完成"以奖代补""一事一议"财政奖补项目5000余个，自然村覆盖率达到60%。

三是促进了社会和谐。自然村乡贤理事会在促进农村社会和谐过程中的作用主要体现在两个方面。一方面，乡贤理事会通过协助制定村规、编写村史、宣扬道德精神等方式弘扬农村传统文化道德观，强化了村民的荣誉感和自立自强精神。另一方面，理事会成员通过人情面子和自身的威望调节邻里矛盾、平衡村民利益，化解了大量纠纷。据统计，在乡贤理事会的协助下，2014年至2016年7月，云浮市共化解矛盾纠纷4000余宗。

四是解决了法制失灵的问题。法律虽然是行使国家权力的主要方式，但是在农村这样相对封闭的"熟人社会"，除了处罚一些重大犯罪之外，社会调整的主要方式是出台各种非正式制度，如果缺乏有效监管，常会导致小错不纠，造成一定程度上的法制失灵。乡贤理事会则协同自然村建立健全自然村村规民约，并监督执行，这在一定程度上弥补了法制监管的空白。

第三节
培育和发展农村社会组织

农村社会组织属非政府组织范畴，它的产生与发展是对中国乡村治理体系的一种补充，对农村经济社会发展产生了积极的作用。2015年中央1号文件也提出要"创新和完善乡村治理机制""激发农村社会组织活力"。可见，研究我国农村社会组织产生的背景和历程，分析其在中国乡村治理中发挥的作用及遇到的困难，具有积极的现实意义。

一、农村社会组织的兴起及作用效果

1. 农村社会组织的兴起

我国农村社会组织的发展经历了一个曲折的过程。在人民公社时期受到遏制，20世纪80年代才开始重新发展起来。农村社会组织的发展源于农村经济社会发展的需要。改革开放以后，家庭联产承包责任制和大包干极大地调动了农民生产的积极性和主动性，促进了农业经济迅速发展，农村社会在经济、文化、生活等方面都发生了巨大的变化。随着生产力的进一步发展，小农户和大市场的矛盾逐渐凸显。为解决农户小规模生产问题，农民之间自发成立了相应的合作组织，最早自发出现的是技术服务型的协会。20世纪90年代以后，随着改革开放的进一步深入，市场经济思想深入人心，农村社会组织的发展开始提速，一些重要的农村民间组织相继恢复或产生。到了21世纪，农村税费改革，尤其是农业税的取消对农村社会治理模式产生了巨大影响，村庄自治功能的弱化和乡村治理的行政化对农村社会组织产生了较大需求，农村社会组织的发展也随之进入了加速和深化阶段，数量逐渐增多，覆盖面也在逐步增大。

2. 农村社会组织的作用效果

农村社会组织有效地填补了政府治理的空白地带，对协调矛盾、化解纠纷、增加公共物品供给、降低社会治理成本等都起到了积极的作用。首先，农村社会组织参与乡村治理可以促进农村社会和谐稳定。例如：农村社会组织可以通过协助制定村规、编写村史、宣扬道德精神等方式弘扬农村传统文化道德观，强化村民的荣誉感和自立自强精神；组织成员还可以通过人情面子和自身的威望调节邻里矛盾、平衡村民利益，化解村民纠纷。其次，农村社会组织参与乡村治理可以加快村庄经济发展。方式之一是借助社会组织的沟通、协调优势，解决克服企业与农民对接过程中融入难、效率低、成效差等诸多难题，有效平衡各方利益，营造良好的发展环境。

二、农村社会组织的发展现状、问题及建议

1. 发展现状

随着改革开放的逐渐深入，我国农村社会组织的量与质两方面都实现较大的发展，但截至目前，全国农村具体有多少社会组织，并没有统一说法。有的学者认为在 2010 年之前，乡、村级的社会组织就已经超过 300 万个，但是根据《2015 年社会服务发展统计公报》，截至 2015 年底，全国共有社会组织 66.2 万个。尽管说法并不统一，但通过学者的研究，也可以对当前农村社会组织的发展现状有一个总体掌握。华中师范大学中国农村研究院依托"百村观察"项目平台，于 2015 年对全国 25 个省 303 个村庄 8054 位农民进行了实证调查。该研究院总结发布的《中国农村社会组织发展报告》显示，当前我国农村社会组织的发展主要呈现四方面特点。一是形式多样化，抽样结果显示，发展文娱组织、经济组织、民间社会组织的村庄分别达到了 45.82%、29.43% 和 20.40%。二是总体数量偏少，平均每村 2.09 个，每万人口 9.3 个，37.46% 的村庄没有成立现代社会组织。三是发展规模偏小，626 个社会组织总人数为 11180 人，组均 17.86 人。四是发展不均衡，各类组织覆盖率差别较大，文娱组织比民间社会组织高出 25.42%。总的来说，"杂而不活，小而不强"是当前中国农村社会组织发展情况的合理概括。

2. 面临的问题

农村社会组织在参与乡村治理的过程中取得了一定成功，在发展农村经济，建设农村公益事业，协调邻里矛盾纠纷以及促进农村基层文明建设等层面均发挥了不可替代的作用，有很多建设性的经验值得借鉴和推广，但在其发展中所面临的障碍和困难也不容忽视。制度供给困境和可持续发展问题是当前我国农村社会组织发展面临的两大难题。在制度供给方面表现为制度供给不足。国务院于1998年发布了《社会团体登记管理条例》，2016年又根据国务院令第666号《国务院关于修改部分行政法规的决定》进行了部分修订，这在很大程度上解决了农村社会组织发展的合法性问题。但是其性质定位依然含糊，这就造成管理措施混乱，财务与税收、评价与监督等体系难以参照明确标准运行。同时，社会组织的管理实行双重体制，社团的成立既要获得主管部门审批通过，又要得到民政部门登记管理机关的核准登记，而且，条例中也对社会组织的组成人员、办公场所、资金规模等作了限制和规定，需达到相应标准才能登记，这给农村社团组织的发展造成了一定障碍。在可发展方面表现为可持续性激励不足。以广东省云浮市自然村乡贤理事会为例。在云浮，除个别富裕村庄的自然村乡贤理事会理事有一定象征性工资外，绝大部分理事会成员均是无偿为村集体服务。政府对理事会的资金支持除了"以奖代补""一事一议"等固定模式以外，缺乏其他物质激励，一些经济能人和外出乡贤甚至是捐资捐物的主力军。理事们的工作动力多是源于家乡归属感和个人荣誉感，属于一种内部激励。但是仅靠感恩、兴趣、成就感这种内部激励难以实现可持续发展，外部激励也必不可少。因此，有必要充分研究如何利用立体的激励体系来保障这种奉献家乡的热情。

3. 发展建议

在农村经济体制和政治体制的深刻变革背景下，社会组织参与乡村治理对我国农村经济和农村民主的发展具有重要意义，这一点也得到了中央的认可。党的十八届三中全会提出"激发社会组织活力……推进社会组织明确权责、依法自治、发挥作用"，民政部的《城乡社区服务体系建设规划（2016—2020年）》也提出"到2020年，城市社区平均拥有不少于10个社区社会组织，农村社区平均拥有不少于

5个社区社会组织"的发展目标。所以应该把握机遇,从三个方面为农村社会组织的发展打好基础。一是建立可持续的激励制度。适当考虑建立对履职支出的补偿机制,比如设置差旅费、误工费、税收优惠(如果组织成员是企业主)等,利用外部刺激提升农村社会组织成员的积极性,有条件的地方也可以根据自己的实际情况实行除基础奖励之外的激励措施。二是建立直观有效、完整细致的绩效考核体系。考核原则方面,要秉承"公平、公正、公开"的原则。考评方法方面,可以运用目标考评法,也可以实行平衡积分卡的方法。考核指标应该明确、可量化、易实现。例如,可以将乡风村风、文明规范、公共服务、环境整洁、财务透明、村民满意结果等指标纳入考核体系,用定性和定量考核相结合的方法进行考评,以增强考评的科学性。三是优化发展环境。建立完善的制度体系,对农村社会组织进行明确的定位,并且对不同性质的社会组织进行分类管理。

第四节
农业农村法制建设

党的十一届三中全会开启了改革开放历史新时期。30年来,国家高度重视农业农村法制建设,农业农村立法不断完善,执法不断加强,农业农村法制建设取得了长足进步。

一、改革开放以来农业农村法制建设历程

改革开放以来,我国农业农村法制建设大体上可以分为三个阶段:

1. 重新认识和恢复重建阶段(1978—1984年)

1978年以前,我国农业法制建设曾一度处于停滞状态。1978年,党的十一届三中全会顺应形势作出了解放思想,把工作重点转移到社会主义现代化建设上来的重大决策,提出要加强法制建设,推动依法治国,把社会主义法制作为党的基本方

针。在这种背景下，于 1979 年第五届全国人民代表大会通过了《中华人民共和国全国人民代表大会和地方各级人民代表大会选举法》和《中华人民共和国地方各级人民代表大会和地方各级人民政府组织法》，将农村乡镇人民代表大会和乡镇人民政府的选举和组织活动纳入法律规范之内。这两部法律实施以后，多数省（自治区、直辖市）都尝试通过试点实行县级以下直接选举。通过 1980 年和 1981 年两年的具体实施，民政部和全国人大常委会法制委员会发现许多县级以下单位要求对直接选举问题作出统一规定，于是参照 1953 年以来有关直接选举的规定，共同拟定了《全国人民代表大会常务委员会关于县级以下人民代表大会代表直接选举的若干规定（草案）》，1983 年 3 月 5 日又通过了《全国人大常委会关于县级以下人民代表大会代表直接选举的若干规定》。同时，国家还相继出台了许多有关农业生产的条例。例如：从 1979 年开始，国务院先后发布或批准发布了《水产资源繁殖保护条例》《兽药管理暂行条例》《植物检疫条例》《渔船作业避让暂行条例》《家畜家禽防疫条例》等法规；各部委也先后发布了一些法律性质的规范性文件，如《渔政管理工作暂行条例》《全国农作物品种审定暂行条例》《公社畜牧兽医工作站管理试行条例》《新兽药管理暂行办法》等。从总体上看，这一时期的农业农村立法还处于摸索阶段，出台的法律数量不多，覆盖面较窄，执法水平也相对较低。但是通过初步探索和实践，我国农业农村法律体系已经初步建立起来了。

2. 规范发展和快速推进阶段（1985—1998 年）

1985 年开始，我国农村经济体制改革发展不断深入：农村流通体制进行了改革，农村产业结构发生了调整，农村经济也实现了向市场经济的全面转轨。在这样的背景下，党和国家越来越重视运用法律手段保护农村经济发展的正常运行。为适应农村改革与发展新形势的要求，农业农村法制建设日益规范，法制建设的推进速度也明显提升。一是农业法制建设更加规范，计划性增强。1985 年，在国家开始实施第一个五年普法规划的同时，农业部门也启动了第一个五年法制宣传教育计划。同年的 6 月 28 日，全国人大常委会还颁布了《中华人民共和国草原法》，这是改革开放以来全国人大常委会制定发布的第一部法律，标志着农业立法正式纳入国家立法的日程。1987 年第六届全国人民代表大会常务委员会第二十三次会议审议通过了《中华人民共和国村民委员会组织法》，并于1988年6月1日起实行，农村村民自治更加规范。二是农业法制建设推进速度较快。《中华人民共和国草原法》颁布之后，在短短的十几年时间里，全国人大常委会、国务院相继制定发布了20多部农业农村方面的法律法规，农业农村法制建设空前繁荣。这一期间通过的法律还包括1993年7月2日第八届全国人民代表大会常务委员会第二次会议通过的具有农业领域基本法性质的《中华人民共和国农业法》。三是执法领域不断拓宽。逐步建立起了涉及村民自治、农业种植、畜牧兽医、渔业、农机、乡镇企业、饲料等多个领域的农业农村行政执法体系。农业农村法律体系的快速发展为乡村治理和农村经济发展提供了基础保障。

3. 修改完善和全面深化阶段（1999年至今）

21世纪前后，我国农业农村经济发展进入新阶段：乡村治理从追求温饱稳定转变为追求平等幸福；农业生产从追求产量增长转变为在保障总量平衡的基础上，突出质量和效益。经济的发展和社会观念的转变对农业农村法制建设提出了新的要求。1999年1月，农业部印发了《关于进一步开展农业行政综合执法试点工作的意见》，农业执法体制改革全面启动。2001年，中国加入世界贸易组织以后，为履行世贸协定，对农业法律、法规及规章进行了一次综合调整，废止或修改了相关规章37件，对适应世界规则，构建开放的农业农村体制环境起到了一定作用。这一期间，为适应不断变化的全面发展需求，中国还先后一次修订，两次修改了《中华人民共和国农业法》。农业农村法律的不断完善和深入发展为统筹考虑农业、农村和农民问题，巩固和加强农业在国民经济中的基础地位奠定了法律基础。

二、农业农村法制建设变化特点

改革开放以来，我国农业农村法制建设围绕不同时期的国情特点，在转变政府职能的同时不断完善发展，表现出三方面特点。

1. 从强调职权和监管向服务与管理并重转变

早期的农业立法更加重视管理职权和管理手段，强调行政机关对违法群体的命令和管理，对农业主体的权益保护和服务重视度不够。随着社会关系的不断调整和民主法制化进程的持续推进，农业法制建设在完善管理职能的同时加大了对行为主体的权益保护和服务支持。以 2002 年对《中华人民共和国农业法》进行的修订为例，修订后的《中华人民共和国农业法》专设第九章对"农民权益保护"进行了明确规定，第六章也由"农业投入"改为"农业投入与支持保护"，处处体现了对人权的保护和对农村经济发展的服务和支持。同时，执法理念也发生了较大转变。执法目标逐渐转变成为"三农"发展服务，执法更强调文明、公正。执法手段实现多样化，强调处罚与教育相结合，强制与说服相结合，起到了威慑和教育并行的作用。

2. 从以保供给为主向保总量和保质量并重转变

改革开放之初，国内物资相对匮乏，保证粮食供给是农业生产的首要任务。因此，该时期出台的农业法律、法规和条例主要针对保供给，对产品质量和农业可持续发展的侧重较少。随着科技进步和社会发展，农业生产力水平明显提高，农产品供求关系发生根本转变，农业发展对质量安全和农村可持续发展越来越重视，与之相配套的相关法律、法规也陆续出台或修订及修改。例如，修订后的《中华人民共和国农业法》《中华人民共和国草原法》《中华人民共和国动物防疫法》等均明显体现出了可持续发展理念；2006 年，第十届人大常务委员会通过的《中华人民共和国农产品质量安全法》，为保证农产品质量安全作出了更明确的要求；农业部也把加强农产品质量监管作为农业农村法律建设工作的重点，制定了《农产品包装和标识管理办法》《农药登记资料要求》等多项标准。农业立法思想的转变在引导农业生产要素合理使用，促进农业健康发展，保障农民收入稳定等方面发挥了重要作用，为农业农村可持续发展提供了法律基础和保障。

3. 从框架性向正规化和详细化转变

由于我国法律体系建设的基础相对薄弱，改革开放以来，农业农村法制建设经历了由恢复重建到调整完善的过程。早期发布的法规以条例为主，如 1979 年发布的《水产资源繁殖保护条例》《兽药管理暂行条例》等。随着农村经济发展的进步和法制建设的深入，农业农村法制建设日益规范，出台的法律法规的内容也更具体细致。例如，2002 年第九届全国人民代表大会常务委员会第二十九次会议通过了

《中华人民共和国农村土地承包法》，2006年第十届全国人民代表大会常务委员会第二十四次会议通过了《中华人民共和国农民专业合作社法》等。还有许多法律、法规和规章都在实践过程中得到了不断的调整和填补。如今，农业农村法规体系建设越来越规范，越来越具体，含混说法越来越少，农业农村发展所涉及的绝大部分领域都已涉及，执法体系建设已经初步完善。

三、农业农村法制建设中的问题和未来发展趋势

改革开放以来，我国农业农村法制建设取得了显著成效，农业农村法律体系已经初步建成，农业生产、农村治理、农民生活等各方面都基本能够做到有法可依。但由于我国农村法制建设起步较晚，相对于城市法律建设还存在一定差距，一些方面还存在继续完善的空间。一是从立法角度来说，还存在一些含糊不清的地方。例如，《中华人民共和国农村土地承包法》规定，应该区别对待家庭承包取得的土地承包经营权与通过招标、拍卖、公开协商等方式取得的土地承包经营权，但是其中并未明确区分这两种权利的不同，相关条款含糊不清；《中华人民共和国农村土地承包法》第四条和《中华人民共和国农业法》第十条中都写有"农村土地承包关系的长期稳定"，但是这其中所说的"长期"到底是多久，尚无确切说法。二是从执法角度来说，一些基本原则未能完全坚持。一些基层干部的法律意识淡薄，在执法过程中追求结果，轻视过程，对农民利益考虑不足，还有一些领导干部以权谋私。因此，在执法过程中监察不到位、执法不严等现象时有发生。三是从农民自身来说，一些农民对法律认知不足，加上农村是个"熟人社会"，很多农民碍于面子，在办事过程中常把人情看得高过法律。例如，在农村土地流转过程中，有些农民对合同重视度不够，往往只是模糊地谈一下流转条件，导致土地流转的合同条款不全、流转程序不当和擅自改变土地用途等问题的出现，容易引发矛盾和纠纷。

随着我国改革开放的继续深化和农村居民法律素质的日益提高，中国农业农村法治化进程必将越来越快，现存的大多数问题也将得到解决。可以预见，我国农业农村法制体系必将越来越完善，具体可能体现在五个方面：一是农业农村法制建设会进一步完善和具体，法规中含糊不清的地方越来越少；二是立法内容将更加科

学,执法程序会更加公开透明;三是执法思想上将由政府主导理念转向多元主体共同参与理念;四是普法教育工作将更加广泛和深入,农村居民守法程度会进一步增强;五是质量安全和可持续发展问题仍将是法制建设工作中的重点内容。

经过多年不懈的努力,我国乡村治理实现了历史性跨越,适合中国国情的农村基层民主建设和实践全面有序展开。一是理清了关系,明确了村民自治的基本思路。改革开放以后,在基层政权和基层社会生活中逐步实现人民的直接民主,通过自治重心的下移,将自治逐步还权于民。随着村民自治的不断深入,我国农村基层民主建设得到健全,大大提高了农民的自主能力和民主意识,使农村基层组织焕发了生机与活力。二是理顺了思路,改善和提升了农村社会的治理能力,形成了因地制宜、层次多样、形式丰富、内容广泛、多样性与规范性相结合的村民自治体系。三是完善了法制,形成了相对健全的乡村治理法制体系。四是转变了管理方式,实现了基层政府从管理型向服务型的转变。五是丰富了治理手段,运用云计算、大数据等新技术、新手段,完善和提升了乡村治理的层次和效果。

乡村治理是国家治理的基础,也是国家治理的难点,复杂多样,受社会环境影响较大,随着时代的发展和社会的进步,我国乡村治理形式将得到进一步完善和提升。一是乡村治理的现代化手段会更加丰富。随着社会的发展和科技的进步,乡村治理的手段必将更加丰富,对新技术、新手段的利用效率提高,学会综合运用行政、市场、教育等多种治理手段,更多地引入社会组织参与乡村治理,实现多元共存、多元治理。二是农村法制建设将得到进一步加强。农村立法执法力度将不断增强,执法队伍将不断健全,政府依法行政的水平将不断提升,权利监管机制会更加透明。三是乡村治理的重心有下移倾向,村民自治、基层党建、政府服务的重心有望进一步下移到组或自然村,更便于管理。四是农村党建将不断夯实,党建规范化程度不断提高,党员干部能力素质全面提升,党员的经常性教育工作会更加频繁,党员和群众对党的认识会进一步加深。总之,我国的乡村治理将会向着目标多元化、手段规范化、管理人性化的方向继续迈进。

第十章
农业科技创新与技术推广

第一节
农业科研体系的改革与发展

一、农业科研体系的恢复与改革

1. 农业科研体系的恢复与建设阶段（1978—1984年）

中共十一届三中全会以来，拨乱反正，纠正了"左"的错误，农业科学研究事业充满生机，得到了恢复与发展。1978年2月6日，经国务院批准，恢复中国农业科学院和中国林业科学研究院，同时，国家水产总局也组建了中国水产科学研究院。各省、自治区、直辖市农业科学院和其他研究机构，也恢复了建制。1979年中共十一届四中全会通过的《中共中央关于加强农业发展若干问题的决定》中，明确指出要组织技术力量研究解决农业现代化中的科学技术问题，中央要办好中国农业科学院等几个重点高级农业科学研究院，各省、自治区、直辖市根据农业区划办好一批农业科研机构，逐步形成门类齐全、布局合理的农业科学技术研究体系。从此，中国农业科学研究事业进入了一个新的发展时期。

1982年，在"经济建设必须依靠科学技术，科学技术工作必须面向经济建设"的方针指引下，农林系统初步形成了中央和地方两级管理的农业科学研究体系。到1985年，全国农、林、牧、渔、农机化科研机构共1428个。按行业划分，其中农业 637 个，林业 259 个，牧业 115 个，水产 119 个，农垦 61 个，农机化 237 个。

2. 农业科技体制改革探索阶段（1985—1991 年）

1985 年，《中共中央关于科学技术体制改革的决定》的颁布，标志着我国农业科研体制改革从探索试点走向全面展开。《中共中央关于科学技术体制改革的决定》指出，科学技术体制改革的根本目的，是使科学技术人员的作用得到充分发挥，大大解放科学技术生产力，促进经济和社会的发展，改革的主要内容是改革拨款制度，实行经费的分类管理，开拓技术市场，促进成果商品化，研究机构与企业分离、与生产脱节的情况，扩大研究机构自主权，改革科技人员管理制度等。《中共中央关于科学技术体制改革的决定》还专门提出改革农业科学技术体制，使之有利于农村经济结构的调整，推动农村经济向专业化、商品化、现代化转变。在这一政策的总体框架下，农业部在 1985 年 4 月召开了农业科技体制改革座谈会。会后，组织了多个调查组分赴多个省、市、自治区进行调查研究，并在此基础上于 1986 年 9 月向全国农业系统印发《关于农业科技体制改革的若干意见（试行）》，使农业科研体制改革全面铺开。

此后，为了贯彻执行《中共中央关于科学技术体制改革的决定》的有关精神，国家先后出台了一系列政策法规及文件来规范和指导科研体制改革。如 1986 年 4 月，国务院发布了《国务院关于扩大科学技术研究机构自主权的暂行规定》，农业部也于同年 7 月召开了农业科技体制研讨会，讨论制定了《关于贯彻〈国务院关于扩大科学技术研究机构自主权的暂行规定〉的实施办法》，推动农业科研体制改革的深入发展；1987 年 1 月，国务院发布了《国务院关于进一步推进科技体制改革的若干规定》，提出了"放活科研机构，放活科技人员"的政策。同年 8 月，农业部再次召开农业科技体制改革研讨会，研讨和贯彻"双放"政策。1988 年 10 月，国务院发布了《国务院关于深化科技体制改革若干问题的决定》，提出"鼓励科研机构推行承包经营责任制，鼓励科研机构发展科研生产经营实体，发展多种形式的科技推广、经营服务实体"，同年，农业部召开了第三次农业科技体制改革研讨会，讨论制定了《关于进一步推动农业科技体制改革的若干规定》。

概括来看，这一时期的农业科研体制改革，是以加强科技与经济紧密结合为目标，以加速成果转化为核心，以改革拨款制度为切入点，改革的内容主要有两个方面：第一，组织结构上，进一步鼓励科研机构以多种形式面向经济，特别是提出了技术开发型科研机构进入经济建设主战场的模式，进一步鼓励农业科研院所和高等院校的合作与联合，通过建立农业现代化综合实验基地等切实可行的形式，打破部门、单位的界线，将农业科研单位、教学机构和生产单位联合起来。第二，管理体制上，在加强宏观管理的同时，进一步扩大研究院所自主权，实行院长、所长负责制，推行农业科研单位承包经营责任制，改革人事制度、分配制度，放活科技人员，促进人才合理流动。

3. 农业科技体制改革逐步深入阶段（1992—1997年）

为了推动科技体制改革向纵深发展，国家科委、国家体改委于1992年8月联合颁发了《关于分流人才、调整结构、进一步深化科技体制改革的若干意见》，明确提出了"稳住一头，放开一片"的工作方针，标志着科技体制改革进入了一个新时期。该意见指出，今后深化科技体制改革的重点是调整科技系统结构，分流人才，进一步转变运行机制，要真正从体制上解决科研机构重复设置、力量分散、科技与经济脱节问题。在该意见的指导下，农业部、财政部、国家科委于同年10月发布了《农业部 财政部 国家科委关于加强农业科研单位科技成果转化工作的意见》，农业部还发布《农业部关于进一步加强科教兴农工作的决定》，提出农业科研机构贯彻"稳住一头，放开一片"的方针，要求主要科研力量面向经济建设主战场，以各种形式加速推动科技成果转化为直接生产力，同时，组织精干的科技力量，从事农业基础性研究、高技术研究和重大科技攻关研究，努力提高农业科技水平。

1995年5月，中共中央、国务院发布《中共中央 国务院关于加速科学技术进步的决定》，首次在中国提出实施"科教兴国"的战略，指出"我国科技工作的基本方针是：坚持科学技术是第一生产力的思想，经济建设必须依靠科学技术，科学技术必须面向经济建设，努力攀登科学技术高峰"，9月，农业部发布《农业部关于加速农业科技进步的决定》，把中共中央、国务院发布的《中共中央 国务院关于加速科学技术进步的决定》中的政策在农业科研领域具体化。1996年1月，中央召开农村工作会议,研究提出"九五"农业和农村工作需要解决的若干重大问题,要求实施"科教兴农"战略,之后,农业科研机构紧密结合实际,推出一系列深化科研体制改革的措施。在全国范围内,建立了一批以国家、部门重点实验室,国家工程技术中心,国家农作物改良中心等为支撑的中央和地方两级农业科研重点骨干体系。主要从事农业基础性研究、高科技和重大科技攻关研究工作,着重解决农业发展中全局性、基础性、关键性和方向性的重大科技问题。同时,各省根据农业发展需要,在省、地两级农业科研机构中,确定择优支持的重点,开展围绕所在省农业发展中的重大科技攻关研究。组织引导广大农业科研人员进入经济建设主战场,深入农业生产第一线开展技术开发和技术服务,有条件的农业科研单位要以市场需求为导向,兴办各种科技企业和企业集团,开发、推广科技成果和技术产品。

4. 科研机构市场化改革萌芽时期(1998—2004 年)

1999 年中央决定启动新一轮科技体制改革,要求科研机构按照进入企业、进入大学、转制为企业、转制为中介机构、转制为非营利性科研机构等模式进行体制改革。1999 年 8 月,中共中央、国务院召开全国技术创新大会,并发布了《中共中央 国务院关于加强技术创新、发展高科技、实现产业化的决定》,对深化科技体制改革,加速高新技术产业化作了全面部署,核心是发展高科技,实现产业化,推动应用性科研机构向企业化转制。要求从体制改革入手,激活现有科技资源,加强面向市场的研究开发,大力推广、应用高新技术和适用技术,使科技成果迅速而有效地转化为富有市场竞争力的商品,通过深化改革,从根本上形成有利于科技成果转化的体制和机制。同年,国家经贸委管理的原 10 个国家局 242 个科研机构转制为企业,2000 年建设部等 11 个部门所属 134 个科研机构转制为企业,2000 年 5 月国务院办公厅转发了科技部等十二个部门《关于深化科研机构管理体制改革的实施意见》,该文件的核心是:一是分类改革,二是要求占总数一半以上的科研机构要向企业化转制。2001 年 11 月,科技部将宁夏回族自治区农业科学院、广东省农业科学院和沈阳市农业科学院 3 家单位列为社会公益类科研机构改革试点。2002 年 10 月,公益类科研机构分类改革启动,国土资源部、水利部、国家林业局、中国气象局等四个部门所属各科研机构启动改革。根据科学技术部、财政部、中编办发布的《科学技术部 财政部 中编办关于农业部等九个部门所属科研机构改革方案的批复》精神，农业部召开了部属科研机构体制改革工作会议，2003年印发了《农业部关于直属科研机构管理体制改革的实施意见》，在中国农业科学院、中国水产科学研究院、中国热带农业科学研究院（"三院"）所属的66个研究所中，全面启动了科技体制的分类改革工作。根据批复，农业部按照非营利性科研机构管理的研究所有29个，转制为科技型企业的研究所有22个，转企的研究所占部属研究所的33%，转为农业事业单位的有11个，进入大学的有4个。"三院"核定非营利性科研机构编制4427人，占"三院"在职职工总数的29.7%，占"三院"总编制数的21.4%。

5. 农业科研体制改革创新发展阶段（2005—2012年）

2005年《中共中央 国务院关于进一步加强农村工作提高农业综合生产能力若干政策的意见》（2005年中央1号文件）明确提出，要深化农业科研体制改革，抓紧建立国家农业科技创新体系，建设国家农业科技创新基地和区域性农业科研中心。《国家中长期科学和技术发展规划纲要（2006—2020年）》指出，深化科技体制改革以服务国家目标和调动广大科技人员的积极性和创造性为出发点，以促进全社会科技资源高效配置和综合集成为重点，以建立企业为主体，以产学研结合的技术创新体系为突破口，全面推进中国特色国家创新体系建设，大幅度提高国家自主创新能力。一系列规章制度的出台，标志着我国农业科研体制改革真正进入建立创新体系阶段。2007年农业部、科技部等七部委和中编办联合下发了《关于印发〈国家农业科技创新体系建设方案〉的通知》，提出了构建由国家基地、区域性农业科研中心、试验站和企业技术研发中心等组成的国家农业科技创新体系的方案，并逐渐建立了50个创新产业。2011年3月，中共中央、国务院印发《中共中央 国务院关于分类推进事业单位改革的指导意见》，指明了农业科研院所改革的基本方向和工作要求。

6. 农业科技创新体系综合改革阶段（2012年至今）

党的十八大之后，科技体制改革、事业单位分类改革和农业"转方式、调结构"等一系列改革举措,对农业和农业科技产生了重大影响,特别是 2014 年下发的《国务院关于改进加强中央财政科研项目和资金管理的若干意见》和《国务院印发关于深化中央财政科技计划(专项、基金等)管理改革方案的通知》,对中央财政科技计划管理改革进行了系统部署;2015 年下发的《中共中央 国务院关于深化体制机制改革加快实施创新驱动发展战略的若干意见》,对深化体制机制改革、加快实施创新驱动发展战略进行了全面部署。2015 年发布的《农业部关于深化农业科技体制机制改革加快实施创新驱动发展战略的意见》指出,要深化农业科研机构改革。按照事业单位分类改革总体要求,优化农业科研机构改革方案,明确各类农业科研机构的性质。加快建立"职责明确、评价科学、开放有序、管理规范"的现代农业科研院所制度,扩大院所自主权,努力营造科研人员潜心研究的政策环境。建立与科技评价相配套的薪酬体系,实施农业科研杰出人才培养计划,培养造就农业科技领军人才,积极引进现代农业发展急需紧缺的海外高层次人才,加强农业高层次科研人才和青年骨干人才培养。新阶段的改革,为农业科研体系创新营造了良好的发展环境。2016 年农业部印发了《农业科技创新能力条件建设规划(2016—2020 年)》,该规划对我国未来 5 年的农业科技创新能力条件建设作出了系统谋划,其中实验室不仅包括"十二五"规划未建的"学术群"及农业部重点实验室、农业科学观测站,也包含"十三五"规划新增的农业部重点实验室,包括承担多学科、多领域科研任务的综合性农业科学试验基地和服务于特定研究领域的专业性农业科研试验基地。

二、农业科研创新的成效

改革开放以来,伴随着中国经济体制改革的市场化进程,农业研究、推广、应用之间逐步通过市场建立新的利益联结机制,农业科研院所开始了市场化的改革,取得了一定的改革成效。

1. *政府公共农业科研体系建立*

1999 年,农业部制定了《关于深化农业科技体制改革的若干意见》,提出在加强农业基础性研究,建设农业科技服务体系和发展农业科技产业三个层次部署改革。2007年农业部、科技部制定了《国家农业科技创新体系建设方案》，提出科技创新体系构建的部署，2011年发布的《国务院关于加快推进现代农作物种业发展的意见》指出，科研单位要逐步退出商业化育种，把种子企业建成科技创新的主体。在2015年事业单位改革的大背景下，农业部提出了《深化农业科研机构改革的指导意见》。同时，科技部等有关部门先后制定出台了相应的改革配套文件，涉及经费投入、人事管理、社会保障、资产处置、产权改革以及股权激励等诸多方面，有力地支持了院所的改革与发展。通过多次改革，强化了农业前沿和关键领域的学科建设，整合了这些领域的研究力量，在一定程度上优化了学科设置与分布，建立了农业科研的公共服务支持体系。

2. 农业科研体制改革效果良好

2000年，农业部制定了所属科研机构改革初步方案，并启动了中国农科院、中国水科院、中国热带农科院部分研究所的科研体制改革试点工作。中国农科院的柑桔所、蚕桑所和农业遗产研究室分别并入西南农业大学、华东船舶工程学院和南京农业大学。2001年，中国农科院的饲料所、茶叶所等6个研究所进行了转制试点。2002年开始，中国农业科学院、中国水产科学研究院和中国热带农业科学研究院启动了全面改革计划。到2006年，农业部直属69个研究所和单位的改革工作稳步推进，取得了实质性进展。各地也参照部属科研院所的改革要求，结合实际情况，启动了地方农业科研院所的改革工作，研发能力和为农服务的能力都得到了提升。截止到2013年底，全国1000多个农业科研院所共有科技研发人员6.4万人，占全国农业科技研发人员总数的60%。

总体来看：非营利性科研机构学科调整、岗位设置和内部改革基本到位，学科结构和布局明显优化，非科研人员大幅度减少，科研投入明显增加，科研水平不断提高；与工作绩效挂钩的收入分配、职称评审等内部改革不断深化，全面推行了全员聘用制，实行按需设岗，按岗聘用，固定岗位和流动岗位相结合，收入分配向骨干岗位倾斜；机制转变和投入增加，有力地促进了公益类科研机构创新能力的提高。转为科技型企业的研究机构积极培育主导产品和支柱产业，并已全面开展清产核资工作，管理体制和运行机制发生了根本转变，进一步确立了技术开发的市场导向。科研开发从过去依靠政府给项目转变为主动向市场找项目,科技评价从过去单纯重成果水平向成果水平与市场效益并重转变。科研经费不断增加,技术创新能力持续增强。有力地加速了科技成果转化与产业化,也加快了以市场为导向,以企业为主体,产学研结合的技术创新体系建设的进程。

3. 政府投入保障农业科技进步

农业科研机构资金来源主要有四个渠道:一是政府资金,包括中央和各省、市拨款与项目资金;二是自身创收,主要是接受企事业单位委托的技术性收入和经营性收入等;三是国外资金;四是其他资金,包括校友捐赠、公益性组织捐赠、银行贷款等。

政府资金是农业科研单位科研经费的主要来源渠道,政府资金比例呈上升趋势。《2012年全国农业科技统计资料汇编》显示,2011年全国农业科研院所科研活动收入为1638903万元,其中:政府资金1413042万元,占86.22%;技术性收入151272万元,占9.23%;国外资金3248万元,占0.20%;其他资金71341万元,占4.35%。《2012年高等学校科技统计资料汇编》显示,2011年全国农林院校科研活动收入为613283万元,其中:政府资金492468万元,占80.30%;企事业单位委托经费89549万元,占14.60%;各种收入25871万元,占4.22%;其他资金5396万元,占0.88%。1993年,全国农业科研机构(含科研院所和高校)科研收入中政府资金比例为73.96%,到2011年达到84.83%,增长了约11个百分点。同时,政府资金投资比例变化表现出一定的阶段性特征,1994—1997年为下降阶段,总体下降了约7个百分点,1997年达到历年最低(72.04%);1998—2002年为增长阶段,2002年达到了81.57%;2003—2006年政府资金比例虽然比2001年有所下降,但各年比较稳定(78%左右);2007—2011年,政府资金比例总体提升至历年最高水平,同时各年份差异较少,均在84%左右。据农业部统计,"十二五"期间,通过种子工程、动物防疫、渔政、农业科技创新等渠道,累计投入中央预算内投资34.3亿元,较"十一五"期间增长29.9%。

4. 优秀科研成果助力农业生产力提高

不断调整科研方向、任务,使科研与经济建设更加紧密结合。改变了过去着眼于小农业、单项技术、产中技术、常规技术和微观方面的研究模式,转变为大农业、单项技术与综合配套技术相结合,产前、产中、产后研究相结合,常规技术与高新技术相结合,微观研究和宏观研究相结合等,适应市场经济发展的需要。通过不断推进农业科研体制的改革和发展,使我国农业科研创新能力、服务"三农"的能力和自我发展能力得到进一步提高,取得了许多重要科研成果,2013年全国农业科研系统育成的主要农作物品种数占国审品种总数的80%以上,占省审品种总数的70%以上。经过长期的发展,农业科研院所在动植物新品种培育、农产品加工、重大病虫害防控、科学种养技术研究推广等方面取得了巨大成就。尤其是在禽流感疫苗、超级稻、抗虫三系杂交棉、矮败小麦、双低油菜、大菱鲆等方面,取得了新的突破与进展,为保障粮食安全、促进农民增收、防治重大疫病等提供了强有力的科技支撑,有效地推动了我国农业和农村经济的全面、协调、可持续发展。同时,以转基因抗虫棉、矮败小麦、超级稻、双低油菜、动物疫苗、大菱鲆养殖技术研究、深水抗风浪网箱、高海况打捞设备以及橡胶割胶技术等为代表的一批重大的科技获得突破,并在生产中逐步应用,获得较大的经济效益、社会效益和生态效益。

三、稳步推进农业科研体系的改革

1. 农业科研体系面临的问题

第一,农业科研体制建设的行政化模式。目前,我国农业科研体制的组织框架仍然沿袭计划经济体制下封闭的行政条块分割体制,按照政府从中央到省、(地区)市、县等农业行政级别层层设立科研机构。各级科研机构自成体系,形成"大而全、小而全"的块状结构,分别隶属于不同级别的行政部门;同一级别、不同学科的科研部门(如农业、畜牧、林业、农机等)也隶属于不同的厅局,科研机构之间既缺乏分工协作机制,又缺少合理的纵深布局。导致在科研机构的设置上缺乏独立性,行政依附和行政割据较为严重,在部分机构重复设置的同时,许多研究机构建设严重不足。科研资源相对过剩与科研资源严重短缺并存。科研管理运行的行政色彩严重,突出表现在科研单位的主要领导官本位化,政府政策推动仍是目前我国农业科研最主要的推动模式，无论从事何种类型的研究，科研机构都无法形成一个独立的产业来发挥作用，其运转在较大程度上依靠行政计划，取决于科研项目的多头下达，政府引导、市场推进的农业科研运行模式还没有真正建立起来。

第二，农业科技创新主体建设滞后。受宏观经济体制、法制建设、资本要素市场发育进程的限制，农业科研创新机构仍基本由传统计划经济体制下的政府科研机构组成。农业科技创新机构民营企业参与度不高，国内优秀的涉农科技上市公司数量十分有限，农业科技园区建设许多是流于形式，没有从制度保障上调动起企业、民间组织等社会力量参与农业科技创新主体建设的积极性、创造性，多元化的农业科技创新体系远远没有建立起来。公共农业科研机构的学科设置大多仍停留在短缺经济下以增加农产品产量为主的框架下，研究领域狭窄，主要集中在种植业生产环节上的常规、单一技术，无法满足以生物技术为代表、以增强农产品市场竞争力为核心的现代农业一体化的发展要求，农业科技的创新能力、储备能力和转化能力均明显落后于国际农业科技发展的潮流。

第三，农业科技人力资源结构落后、总体水平不高。一方面，我国的农业科技人员数量占农业人口总量的比例，科研队伍中直接从事科研工作的人员比例，以及从事科研工作人员的基本学历构成，明显低于国际平均水平；而另一方面，我国农业科技人员占农业 GDP 的比例，即农业科研人员的投入强度，又远远落后于世界领先水平。这反映出农业科技队伍的产出水平偏低，整体实力较弱。而缺乏有效的建立在市场机制上的人事管理制度和激励机制，既阻碍了农业科研机构吸引高精尖人才，又影响了科研人员的工作激情。

第四，支撑农业科技创新体系正常运转的政府农业科技投资机制没有制度化。按照国际通用的投资强度指标（政府对农业科研投资占农业国内生产总值的比例）来比较我国政府对农业科研的投入水平结果表明，农业科研体制改革以来，政府的农业科研投资强度呈下降趋势，20世纪90年代中期以来更呈大幅度下降态势，1996年，我国农业科研投资强度仅为0.37%，是30个最低收入国家的国家财政对农业科研投资强度的简单平均数的一半。

总之，当前影响公共农业科研体系发展的主要因素，从根本上讲是源自农业科研机构体制行政化的制度安排和运作机制以及国家对于农业科技体制政策目标定位所存在的偏差。

2. 农业科研体系改革的思路

第一,要正确理解市场化改革的含义,明确农业科研院所的公益性定位。不能简单地认为市场化就是要把事业单位改成企业。市场化改革的本意是要建立一套适应社会主义市场经济体制要求的农业科研体制。农业科研成果大多具有研发周期长、保密性较差、风险较大、需求主体购买力较弱等问题,粮食等大田作物尤其是如此。在这种情况下,应该坚持以农业科研院所的公益性定位为主,将科研成果交给国家成立的机构进行整合和转化。与此同时,加强对公益性科研院所的管理,建立一套完善的内部激励机制和治理机制。要进一步明确农业部属、省属、地市属三级农业科研院所为公益类科研事业单位。鼓励地市级农业科研机构与同级农业推广部门合并开展工作,促进农业科研与推广的有效结合。对拟转企和其他定位不当的农业科研机构,通过深化改革推动事企分开,整合公益性研究力量和资源,逐步提高创新能力,使相应的公益性研究得到恢复与发展。由中央、省、地三级财政各自负责,足额保障农业科研事业费,对在职职工和离退休人员社会养老保险体系及公共医疗保障体系的建立和完善提供经费保障。加大"中央级农业科研院所基本业务费专项"的支持力度。中央财政新设立"地方农业科研院所基本业务费专项"和"地方农业科研院所修缮购置专项"经费,扶持省级和地市级农业科研院所的建设与发展。

第二,建立政府主导的科研成果收购转化机制。改革农业科研项目申报和成果评价机制,将应用前景作为安排科研项目的重要依据,将成果转化和推广效果作为项目鉴定评奖的主要指标。在明确知识产权归属和利益分配机制的基础上,对政府支持取得的科研成果建立信息共享制度和分类转化推广制度,全局性和战略性成果采取委托研制或后补助收购等方式由公益性农技推广部门熟化集成推广,其他成果一律进入知识产权市场进行交易。加强中央和地方协作,积极推进部门联合,围绕农业发展长远和阶段性重大科技问题,抓紧清理筛选一批已有科技成果进行集成组装配套,加快科技转化步伐。建立多元化的农业科技转化机制,引导和培育一批市场竞争力强的农业科技型企业和产业集群，培育农业科技成果转化中介机构，建立健全农业科技成果技术市场。

第三，改革完善农业科技评价制度。探索建立不同类别的农业科技活动评价体系：面向市场的应用和开发研究，以获得自主知识产权及其对产业的贡献为评价重点；基础研究和前沿技术探索，注重科学意义和学术价值；公益性科研活动，以满足公众需求和产生社会效益为主。根据三级农业科研院所的功能定位，探索建立不同类别的科研机构科技创新评价体系。遵循农业科研周期长的特点，减少农业科技评价，避免对科技项目和科技人员进行过于频繁的评价考核，防止急功近利的检查验收，减少评奖，为科技人员减负，让他们把更多精力用在科学研究工作上。探索建立第三方评价制度，充分发挥同行专家在评价中的主体作用，遵循学术自身规律，淡化行政领导对领军人才的评价。

第四，改进完善人事制度和内部治理结构。设立农业科技创新人才基金，中央和地方财政同步进行，重点针对农业科研院所，加大农业科研人才引进和培养的力度，加强农业科研创新团队的建设。鉴于农业科技部门在同等条件下要比其他科技部门更难以吸引高层次的科技人才，农业科技创新人才计划的人均投入水平要适当高于其他领域。健全农业科研院所用人制度，创新培养、引进、评价、使用和激励机制，健全岗位聘任制和职工培训制度，完善绩效考核体系，强化岗位聘用和合同管理，研究探索与农业科研实际相适应、与现行工资总额计划管理相对接的绩效工资总量核定办法和分配制度，发挥好工资分配的激励导向作用。按照"职责明确、评价科学、开放有序、管理规范"的原则，健全农业科研院所法人治理结构，减少政府对农业科研院所的微观管理和直接管理，落实农业科研事业单位法人在人员聘用、职称评审、分配激励、学术研究等方面的自主权，逐步探索科研院所董事会或理事会决策制。①

---

① 张华伟、张强：《农业科研院所市场化改革的对策建议》，《中国行政管理》，2014年7月，第128页。

第二节
农业技术推广体系建设

农业科技进步依赖农业科技创新主体的试验发明，技术成果的传播扩散，农户等微观主体根据自身利益需求对科技成果进行选择、采用。由于技术发明主体与技术应用主体在时间与空间上分离，为了推动科学技术迅速转化为生产力，通常需要有一个中介组织来连接技术发明主体与技术应用主体，这一中介组织就是农业技术推广部门。各级农业技术推广部门的有机结合，形成了农业技术推广体系。中华人民共和国成立后不久，就开始建立并逐步完善国家农业技术推广系统。经过多年的发展，我国已经形成了一个规模庞大的农业技术推广体系。

一、农业技术推广体系的恢复与改革历程

1. 体系恢复与发展阶段（20世纪70年代末到80年代初）

自1978年起，部分地区开始试行家庭联产承包责任制，并逐步影响全国。随着人民公社、生产大队退出历史舞台，依托于人民公社和集体经济的"四级农业科学试验网"相应解体，小规模的家庭生产农户再次成为农业技术的主要需求者，农业技术推广的服务对象发生了根本性转变。为了适应家庭联产承包责任制带来的变化，农业部于1979年在全国试办了29个县级农业技术推广中心，并且把原来种植业方面的各种专业技术推广站进行合并，将试验、培训、推广相结合，发挥整体优势，力图强化基层推广工作。1982年农业部成立了全国农业技术推广总站，并在全国范围内建立县级农业技术推广中心，全面启动了重建基层农技推广体系的工作，逐步形成了"以县农业技术推广中心为龙头、以乡镇农技站为纽带、以村级科技服务小组为基础的推广网络"。从此，行政主导模式的农业推广体系逐步恢复，并进入全面发展阶段。县级农业技术推广中心的建立在我国农业技术推广体系发展

过程中具有里程碑意义。它改变了推广机构多头管理、相互脱节、机构重复、资源配置效率低的局面，加强了教育与科研机构的沟通与合作，形成了综合的服务功能，提高了服务的效率。

2. 完善农业技术推广体系阶段（20世纪90年代初到90年代末）

为了解决一些地方政府对农技部门进行"断奶""断粮"对农技推广工作的影响，以及20世纪90年代初的粮食生产停滞不前等所带来的问题，国务院于1991年10月发布了《国务院关于加强农业社会化服务体系建设的通知》，强调把乡级技术推广机构定为国家在基层的事业单位，其编制员额和所需经费由各省、自治区、直辖市根据需要和财力自行解决，以巩固和加强农业社会化服务体系，稳定农技推广队伍。1992年人事部、农业部发文，明确乡（镇）要建立农技、畜牧兽医、农机、水产、经管五站，开展"定职能、定机构、定编制"的"三定"工作；对乡镇农技推广机构新充实的人员要切实保证以专业技术人员为主，不得随意安排非专业技术人员；聘用人员必须经过考试、考核合格方能聘用；乡镇农业技术推广机构的管理应坚持条块结合、双重领导的体制，并分清县、乡镇两级政府的管理职责，发挥两方面的积极性。这意味着下放的"三权"又部分回收到县级农业主管部门。

1993年7月，全国人民代表大会通过了《中华人民共和国农业技术推广法》，对推广工作的原则、推广体系的职责、推广工作的规范和国家对推广工作的保障机制等重大问题做出了原则性规定，使我国农业技术推广事业走上依法管理的轨道。该法明确规定：县乡国家农技推广部门属政府事业单位，各级人民政府在财政预算内应当保障用于农业技术推广的资金，并使资金逐年增长；各级人民政府应当采取措施，保障和改善从事农业技术推广工作的专业科技人员的工作条件和生活条件，提高他们的待遇。该法还规定：国家农业技术推广机构向农业劳动者推广农业技术实行无偿服务，但同时又规定"农业技术推广机构、农业科研单位、有关学校以及科技人员，以技术转让、技术服务和技术承包等形式提供农业技术的，可以实行有偿服务，其合法收入受法律保护"。"二权上收""二定"和《中华人民共和国农业技术推广法》的实施，对于稳定农业技术推广体系起到了至关重要的作用。到1998年，县、乡两级实有农技人员达到99.8万人（其中县级35.8万人，乡级

64.0万人），达到我国历史上农技推广机构队伍数量的最高峰。

3. 推进农业技术体系改革阶段（2000—2010年）

为了解决乡镇农技部门"二权下放"所带来的一系列问题，2003年农业部、中编办等五部委组织在全国12个省份的12个县开展农技推广体系改革试点。该项工作的主要内容包括创新农技推广体制与机制，明确国家农技推广机构的公益职能，科学设置国家的农技推广机构，优化农技推广队伍，保证必需的财政供给，多种形式兴办经营性农技服务实体，推动多元化农技服务组织的发展。此次改革试点工作的相关文件明确指出，国家的农技推广机构要"有所为，有所不为"，确保公益性职能的履行，逐步退出经营性服务领域；重新核定人员编制，改革后乡镇一级国家农技推广机构人员编制数应比乡镇农技推广机构原人员编制数减少20%～30%，专业农技人员占总编制数的比例不低于80%，并注意保持各专业之间的合理比例。

4. "一主多元"的推广体系确立阶段（2011年至今）

新《中华人民共和国农业技术推广法》明确规定：农业技术推广，实行国家农业技术推广机构与农业科研单位、有关学校、农民专业合作社、涉农企业、群众性科技组织、农民技术人员等相结合的推广体系。国家鼓励和支持供销合作社、其他企业事业单位、社会团体以及社会各界的科技人员，开展农业技术推广服务。这些推广主体不是孤立地发挥着农业技术推广作用，而是在一定程度上形成了"一主多联"的合作推广机制。"一主"指以农业技术推广机构为主；"多联"指农业技术推广机构、农业科研院所、农业高等院校、农业企业、农民合作组织之间开展的多种形式的联合推广。农业技术推广投资主体由一元向多元发展。在一元化农业技术推广体系下，政府农业技术推广组织是唯一的推广主体，其经费全部来源于财政拨款，政府是唯一的投资主体。在多元化农业技术推广体系下，政府推广组织和非政府农业技术推广组织共同从事农业技术推广工作。政府农业技术推广组织的经费主要来源于财政拨款，少量来源于创收收入；私人企业的推广经费由私人企业提供；农业专业技术协会的推广经费由会员集资，或者来源于协会的资金积累；农业科研教育推广组织的经费主要来源于政府项目经费和自我创收。2015年3月，农业部召开了全国农业农村人才工作会议,农业部强调,要下功夫打造"四支队伍",其中就包括要打造一支技术精湛的农业技能人才队伍。2015 年,农业部印发了《农业部关于统筹开展新型职业农民和农村实用人才认定工作的通知》,引导专业技能型和专业服务型职业农民参加职业技能鉴定,获得国家职业资格证书。各地种植业职业技能鉴定站要认真学习有关精神和要求,及时转变工作思路,创新工作方法,积极开展好种植业职业技能鉴定工作,为农业现代化提供强有力的人力保障和智力支撑。

二、农业技术推广的主要成就

1. 建立健全了国家农业技术推广体系

我国农业技术推广体系主要包括种植业、畜牧、水产、农机 4 个行业,其中种植业技术推广体系由"5 级(国家、省、地、县、乡)、1 员(农民技术员)、1 户(农民科技示范户)"构成。从国家角度来看,全国农业技术推广服务中心按栽培、种子、土肥、植保、园艺(经作)等农学专业综合设置,省、地、县级农技推广部门主要是按农学专业分别设置(推广站、土肥站、植保站等),乡级主要是按农业行业综合设置(农业综合服务中心)。经过几年的改革与建设,全国基层农技推广体系更加健全。据统计,截至 2015 年,全国种植业农技推广体系共有省、地、县、乡 4 级机构 41757 个。其中,乡镇农技推广机构(区域站)30226 个,占 72.4%。编制内农技人员有 251644 人,其中,乡镇农技人员约 131687 人,占 52.3%。全国以县管为主的乡镇农技推广机构比例逐年提升。据统计,截至 2015 年,全国 55.4% 的种植业乡镇农技推广机构已实行"三权在县"或"县乡双重管理、以县为主"的管理模式,比 2007 年提高了近 1 倍。在全国种植业农业技术推广体系编制内农技人员中,具有大专以上学历的比例为 68.9%,拥有各类专业技术职称的占 80.6%。基层农技推广人员的学历、技术职称及素质得到了全面的提升。[①]

---

① 陈生斗:《我国农技推广体系建设工作"十二五"回顾与"十三五"展望》,《中国农技推广》,2016 年第 7 期,第 6—10 页。

2. 重大科技推广成效显著

（1）高产优质品种推广。

近10年来，通过国家级试验、示范并最终推广的农作物品种数量繁多，优良作物品种的使用覆盖率高于90%，农作物新品种的年更换率达到15%以上。作物良种的展示工作同样获得了较好的效果。

（2）高产高效作物栽培技术推广。

高产高效作物的栽培技术推广可以从经济作物、园艺作物和粮食作物三个方面进行论述。其中，在经济作物方面，集中推广了油料作物、棉花地膜覆盖栽培，甜菜纸筒育苗移栽，大豆高产栽培等技术成果；在园艺作物栽培方面，蔬菜地膜覆盖技术被广泛利用，作物单产得到有效提升；在粮食作物栽培方面，先后推广了小麦精量半精量播种、紧凑型玉米高产栽培、氮肥后移延衰、玉米地膜覆盖等多项重大技术。

（3）科学施肥技术推广。

随着"沃土工程""精准农业"和"测土配方施肥"等项目的实施，各地农技部门利用仪器测量、实地调研等方式对当地的土壤养分进行测定，并依据农作物产量目标制订施肥方案，从而提高了肥料的利用率。以"测土配方施肥"项目的实施为例，2016年中央财政安排7亿元资金支持推进测土配方施肥，旨在提高粮食作物的肥料利用率，减少过度施用化肥造成的耕地质量下降、土壤板结等问题。重点支持取土化验、田间试验、数据库建设、科学施肥服务、宣传培训等方面，并用于开展测土配方施肥手机信息服务试点，启动新型经营主体科学施肥示范工作，探索深入开展农企合作有效机制，着力培育施肥主体，转变施肥方式，优化施肥结构，构建施肥机制。

（4）生物灾害监控技术推广。

生物灾害健康技术的推广包括重大病虫害防控和病虫害测报两个方面，其中重大病虫害防控主要是针对粮食和蔬菜作物的重大生物灾害综合技术进行集成创新，利用各种措施和综合配套的防治技术方法，提高植保防灾减灾能力。在病虫害测报方面，通过研究制定测报办法和标准，充分利用现代信息技术加快信息传递速度，使重大病虫害长、中、短期预报的准确率分别达到85%、90%和95%以上。

3. 推广的方式方法不断创新

随着我国传统农业向现代农业、粗放型农业向集约型农业转变，农业经营体系种养加、产供销，农工贸一体化发展的格局逐步形成，这就促使农技推广机构在原有推广方式的基础上，以技物结合，物化推广为目标，采用多样化的推广方式，为农户提供综合性服务。具体而言，我国开始施用的新型农业技术推广模式主要包括农业技术承包型、农业技术市场型、技物结合型、项目推广型、农业科技示范场及科技示范园区型、咨询服务型、媒体服务型、教育与科研单位加农户型、企业加农户型、民间组织加农户型等，这些方式满足了异质类农户不同的技术需求，有效提升了农业技术的推广效率。诸如：浙江省全面推进基层农业公共服务中心建设，推行"3+X"的"一站式"职能配置和服务模式；甘肃省根据农业区域类型和服务对象的不同，总结推广了以"突出产业、区域建站、特色管理、创新运行、高效服务"为主要特点的"庄浪模式"和以"立足主导产业、突出新型主体、紧扣关键节点、区域整体推进、全程全员服务"为主要特点的"山丹模式"两种具有代表性的特色服务模式。各地还积极利用农技推广信息网，"12316"，手机APP，农技推广QQ群、微信群等现代信息技术手段开展农业技术推广服务，扩大了农技推广工作覆盖面，提高了推广效率。

4. 财政投入体系日臻完善

"十二五"期间，党和国家高度重视农技推广体系改革与建设，出台了一系列政策措施，全国人大修订颁布了《中华人民共和国农业技术推广法》。通过改革实现了基层农技推广机构经营性职能的分离，明确了其公益性定位。绝大多数基层农技推广机构已经纳入地方财政全额拨款事业单位序列，农技人员工资纳入财政预算，基本实现了乡镇农技人员工资待遇与当地事业单位人员的平均收入水平相衔接。2009—2015年，中央财政共投入127.7亿元，用于基层农技推广补助项目的实施，基本覆盖全国所有的农业县（市、区、场）。中央累计投入58.4亿元，用于实施乡镇农技推广机构条件建设项目，各地也安排专门建设资金，用于乡镇推广机构建设。

5. 国际交流合作蓬勃发展

20世纪80年代以来,科技合作交流活动在不同国家政府组织、科研机构以及企业之间频繁开展。国际科技合作能够促进科技事业的发展、提升研发能力与产业化水平,这成为推动科技全球化必不可少的因素。作为推动科技全球化的重要因子,国际科技合作对科技事业发展、产业化程度提升和科研能力强化都具有巨大的推动力。随着时代发展与科技进步,国际科技合作与交流活动日益频繁,高效创造、占有和运用知识资源对一国或地区的经济发展和综合竞争力提升至关重要。自改革开放以来,我国的国际科技合作与交流蓬勃发展,已由改革开放初期的人员一般往来,后来的项目合作发展到当前的以我为主、全方位、多层次、宽领域的国际科技合作形势。中外合作研发机构的数量增长迅速,合作领域不断扩展。

三、面向农业现代化的技术推广体系

1. 存在的主要问题

第一,管理体制不顺。表现在:①管理归属不统一。基层农业技术推广机构的管理部门设立不统一。在实践中,我国基层农业技术推广机构的管理归属存在统一管理和分属管理并存的情况。②管理层级较为混乱。目前,乡镇农业技术推广机构管理有3种情况,即归县级业务部门(主要是农业部门)管理,归乡镇政府管理和归县、乡双重管理。

第二,职责不清。我国农业技术推广的显著特点是农业技术推广与行政干预密切结合,在业务管理上农业技术推广机构实行上级业务部门与本级政府的双重领导。

第三,衔接不畅。表现在:①农业技术推广系统与农业科学研究系统之间衔接不畅,农业技术推广系统与农业科学研究系统之间相对独立;②农业技术推广系统与农业技术用户之间衔接不畅;③农业技术推广系统内各推广主体之间衔接不畅,农业技术推广系统内各推广主体间的联系较为松散。

第四,农业技术推广队伍结构不合理、素质不高及队伍不稳定。

第五,基层推广网络破裂。20世纪90年代后,受到行政体制改革影响,原农业部门投资建设的基层农业技术推广站划归乡镇管理,由各乡镇负责统筹基层农业技术推广站的人权、财权和物权,农业部门仅在技术层面上对基层农业技术推广站进行一般性业务指导和技术培训。这一改革的初衷旨在加强乡镇政府对农业技术推广人员的管理,解决基层农业技术推广人员经费不足问题,使其能够更好地为当地农民服务。然而,基层农业技术推广站的人权、财权和物权下放乡镇后,由于乡镇财力有限,不少地方财政对农业技术推广系统实行"脱钩""断奶"政策,基层农业技术推广站的经费投入无法得到持续、有效保障,整个推广系统陷入"线断、网破、人散"的发展境地,许多县、市的农业技术推广机构已经处于半瘫痪或瘫痪状态。

2. 农业技术推广体系改革的重点

第一,构建同市场经济相适应的生产需求与技术供给契合机制,积极构建和完善农业技术市场。首先,加大农业科研成果的知识产权保护力度,完善农业知识产权法律体系。其次,构建多元化的技术信息传播媒介,特别是以手机和网络为代表的现代化传播媒介,丰富农民获取技术信息的途径和手段。最后,创新激励机制,吸引各方力量投入农业技术推广活动之中。对于小规模农户、专业大户、家庭农场和农民专业合作社而言,鼓励农技推广人员和研发人员开展农业技术承包或农业技术外包等有偿服务,通过签订技术合同形成各方广泛参与利益共同体,激发他们的工作热情,提高农业生产效率。

第二,构建多元化农业技术推广服务体系。对我国而言,多元化农业技术推广服务体系意味着"一主多元"模式的逐步确立和完善,所谓"一主"是指国家公益性农业技术推广体系,主要由国家、省、市、县、乡五级农技推广组织构成,其中县、乡两级又被称为"基层农技推广机构",是现阶段我国农技推广的首要渠道。"一主多元"模式下农业技术推广体系的各参与主体具有不同的职能和角色,具体而言,国家公益性推广机构主要负责涉及国家粮食安全或关键性技术试验和示范工作,如重大突破性技术的引进、试验、推广,病虫害防治,动植物防疫检疫以及水稻、小麦、玉米等大田作物的现场指导等。"多元主体"在推广体系中的角色及交互作用体现为两个方面:一方面,高等院校和科研部门可将研制技术有偿转让给私有部门,实现技术商品价值与使用价值的属性互换;另一方面,对于科技含量高且容易物化的技术成果(果蔬种子、农作物加工品以及园艺产品),可以由农业企业或农民合作组织出资购置,积极发挥市场在资源配置中的基础性作用,之后再与广大农民实施对接工作,指导其开展农业生产活动。

第三,增加农业技术推广的资金投入。与农业本身的特征相同,农业技术的推广和创新在很大程度上具有强烈的公益性和外部性。应当构建一种长期有效的投入机制,让农技推广环节的资金得到稳定充足的保障。具体而言,要从根本上对推广资金的投入进行保障,这主要依赖于国家相关法律、法规的制定和落实。

第四,加强农业信息服务平台与农技推广网络建设。知识经济与全球化的发展趋势使得第一产业竞争压力逐渐增强,以农业技术试验、示范和培训为内容的传统推广模式显然已无法适应新形势的要求。农业信息服务平台及推广网络的构建对农业发展具有十分重要的意义,具体表现为以下两个方面:一是技术信息的传播不受地理空间和交通区位等客观因素的影响,农技推广人员可以通过互联网络快速便捷地同广大农户进行双向沟通及交流,不但节省时间和费用,还能最大限度地提高农业技术推广效率。二是信息这种非物化类资源要素在市场经济条件下的作用日趋明显,对于农业生产者而言,谁能够最快、最准确地获取市场信息,谁就能掌握生产经营的主动权,他们利用农业信息服务平台和农技推广网络,及时了解农产品市场供求及价格信息,在"人机"互动过程中实现技能与知识的积累。

第三节
农业社会化服务体系建设

改革开放以来,我国政府高度重视农业社会化服务体系建设工作,将其作为稳定和完善农村基本经营制度、深化农村改革的一项重要任务。30多年来,我国农村整体上已经形成了具有一定规模的以农业(农、林、牧、渔)生产为核心,开展各种产前、产中、产后服务的农业社会化服务体系，对稳定和完善统分结合的双层经营体制，促进农村经济发展发挥了重大作用。

一、农业社会化服务的发展

1. 农村社会化服务体系建设起步阶段（20世纪80年代初至80年代中期）

20世纪80年代初，为发展农村商品生产，我国初步提出发展农村社会化服务体系的概念，并对其内容、要求和途径进行了探索，重点是利用原有组织资源，转换原有农业服务机构的职能，发展新的服务组织。1983年中央1号文件指出，合作经济要向广大农业生产者迫切需要的各项产前产后服务领域伸展。1984年中央1号文件又提出要"加强社会服务，促进农村商品生产的发展"，认为"它是商品生产赖以发展的基础，是合作经济不可缺少的运转环节"。此后，1986年中央1号文件进一步明确指出，"农村商品生产的发展，要求生产服务社会化"，不但强调现有合作经济组织的转型，也提出了要建立新的服务组织，并逐步发展专业性的合作组织。其间，各级政府及有关部门采取了一系列的具体措施，主要包括：乡、村集体经济组织为农户开展统一供种、统一机耕、统一排灌、统一植保、统一收割等服务；农、林、水部门所属的农技站、农机站、水管站、林业站、畜牧兽医站、经营管理站不断完善其职能，为农业提供各种服务；信用社和供销社等为转换职能提供资金、销售方面的服务；科研院所开展技术咨询、集团承包、人才培训等服务；各种专业技术协会为农业提供专项服务。

到20世纪80年代后期，全国初步形成了由国有农业科研与技术推广部门、供销社、信用社、国有粮食企业、地区性合作经济（集体经济）组织、个体自营组织及专业性合作经济组织构成的社会化服务网络。

2. 农村社会化服务体系建设大力推进阶段（20世纪80年代末至90年代中后期）

随着经济体制改革不断深化，农村经济向着商品化、市场化的方向不断推进。中央和地方各级政府制定了新的政策，以进一步加强农业社会化服务。1991年国务院专门下发了《国务院关于加强农业社会化服务体系建设的通知》，明确了开展农业社会化服务的主要内容包括：一是村级集体经济组织开展的以统一机耕、排灌、植保、收割、运输等为主要内容的服务；二是乡农技站、农机站、水利（水保）站、林业站、畜牧兽医站、水产站、经营管理站和气象服务网等提供的以良种供应、技术推广、气象信息和科学管理为重点的服务；三是供销合作社和商业、物资、外贸、金融等部门开展的以供应生产生活资料、收购、加工、运销、出口产品以及筹资、保险为重点的服务；四是科研、教育单位深入农村，开展以技术咨询指导、人员培训、集团承包为重点的服务；五是农民专业技术协会、专业合作社和专业户开展的专项服务。

3. 农村社会化服务体系改进完善阶段（20世纪90年代中后期至2012年）

该阶段的重点是改革专业经济技术部门和扶持农民专业合作经济组织。1998年，党的十五届三中全会明确提出："从现在起到2010年，建设有中国特色社会主义新农村的目标是：基本建立以家庭承包经营为基础，以农业社会化服务体系、农产品市场体系和国家对农业的支持保护体系为支撑，适应发展社会主义市场经济要求的农村经济体制。"2003年，党的十六届三中全会进一步提出"健全农业社会化服务体系"，并就相关政策进行了安排，使供给主体更多样化。此后，连续6个中央1号文件都对健全农业社会化服务体系作出了部署，特别是2006年中央1号文件更是提出"培育农村新型社会化服务组织"的新思路，并且将服务内容拓展到法律和财务等领域。改革专业经济技术部门是该时期农业社会化服务体系建设的重要内容。

2001年4月，国务院发布的《农业科技发展纲要（2001—2010年）》提出要积极稳妥地推进农业推广体系改革，调动农民、企业等社会力量参与农业技术推广工作，逐步形成国家扶持和市场引导相结合、有偿服务与无偿服务相结合的新型农业技术推广体系。2003年，相关部委组织实施了农技推广体系改革试点，出现了"公安模式""姜堰模式"和"新昌模式"等多种做法。扶持发展农民专业合作经济组织是该时期的新思路。2001年中共中央、国务院发布的《中共中央 国务院关于做好2001年农业和农村工作的意见》提出，对合作组织等"只要有市场、有效益、能够增加农民收入都要一视同仁，给予扶持"。2003年，党的十六届三中全会通过的《中共中央关于完善社会主义市场经济体制若干问题的决定》提出发展多种形式的农村专业合作组织。2004年中央1号文件要求，中央和地方要安排专门资金，支持农民专业合作组织开展信息、技术、培训、质量标准与认证、市场营销等服务。2005年中央1号文件进一步要求适当减免有关税费。此后，政府部门和地方都相应出台对农民专业合作组织涉及财政、税收、市场地位、人才等方面的扶持政策。2006年10月，《中华人民共和国农民专业合作社法》的颁布更是使农民专业合作组织进入快速发展阶段。2007—2011年的1号文件，分别提出了社会化服务机制建设的一系列基本要求。

4. 农业社会化服务体系发展新阶段（2012年至今）

2012年前后，以供销合作社为代表的社会化服务组织开始进行农业服务规模化的实践探索，取得了良好的社会效益。以组建专业化的农业社会化服务公司为龙头，整合农资、农机、农技等生产要素领办农机合作社，联合村"两委"组织农民成立种植合作社，把供销社等组织的服务优势与村"两委"的组织优势、合作社的经营优势结合起来，共同组织开展农业社会化服务。从服务的对象看，既有一家一户分散经营的农户，也有种粮大户、家庭农场、农民专业合作社、农业企业等适度规模经营主体。这种模式提高了服务规模报酬，实现了服务提供者的服务规模扩增和效益增加，以及被服务者（农户和其他经营主体）的生产更加便利和成本降低、增产增效。2012年中央1号文件首次把农业科技摆在更加突出的位置，对农业社会化服务体系建设作出了全面部署，提出要大力发展农业社会化服务；党的十八届五中全会通过的"十三五"规划纲要指出，要实施农业社会化服务支撑工程，培育壮大经营性服务组织。支持科研机构、行业协会、龙头企业和具有资质的经营性服务组织从事农业公益性服务，支持多种类型的新型农业服务主体开展专业化、规模化服务。推进农业生产全程社会化服务创新试点，积极推广合作式、托管式、订单式等服务形式，深化供销合作社综合改革，创新农业社会化服务机制。2016年出台的《全国农业现代化规划（2016—2020年）》再次提出实施农业社会化服务支撑工程，扩大农业生产全程社会化服务创新试点和政府购买公益性服务机制创新试点范围，推进代耕代种、病虫害统防统治等服务的专业化、规模化、社会化。

二、农业社会化服务的成效与经验

1. 服务农业发展的能力显著增强

农业科研、教育、技术推广体制改革取得重大进展,国家农业科技部门服务农业发展的能力和水平显著提高。农业科研体制改革取得实质性进展,活力增强,国家农业科技创新体系初步形成。国家对公益性的农业科研和技术推广加大了投入,转制为企业的科研单位也大幅度增加科研投入,在种植业、林果业、畜牧业、渔业、农机、水利等方面研究并推广应用了大批先进、适用的新品种和新技术、新药剂。针对农民开展的科技教育培训事业迅速发展。

2. 生产资料经营全面放开

供应渠道增加,供应更为丰富。供销社曾经是农副产品购销、农资供应的主力军。农资市场从1998年完全放开后,农业生产资料的经营由国有商业企业或供销合作社垄断经营变为多渠道、多种经济成分经营,尤其是我国加入WTO以来,生产企业、农技服务系统、国外农资企业、个体私营经济都积极参与了农资市场流通,农资市场呈现快速发展的势头。

3. 金融服务水平不断提升

2005年,农村信用社改革在试点的基础上全面铺开,部分信用社已组建为农村商业银行,部分信用社组建为农村合作银行。改革后,信用社去掉了历史包袱,内部治理结构趋向合理,小额贷款和农户联保贷款业务迅速发展,用于农业和农村发展的贷款余额逐年增加,对农业发展提供的金融服务范围不断拓宽。农业保险是社会化服务的重要组成部分,对平抑农业生产风险、提高农业防灾能力和灾后恢复能力等方面,具有十分重要的作用。2004—2016年的中央1号文件连续对农村金融发展作出明确规定,2004—2006年的中央1号文件,对推进农业政策性保险试点工作都作出了部署。2014年的中央1号文件提出加快农村金融制度创新,2015年的中央1号文件提出推进农村金融体制改革,推动金融资源继续向"三农"倾斜。2016年的中央1号文件对农村金融组织体系建设及发展方向进行了明确规划,普惠金融服务得到增强,使涉农金融机构服务"三农"意识进一步增强。

4. 农业产业化快速发展

进入新阶段以来，农业产业化经营由组织数量的增长到提高质量和数量并重、由产加销相对松散到产加销有机结合并逐步形成企业与农户双赢的利益共同体、由局部探索到全面推进，呈现良好的发展势头，在农业社会化服务体系中的作用日益重要。据农业部统计：截至2015年底，全国农业产业化组织总数达38.6万个，辐射带动农户1.26亿户，农户从事产业化经营户均增收3380元；全国各类龙头企业有12.9万个，销售收入为9.2万亿元，同比增长6.4%，净利润为5500亿元，同比增长3.2%，保障供给、带农就业增收效果持续显现，对稳增长、惠民生起到了重要作用。多种形式的龙头企业稳步发展，中介组织和专业市场比重增加，在带动农户、优化生产结构、加快技术推广、密切产销关系等方面发挥着日益重要的作用。各地通过改造传统模式、发展各类中介组织和规范"订单农业"等方式，引导龙头企业采取股份制、股份合作制、合作制等多种组织形式，与农户形成利益共同体，利益联结关系逐步从松散型向紧密型发展。

5. 农机作业水平持续提高

从2002年起，我国农机工业恢复快速增长，产销两旺。随着中央一系列支农、惠农政策的出台，特别是2004年国家出台农机具购置补贴政策后，广大农民购买和使用农机的积极性高涨，农机作业面积持续增加，重要农时和薄弱环节农机化水平显著提高。财政部、农业部数据显示，2014年，全国农作物耕种收综合机械化水平超过61%，比2004年提高27个百分点。三大粮食作物耕种收综合机械化率均超过75%，小麦生产基本实现全过程机械化。水稻机械种植、收获水平分别从2004年的6%、27%，提高到2014年的38%、81%，玉米机收水平从2%提高到55%。以农机为载体，精量播种、化肥深施、高效植保、低损收获、秸秆还田等增产增效技术得到迅速推广，保护性耕作、深松整地面积分别超过1.2亿亩、1.5亿亩，进一步挖掘了粮食增产潜力、增强了农业抗灾能力。

6. 供给主体实现多元化

农业社会化服务体系是数量庞大的农业服务个人或组织形成的复杂的科技系统、社会系统和经济系统。农业社会化服务体系与一般复杂系统一样，由大量相互作用的元素组成，如主体元素包括农户、中介组织、合作组织、企业、政府相关部门，还包括诸多子系统，如职业教育与技术培训系统，技术推广系统，生产合作组织系统，水利和机耕服务系统，农业物资供应系统，加工、储存、包装、运输和销售系统，以及市场信息系统等经济要素的集合。

三、存在的主要问题与新型体系的构建

1. 农业社会化服务存在的主要问题

第一，农业社会化服务体系不健全。首先，公共服务机构服务能力不强，尚不能成为农业社会化服务的依托力量。公益性农技推广体系建设虽有所加强，但基层农技推广管理体制依然不顺、队伍素质依然不高、设施条件依然落后、服务能力依然不强；部分地区县、乡两级动物疫病防控机构不健全，难以及时发现、报告和有效控制重大动物疫情的爆发与传播；农产品质量监管体系尚未形成，省级以下农产品质量监管机构和公共质检机构数量不足，对农业投入品和产地环境缺乏有效检测监管。其次，合作经济组织不健全，难以发挥基础性作用。部分农民专业合作社的农民参与率仍较低，自身发展困难，对农户带动能力不足。再次，龙头企业等营利性机构与农户缺乏长期稳定的利益连接，在一些龙头企业与农民签订的购销合同中，不少是"霸王条款"，农民的利益没有得到充分保护。最后，专业服务公司、农村经纪人等其他社会力量参与农业社会化服务难以发挥有效作用。

第二，农业社会化服务组织分工不明、定位不清。"覆盖全程、综合配套、便捷高效"的农业社会化服务体系，应该是一个公共服务机构、合作经济组织和涉农企业等服务组织按照分工明确、定位清楚、合作共赢等原则形成的组织体系，但目前我国各种农业服务组织间的角色经常错位，应由政府农业技术部门承担的职责往往推给乡村集体，本来可由营利性组织或合作经济组织承担的职能，政府农业技术部门却常常插手，在一些财政开支较为困难的乡镇，原本属于政府所有的社会化服务组织被承包或转包给个人，且不加以监督和管理，原为政府社会化服务组织中的工作人员，也因工资收入低而改行或者弃行。

第三，农业社会化服务的供需矛盾突出。目前，农民对农业社会化服务的需求

已由单纯的生产环节服务向资金、技术、信息、加工、运输、销售、管理等综合性服务扩展，但现有的服务主体在产前、产中提供的服务较多而产后服务较薄弱。同时，因农产品市场竞争激烈、情况复杂，农民对农业社会化服务质量的要求越来越高，但服务收益较低、自身积累能力不足、基础设施较差、服务手段简陋等导致公益性农业社会化服务发展相对滞后，无法提供高效优质的服务，特别是在公益性农技推广、动植物疫病防控和农产品质量安全监管等方面不能满足需求。

第四，农业社会化服务市场监管力度不够。一些社会化服务组织在经营过程中违法乱纪，故意压价，侵害和剥夺农民的利益，造成农民怨声载道；有的坑蒙拐骗，弄虚作假，不仅给农民造成了严重的经济损失，而且败坏了政府和社会化服务组织的形象。

2. 建立新型的农业社会化服务体系

建立新型农业社会化服务体系应正确处理改革与发展的关系。在改革方面，对公益性农业社会化服务机构进行体制机制改革，激发其活力；降低营利性和非营利性农业社会化服务组织的进入门槛，加强监督管理。在发展方面，主要是加大各级政府财政的支持力度，让农民能得到科技、信息以及基础设施建设等方面的服务，并从政策扶持、投入保障、法制建设等方面为营利性和非营利性农业社会化服务组织的发展提供良好的环境。

第一，健全乡镇或区域性农业技术推广、动植物疫病防控、农产品质量监管等公共服务机构和村级站点。明确各级政府在支持公共农技推广发展方面的职责，统筹安排各项资金，积极吸纳社会资本，建立农技推广经费保障机制。同时，中央应设立重大农业技术推广项目。加强乡镇和村级防疫员队伍建设，健全村级防疫网络，逐步建立包括农业环境检测以及生产过程监控在内的体系健全，功能完善，具有较强监测能力的农畜产品质量监督监测网络。大力推进农产品质量安全认证工作，形成以无公害农产品、绿色食品认证为主体，以有机食品及农业投入品认证为补充的认证体系和工作格局。创新管理体制，按照强化公益性、放活营利性、引导非营利性的原则，完善农业技术推广服务体系。在加强财政支持的基础上，加快改革公益性农业推广机构，形成对区域性农业主导产业发展的公共科技支撑体系和农业科技创新的区域支撑平台。公益性农业技术推广机构的改革可在鼓励农技人员创新创业的同时,打破行政区划限制,围绕区域农业主导产业,设立跨区域、专业化的农业公共科技推广服务中心;在区域农业主导产业不明显的地区,设立区域性、综合性的农业技术推广服务中心。积极探索农技推广新模式,实行以国家农技推广机构为主导,农科教、产学研、科工贸相结合的模式,调动社会力量参与农技推广事业,培育多元化农技推广主体,壮大推广服务体系,提高为农服务水平。鼓励其他经济主体依法进入农业技术服务行业和领域,参与基层营利性推广服务实体的基础设施投资、建设和运营,开设各类庄稼医院、水产医院、畜禽医院等服务机构。加快推进兽医管理体制改革,按照健全机构、完善网络、稳定队伍的要求,健全省、市、县兽医行政管理、执法监督、技术支持三类兽医工作机构和乡镇兽医站。加强农产品质量安全信息服务能力建设,强化农产品质量安全信息搜集、分析和发布工作,建立权威、有效的信息服务制度。提高人员素质,加强对人才的引进,制定相关政策,以优厚的待遇让更多的人才参与到农业技术推广、动植物疫病防控、农产品质量监管等公共服务工作中,同时加大对现有基层工作人员的技术培训力度,并将培训所需经费列入县级以上各级财政预算。

第二,支持供销合作社、农民专业合作社、专业服务公司、专业技术协会、农民经纪人、龙头企业等提供多种形式的服务。积极探索建立以农机股份合作公司、农机合作社等专业服务组织为龙头,以农机大户为主体,以农机户为基础,以农机中介组织为纽带的农机中介服务体系,形成以市场为导向,以服务为手段,集示范、推广、服务于一体的新型多元化农机服务机制。鼓励农机服务组织积极开展新型农机推介、配件供应、机具维修、废旧农机回收、技术咨询和指导等一系列农机服务。扩大农机服务总量、提高服务质量、拓展服务领域和区域,形成集农业生产、产品深加工、产品贮运、农机租赁、信息服务等多种服务于一体的企业化经营机制。健全农资销售服务体系,鼓励农资流通企业将农资销售与服务紧密结合起来,开展配送、加工、采购、技术及农机具租赁等多样化服务,为农民提供产前、产中、产后一体化服务。建立有效的农资价格调控机制,科学把握农资市场价格干预的时机、力度、形式、方法和手段,保护广大农业生产者的利益。建立和健全农业生产资料市场监管机制，加强对农资生产、经营、使用行为和农资市场秩序的监督，严厉打击制售假冒劣质农资产品等坑农害农行为。建立农产品市场营销网络，培育多层次、多类型的市场营销主体，构建集约化、系统化、市场化程度较高的农产品营销平台。发挥政府服务功能，组织农业龙头企业、农场、农产品基地等定期举办有组织、有声势、有规模的招商会、洽谈会、展销展示会，扩大农产品在国内外消费群体中的知名度和美誉度，促进基地农产品与经销企业、市场有效对接，使更多的优势农产品"走出去"。发展各类农民专业合作经济组织，提高农产品营销的组织化程度，培植农产品贩销经纪人队伍。组建以农业龙头企业、批发市场、专业合作经济组织以及专业大户和营销大户等为主的农产品市场营销协会，沟通市场信息，协调农产品收购、价格和经营方式，统一品牌、统一市场、统一营销网络、统一营销策略，提高农产品的市场营销能力。创新农产品市场营销机制，促进超市、农业企业、基地和农户的有效衔接，在超市设立优势农产品专销区、专卖点和专柜。开辟电子商务、网上交易和拍卖等现代交易渠道，扩大农产品市场营销的空间和领域。

第三，加强服务设施建设。加强基层农业技术推广、动植物疫病防控、农产品质量监管等公共服务机构和村级站点的办公场所建设，改善基层公共服务机构的条件和工作手段，购置必要的交通、通信和信息工具，配备必需的专用仪器设备。在建设基层服务机构办公场所时充分利用中央各部委和地方政府在农村已建好的乡镇综合文化站、村文化室、农家书屋、村卫生室和村级党组织活动场所等，充分利用前几年撤乡并镇留下的办公场所和农村合并中小学留下的空置校舍，避免项目重复建设、减少资金投入，并尝试建立综合性一站式服务中心，提高服务效率。对已购置的交通、通信和信息工具以及专用仪器要严格管理，防止挪作私用、搁置不用。

第四，加强服务人才队伍建设。面向农业社会化服务发展的需求，把鼓励企业家阶层的成长、培育鼓励企业家创新创业的环境和服务平台，作为农业社会化服务人才队伍建设的重要内容。把建立有效的产学研合作机制，加强乡土人才队伍建设，作为农业社会化服务人才队伍建设的重要途径。采取有效措施，积极支持职业教育和培训体系的多层次、多元化和市场化发展，提高职业教育和培训体系对农业社会化服务人才需求的快速响应能力。以新型农民培训工程、绿色证书工程、农村实用人才培养"百万中专生计划"为载体，以乡村科技人员、农民专业合作经济组织骨干、农村青壮年劳动力、返乡创业劳动力为重点，增加培训资金投入，造就一支规模宏大、结构合理、素质优良的农业社会化服务队伍。创新机制，大幅度增加培训经费投入，突出技术、信息、运输、储藏、加工、销售等生产性服务的重点内容，提高培训的针对性。

第四节
趋势展望与政策取向

为不断推动我国农业科技创新能力总体上达到发展中国家领先水平，未来必须坚持以科技创新为引领，激发创新活力，深化农业科技体制改革，强化技术集成创新，改善研究条件，实施农业科研杰出人才培养计划，不断提升我国农业的技术装备和信息化水平。

1. 进一步提升科技成果转化应用能力

健全农业科技成果使用、处置和收益管理制度，深化基层农技推广体系改革，完善农技推广人员绩效考核和激励机制，构建以基层农技推广机构为主导、以科研院校为支撑、农业社会化服务组织广泛参与的新型农技推广体系，探索建立集农技推广、信用评价、保险推广、营销于一体的公益性、综合性农业服务组织。加强农业知识产权保护和应用。建设全国农业科技成果转移服务中心，推行科技特派员制度，推进国家农业科技园区建设。

2. 促进农业机械化提档升级

提升小麦生产全程机械化质量，提高水稻机械栽插，玉米、马铃薯、甘蔗机械收获水平，尽快突破棉、油、糖、牧草等作物生产全程机械化和丘陵山区机械化制约瓶颈。推进农机深耕深松作业。积极发展畜牧业和渔业机械化，提升设施农业、病虫防治装备水平，发展农用航空。

3. 推进信息化与农业深度融合

加快实施"互联网+"现代农业行动，加强物联网、智能装备的推广应用，推进信息进村入户，提升农民手机应用技能，不断提升农业物联网等信息技术应用比例、农村互联网普及率和信息进村入户村级信息服务站覆盖率。建设全球农业数据调查分析系统，定期发布重要农产品供需信息，基本建成集数据监测、分析、发布和服务于一体的国家数据云平台。加强农业遥感基础设施建设，建立重要农业资源台账制度。同时，进一步健全农村固定观察点调查体系。

4. 推进现代种业创新发展

保障国家种业安全，加强杂种优势利用、分子设计育种、高效制繁种等关键技术研发，培育和推广适应机械化生产、高产优质、多抗广适的突破性新品种，完善良种繁育基地设施条件，健全园艺作物良种苗木繁育体系，推进主要农作物新一轮品种更新换代。建设畜禽良种繁育体系，推进联合育种和全基因组选择育种，加快本品种选育和新品种培育，推动主要畜禽品种国产化。提升现代渔业、种业创新能力，建设一批水产种质资源保护库、种质资源场、育种创新基地、品种性能测试中心。加强种质资源普查、收集、保护与评价利用。深入推进种业领域科研成果权益改革，加快培育一批具有国际竞争力的现代种业企业。

5. 推进农业科技对外合作

鼓励农业科研院校、企业在发达国家建立海外农业科学联合实验室，在发展中国家设立农业重点实验室、技术实验示范基地和科技示范园区，促进成果分享和技术出口。积极参与涉农国际规则、标准制定，承担国际标准化组织等工作，推进农业标准和农产品认证互认与合作。鼓励我国科技特派员到中亚、东南亚、非洲等地开展科技创业，引进国际人才到我国开展农村科技创业。

第十一章
资源环境与生态建设

第一节
农业资源与农村生态管理制度

经过40年的改革和发展，我国在资源管理和生态环境保护体制建设方面，已经初步形成了国务院统一领导、职能部门分工负责、管理工作协调配合、重大问题专项治理、中央地方各司其责的领导体制和工作机制。国家、省、市、县级均设立了相应机构以履行其职责，由发改、环保、农业、林业、水利、国土等多个部门共同管理。①

一、农业资源管理和农村生态环境保护机制

1. 农业生态补偿和转移支付政策

2002年以来，国家一方面加大农业生态保护工程建设力度，陆续启动天然林保护、退耕还林、环北京地区防沙治沙、"三北"和长江中下游地区等重点防护林体系建设、野生动植物保护及自然保护区建设、重点地区以速生丰产用材林为主的基地建设等六大重点林业工程，积极实施石漠化地区和东北黑土区等水土流失综合防治工程、沿海防护林工程、京津风沙源治理等一大批工程建设；另一方面开始建

---

① 金书秦、韩冬梅：《我国农村环境保护四十年：问题演进、政策应对及机构变迁》，《南京工业大学学报（社会科学版）》，2015年第2期，第71—78页。

立和完善农业生态补偿和转移支付机制，推进实施了退耕还林、退牧还草、草原生态保护补助奖励等生态补偿和转移支付项目。

（1）退耕还林工程。

2000年，我国启动退耕还林（草）试点，并对退耕还林的农民进行补助。为保持退耕还林政策的连续性和稳定性，2002年12月，国务院颁布实施《退耕还林条例》，使退耕还林工程走向依法管理、依法实施的轨道。2004年，国务院决定将向退耕农户补助的粮食改为现金补助。2007年，国务院决定继续对退耕农户给予适当补助。补助标准为：长江流域及南方地区每亩退耕地每年补助现金105元；黄河流域及北方地区每亩退耕地每年补助现金70元。原每亩退耕地每年20元的生活补助费继续直接补助给退耕农户，并与管护任务挂钩。补助期为：还生态林补助8年，还经济林补助5年，还草补助2年。

据国家林业局统计，截至2015年底，我国累计完成退耕还林任务4.47亿亩，工程区森林覆盖率平均提高了3个多百分点，工程建设取得十分显著的生态成果。监测显示，长江、黄河中上游流经的13个省（区、市）退耕还林工程每年固碳3448.54万吨，每年产生的生态系统服务功能总价值超过1万亿元。

（2）退牧还草工程。

2002年，国务院决定开始在西部11个省（区）实行退牧还草工程，以使退化的草原得到基本恢复，天然草场得到休养生息，达到草畜平衡。工程实施后，草原草场实行禁牧、半禁牧，或季节性禁牧，为此国家向退牧还草的农牧民提供粮食、现金、草种费补助。对蒙甘宁西部荒漠草原、内蒙古东部退化草原、新疆北部退化草原按全年禁牧每亩每年补助饲料粮5.5千克，季节性休牧按休牧3个月计算，每亩每年补助饲料粮1.38千克；青藏高原东部江河源草原按全年禁牧每亩每年补助饲料粮2.75千克，季节性休牧按休牧3个月计算，每亩每年补助饲料粮0.69千克。饲料粮补助期限为5年。2004年国家将饲料粮补助改为现金补助，饲料粮每千克折合0.9元。此外，开展草原围栏建设，按16.5元/亩计算，中央补助70%，地方和个人承担30%，2005年全面启动。

退牧还草工程从2003年开始实施，到2015年工程累计投入中央资金235.7亿元。其中"十二五"期间,每年投入中央资金20亿元。2015年,退牧还草工程实施范围包括内蒙古、辽宁、吉林、黑龙江、陕西、宁夏、新疆(含兵团)、甘肃、四川、云南、贵州、青海、西藏等13个省(区),安排草原围栏建设任务267.4万公顷、退化草原补播改良88.6万公顷、人工饲草地建设16.1万公顷、岩溶地区草地治理8万公顷、已垦草原治理试点0.67万公顷(甘肃环县)、黑土滩治理试点1.34万公顷(青海)、毒害草治理0.67万公顷(新疆),以及13.4万户牧民牲畜舍饲棚圈建设改造,在保护草原生态环境、促进草原畜牧业转型升级、改善牧区民生方面发挥了重要作用。① 《关于扩大新一轮退耕还林还草规模的通知》指出,2016年起,退耕还草项目重点向扶贫开发任务重、贫困人口较多的省倾斜,每亩补贴1000元。

(3)草原生态保护补助奖励机制。

为保障牧民减畜不减收,充分调动牧民保护草原的积极性,2011年,国务院下发《国务院关于促进牧区又好又快发展的若干意见》,决定从2011年起,在内蒙古、新疆(含新疆生产建设兵团)、西藏、青海、四川、甘肃、宁夏和云南8个主要草原牧区省(区),全面建立草原生态保护补助奖励机制。对生存环境恶劣、草场严重退化、不宜放牧的草原实行禁牧封育,中央财政按照每亩每年6元的测算标准对牧民给予禁牧补助,5年为一个补助周期;对禁牧区域以外的可利用草原,根据草原载畜能力,确定草畜平衡点,核定合理的载畜量,中央财政对未超载的牧民按照每亩每年1.5元的测算标准给予草畜平衡奖励。2011年中央安排专项资金136亿元,实施禁牧补助和草畜平衡奖励。

据财政部、农业部统计,"十二五"期间,中央财政累计投入资金773.6亿元,有力地促进了牧区生态恢复、牧业生产发展和牧民生活改善,基本扭转了过去草原利用无序、开发无度、严重过牧的状态,开启了草原休养生息的新时代。

此外,国家还启动了湿地、水土保持生态效益补偿试点,建立公益林补偿标准动态调整机制,开展沙化土地封禁保护补助试点,扩大林木良种和造林补贴规模,

---

① 数据来源:《2015年全国草原监测报告》。

完善森林赋予补贴政策，探索国家级公益林赎买机制，启动低毒低残留农药和高效缓释肥料使用试点补助等。

2. 生态文明建设纳入绿色政绩考核

2016年12月，我国首次建立生态文明建设目标评价考核制度，《生态文明建设目标评价考核办法》颁布实施，绿色政绩正式成为省一级党政干部评价考核、奖惩任免的重要依据。"五年考核"则是按照《生态文明建设考核目标体系》实施，强化省级党委和政府生态文明建设的主体责任，每个五年规划期结束后开展一次。考核首先会检验各地自查报告、各领域专项考核结果，然后采用百分制评分和约束性指标完成情况相结合的方式，得出优秀、良好、合格、不合格四个等级。同时，结合已有的领导干部自然资源资产离任审计、领导干部环境保护责任离任审计、环境保护督察结果等，形成最终的考核报告。考核报告经中央审定后向社会公布，考核不合格地区将被通报批评，党政主要负责人将被约谈。生态环境损害明显的，不论调离、提拔还是退休，都将追究党政主要负责人和相关负责人的责任。

二、农业资源管理和农村生态环境保护法律体系

经过近40年的改革和发展，已经基本形成由50多部法律、法规和条例组成的，包括土地和水资源管理、农业化学投入品使用、农村污染防治、农田保护和水土保持、农村生态环境保护、农村环境综合整治等主要内容的农业资源管理和农村生态环境保护法律体系。[1]

1. 农业资源管理

农业资源一般包括农用土地资源、水资源、生物资源和农业气候资源。农业资源管理是指国家通过行政、经济和法律手段，对农业资源的数量、质量及其动态所进行的清查、登记、评估、监测，以及对人们开发利用农业资源的行为所实施的协调、监

---

[1] 韩冬梅、金书秦：《中国农业农村环境保护政策分析》，《经济研究参考》，2013年第43期，第11—18页。

督和控制。管理的目的在于引导人们合理、有效地利用资源,以确保农业的可持续发展。

我国对农业资源实行依法管理。我国农业资源立法采用的是以自然资源构成要素为法律调整对象的立法模式,即将农业资源按其自然属性划分为土地、水、生物、气候等要素,然后以各要素作为调整对象分别进行立法。

改革以来,我国在农业资源管理方面先后出台了多部法律法规。其中,比较重要的法律有《中华人民共和国森林法》(1984年)、《中华人民共和国草原法》(1985年)、《中华人民共和国土地管理法》(1986年)、《中华人民共和国渔业法》(1986年)、《中华人民共和国野生动物保护法》(1988年)、《中华人民共和国水法》(1988年)、《中华人民共和国水土保持法》(1991)和《中华人民共和国农业法》(1993年),比较重要的法规有《中华人民共和国水产资源繁殖保护条例》(1979年)、《中华人民共和国全国农作物品种审定试行条例》(1982年)、《中华人民共和国草原防火条例》(1993)、《中华人民共和国野生植物保护条例》(1996)和《中华人民共和国基本农田保护条例》(1998年)等。

总体来看,我国在农业资源管理方面的法律、法规体系还不够完备:一是缺乏一部综合的资源管理法;二是没有与单项法相适应的程序法或资源管理组织法;三是在地域性和专业性法规方面仍存在空白;四是个别法对其所调整的法律关系只有原则性规定,缺乏实施细则。当前,我国急需制定一部《农业资源综合管理法》。该法应以农业资源区划和区域开发总体规划为基础,对各单项法的调整对象及部分法律关系进行综合协调。

2. 农业环境保护立法

改革以来,涉及农业环境保护且比较重要的法律主要有《中华人民共和国水污染防治法》《中华人民共和国环境保护法》《中华人民共和国农业法》和《中华人民共和国大气污染防治法》等。虽然我国目前还没有专门的农业环境保护法,但作为地方性法规的《农业环境保护条例》已经在绝大多数省(区、市)颁布实施。

虽然我国的农业资源管理和农业生态建设取得了长足的进步,但是,同样存在多头管理、农村基层专业管理人员和技术队伍缺失的问题,已有的管理制度主要是针对城市和工业污染治理及环境保护的，较少涉及农村和农业领域，尤其是农业资源和环境保护制度建设明显滞后。

第二节
农业生态环境建设规划

一、生态环境建设规划

1.《全国生态环境建设规划》与生态环境建设区域划分

1998年《全国生态环境建设规划》印发，从我国生态环境保护和建设的实际出发，将我国的生态环境建设划分为八大类型区域：

一是黄河上中游地区。该区域包括晋、陕、蒙、甘、宁、青、豫的部分地区。生态环境问题最为严峻的是黄土高原地区，总面积约为64万平方公里，是世界上面积最大的黄土覆盖地区，气候干旱，植被稀疏，水土流失十分严重，水土流失面积约占总面积的70%，是黄河泥沙的主要来源地。该区域生态环境建设的主攻方向是，以小流域为治理单元，以县为基本单位，以修建水平梯田和沟坝地等基本农田为突破口，综合运用工程措施、生物措施和耕作措施治理水土流失，尽可能做到泥不出沟。

二是长江上中游地区。该区域包括川、黔、滇、渝、鄂、湘、赣、青、甘、陕、豫的部分地区，总面积为170万平方公里，水土流失面积为55万平方公里。该区域山多山高平坝少，生态环境复杂多样，水资源充沛，但保水保土能力差，土地分布零星，人均耕地较少，且旱地坡耕地多。生态环境建设的主攻方向是，以改造坡耕地为中心，开展小流域和山系综合治理，恢复和扩大林草植被，控制水土流失。

三是"三北"风沙综合防治区。该区域包括东北西部、华北北部、西北大部分干旱地区。这一地区风沙面积大，多为沙漠和戈壁，适宜治理的荒漠化面积为31

万平方公里。生态环境建设的主攻方向是，在沙漠边缘地区，采取综合措施，大力增加沙区林草植被，控制荒漠化扩大趋势。

四是南方丘陵红壤区。该区域包括闽、赣、桂、粤、琼、湘、鄂、皖、苏、浙、沪的全部或部分地区，总面积约为120万平方公里，水土流失面积约为34万平方公里。由于森林过度砍伐，毁林毁草开垦，植被遭到破坏，所以水土流失加剧，泥沙下泄淤积江河湖库，影响农业生产和经济发展。生态环境建设的主攻方向是，生物措施和工程措施并举，加大封山育林和退耕还林力度，大力改造坡耕地，恢复林草植被，提高植被覆盖率。

五是北方土石山区。该区域包括京、津、冀、鲁、豫、晋的部分地区及苏、皖的淮北地区，总面积约为44万平方公里，水土流失面积约为21万平方公里。生态环境建设的主攻方向是，加快石质山地造林绿化步伐，积极开展缓坡整修梯田，建设基本农田，发展旱作节水农业。

六是东北黑土漫岗区。该区域包括黑、吉、辽大部分地区及内蒙古东部地区，总面积约为100万平方公里，水土流失面积约为42万平方公里。生态环境建设的主攻方向是，停止天然林砍伐，保护天然草地和湿地资源。

七是青藏高原冻融区。该区域面积约为176万平方公里，其中水力、风力侵蚀面积为22万平方公里，冻融侵蚀面积为104万平方公里。生态环境建设的主攻方向是，以保护现有的自然生态系统为主，加强天然草场、长江黄河源头水源涵养林和原始森林的保护，防止不合理开发。

八是草原区。我国草原分布广阔，总面积约为4亿公顷，占国土面积的40%以上，主要分布在蒙、新、青、川、甘、藏等地区，是我国生态环境的重要屏障。生态环境建设的主攻方向是，保护好现有林草植被，大力开展人工种草和改良草场（种），配套建设水利设施和草地防护林网，加强草原鼠虫灾防治，提高草场的载畜能力。

2.《全国农业可持续发展规划（2015—2030年）》重点任务与要求

2015年5月，《全国农业可持续发展规划（2015—2030年）》正式发布，成为一定时期内指导农业可持续发展的纲领性文件。该规划综合考虑各地农业资源承载力、环境容量、生态类型和发展基础等因素，将全国划分为优化发展区、适度发展区和保护发展区等三大区域，因地制宜、梯次推进、分类施策。

优化发展区包括东北区、黄淮海区、长江中下游区和华南区，它们是我国大宗农产品主产区，农业生产条件好、潜力大，应坚持生产优先、兼顾生态、种养结合，在确保粮食等主要农产品综合生产能力稳步提高的前提下，实现生产稳定发展、资源永续利用、生态环境友好。适度发展区包括西北及长城沿线区和西南区，农业生产特色鲜明，但水土配置错位、资源环境承载力有限，应坚持保护与发展并重，适度挖掘潜力、集约节约、有序利用。保护发展区包括青藏区和海洋渔业区，在生态保护与建设方面具有特殊重要的战略地位，应坚持保护优先、限制开发，适度发展生态产业和特色产业，促进生态系统良性循环。

该规划提出了未来一个时期推进农业可持续发展的五项重点任务：

一是优化发展布局，稳定提升农业产能。到2020年，农业科技进步贡献率达到60%以上，主要农作物耕种收综合机械化水平达到68%以上，国家现代农业示范区和粮食主产县基本实现区域内农业资源循环利用，到2030年全国基本实现农业废弃物趋零排放。

二是保护耕地资源，促进农田永续利用。确保耕地保有量在18亿亩以上，基本农田不低于15.6亿亩，到2020年建成集中连片、旱涝保收的8亿亩高标准农田。防治耕地重金属污染，建立农产品产地土壤分级管理利用制度。依据国务院批准的新一轮退耕还林还草总体方案，实施退耕还林还草。

三是节约高效用水，保障农业用水安全。实施水资源红线管理，推广节水灌溉，发展雨养农业，到2020年全国农业灌溉用水量保持在3720亿立方米，农田灌溉水有效利用系数达到0.55，发展高效节水灌溉面积2.88亿亩。

四是治理环境污染，改善农业农村环境。防治农田污染，综合治理养殖污染，改善农村环境，到2020年实现化肥农药施用量零增长，以及到2030年养殖废弃物实现基本综合利用，农业主产区农膜和农药包装废弃物实现基本回收利用，农作物秸秆得到全面利用。

五是修复农业生态，提升生态功能。增强林业生态功能，保护草原生态，恢复水生生态系统，保护生物多样性，到 2020 年森林覆盖率达到 23% 以上，全国草原综合植被盖度达到 56%。

规划以最急需、最关键、最薄弱的环节和领域为重点，统筹安排中央预算内投资和财政资金，调整盘活财政支农存量资金，安排增量资金，积极引导带动地方和社会投入，组织实施包括水土资源保护工程、农业农村环境治理工程、农业生态保护修复工程、试验示范工程等在内的一批重大工程，全面夯实农业可持续发展的物质基础。

3. 《农业环境突出问题治理总体规划（2014—2018 年）》试点探索

2015 年 1 月，国家发改委等七部门联合印发《农业环境突出问题治理总体规划（2014—2018 年）》。该规划侧重试点示范，探索各类农业环境突出问题的治理模式和运行机制，实施耕地重金属污染治理等七项治理工程，通过试点探索，总结出成功治理的范例和适用模式，初步解决或缓解现存的问题，为在全国范围内实施农业环境问题治理奠定基础。

二、生态农业建设

生态农业是把农业生产、农村经济发展和生态环境治理与保护、资源培育和高效利用融为一体的新型综合农业体系。它以协调人与自然关系，促进农业和农村经济社会可持续发展为目标，以"整体、协调、循环、再生"为基本原则，以继承和发扬传统农业技术精华并吸收现代农业科技为技术特点，强调农、林、牧、副、渔大系统的结构优化，把农业可持续发展的战略目标与农户微观经营、农民脱贫致富结合起来，从而建立一个不同层次、不同专业和不同产业部门之间全面协作的综合管理体系。

"九五"期间，国家七部委联合开展了 51 个生态农业试点县建设。随着生态农业试点、示范县不断增加，试点范围已经遍布全国 30 个省（区、市），并按各地不同的自然生态条件和经济发展水平，形成了生态脆弱区、生态资源优势区、农业主产区和沿海、城郊经济发达区等 4 种不同类型的生态农业发展模式。目前，全国已基本形成了国家、省、试点县三级生态农业管理和推广体系，初步建立起生态农业的理论体系，颁布了《全国生态农业建设技术规范》，生态农业建设逐步走上了制度化、规范化的轨道。自2015年开始，农业部和国家农业综合开发办公室在全国部分省份开展农业综合开发生态循环农业示范项目建设试点。试点选择以粮食主产区、畜禽养殖大县、水源地等典型区域为主，给予中央财政资金支持。例如：2015年从辽宁、山西、江苏等省份选择试点县、市，每个省份1个试点，每个省份安排中央财政资金1000万~1200万元。

为适应农业和农村经济发展新形势，农业部把资源环境保护与农业、农村经济发展相结合，加大了对优势农产品区域的环境监测和治理力度，初步建立了农业、渔业和草原生态环境管理与监测网络。2011年农业部成立农业部面源污染控制重点实验室，加强了农业面源污染防治的科技创新能力。依托农业部农业生态环境保护财政专项、公益性行业（农业）科研、国家水体污染控制与治理科技重大专项，组织开展了农业面源污染综合防治研究，建立了农业面源污染防控技术体系。截至2014年底，全国已建成由1个农业部农业生态与资源保护总站、1个农业部环境保护科研监测站、33个省级站、326个地级站和1794个县级站构成的农业生态环境保护体系，以及由1.2万多名专业技术人员和管理人员组成的农业环保队伍，农业污染监管与监测体系基本建立并日益完善。

第三节
农业环境保护

农业环境，指的是农业生物赖以生存和繁衍的各种天然的或经过人工改造的环境因素的总和，包括土壤、水、大气和生物等。随着现代工业的发展和人们生活水平的提高，进入农业环境中的工业"三废"、农药化肥残留及废弃物等有毒有害物质越来越多，造成了农业环境的严重污染。农业环境污染不仅会直接影响农业生产的发展，而且关系到人们的身体健康和社会的稳定。应该从源头上防治农业环境污染，加强农业生产的规范化建设，保证农业生产的可持续发展。

一、水污染及其治理

水污染指的是水体因某种物质的介入，导致其化学、物理或者生物属性的改变，进而影响到水的有效利用，危害人体健康或者破坏生态环境，造成水质恶化的现象。从污染源发生的类型来看，水环境的污染可分为点源与面源两大类。点源污染主要指工业生产过程中或城市生活中产生的污染物所带来的污染；面源污染是指由分散的污染源所造成的水体污染，如因降雨的冲击作用及地表径流冲刷而产生的土壤颗粒、土壤有机物、化肥、农药、有机肥料或城市街面堆积物等随地表径流流入受纳水体，引起水质污染的一种污染类型。

目前，全国地表水总体受到轻度污染，2014年，在长江、黄河、珠江等十大流域中：Ⅳ类至劣Ⅴ类水质的比例为28.8%；62个重点湖泊（水库）中，Ⅳ类至劣Ⅴ类水质的有24个。地下水污染形势比较严峻，全国202个地级及以上城市开展了地下水监测工作，水质较差和极差的占61.5%。

我国政府一贯重视对水污染的防治。根据政策文本与实践，中国农村的水污染防治政策发展大体上可以分为三个阶段：[1]

第一个阶段：20世纪90年代中期之前，重点关注城市水污染治理，农村水污染及其防治政策受到忽视。20世纪90年代中期之前，我国在农村环境保护方面的意识比较薄弱。有关农村环境保护的规定散落在综合型的环境法律、法规中，而且没有把包括农村水环境保护在内的农村环境保护作为一个专门议题列出来，国家的重心还主要是在工业污染防治和城镇污染治理上。从法律条文的禁止性规定中也可以看出，当时农药、化肥的滥用也较为普遍。

第二个阶段：20世纪90年代中期之后，开始重视农村环境治理，相关专业化防治政策开始出台。20世纪90年代中期之后，国家对农村环境问题的严重性有了较为清晰的认识，对于包括水环境保护在内的农村环境保护日益重视，根据现实发

---

[1] 童志锋：《中国农村水污染防治政策的发展与挑战》，《南京工业大学学报（社会科学版）》，2016年第15卷第1期，第89—96页。

展,也出台了一系列的法律、法规。以下两个方面尤其值得重视：一是在公众参与政策法规上,环境保护部门走在全国前列,也为农村水环境保护创造了条件；二是开始出台了一些针对农村现实情况的专门性政策,如 2001 年实施的《畜禽养殖污染防治管理办法》《农药管理条例》等,这些对于农村水环境改善具有重要的影响。

第三个阶段：2011 年前后,强化并完善对于农村水环境治理的制度设置。农村水环境治理政策开始探索生态补偿制度等一些更为翔实的制度设计,政策设计也更为细化,同时,农村水环境治理也得到了中央财政专项的支持。此外,对污泥污染等新出现的农村水污染问题也有了一些制度设置。一是完善排污收费制度,修改前的《中华人民共和国水污染防治法》设定了"征收超标排污费",使收费制度相对科学。二是细化了总量控制制度,实现了由对重点水体的总量控制到全面推行总量控制的转变。三是强化了水污染应急制度,设立专章予以规定。四是完善了监测制度,明确规定"国家建立水环境质量监测和水污染物排放监测制度"。五是完善了规划制度,细化了水污染防治规划的编制和审批程序,明确了防治水污染应当按流域或者按区域统一规划。六是完善了饮用水水源保护区管理制度。

二、土壤污染及其治理

土壤是陆地表面能够生长植物的疏松表层,是地球上生命活动不可缺少的重要物质。土壤污染是指进入土壤中的有害、有毒物质超出土壤的自净能力,导致土壤理化性质改变的现象。土壤污染源主要是农药、化肥和工业"三废"（废水、废气、废渣）。

我国农田土壤污染日趋严重,农田受污染率从 20 世纪 80 年代末期的不足 5%,上升至 2014 年的 19.4%。[①] 2014 年 4 月 17 日,环保部和国土资源部联合发布的《全国土壤污染状况调查公报》显示,我国耕地土壤环境质量堪忧,轻微、轻度、中度和重度污染点位比例分别为 13.7%、2.8%、1.8% 和 1.1%,其中重金属污染

---

① 陈印军、方琳娜、杨俊彦：《我国农田土壤污染状况及防治对策》,《中国农业资源与区划》,2014 年第 4 期,第 1—6 页。

问题比较突出。污染物主要来自工业"三废",并通过大气沉降、洪冲积和不合理的农业生产过程3个路径进入农田,其中不合理的农业生产过程,尤其是污水灌溉是污染物进入农田的首要路径。

在现行法律体系中,我国已经有了防治大气污染、水污染和海洋污染的法律,但防治土壤污染的法律仍是一片空白。虽然我国制定了土壤污染监测标准,但并未实行严格监测,以至于对土壤污染的基本状况缺乏全面系统的掌握。同时,我国还没有建立起专门针对土壤污染的行之有效的监管体系和机制,导致对土壤污染的防治工作力度不够,这一定程度上加重了土壤污染。

三、空气污染及其治理

空气污染物的种类有100种左右,工业废气是主要污染源,排出的有毒气体通过植物的呼吸和光合作用进入植物体内引起毒害。空气中污染物主要有二氧化硫、氟化氢、光化学烟雾和粉尘等。大气污染物进入农业环境后,不仅直接影响农业生产,而且还会通过对水土的污染间接危害动植物和微生物的生长。

农业环境的空气质量与能源结构有关。对农作物造成危害的大气污染物很多,其中以二氧化硫、氟化物、氟气、一氧化碳、氮氧化物和烟(粉)尘等危害较大。二氧化硫主要来自有色金属冶炼厂、硫酸制造厂及以煤作为燃料的工业和民用各种锅炉、炉窑、炉灶等排放的废气。氟化物主要来自电解铝厂、磷肥厂等排放的废气。氯气主要来自电解食盐、碱厂、盐酸厂等排放的废气。烟(粉)尘主要来自以煤为燃料的各种工业和民用锅炉、炉窑等排放的废气。从污染来源看,防治大气污染难度大、耗资多,是一个长期而艰巨的任务。

2012年3月,我国颁布了新的《环境空气质量标准》,确定了近阶段我国大气污染防治的重点将是PM2.5的污染。同年,通过了《重点区域大气污染防治规划(2011—2015年)》。2012年底,环保部、财政部、国家发展和改革委员会联合发布《重点区域大气污染防治"十二五"规划》,内容涉及了包括北京、上海、天津、重庆等直辖市以及15个省会城市在内的47个城市,对重点区域的二氧化硫、氮氧化物、工业烟(粉)尘排放量作了明确的减排规定。2013年国务院制订的《大气污染防治行动计划》指出，到 2018 年计划总投资 1.7 万亿元用于大气污染防治。

四、畜禽养殖及其污染治理

畜禽养殖业的发展，特别是集约化养殖的高速发展，使畜禽养殖由过去的分散经营、饲养头数少、主要分布在农区转变为现在的集中经营、饲养头数多、分布在城市郊区或新城区。畜禽养殖特点的演变，以及肥料施用由以有机肥为主向以化肥为主的转变，导致养殖场畜禽粪便"由宝变废"。造成畜禽养殖污染严重的原因有三：一是当初的布局不合理，显得过于集中；二是绝大多数规模化畜禽养殖场，没有相应的配套耕地吸纳其产生的畜禽粪便，造成了严重的农牧脱节；三是对于畜禽污染物处理缺乏优惠政策。

《第一次全国污染源普查公报》针对畜禽养殖业主要污染物排放统计了粪便排放和水污染物两项。其中畜禽养殖业粪便产生量为 2.43 亿吨，尿液产生量为 1.63 亿吨；水污染物排放量：化学需氧量为 1268.26 万吨，总氮为 102.48 万吨，总磷为 16.04 万吨，铜为 2397.23 吨，锌为 4756.94 吨，分别占农业污染源排放量的 95.78%、37.89%、56.34%、94.03% 和 97.83%，而且化学需氧量排放量是工业源化学需氧量排放量的 4.03 倍。规模化畜禽养殖业成为我国环境污染的重要来源之一。

2015 年 3 月发布的《全国环境统计公报（2013 年）》提供了翔实的畜禽养殖污染情况数据。调查统计的规模化畜禽养殖场共有 138730 家，规模化畜禽养殖小区 9420 家，排放化学需氧量 312.1 万吨，氨氮 31.3 万吨，总氮 140.9 万吨，总磷 23.5 万吨。畜禽养殖业的氨氮排放量超过了工业源氨氮排放量。加之对环境影响较大的大中型养殖场 80% 分布在人口集中、水系发达的大城市周围和东部沿海地区，集约化畜禽养殖对生态环境造成了严重的影响。

从"八五"开始，我国农业部门就集约化畜禽养殖场的废弃物治理开展立项研发与推广应用。迄今，畜禽粪便堆肥还田、"固液分离—厌氧—好氧"的"三段式"工艺处理养殖废水等技术在国内已获得广泛应用，也积累了相关经验。但是，我国目前养殖废弃物防治和管理技术相对滞后。由于畜禽养殖污染防治受自然条件、经济发展水平及区域环境质量要求的影响较大,而我国幅员辽阔,养殖条件和方式呈现明显的区域差异,适合各主要地区自然及经济条件的污染防治技术体系尚未形成,管理经验尚缺乏,难以正确指导养殖企业因地制宜地开展污染防治工作,造成养殖场污染治理设施盲目建设,建成的治理设施难以正常稳定运行或不重视运行,没有发挥应有的环保效益。①

由于我国畜禽养殖量大,年际变化大,加上其他原因导致统计养殖量与实际之间存在较大差异等问题突出,对畜禽养殖污染物产生、排放现状难以适时准确掌握,造成相关政策与措施的偏差。虽然国家环保总局于2001年2月与2002年2月先后发布了《畜禽养殖污染防治管理办法》和《畜禽养殖业污染物排放标准》,但是两者所规制的是规模化畜禽养殖场,对于规模以下的畜禽养殖户由于无法可依很难对其实施监管。2013年10月8日国务院第26次常务会议通过了《畜禽规模养殖污染防治条例》,提出应从推动畜禽养殖业发展,加强科学规划布局,加强适度规模化集约化发展,加强环保设施建设,推进种养结合和提高废弃物利用率入手,提高畜禽养殖业的可持续发展能力。

第四节
农村生态文明建设的问题与治理思路

一、农村生态文明建设面临的主要问题②

1. 农业资源约束增强

(1) 人均耕地面积偏少,质量较低,污染严重。

---

① 吴根义、廖新俤、贺德春等:《我国畜禽养殖污染防治现状及对策》,《农业环境科学学报》,2014年第33卷第7期,第1261—1264页。
② 宋洪远、金书秦、张灿强:《强化农业资源环境保护推进农村生态文明建设》,《湖南农业大学学报(社会科学版)》,2016年第10期,第33—41页。

截至2009年12月30日，全国耕地面积约为1.35亿公顷，人均耕地面积为0.1公顷，约为世界平均水平的40%。① 进入21世纪以来，我国建设占用耕地逐年增加，从2001年的16.37万公顷增加到2010年的25.3万公顷；全国耕地质量总体偏低，中低等地面积占全国耕地评定总面积的67.4%。② 全国土壤总的超标率为16.1%，耕地的点位超标率为19.4%，中东部地区已经有333.3万多公顷耕地为中重度污染，已经不适宜农作物种植。③

（2）水资源匮乏，有效利用率不高，过度使用和污染严重。

2014年全国地表水资源总量为26263.9亿立方米，人均水资源量为1920.1立方米，约为世界平均水平的25%。农业是水资源消耗最大的产业，农业用水总量呈现逐步上升的趋势，2012年农业用水达3869亿立方米，占全社会用水总量的63.5%。农业用水效率不高，灌溉用水有效利用系数仅为0.5，比发达国家低20个百分点。一些地区长期过量开采地下水，导致地下水位持续下降，华北平原东部深层承压地下水位降落漏斗面积达7万多平方公里。

2. 农村环境污染严重

（1）城市和工业污染向农村扩散。

进入21世纪来，全国工业固体废弃物产生量呈直线上升趋势，从2000年的8.16亿吨增加到2014年的32.56亿吨。2014年全国工业和城市生活COD排放量占全国排放总量的51.2%，氨氮排放量占全国排放总量的67.6%。

（2）农业生产化学投入品使用增加。

一是化肥施用量较快增长，利用效率不高。2014年全国化肥施用量为5996万吨，平均每公顷施用量超过480公斤，是国际安全施用水平的2倍多。据测算，全国化肥当季吸收率约为35%，每年施用氮肥量的17%、磷肥量的2.4%直接进入河流和湖泊，已成为导致水体富营养化的重要原因。④

---

① 数据来源：2013年国土资源部第二次全国土地调查数据。
② 数据来源：2009年国土资源部发布的《中国耕地质量等级调查与评定》。
③ 数据来源：2014年国家环保部和国土资源部联合发布的《全国土壤污染状况调查公报》。
④ 朱兆良、David Norse、孙波：《中国农业面源污染控制对策》，中国环境科学出版社，2006年版。

二是农药使用量持续增加，利用效率不高。2014年中国农药用量为180.7万吨，有效利用率仅为30%左右。另据估算，近年来每年废弃的农药包装物约有32亿个，包装废弃物重量超过10万吨，包装中残留的农药量占总重量的2%~5%。①对水体、土壤、人体健康以及周边生态环境造成直接危害。

三是农膜使用量大幅度增加，土壤残留率较高。近年来，我国年用农膜量为250万吨左右，农膜残留在土壤中；残留在土壤中的农膜碎片，还会破坏土壤结构，阻碍气、肥、热的传导，造成农作物减产。

（3）农业生产废弃物排放量大。

一是畜禽粪便污染严重。全国畜禽养殖业粪便年产生量为2.43亿吨，尿液年产生量为1.63亿吨；排放化学需氧量（COD）1268.26万吨，畜禽养殖排放的COD约占农业排放总量的96%，占全国COD总量的比例达45%。②随着人工水产养殖规模的扩大，大量饵料和渔药的投放也造成水体的富营养化。二是农作物秸秆综合利用率不高。2013年全国农作物秸秆可收集量达到8.3亿吨，综合利用量约为6.4亿吨，综合利用率约为77.1%，其余废弃物已成为水土和大气的污染来源。③

（4）农村生活污染无序排放。

全国爱卫会、卫生部联合组织开展的全国农村饮用水与环境卫生现状调查数据显示，仅2006年全国农村生活垃圾产生量就接近3亿吨，平均每人每天生活垃圾产生量为0.86千克，其中1/3的生活垃圾随意堆放；农村家庭由厨房、卫生、洗衣等排放的灰水人均为25~100吨，由粪便、尿液排放的黑水人均为0.55吨。

3. 生态系统退化

（1）草原生态系统恶化。

草原是中国面积最大的陆地生态系统，占国土面积的41%。由于不适当的农业

---

① 焦少俊、单正军、蔡道基等：《警惕"农田上的垃圾"——农药包装废弃物污染防治管理建议》，《环境保护》2012年第18期，第42—44页。
② 环保部、国家统计局、农业部：《第一次全国污染源普查公报》。
③ 《中国资源综合利用年度报告（2014）》。

和矿产开发以及过度放牧，导致大部分草原处于退化状态。草场退化表现为草产量持续下降、牧草盖度和高度降低，出现严重的荒漠化。尽管国家实施了退牧还草、京津风沙源项目等草原保护项目，但只是遏制了全国草原生态环境加速恶化的势头，全国草原生态仍呈"点上好转、面上退化，局部改善、总体恶化"态势。

（2）土地荒漠化和沙化严重。

截至2014年，全国荒漠化土地面积为261.16万平方公里，占国土面积的27.2%。沙化土地面积为172.12万平方公里，占国土面积的17.9%，两者合计占国土面积的1/3多。[①] 随着国家重点工程的启动，一些重度荒漠化的土地得到治理，而轻度荒漠化的土地面积还在扩大。

（3）水土流失严重。

中国是世界上耕地水土流失最严重的国家之一，耕地表土流失量每年约为33亿吨，占世界每年耕地表土流失量的14.35%，耕地水土流失占全国水土流失总量的1/3，耕地水土流失面积占耕地总面积的34.3%。[②] 东北地区黑土层平均厚度已由20世纪50年代的80~100厘米，下降到目前的20~30厘米。

二、农村生态环境变化的趋势与治理的基本思路

1. 农村生态环境的变化趋势与治理要点

（1）生态环境变化趋势。

①农业的水土资源约束将进一步趋紧。

根据《国家新型城镇化规划（2014—2020年）》的要求，到2020年我国的城镇化率将达到60%以上。随着大量的农村居民进入城镇，城镇的住房、交通、医院、学校、文化等公共基础设施建设用地将占用大量土地，使耕地资源总量减少。

②农村生态环境恶化的趋势短期内难以得到根本扭转。

一方面，工业和城镇生活污染是长期积累形成的问题，虽有治理，但在短期内难以得到根本改善；另一方面，农业生产方式和农民生活方式在短期内难以得到根

[①] 国家林业局2015年第五次全国荒漠化和沙化监测数据。
[②] 刘昌明：《中国21世纪水问题方略》，科学出版社，2001年版。

本转变，农业化学投入品的使用将呈继续增加态势，农民生活污染物排放量和种类都将继续增加。

（2）农村生态环境的治理要点。

①遏制工业和城镇污染向农村扩散。

工业和城镇污染持续向农村扩散，污染了农产品生产的产地环境，既削弱了农业的生产能力，又影响了农产品的质量，同时也污染了农村居民的生活环境，不利于农民生活质量的改善，给农民的健康带来严重危害。因此，保护农村生态环境，首先要遏制工业和城镇污染向农村扩散，同时要在城市和工业领域严格执行确保企业达标排放的要求。

②防治农业面源污染。

中国农业面源污染已经逐步成为主要的污染来源。因此，国家环境治理和生态保护的重点要逐步向农村转移，环境治理投资和生态保护建设资金要重点向农村倾斜。

③治理土壤污染，尤其是重金属污染。

中国土壤污染严重，主要分布在粮食主产区，对国家粮食安全和食品质量安全构成严重威胁。因此，治理土壤污染，尤其是农业主产区的重金属污染，应作为农村环境治理的一项紧迫任务常抓不懈。

2. 加强农业资源与农村环境保护的基本思路

加强农业资源环境保护、推进农村生态文明建设，要健全农村生态文明管理体制和制度，创新农村生态文明建设技术体系和服务方式，强化农村生态文明建设规划引导和政策支持，并加大农村生态文明建设投入力度。

（1）健全农村生态文明管理体制和制度。

①健全农业资源管理和农村生态环境保护体制。

一是健全农业资源管理和农村生态环境保护机构，建立跨部门、统一的管理体制。在中央层面，建议设立农业资源管理和农村生态环境保护机构，进一步明确和界定农业资源管理和农村生态环境保护领域的职能。在地方层面，加强基层农业资源管理和农村生态环境保护机构建设，逐步建立乡村农业资源管理和农村生态环境保护公共服务机构，支持发展农村基层农业资源管理和农村生态环境保护民间服务机构。二是强化农业资源管理和农村生态环境保护职能。整合分散在农业、林业、水利、发改、环保、国土、气象、建设、科技等部门的职责，统一行使农业资源管理和农村生态环境保护职能。建立城乡统筹、区域联动的生态系统保护修复机制和污染防治机制。三是完善农业资源管理和农村生态环境保护考核评价机制。建立体现农村生态文明建设要求的指标体系、考核办法、奖惩机制，强化监督考核和激励约束，调动县、乡政府加强农业资源管理和农村生态环境保护的积极性。

②完善农业资源管理和农村生态环境保护法律体系。

一是加快制定《土壤污染防治法》《农村环境保护条例》等有关法律法规；二是推动修订《中华人民共和国水污染防治法》《排污费征收管理使用条例》等相关法律法规；三是理顺农业资源管理和农村生态环境保护执法体制，加强执法监督，强化司法保护；四是加强执法体系建设，增强依法行政能力，推行农业资源管理和农村生态环境保护综合执法，健全举报制度，加强社会监督。

③健全农业自然资源资产产权制度和用途管制制度。

对水流、森林、草原、荒地、滩涂等农业自然资源开展统一确权登记工作，建立归属清晰、权责明确、监管有效的农业自然资源资产产权制度。通过划定生产、生活、生态空间开发管制界限，落实农业自然资源资产用途管制制度。健全能源、用水、土地、投入品等农业资源节约集约使用制度。落实和完善耕地保护制度、节约集约用地制度、水资源管理制度、农村生态环境保护制度。健全农业自然资源资产管理体制，明确和落实自然资源资产所有者职责；完善农业自然资源监管体制，明确和落实自然资源用途管制职责。

④实行农业资源有偿使用制度和生态补偿制度。

深化农业自然资源产品价格和税费改革，建立反映市场供求和资源稀缺程度，体现生态环境损害成本和修复效益的资源有偿使用制度和生态补偿制度。坚持使用资源付费和谁污染破坏生态环境谁付费原则，健全农村生态环境保护责任追究制度和环境污染损害赔偿制度。稳定和扩大退耕还林、退牧还草试点范围，调整严重污染地区和地下水严重超载地区的耕地用途，有序实现耕地、河湖休养生息。坚持谁受益、谁补偿原则，完善对重点生态功能区的生态补偿机制，推动建立地区间的生态补偿制度。推行节能量、碳排放权、排污权、水权交易制度，建立引导社会资本投入农村生态环境保护的机制。

（2）新农村生态文明建设技术体系和服务方式。

①健全农业资源管理和农村生态环境保护技术体系。

要针对农业生产全过程和农村生活的特点和要求，研究开发高效适用的农业资源管理和农村生态环境保护技术。从农业生产过程各环节看，要研究开发产前资源节约型技术，产中环境友好型技术，产后污染治理型技术；从要素投入管理和生态环境保护要求看，要重点开发土地、水资源、化肥、农药和农膜集约使用技术，畜禽粪便和农作物秸秆资源化利用技术，水土保持、生活垃圾和污水处理技术。推进上述技术集成配套，建立农业资源管理和农村生态环境保护技术体系。

②创新农业资源管理和农村生态环境保护技术服务机制。

一是以乡镇或区域性农业技术推广机构为依托，加强农业、林业、水利、科技、气象等技术服务机构条件设施建设，提高机构人员队伍素质，增强机构服务能力，强化经费保障机制，创新推广服务模式，积极为农业生产经营者开展农业资源管理和农村生态环境保护技术服务。二是支持发展农民合作社、专业技术协会、技术服务公司等多种形式的社会化服务组织，采取政府购买、定向委托、奖励补助、招标投标等方式，引导经营性服务组织开展公益性服务业务。三是创新服务方式和服务手段。搭建区域性、综合性的农业资源管理和农村生态环境保护技术服务平台，整合资源建设乡村综合服务社和服务中心。推广专业技术"公司+合作社+农户""农业企业+专家+农户"等服务模式，推行技物结合、技术承包式的农业资源管理和农村生态环境保护技术服务。

（3）强化农村生态文明建设规划引导和政策支持。

①强化农村生态文明建设规划引导。

一是落实两个重要规划。以提高农业资源利用效率、加快转变农业发展方式、健全农业可持续发展体制机制为重点，落实《全国农业可持续发展规划（2015—2030年）》，大力发展资源节约型、环境友好型、生态保育型农业。以治理环境、保护生态、促进农业可持续发展、提高农产品质量安全水平为重点，落实《农业环境突出问题治理总体规划（2014—2018年）》，推进绿色发展、清洁发展、低碳发展，保一澈清水、一片蓝天、一方净土，大力推进美丽乡村建设。

二是建立健全规划管理和实施机制。加强规划协调管理。加强农业可持续发展规划、农业环境突出问题治理规划与国土空间开发利用规划的衔接，明确各规划的定位和功能；结合当地实际情况编制本地的农业可持续发展规划和农业环境突出问题治理规划；按照农业可持续发展规划和农业环境突出问题治理规划提出的发展目标和重点任务，制定安排年度计划目标任务，分解确定年度计划指标。完善规划实施机制。第一，要明确规划实施主体责任。分解落实有关部门的主要任务，围绕农业可持续发展规划和农业环境突出问题治理规划提出的重点任务，研究提出落实规划的主要途径和保障措施。第二，要实行规划综合评价考核。加快建立有利于推动规划实施的绩效评价考核指标体系和制定考核实施办法，考核结果作为各级领导班子调整和领导干部选拔、任用、奖惩的重要依据。第三，要加强规划实施监测评估，建立健全规划监测评估制度，加强规划监测评估机构能力建设，完善创新规划监测评估方法，强化对农业可持续发展规划和农业环境突出问题治理规划实施情况的跟踪分析和对实施结果的监测评估。

②强化农村生态文明建设政策支持。

一是推进农业结构战略性调整。继续实施退耕还林、退牧还草、退耕还湿等主要措施，推进农、林、牧、渔区域结构调整；按照保护耕地和水资源、节约集约使用资源、提高资源利用效率、提高生态服务功能的要求，推进农作物种植业结构和农业生产结构调整。

二是进一步加大政策支持力度。重点加大对耕地重金属污染防治、畜禽粪污处理、地下水超采治理、东北黑土地保护等的投入力度。逐步提高新增建设用地使用费用于耕地质量和生产能力提升的比例。按照生产发展、农民增收、资源利用、环境保护、生态建设并重的要求，调整完善现有农业补贴政策，增加农业资源生态修复保护补贴。完善农机补贴政策，继续推进农机报废更新补贴试点，加大节油减排新型农机装置补贴力度；完善渔船柴油补贴政策，开展渔民休渔期经济补助和渔业保险补贴，继续实施增殖放流生态补助政策；完善退耕还林还草补贴政策，扩大试点范围，提高补贴标准；通过财政奖励补助等措施，支持使用高效肥和有机肥、使用高效低残留农药、使用高标准农膜和开展残膜回收，支持重金属污染区和地下水超采区开展种植结构调整，支持推广粮草轮作、粮豆轮作等种植模式；加大实施土壤有机质提升补贴力度，强化农业防灾减灾稳产增产技术补贴。

（4）加大农村生态文明建设投入力度。

进入21世纪以来，中国环境治理资金虽然逐年增加，但环境治理投入占GDP的比例仍在1.5%上下徘徊，远低于主要发达国家的投入水平。然而，这些投入又主要用在城镇和工业领域，国家对农业和农村的环境治理投资十分有限。

①建立和完善农村生态建设投入稳定增长机制。

一是发挥政府投资主导作用。中央基建投资要继续向"三农"倾斜，优先保证农村基础设施建设投资稳定增长。加强资金和项目管理，整合统筹使用涉农资金，加大农业和农村环保投入力度。加大农业资源管理和农村生态环境保护技术体系创新平台基地建设和技术集成推广力度，推动发展生态农业示范区、生态文明示范县和示范村建设，开展宜居村镇建设综合技术集成示范。二是拓宽农村环保投入渠道。充分发挥财政资金引导作用，采用贴息、奖励、风险补偿、税费减免等方式，带动金融和社会资金更多地投入农业和农村环保事业。引导和支持科研机构与企业联合研究开发农业和农村污染治理技术，加强农业资源管理和农村生态环境保护技术体系建设，探索发展农村环保市场。

②启动和实施农村生态建设工程和项目。

围绕农村生态文明建设的发展目标和重点任务，在已有建设工程项目的基础上，继续实施农业资源保护与高效利用、农村环境污染治理和生态建设重大项目，同时根据新情况、新问题和新要求，研究提出和启动及实施一系列新的工程和项目。一是启动和实施农业资源保护和高效利用项目。二是启动和实施农村环境治理和环境保护项目。加快编制村庄规划，保障农村居民住房、饮水、出行等基本生活条件，整治村庄环境，建设美丽宜居村庄。三是启动和实施农村生态修复和保护项目。

第五节
趋势展望与政策取向

绿色是农业现代化的重要标志，因此，要牢固树立绿水青山就是金山银山的理念，推进农业发展绿色化，补齐生态建设和质量安全短板，逐步实现资源利用高效、生态系统稳定的发展目标。

一、推进资源保护和生态修复

1. 严格保护耕地

落实最严格的耕地保护制度，坚守耕地红线，严控新增建设用地占用耕地。完善耕地占补平衡制度，研究探索重大建设项目国家统筹补充耕地办法，全面推进建设占用耕地耕作层土壤剥离再利用。大力实施农村土地整治，推进耕地数量、质量、生态三位一体保护。

2. 节约高效用水

在西北、华北等地区推广耐旱品种和节水保墒技术，限制高耗水农作物种植面积。在粮食主产区、生态环境脆弱区、水资源开发过度区等重点地区加快实施田间高效节水灌溉工程，完善雨水集蓄利用等设施。推进农业水价综合改革，建立节水奖励和精准补贴机制，增强农民节水意识。推进农业灌溉用水总量控制和定额管理。加强人工影响天气能力建设，加大云水资源开发利用力度。

3. 加强林业和湿地资源保护

严格执行林地、湿地保护制度，深入推进林业重点生态工程建设，搞好天然林保护，开展湿地保护和恢复，加强湿地自然保护区建设。继续推进退耕还林、退耕还湿，加快荒漠化、石漠化治理。

4. 修复草原生态

加快基本草原划定和草原确权承包工作，全面实施禁牧休牧和草畜平衡制度，落实草原生态保护补助奖励政策。继续推进退牧还草、退耕还草、草原防灾减灾和鼠虫草害防治等重大工程，建设人工草场和节水灌溉饲草料基地，扩大舍饲圈养规模。合理利用南方草地资源，保护南方高山草甸生态。

5. 强化渔业资源养护

建立一批水生生物自然保护区和水产种质资源保护区，恢复性保护产卵场、索饵场、越冬场和洄游通道等重要渔业水域，严格保护中华鲟、长江江豚、中华白海豚等水生珍稀濒危物种。促进渔业资源永续利用，扩大水生生物增殖放流规模，建设人工鱼礁、海洋牧场。建立海洋渔业资源总量管理制度，加强渔业资源调查，健全渔业生态环境监测网络体系，实施渔业生态补偿。

6. 维护生物多样性

加强农业野生植物资源和畜禽遗传资源保护，建设一批野生动植物保护区。完善野生动植物资源监测和保存体系，开展濒危动植物物种专项救护，遏制生物多样性减退速度。强化外来物种入侵和遗传资源丧失防控。

二、强化农业环境保护

1. 开展化肥及农药使用量零增长行动

集成推广水肥一体化、机械深施等施肥模式，集成应用全程农药减量增效技术，发展装备精良、专业高效的病虫害防治专业化服务组织。化肥使用量零增长行动方案的技术路径是：推进精准施肥，调整化肥施用结构，改进施肥方式，以有机肥替代化肥。重点措施是：创新服务机制，强化农企对接，提高配方肥到田到户率；依托种粮大户、家庭农场、专业合作社等新型经营主体，推广机械施肥、水肥一体等施肥技术；推进新肥料、新技术应用，推广高效新型肥料和高效施肥技术模式；推进有机肥资源利用，提高土壤有机质含量；加强高标准农田建设，提升耕地质量，减少化肥投入。

农药使用量零增长行动方案的技术路径是：控制病虫发生危害，以高效低毒低残留农药替代高毒高残留农药、以大中型高效药械替代小型低效药械，推行精准科学施药，推行病虫害统防统治。重点措施是：构建病虫监测预警体系，提高监测预警的时效性和准确性；集成推广一批技术模式，建设一批绿色防控示范区，培养一批技术骨干，促进大面积推广应用；促进统防统治与绿色防控融合，提升组织化程度和科技化水平。

2. 推动农业废弃物资源化利用及无害化处理

推进畜禽粪污综合利用，推广污水减量、厌氧发酵、粪便堆肥等生态化治理模式，建立第三方治理与综合利用机制。完善病死畜禽无害化处理设施，建成覆盖饲养、屠宰、经营、运输整条链条的无害化处理体系。推动秸秆肥料化、饲料化、基料化、能源化、原料化应用，率先在大气污染防治重点区域基本实现全量化利用。健全农田残膜回收再利用激励机制。

3. 强化环境突出问题治理

推广应用低污染、低消耗的清洁种养技术，加强农业面源污染治理，实施源头控制、过程拦截、末端治理与循环利用相结合的综合防治。控制华北等地下水漏斗区用水总量，调整种植结构，推广节水设施。综合治理耕地重金属污染，严格监测产地污染，推进分类管理，开展修复试点。扩大黑土地保护利用试点规模，在重金属污染区、地下水漏斗区、生态严重退化地区实行耕地轮作休耕制度试点。

第十二章
农业对外开放

第一节
农产品进出口贸易

农产品进出口贸易是我国农业对外开放与贸易的重要组成部分。改革开放以来，我国农产品进出口贸易额迅速增长，贸易规模不断扩大，在世界农产品贸易中占有举足轻重的地位，为农业农村经济发展发挥了重要作用。

一、农产品进出口贸易发展历程

改革开放以来，我国农产品进出口贸易体制和政策改革大致经历了三个阶段。

1. 计划和市场双重管理阶段（1979—1991年）

中国共产党十一届三中全会原则上通过了《中共中央关于加快农业发展若干问题的决定（草案）》，农业农村经济从此进入了全面改革和发展的新阶段，各项农产品进出口贸易改革措施逐步推进。1979年开始，外贸改革了单一的指令性计划管理体制，实行指令性计划、指导性计划和市场调节相结合，重新实行进出口许可证制度，建立外贸经营权审批制度。1985年开始，我国在全行业实行承包经营责任制，逐步运用价格、汇率、利率、退税、出口信贷等经济手段调控对外贸易，外贸的宏观调控体系开始形成。1991年，我国取消了对外贸出口的财政补贴，从建立自负盈亏机制入手，使外贸逐步走上统一政策、平等竞争、自主经营、自负盈亏、工贸结合、推行代理制的轨道。总体上看，这一阶段国家对农产品进出口贸易开始实行计划和市场双重管理，但计划色彩明显。

2. "复关"和入世谈判阶段（1992—2001年）

1992年，邓小平同志视察南方并发表重要讲话后，党的十四大确立了建立社会主义市场经济体制的改革目标；党的十五大强调对外开放是一项长期的基本国策，要大力发展开放型经济。自此，我国改革开放和现代化建设事业进入了一个新的历史阶段。从1991年开始，在汇率制、外贸企业经营机制、信贷政策等方面继续深化改革，管理方式和手段逐渐与国际规则和惯例接轨。取消国家对外贸出口的财政补贴，建立外贸企业自负盈亏新机制；实行以大类商品区分的全国统一的外汇流程比例办法，为企业平等竞争创造条件，加快推进加入世界贸易组织进程。1992—1997年，我国连续4次大幅度降低进口关税税率，农产品平均关税税率降到了21.2%。同时，逐步取消了一些非关税壁垒，部分农产品出口配额实行招标。汇率体制也进行了重大改革。自1994年1月1日起，我国实行以市场供求为基础的、单一的、有管理的人民币浮动汇率制度，实行银行结售汇制，取消各类外汇流程。同时，制定了农业生物技术安全管理法规，建立转基因产品生产许可证登记和销售标识制度；加快了动植物卫生检验检疫制度建设，加强农产品双边贸易谈判及反倾销调查等。此外，还加强了对农产品走私、骗取退税等非法活动的打击，进一步规范了农产品进出口秩序。

3. 入世后的全面开放阶段（2002年至今）

这一时期，我国开放型外贸管理体制的建立和完善，为我国农业对外贸易发展创造了良好条件。首先，加强了外贸领域法律、法规建设，加快了对外贸易管理的法制化进程。其次，通过清理、修订和新颁布有关法律、法规（尤其是颁布和实施新的《中华人民共和国对外贸易法》），我国的外贸管理走上了与国际规则接轨、适应社会主义市场经济需要的法制化轨道，保证了外贸管理的公开性和透明度，确保了我国对外贸易管理与世贸规则的衔接。

为了加入世界贸易组织，我国在农业方面作出了巨大的减让承诺。主要包括：一是逐步降低农产品关税。承诺到2004年将农产品平均关税税率由入世前的21%

降到15.8%。二是承诺取消农产品出口补贴。三是对一些重要农产品实行关税配额管理。承诺从2006年1月1日起,取消所有植物油的关税配额管理手段,实行9%的单一关税政策等。四是建立农产品进口关税配额管理制度。国家根据对外承诺和工农业生产及市场需求情况,确定实行进口关税配额管理的农产品年度市场准入数量;在确定数量内的农产品进口适用关税配额内税率,超过确定数量的农产品进口适用关税配额外税率。非国有企业有权直接参与关税配额的分配,并要求保证一定比例的配额,以保证关税配额的充分使用。

自2001年底加入世界贸易组织到2005年,经过连续4年的大幅度降税,我国已经履行了大部分承诺的降税义务。2006年,进一步履行入世承诺,降低了100多个农产品税目的进口关税,农产品平均税率由2005年的15.3%降到15.2%,仅约为世界贸易组织所有成员平均水平的1/4。从2006年起,我国取消了对豆油、棕榈油等产品的关税配额,关税税率统一降至9%;继续对粮食、棉花等大宗农产品实行进口配额管理制度,根据生产和市场供需状况调控农产品进口。此外,继续对棉花配额外进口实行滑准税政策,对配额外进口棉花以5%~40%的滑准税方式征收进口关税,使棉花进口成本不低于国内棉花市场价格(每年的进口目标价格都是不一样的,根据国内棉花生产成本确定)。滑准税政策对稳定国内棉价、促进农民增收起到了积极的作用。①

除了加入世界贸易组织、融入世界经济外,近年来我国还积极发展区域自由贸易,与周边国家和地区的经济合作全面展开,进展迅速。2001年我国正式成为《曼谷协定》成员,首次加入实质性区域贸易协议;同年与东盟正式签署《中国—东盟加强全面经济合作框架协议》,2004年开始实施"早期收获计划",2005年7月开始实施《中国与东盟全面经济合作框架协议货物贸易协定》,2007年1月签订《中国—东盟自由贸易区服务贸易协议》;2003年6月和10月内地分别同香港、澳门特别行政区签署并实施了《内地与香港关于建立更紧密经贸关系的安排》《内地与澳门关于建立更紧密经贸关系的安排》;2005年11月我国与智利签署《中国—

---

① 农业部:《2007中国农业发展报告》,中国农业出版社,2007年版,第108页。

智利自由贸易协定》；2003 年我国与巴基斯坦签署《中国与巴基斯坦优惠贸易安排》，2006 年 11 月签署《中国—巴基斯坦自由贸易协定》，2009 年 2 月 21 日签署《中国—巴基斯坦自由贸易区服务贸易协定》。从 2006 年 9 月 1 日起我国开始实施《亚太贸易协定》（前身为《曼谷协定》）第三轮谈判结果，将向其他成员国的 1717 项 8 位税目产品提供优惠关税，平均减让幅度为 27%；另外，我国还将向最不发达成员国孟加拉和老挝的 162 项 8 位税目产品提供特别优惠，平均减让幅度为 77%[①]。2008 年 4 月 7 日我国与新西兰签订《中国—新西兰自由贸易协定》。此后，我国陆续与澳大利亚、冰岛、海湾合作委员会、南部非洲关税同盟、秘鲁、挪威、印度等开展自贸区可行性联合研究或正式谈判。截至目前，我国已经签署 16 个自贸协定，涉及 24 个国家或地区。

二、农产品进出口贸易的发展与成就

1. 较快增长阶段的农产品进出口贸易（1979—1992 年）

在这个阶段，农产品进出口贸易整体呈增长态势。由于 20 世纪 80 年代初中期我国农业主要农产品大幅度增产，因此 1981—1984 年，农产品进口额不断走低，农产品进出口总额呈下降趋势。1981 年中国农产品进出口总额为 105 亿美元，1982 年小幅下降至 102 亿美元，1983 年大幅下跌到 86 亿美元。其后，农产品进出口贸易呈稳定增长趋势。1988 年首次突破 150 亿美元，1991 年首次达到 200 亿美元。从 1981 年的 104.9 亿美元增加到 1992 年的 220 亿美元，平均年增长率为 6.96%。这一时期农产品出口贸易规模持续扩大，增长比较稳定。1980 年农产品出口仅为 45 亿美元，1992 年达到 123 亿美元，年均增长率为 9.57%。农产品进口额在波动中上升，平均增长速度为 4.46%。在 20 世纪 80 年代前期由于国内农业生产的大好形势，农产品国内供给量大增，农产品的进口持续下降。但 80 年代后期由于国内农业生产的波动，农产品的进口又有较大幅度增长。1981 年和 1982 年农产品进口额大于出口额，此后一直是出口大于进口，1983 年之后，农产品进出

---

① 资料来源：商务部国际司。

贸易一直保持顺差，年平均顺差约为22亿美元，1992年达到了26亿美元的最高水平。

这一阶段农产品进出口贸易额在中国商品贸易总额中所占的比例呈下降趋势，农产品进出口总额占中国外贸总额的比重从1980年的27%下降到1992年的13.3%；出口额所占比重由1980年的26%下降到1992年的14.5%，进口额所占比重由1980年的34%下降到1992年的12%。这从一个侧面反映了中国农业与工业发展比重已经发生了重要变化，农业为国家工业化提供资金积累的作用已大大降低。但农产品进出口贸易对中国农业及国民经济的增长仍然发挥着积极的作用。据测算，1982—1990年间，农业生产总值年均增长14.04%，其中农产品出口贡献了1.83%，贡献份额为13.03%；而进口贡献了0.19个百分点，占1.37%的份额。

与此同时，中国农产品进出口贸易额占整个世界农产品进出口贸易额的市场份额稳步上升，在世界农产品市场的影响力逐步扩大。与世界农产品进出口贸易相比较，这一时期中国农产品出口增长率是世界平均出口增长率3.57%的1.95倍，而进口增长率仅是世界平均进口增长率3.9%的1.14倍。1980年，世界农产品进出口总额为4895.5亿美元，中国约占2.14%；世界农产品进口额为2553.5亿美元，中国约占2.31%；世界农产品出口额为2342亿美元，中国占1.9%。1992年，世界农产品进出口总额为7457.7亿美元，中国占2.95%；世界农产品进口额为3877.4亿美元，中国占2.5%；世界农产品出口额为3580.3亿美元，中国占3.4%。

2. 波动增长阶段的农产品进出口贸易（1993—2001年）

这一阶段农产品进出口贸易的总体特征是，规模有所扩大，但年际波动比较大。经历了几年的持续高速增长之后，1993年中国农产品进出口贸易总额小幅回落至210亿美元。1994年，中国农产品进出口额都创历史新高，总额达到280.9亿美元。1994年之后贸易额开始下滑，农产品进出口贸易进入一个反复波动期，2000年开始回升，但直到2001年仍未恢复到1994年的水平。

虽然中国农产品进出口贸易总额处于增长状态，但是，中国农产品进出口贸易总额占中国进出口贸易总额的比重却继续呈下降趋势。1993—2001年，中国农产品进出口贸易总额占中国进出口贸易总额的比重由 10.73% 下降到 5.48%。其中，农产品出口贸易额占进出口贸易总额的比重下降更快，由 13.73% 下降到 6.04%，下降 7.69 个百分点；农产品进口贸易额占贸易总额的比重由 8.08% 下降到 4.86%，下降 3.22 个百分点。农产品进出口贸易的顺差持续增长，与上一阶段相比，农产品年均顺差由 20.3 亿美元增至 32.2 亿美元。中国农产品进出口贸易在世界贸易市场中的份额仍然不断攀升。1993 年中国农产品进出口贸易额占世界进出口贸易总额的比重为 3.02%，2001 年上升到 3.29%。进口所占比重 1993 年是 2.4%，2001 年是 2.7%，出口所占比重 1993 年是 4%，2001 年是 4.1%。

3. 快速增长、价格倒挂阶段的农产品进出口贸易（2002 年至今）

2001 年底，中国正式加入世界贸易组织后，在更大范围和更深程度上参与经济全球化，对外开放进入了新阶段，农产品进出口贸易也进入快速增长阶段。

（1）贸易规模持续增长。

入世以来，我国农产品进出口贸易持续快速增长。目前我国已成为世界最大的农产品进口国及第六大农产品出口国，农产品进出口贸易总额居世界第二位。2001—2014 年我国农产品进出口贸易总额由 279.2 亿美元增长到 1945 亿美元，年均增幅为 16.1%。2014 年，我国农产品进出口贸易总额是农业增加值的 20.7%，其中出口为 7.7%，进口为 13%。

（2）贸易结构趋向合理。

在现有农业资源禀赋条件下，我国土地密集型的油料、棉花等产品明显缺乏比较优势，不具备国际竞争力；但由于我国劳动力资源丰富且价格相对较低，因此水产、畜牧及园艺等劳动密集型农产品具有较强的国际竞争力和出口潜力。随着两种资源两个市场融合的加深，农产品的进出口结构变化符合农业比较优势的状况。2001—2014 年，农产品出口额由 160.7 亿美元增加到 717.6 亿美元，年均增长 12.2%；进口额由 118.5 亿美元增加到 1227.3 亿美元，年均增长 19.7%，每 3 年翻一番，农产品进口增速快于出口增速。从 2004 年开始，我国农产品进出口贸易由入世时 50 亿美元左右的长期顺差转变为逆差，且逆差呈持续扩大态势。2013 年逆差达到历史最高的 510.6 亿美元，2014 年由于国际农产品价格走低逆差略有下降，为505.8亿美元。

（3）进口来源地集中化，出口市场日趋多元。

由于大豆、棉花、植物油等主要进口产品的产地分布较为集中，相应地我国农产品进口来源地十分集中。2001年，我国农产品前四大进口来源地分别为美国、东盟、澳大利亚和阿根廷，自这些国家和地区进口的农产品为66.9亿美元，占当年进口总额的56.5%。近年来，随着主要进口产品进口量的快速增长，我国农产品进口集中度有所上升。2014年，我国自前四大进口来源地美国、巴西、东盟和欧盟进口的农产品合计778.3亿美元，占当年农产品进口总额的63.5%。入世初期，我国农产品出口主要集中在日本、中国香港、韩国等周边国家和地区以及欧洲、美国等发达国家和地区，其中日本市场占我国农产品出口额的比重在1/3以上。2001年中国对日本、欧盟、中国香港和韩国这前四大出口市场的出口额为112.8亿美元，占农产品出口总额的70.2%。近年来，我国与新兴市场经济体和发展中国家不断加强沟通交流，建立了多个贸易促进平台，持续推进贸易便利化，促进了相互之间农产品进出口贸易的发展，农产品出口市场多元化程度有所提高，但总体来看出口市场集中度仍然较高。2014年，对前四大出口市场东盟、日本、欧盟和中国香港的农产品出口额为419.4亿美元，占当年农产品出口总额的59.3%。

我国农产品出口市场主要集中在周边国家和地区，其中对日本、韩国和中国香港的出口一直保持较高份额，2001年中国出口到这三个国家和地区的农产品合计占农产品出口总额的57.7%。入世后，中国农产品出口市场逐渐增多，对日本、韩国和中国香港等周边传统贸易伙伴的出口比重有所下降，对欧洲、美国等新兴贸易伙伴的农产品出口比重则有所提高。2012年中国对日本、韩国和中国香港的出口额占农产品出口总额的34.7%，比2001年下降了23个百分点，而对美国、东盟的出口额占农产品出口总额的比重明显增加，2012年分别为11.5%和16%，分别比2001年上升了3.7和7.9个百分点。

第二节
农业利用外资与对外投资

农业利用外资与对外投资是我国农业对外开放的重要组成部分。早在改革开放初期,中央就提出要充分利用国际、国内两个市场、两种资源。20世纪80年代初期,国家明确提出在对外开放中,要发展中国企业的跨国经营。

一、农业利用外资

农业生产经营周期长、风险大,农业领域投资不足是世界许多国家尤其是广大发展中国家面临的共同难题,积极吸引和利用外资是各国和地区促进农业经济发展、产业升级的重要举措。我国自改革开放以来积极引进外资促进农业发展。40年来,农业利用外资从无到有、从小到大取得了显著成就,对弥补国内农业投入不足、促进农业科技进步、推动农业产业发展以及消除农村贫困等发挥了重要作用。

1. 我国农业利用外资的制度和政策演变过程

在党的十一届三中全会提出鼓励利用外资的政策基调基础上,1979年7月,我国在第五届全国人民代表大会第二次全体会议上通过并颁布了《中华人民共和国中外合资经营企业法》。这部法律参考了世界上30多个国家的有关法律,借鉴了其他国家吸收外资的做法和经验。为我国利用外资工作奠定了法律基础。

在1980年一年时间内,为了推进《中华人民共和国中外合资经营企业法》的顺利实施和确保利用外资工作的顺利开展,全国人大常委会和国务院组织起草了一系列相关的配套法律和实施细则,在较短时间内迅速完成了一套基本的涉外经济法律法规,包括:《中华人民共和国中外合资经营企业所得税法》及其实施细则、《中华人民共和国个人所得税法》及其实施细则、《中华人民共和国外汇管理暂行条例》《中华人民共和国中外合资经营企业登记管理办法》《中华人民共和国中外经营企业劳动管理规定》等,这些法律及其实施细则等文件,构成了我国吸收外资的制度基础和法律框架。

此后,随着我国在对外开放中不断加深合作交流,我国涉外经济法规不断完善。到1991年底,仅全国人大和国务院颁布的涉及经济的法规就超过200部,地方和行政管理部门还公布了一批行政规章,《中华人民共和国涉外经济合同法》《中华人民共和国中外合作经营企业法》《中华人民共和国外资企业法》及其实施条例、《中华人民共和国外商投资企业和外国企业所得税法》及实施细则等均包含其中。这些法规文件为外商投资提供了完善的法律依据,也逐步创造了相应的体制和政策环境。

1986年,为进一步改善投资环境,吸引外资进入我国农业领域,加快吸收外资实现发展,国务院颁布了《国务院关于鼓励外商投资的规定》,对外商投资设立产品出口企业和先进技术企业给予更为优惠的待遇,随后又制定了一系列配套法规,并采取了相应措施。1992年,邓小平同志视察南方并发表重要讲话,明确了利用外资的态度和方向,这一时期我国利用外资出现快速增长的趋势,在扩大规模的同时,利用外资领域进一步拓宽,我国农业吸收外资进入高速发展时期。

1997年底,党中央、国务院召开了全国利用外资工作会议,总结了20年来我国吸收外资的经验,提出了进一步扩大对外开放,提高利用外资水平的指导思想。

2000年,会议确定今年中国利用外资工作的重点是:抓紧研究新形势下利用外资工作的各项政策措施,进一步发展和完善全方位、多层次、宽领域的对外开放,保持一定的利用外资规模。修订《指导外商投资方向暂行规定》,进一步扩大吸收外商投资的领域;积极探索利用外资的新方式,抓紧出台并完善相应的法规,包括有关中外合资产业基金、风险投资基金的管理办法;加强利用外资管理,继续完善外债管理,防范金融风险。

国家计委还提出:要提高利用外资质量,加大国外优惠贷款对基础设施的投资力度,提高借用国外贷款的使用效益;努力改善利用外资的产业结构和地区不平衡状况,引导外商到中西部地区投资;研究利用外资支持国有企业发展、支持多种所有制经济共同发展的有效途径,重点放在盘活存量、嫁接改造、证券融资等方面;

积极实施"走出去"的对外开放战略，指导企业采取境外投资方式，利用海外市场，开发境外资源。

2001年，随着国内经济发展和加入世界贸易组织，总理朱镕基在全国利用外资工作会议上指出："当前，我国国内市场供求关系发生了由卖方市场转向买方市场的重大变化，许多商品供过于求；社会主义市场经济体制初步建立，经济发展的体制条件发生了重大转变；随着加入世界贸易组织进程的加快，我国对外开放将进入新的阶段，这为吸收外资创造了更好的机遇，但国内企业也将面临更加激烈的竞争。在新的形势下，利用外资工作必须有新的战略思路和举措，才能促进改革开放和经济健康发展。"

2015年3月28日，国家发展改革委、外交部、商务部联合发布了《推动共建丝绸之路经济带和21世纪海上丝绸之路的愿景与行动》。该文件提出，沿线各国资源禀赋各异，经济互补性较强，彼此合作潜力和空间很大。未来可在政策沟通、设施联通、贸易畅通、资金融通、民心相通等方面加强合作。其中与农业利用外资相关的包括：拓展相互投资领域，开展农林牧渔业、农机及农产品生产加工等领域的深度合作，积极推进海水养殖、远洋渔业、水产品加工、海水淡化、海洋生物制药、海洋工程技术、环保产业和海上旅游等领域的合作。探索投资合作新模式，鼓励合作建设境外经贸合作区、跨境经济合作区等各类产业园区，促进产业集群发展。在投资贸易中突出生态文明理念，加强生态环境、生物多样性和应对气候变化合作，共建绿色丝绸之路。

2. 农业利用外资的发展与成效

我国农业利用外资始于20世纪80年代。农业利用外资包括金融贷款部分和无偿援助部分，来源渠道有三个：一是国际多边机构提供的贷款和援助；二是双边政府之间的经济技术合作；三是以合资、合作、独资企业为主要形式吸收的直接投资。国际多边机构主要包括世界银行、亚洲开发银行、国际农业发展基金会、联合国粮农组织、世界粮食计划署、欧洲共同体、联合国开发计划署等国际组织。2000年前，我国农业利用外资中绝大多数来自国际组织提供的贷款、援助以及双边政府之间的经济技术合作的贷款或赠款。

"八五"以来，随着外商直接投资农业领域的迅速发展以及双边政府之间的经济技术合作不断加强，国际农业援助占比有所下降，"八五"期间为63%。1999年，占农业协议利用外资比重降至40%左右。从我国外资发展的历程来看，总体经历了起步、发展、快速发展、回落调整、全面提高五个阶段。

第一，起步阶段（1981—1985年）。改革开放初，我国农业效益比较低，主要出售初级产品，农产品产后加工滞后。发达国家农产品加工业与农业产值之比大都在3∶1以上，我国仅为0.6∶1。积极吸收外资加快发展农业企业，推进农产品加工业及农村第二、第三产业迅速发展，使它们成为农村经济的新增长点，有利于加快城镇化和农村劳动力的转移。在这一阶段，我国农业外资大多来自国际多边机构提供的贷款以及政府之间的经济技术合作。"七五"以前，国际援助占农业利用外资总额的80%以上，1980年，我国恢复了在世界银行的合法代表权，次年3月，世界银行向我国承诺1981—1983年度贷款8亿美元。其中，国际开发协会软贷款4亿美元，国际复兴开发银行贷款4亿美元（利率为9.6%）。到1982年底，已签协议贷款约5.3亿美元，用于大学发展和农业相关的科研项目以及华北平原改造盐碱地、三江平原荒地开垦、大庆油田改造、中原文留油田开发等项目。

这一时期，我国还有外商直接投资参与农业，但这部分金额较小，农业外商直接投资在农业利用外资总量中的比例较低。1981年，我国农、林、牧、渔业外商直接投资的协议金额为0.11亿美元，1982年上升到0.15亿美元，此后2年农业外资协议金额均未达到1亿美元。外商直接投资的农业项目主要是经济作物种植和养殖业，大宗农产品生产经营比较少。1980年前后，外商投资建起了广东省光明农场的养猪、广西南宁的菠萝种植、海南澄迈的油棕种植以及天津滨海养虾等项目。在港资项目中，渔业占有较大比重，大约40%都属于渔业投资项目。

第二，发展阶段（1986—1990年）。1986年我国进入"七五"时期。随着对外开放不断扩大，政府大力鼓励外资进入农业领域，先后出台《国务院关于鼓励外商投资的规定》《中华人民共和国中外合作经营企业法》等促进和吸引外商来华进行农业投资。由于相关配套政策逐步健全，投资环境明显改善，这一时期我国农业利用外资规模逐步扩大。"七五"时期农业利用外资合计6.28亿美元。但由于农业外商直接投资尚处于摸索成长阶段，多边机构的援助仍在农业利用外资中占有很大比重，占比达72%。外商直接投资于农业的规模波动较大，投资额最高时达2.09亿美元，最低时为1亿美元左右。

第三，快速发展阶段（1991—1995年）。"八五"以来，为推动国内经济快速发展，我国又相继出台了外资促进政策，农业利用外资规模在这一时期快速发展。"八五"时期我国利用农业外资共47.98亿美元。1992年，邓小平同志视察南方并发表重要讲话，促进农业外商直接投资迅速增长。1992年农业外商直接投资的协议金额为6.78亿美元，至1995年农业外商直接投资协议金额增长至17.36亿美元。随着外商在农业领域直接投资的迅速发展，外商直接投资占农业利用外资总额比重提高至63%，国外贷款或援助等间接投资方式所占比重则开始下降。20世纪90年代之后，外资投资领域也由原来的以农业综合开发为主向农产品深加工和高科技领域发展。农业外商直接投资项目绝大多数是农产品加工项目，而投资大、回收期长、风险较大的种植业和养殖业项目则较少，在这两个方面的外商投资仅集中于畜禽、水产、花卉等项目上。

第四，回落调整阶段（1996—2001年）。"九五"时期，我国经济进入转轨阶段，农业供求结构由供不应求转为供过于求，这一时期我国农业利用外资达到63.60亿美元。随着对外开放程度的提升和经济发展水平的提高，国外贷款或援助比重进一步下降，1999年6月30日，世界银行停止了向我国农业领域的软贷款。2001—2003年亚行对我国的贷款计划绝对量也呈下降趋势，贷款的项目主要以农业环境保护为主，且项目集中在东部和北部地区。国际农发基金对我国的农业贷款主要集中在中西部贫困地区，以扶贫和开发贷款为主，农村信贷服务项目减少。与此同时，我国农业外商直接投资比重进一步提高，"九五"时期后者投资比重提高到95%以上。从农业外商直接投资的变动来看，受亚洲金融危机冲击影响，跨国公司对发展中国家投资低迷，我国农业直接利用外资也出现调整。1996—2000年农业接受外商直接投资整体增长水平低于1992—1995年，但规模仍在显著扩大。1996年农业外商直接投资的协议金额为10.65亿美元，比1995年下降38.7%。2001年农业利用外商直接投资合同协议金额回升至17.62亿美元。从这一阶段开始,外商直接投资已经成为我国农业利用外资的主要渠道。

第五,全面提高阶段(2002年至今)。加入世界贸易组织后,中国的对外开放又进入了一个新的发展阶段,中国吸收利用外资也迎来一个新的发展空间。随着我国农村经济体制改革的深入,农业投资环境发生重大改变,各地积极开展多种形式的招商引资活动,加大农业外资的引进工作。2001年,中国加入世界贸易组织,为了适应入世要求,按照非歧视和公开透明原则,政府有关部门对利用外资的政策作出相应的调整。总体上看,中国利用外资的方针是"积极、合理、有效",把以税收激励机制为主的优惠政策转向以公平竞争机制为主的规则政策。减少了对外国投资者的市场准入限制(除特定行业外)和非国民待遇,改善综合投资环境,促进市场公平竞争,从另一个角度走向对外商投资实行国民待遇。与此同时,世界经济步入上升周期,跨国公司纷纷将我国作为首选投资目的国,外商直接投资大量涌入我国。从2002年到2005年底,全国共有外商投资农业合同项目4279个,合同外资金额110.724亿美元,实际利用外资金额为38.6108亿美元,4年间全国合同外资金额比1980—1988年9年间的合同外资金额扩大了11倍多。此后,我国农业利用外资规模稳步增长,至2011年,农业、林业、畜牧、渔业新设立外商投资企业865家,实际使用外资金额20.09亿美元,占全国外资总额的1.7%。随着我国改革开放的不断扩大,农业利用外资领域和范围也在不断拓宽,现已涉及农业、林业、水利、畜牧、渔业等各行业范围的所有方面。涵盖区域性的农业综合开发、水利灌溉、土壤改良、农产品加工、粮食流通及基础设施建设、农村政策调整、农村改革、农村金融事业、农业教育科研及农业支持服务体系、灾民安置和灾民救助等十几个领域。外商直接投资的重点主要集中在引进优良种植品种、畜牧业养殖与加工和农产品深加工等方面,形成了多行业、多样化的发展态势。对荒山、荒地、荒滩和未养殖水面的开发与利用等项目,以及对农业技术研发、农业生物制品生产、农产品品种改良等高风险、高技术含量和高附加值的项目的投资也在增加。

随着我国对外资企业控股比例限制的逐步取消和投资领域的开放,并购正成为外资直接进入中国农业的重要手段,特别是外资跨国并购中国农业类上市公司呈现快速的发展态势。

第十二章
农业对外开放

（1）粮油加工业。

大豆是中国最早对外开放的农产品。进入21世纪后，外资加大了在中国粮油加工业投资建厂的力度，尤其是油脂加工业。目前，国内具有外资背景的大型大豆加工企业的实际加工能力已超过8000万吨，占国内总量的85%；国内食用油知名品牌多被外资控制，如嘉里粮油100%控股金龙鱼，ADM参股福临门、鲁花等。外资所占市场份额较大，仅美国嘉吉集团旗下的丰益嘉里便独占国内食用油市场份额的一半。此外，ADM、邦吉、嘉吉和路易达孚四大粮商还控制了国内80%的进口大豆货源。

（2）饮料加工业。

随着经济增长和人民生活水平的提高，国内饮料市场尤其是果汁饮料市场快速增长，百事可乐、可口可乐等国外大型跨国公司纷纷进入中国。2007年外商企业销售收入占比超过半数，利润总额超过70%。目前国内主要百分百果汁品牌市场占有率中，汇源以42%的市场份额排名首位，其国内外股东中，中国汇源果汁持股38.5%，达能集团、华平投资、富达国际及荷兰银行等4家国外企业持股合计达41%，控制权表面上在中国汇源果汁手里，实际上已为外资所掌控。

（3）乳品加工业。

蒙牛、伊力和光明是国内乳品加工业三大龙头企业。光明乳业2006年4月公司股权发生变动，达能亚洲再次增持8.45%的股份达到20%，另外两家国内企业上海实业控股和农工商超市集团则减持至26.56%，达能亚洲股权的增长明显增加了其对企业的掌控力。

（4）肉制品加工业。

国内肉制品加工企业虽数量众多但规模普遍较小，其中双汇、雨润、金锣三家龙头企业为同类企业中的佼佼者，占据了国内肉制品市场80%左右的市场份额。2006年，已持有雨润食品集团13%股权的美国高盛联合中国鼎晖投资和中国香港罗特克斯进行投标，出资20.1亿元收购了国内最大肉制品加工企业双汇集团。包括高盛在内53家国际机构持有的艾格菲国际集团在国内"圈猪"布阵，于2007年收购了知名畜牧饲料企业百事腾江西和福建分公司及14家养猪场，在15个省、市开了900多家饲料连锁店。

二、农业对外投资

加入世界贸易组织以来,我国积极探索实施农业"走出去"战略,加大农业对外合作的力度。不少农业企业积极开展对外投资,在东南亚、非洲、南美等地区进行农业开发、合作经营,正在建立形成持续、稳定、合理的全球资源性农产品进口供应链。

1."走出去"战略的提出和实施

第一,20世纪90年代,提出和明确"走出去"战略。中国"走出去"战略的政策背景可以追溯到1979年,当时国务院颁布的《关于经济改革的十五项措施》中,明确将"出国办企业"界定为国家的一项政策。1992年邓小平南方讲话后,我国进入改革开放深化时期,对外贸易政策进行深入调整,在吸引外资、扩大出口的同时,提出了"走出去"的思想。充分利用国际国内两个市场、两种资源,优化资源配置。赋予具备条件的生产和科技企业对外经营权,发展一批国际化、实业化、集团化的综合贸易公司。积极扩大我国企业的对外投资和跨国经营。1996年,江泽民首次把"走出去"作为一个指导思想提出来。

第二,进入21世纪,深化拓展"走出去"战略。2000年,十五届五中全会通过的《中共中央关于制定国民经济和社会发展第十个五年计划的建议》中明确提出了实施"走出去"战略。我国的对外经济贸易政策由过去的主要强调"引进来"转变为"引进来"与"走出去"同步进行。2001年,"走出去"战略首次写入《中华人民共和国国民经济和社会发展第十个五年计划纲要》。提出要继续发展对外承包工程和劳务合作,鼓励有竞争优势的企业开展境外加工贸易,带动产品、服务和技术出口。支持到境外合作开发国内短缺资源,促进国内产业结构调整和资源置换,国家要在金融、保险、外汇、财税、人才、法律、信息服务、出入境管理等方面健全对境外投资的服务体系。2006年,《中华人民共和国国民经济和社会发展第十一个五年规划纲要》将"走出去"战略的内容进一步拓展。支持有条件的企业进行对外直接投资和跨国经营。以优势产业为重点,引导企业开展境外加工贸易,促进产品原产地多元化。通过跨国并购、参股、上市、重组联合等方式,培育和发展我国的跨国公司。按照优势互补、平等互利的原则扩大境外资源合作开发。鼓励企业参与境外基础设施建设,提高工程承包水平,稳步发展劳务合作。

为了促进中国农业"走出去",国家出台了多项相关政策。2006年,商务部、农业部和财政部联合下发了《关于加快实施农业"走出去"战略的若干意见》,农业部还专门制定了《农业"走出去"发展规划》。2006年,商务部、农业部和财政部牵头成立了由10个部门组成的农业"走出去"工作部际工作协调领导小组,2008年商务部和农业部牵头成立了由14个部门组成的境外农业资源开发部际工作机制。国家开发银行、进出口银行加大金融支持力度,对农垦等有实力的企业在粮食、棉花、油料、橡胶、糖、可再生能源等境外农业战略性资源开发方面给予投融资支持。2010年中央1号文件更是提出,要加快国际农业科技和农业资源开发合作,制定鼓励政策,支持有条件的企业"走出去"。

第三,"十二五"时期,推进实施"走出去"战略。2011年,《中华人民共和国国民经济和社会发展第十二个五年规划纲要》不仅重申"走出去"战略的主要内容,而且出现了三个突出的变化。一是加快"走出去"步伐。强调不仅要继续实施"走出去"战略,而且要加快实施步伐。二是全面推进"走出去"。提出"走出去"的企业要由过去的"以优势产业为重点"逐步转变为引导各类所有制企业有序到境外开展投资合作。三是扩大"走出去"领域。以前"走出去"主要强调对外承包工程,现在要求扩大农业国际合作、深化国际能源资源合作、积极开展有利于改善当地民生的合作项目等。

2. 农业对外直接投资政策与措施

进入21世纪以来,随着我国"走出去"战略的实施和推进,对外直接投资政策由严格审批、严格监督和限制,逐步向简化审批、规范管理、放松限制和支持发展转变。

第一,简化对外投资审批程序。改组后的商务部2003年发布《商务部关于做好境外投资审批试点工作有关问题的通知》,在北京等12个省、市进行下放境外投资审批权限、简化审批手续的改革试点,地方外经贸部门的审批权限由100万美元提高到300万美元。国务院2004年7月发布的《国务院关于投资体制改革的决定》，进一步把对外投资项目从审批制转向核准备案制。2009年5月1日正式实施的新的《境外投资管理办法》，进一步放宽地方对外投资审批权限，同时简化审批程序和审查内容，缩短并严格明确审批时间。如对于1000万美元以下的非能源类、资源类对外直接投资，商务部和省级商务主管部门的核准和审查时间由原来的15~20个工作日缩短到3个工作日，并且只需在商务部的境外投资管理系统中填写申请表即可，不需要提交额外的申请材料。

第二，放宽对外投资外汇管制。2003年，国家外汇管理局取消境外投资外汇风险审查、境外投资汇回利润保证金等26项行政审批项目，退还已收取的境外投资的汇回利润保证金，并允许境外企业产生的利润用于境外企业的增资或者在境外进行再投资，境外投资外汇资金来源审查手续得到逐步简化和最终取消。国家外汇管理局2004年发布的《关于跨国公司外汇资金内部运营管理有关问题的通知》，允许境内成员企业利用自有外汇资金以及从其他境内成员公司拆借的外汇资金，对境外成员企业进行境外放款或者境外委托放款。2005年5月，国家外汇管理局将外汇资金来源审查权限由300万美元提高至1000万美元。2006年7月，国家外汇管理局彻底取消境外投资外汇资金来源审查和购汇额度的限制。2009年8月1日新的《境内机构境外投资外汇管理规定》正式实施，其最大的特点是拓宽对境外直接投资的用汇渠道，以前境外直接投资的资金主要是自有外汇资金，现在还可以用符合规定的国内外汇贷款、人民币购汇或实物、无形资产及经外汇局核准的其他外汇资产等进行境外直接投资。国家不仅在企业对外投资前期给予政策支持，而且提供后续的资金支持，同时加强事后监管。

第三，给予财政金融政策支持。2000年10月，外经贸部和财政部联合制定《中小企业国际市场开拓资金管理（试行）办法》，对中小企业到海外投资办企业予以前期费用等资金补助；财政部和商务部2004年10月联合下发的《关于做好2004年资源类境外投资和对外经济合作项目前期费用扶持有关问题的通知》、财政部2005年10月发布的《国外矿产资源风险勘查专项资金管理暂行办法》，以及商务部和财政部2005年12月出台的《对外经济技术合作专项资金管理办法》，都明确对有关境外投资等业务给予直接补助或贷款贴息；商务部和国土资源部2003年对资源类企业设立境外矿产资源勘查开发专项资金。国家开发银行自1998年以来，与其他国内外机构合资设立4只产业投资基金，即中瑞合作基金、中国—东盟中小企业投资基金、中国比利时直接股权投资基金和中非发展基金有限公司，以股权和准股权投资等方式支持中国企业"走出去"。2004年10月，国家发改委、进出口银行等颁布《关于对国家鼓励的境外投资重点项目给予信贷支持的通知》，每年安排境外投资专项贷款，享受出口信贷优惠利率；2005年8月商务部和中国出口信用保险公司发布《关于实行出口信用保险专项优惠措施支持个体私营等非公有制企业开拓国际市场的通知》，支持非公有制企业"走出去"。此外，中国出口信用保险公司为中国的境外投资企业承保对外投资战争、罢工、政治等险种。

3. 农业对外投资的发展与成就

一是农业对外投资规模稳步扩大。2006年以来，我国政府出台多项措施支持农业"走出去"，鼓励企业积极开展农业对外直接投资，投资规模稳步扩大。2006—2013年间，我国农业对外投资直接投资净额由1.85亿美元增长至18.13亿美元，增长了8.8倍，年均增长38.5%。农业对外直接投资存量从2006年的8.17亿美元增长至2013年的71.79亿美元，增长了7.8倍，年均增长36.4%。近年来，我国农业对外投资步入稳定增长阶段。2005年以来，中国农业对外投资流量占对外投资总流量的比重基本维持在1%上下；农业对外投资存量占对外投资总存量的比重2005—2007年保持在1%的水平，2008年下降至0.3%，2009年以来有缓慢回升。2013年，中国农业对外投资流量和存量占对外投资总量的比重仅分别为1.7%和1.1%，分别位于对外投资行业分布的第九位和第十三位。

二是行业领域逐渐拓展延伸。目前，我国农业对外直接投资已经从最初的海外直接种植、渔业捕捞发展到多个行业和领域，包括粮食及油料作物种植、农畜产品养殖和加工、仓储和物流体系建设、森林资源开发与木材加工、园艺产品生产、橡胶产品生产、水产品生产与加工、设施农业、农村能源与生物质能源及远洋渔业捕捞等，产业链条逐步拉长。总的来看，发展规模较大、发展速度较快的产品和行业主要集中在我国国内需求较为旺盛、国内生产优势不强的种植业以及远洋渔业。种植业产品主要包括大豆、玉米、水稻、天然橡胶、棕榈油、木薯等产品。据统计，全国仅农垦就有23个垦区实现了农业"走出去"，境外种植面积达到271.9万亩。农垦经营内容从粮食、天然橡胶向油料、糖料、蔬菜等作物扩展，从传统种植业向畜牧养殖业、农产品加工、食品采购和营销延伸，从农业生产向码头仓储、现代物流、建材生产等领域拓展。

三是海外市场布局日趋广泛。我国农业"走出去"已经遍及全球五大洲。截至2014年底，中国1.85万家境内投资者设立对外直接投资企业近3万家，分布在全球186个国家和地区。2014年底对外直接投资存量前二十位的国家和地区存量占总量的近90%，对"一带一路"沿线国家的直接投资流量为136.6亿美元，占中国对外直接投资流量的11.1%。其中，农业投资海外市场布局日益广泛，主要集中在三大区域：周边地区（包括东盟、俄罗斯及中亚）、非洲（主要是食物短缺国家）、拉美（主要是巴西、阿根廷等国家）。2012年，我国在东盟、俄罗斯、澳大利亚、中国香港、美国和欧盟的农业投资流量分别为3亿美元、2.35亿美元、0.88亿美元、0.87亿美元、0.22亿美元和0.12亿美元，占农业对外投资流量总额的比重分别为20.5%、16.1%、6.1%、5.9%、1.5%和0.8%；在这些国家和地区农业投资存量分别达到9.97亿美元、12.8亿美元、1.23亿美元、2.4亿美元、0.68亿美元和3.64亿美元，占农业对外投资存量总额的比重分别为20.1%、25.8%、2.5%、4.8%、1.4%和7.3%。总体上，投资布局符合由近及远的发展变动规律。从国内省份看，基本上能根据自身区位优势和产业优势，有侧重地选择地区和领域。华南地区主要与东盟在天然橡胶、渔业资源、热带水果方面开展投资合作；东北和西北地区重点与俄罗斯及中亚在大豆、水稻及农产品精深加工方面进行投资合作；华东、西南等地区重点与非洲、拉美及南太平洋岛国在境外农业种植、渔业开发及农产品加工领域进行投资合作。

四是农业投资主体类型多样化。20世纪80年代以前，我国农业对外直接投资大多是以承担国家对外援助项目为主，主要由国有企业承担。随着农业"走出去"战略的实施，农业直接对外投资快速增加，农业投资主体呈现多样化趋势。截至2013年底，我国有551家境内投资机构在全球80多个国家和地区开展农业投资合作，比 2009 年增加 143 家，占比上升 0.2 个百分点，达到 3.6%。对外直接投资企业数量达到 2.5 万家，农业对外直接投资企业为 1157 家，比 2009 年增加 507 家，占比为 4.5%，比 2009 年下降 0.5 个百分点。从境内投资者在中国工商行政管理部门登记注册情况看，对外投资公司类型包括有限责任公司、国有企业、私营企业、股份有限公司、股份合作企业、外商投资企业、港澳台商投资企业和集体企业。近年来，民营企业的综合实力不断增强，逐渐发展成为我国推动农业"走出去"的新生力量。目前，不仅有中粮、中农发、中水、农垦等大型国有企业，还有浙江卡森集团、青岛瑞昌、中兴能源等民营企业参与境外农业合作开发。

五是农业投资合作方式多元。从投资合作方式来看，我国企业最初大多以独资形式进行境外投资开发活动，但从实践看，独资方式存在较大风险，很容易成为所在国的攻击对象，项目成功率较低。随着农业对外投资的发展，投资合作方式日渐多元化。目前，我国农业企业已探索出了多种合作形式，包括合资、合作等，共同开发，效果较好。从具体经营模式看，企业根据不同国家的特点采取不同模式，有采用"公司+农户"方式的，有直接新建、收购或租用生产基地或加工厂的，还有直接利用当地成熟的生产服务体系的。至 2012 年，我国有 4000 多家农产品加工企业在境外投资设厂或设立分支机构、营销体系。

六是农业投资层次逐渐升级。农业对外直接投资的企业经过多年的摸爬滚打，投资合作层次逐渐升级，从最初的合作开发资源逐渐向资本合作经营转变，推动国际产业并购。企业在境外开展的农业投资包括贸易型投资、生产型投资、加工型投资、服务型投资和技术型投资。至 2012 年，我国农垦集团企业已在法国、英国、马来西亚、澳大利亚和新西兰等成功并购境外企业 6 家，涉及食品加工、品牌营销网络、原料基地和仓储码头等，并购金额近 100 亿元。近年来，我国农业企业加快"走出去"步伐，逐步实现跨国收购及并购。2012 年 6 月，上海光明集团下属的上海糖酒集团投资控股法国著名葡萄酒经销商 DIVA 波尔多葡萄酒公司 70% 的股权，这是中国企业首次收购一家法国葡萄酒商。11 月，上海光明集团完成对世界第二大谷物食品生产企业英国维他麦公司 60% 的股权的收购交割，收购资金为 1.8 亿英镑、置换债务 9 亿英镑，这是我国食品业至今完成的最大一宗海外并购项目。2013

年5月29日,双汇国际控股有限公司发布公告收购全球最大的生猪及猪肉生产商史密斯菲尔德公司。历经120天的审查、投票,收购于2013年9月正式完成。收购资金为71.2亿美元,其中,双汇收购史密斯菲尔德1.4亿股,股票交易金额为47.2亿美元,承担24亿美元的债务。被收购后,史密斯菲尔德将作为双汇国际的全资子公司,继续运营史密斯菲尔德食品及其现有品牌。双汇收购史密斯菲尔德公司是近年来我国农业企业对美最大的并购项目。2013年,北京德青源公司与史密斯菲尔德公司就养殖场废弃物处理签订合同。同年,在《俄罗斯联邦农业部和中华人民共和国农业部关于加强兔业领域合作的谅解备忘录》的框架推动下,中俄双方投资1亿美元在俄建立肉兔生产企业,国内企业与俄零售巨头签署贸易合作协议。该项目将在山东潍坊开展农产品加工出口基地及配套设施建设,通过该项目未来每年将对俄出口兔肉、水果、鸭肉、海产品、蔬菜等5万吨,增加双边贸易额5亿美元。

第三节
农业技术交流合作

在农业科技发展过程中,通过国际交流与合作引进国外技术、管理经验及农业种质资源是有效推进科技进步的重要手段。1978年实行改革开放政策后,中国在农业对外工作中,积极扩展多边和双边关系,与140多个国家及主要国际涉农组织和机构建立了长期稳定的合作关系,合作渠道日趋多样化,合作领域不断拓展,合作内容日益丰富。

一、农业技术交流合作的背景

20世纪50年代,由于西方国家实行"封锁、禁运",我国主要同苏联和东欧一些社会主义国家开展科技合作交流,同亚洲一些国家也有一些合作,合作的方式为互派专家和留学生，相互交流农业技术和交换动植物品种资源。60年代至70年代中后期，我国农业科技合作重点转向发展中国家和少数发达国家，向一些亚非国家提供技术援助，与拉丁美洲国家和澳大利亚有少量的技术交流和种质资源交换。70年代后期，特别是党的十一届三中全会以后，我国全面实施对外开放政策，农业技术合作按照"平等互利、互通有无、取长补短、共同提高"的原则，呈现多元化和快速发展势头。1978年我国与英国、法国、联邦德国、瑞典签订了科技合作协定，1979年我国与意大利、丹麦签订了科技合作协定。随着改革开放的不断深入，科技合作方式及领域不断拓展。80年代中期，我国与80多个国家和地区开展了科学技术合作交流，与其中19个国家签订了农业科技合作协议或协定，并同联合国开发计划署（UNDP）、联合国粮食及农业组织（FAO）、国际农业磋商小组（CGIAR）下属的13个国际农业研究中心签订了正式合作协议。

到了90年代中期，我国与世界上140多个国家建立了科技交流与合作关系，与其中20个国家签订了双边农业合作协议或备忘录，有的还成立了双边农业联合委员会或农业联合工作组，定期商讨双边交流项目。国际合作交流方式由一般性交流互访、举办技术讲座，逐步发展到外国专家来华进行技术指导、技术培训、宏观发展技术咨询，同国内科研单位开展合作研究及合作开发等方式。合作交流领域涉及农业、畜牧业、农机、水产、农产品加工利用、饲料工业、生物技术及农用塑料工业等100多个学科。

二、农业技术交流合作的发展

20世纪70年代初，随着中美、中日关系的改善以及中国在联合国合法权利的恢复，中国的国际地位空前提高。到1978年，世界上与中国建有外交关系和科技经济合作关系的国家和地区已达100多个，为我们广泛深入地开展国际农业科技合作与交流创造了良好的外部环境。从1979年起，中国与一些发达国家签署了若干农业科技合作协议，并与法国、联邦德国、美国、日本等国分别成立了科技合作混合委员会或农业科技合作工作组，以督促和推动科技合作协议的贯彻、执行。按照平等互利、友好合作的原则，中国还与澳大利亚、丹麦、荷兰、新西兰、比利时、瑞典、加拿大、意大利、西班牙、奥地利、挪威、芬兰、爱尔兰、英国、瑞士、冰岛、南斯拉夫、匈牙利、保加利亚、波兰、民主德国、欧洲共同体等国家和地区开展了农业技术交流与合作活动。20世纪60年代中断的中苏农业技术交流也于1982年得到恢复。

1974年，美国植物学家代表团访华后，中国开始与国际农业研究机构接触并建立联系。1979年，首先与国际水稻所签署了科技合作协议，此后，又与国际玉米小麦改良中心、国际马铃薯中心、国际植物遗传资源委员会、国际半干旱地区热带作物研究所、国际干旱地区农业研究中心、国际热带农业研究所、国际热带农业研究中心、国际粮食政策研究所、国家农业研究国际服务中心等9个国际农业科研机构签署了合作协议。双方根据平等互利、成果共享的原则，在种质资源的交换、合作研究、信息交流、人才培养等方面进行了广泛深入的交流与合作。1983年，中国农业代表团第一次出席了国际农业研究磋商小组在华盛顿召开的年会。从此，中国正式加入了该组织，成为其资助国之一，有力地促进了中国与该小组所辖各农业研究中心的合作与交流。截至1985年，中国农业对外交往工作已初具规模，多边交往渠道主要有联合国粮农机构、联合国开发计划署、欧洲共同体、国际农业研究中心等，双边交往渠道主要有英国，澳大利亚，联邦德国，波兰，匈牙利，加拿大，美国，法国，意大利，日本，荷兰，南斯拉夫以及亚、非、拉的一些发展中国家等。

1985年以后，随着不断深化改革和不断扩大对外开放，中国又先后与苏联、民主德国、保加利亚、朝鲜、英国、阿根廷、乌拉圭、印度尼西亚、印度、马来西亚、以色列、韩国、智利、泰国等国家建立了农业合作与交流关系；与30多个国家的农业或农业科研部门建立了农业合作联合委员会或工作组，定期召开会议，讨论制订合作交流计划；与世界银行、亚洲开发银行等国际机构建立了联系。1984年，中国正式加入国际农业研究磋商小组，成为该组织的捐赠国。截至1996年，通过官方民间等各种渠道，中国已与世界上140多个国家以及联合国粮农机构、开发计划署、国际原子能机构、欧洲联盟、世界银行、亚洲开发银行、国际农业研究组织等建立了农业科技交流和经济技术合作关系，基本形成了多渠道、全方位的对外合作新局面，为中国农业全面深入地开展国际交往创造了有利的条件。

2001年以来，中国与印度尼西亚、阿曼、南非、巴西、斐济、希腊和美国等19个国家签署了26个双边农业或渔业合作协议或谅解备忘录，建立了15个双边农业或渔业合作联委会或工作组。目前，中国已与140多个国家及主要国际农业和金融组织建立了长期稳定的农业科技交流和经贸合作关系，并与29个国家成立了专门的农业联委会或工作组。在与世界各国的农业交流和合作中，通过派出和接待各种团组，特别是部长级以上高层团组的互访，我国与许多国家签订了大量农业或渔业合作协议或备忘录，内容涉及农业综合开发、农业示范、农业培训、动植物检疫、动植物品种引进、农业环境保护及渔业开发和渔业资源保护等众多领域。随着中国加入WTO，中国农业与世界农业的关联度越来越高，积极主动参与国际粮农领域的重大政策和各类涉农国际规则的制定已成为农业国际合作工作最重要的内容之一。近年来，除积极参与国际粮农领域的各项重大活动外，中国还积极参加了WTO新一轮农业谈判和众多国际协定、协议和标准的修改或制定，加大了参与各类双边及区域农业磋商的力度。通过上述活动，有效地维护了中国的权益，为农业和农村经济发展创造了良好的外部发展环境。

近年来，区域性农业合作呈现出良好的发展态势。中国—东盟农业合作机制、中非合作论坛、亚欧会议机制、大湄公河次区域经济合作、亚洲合作对话、亚太经合组织等都把农业合作列为重要的合作领域。另外，中国还是亚洲合作对话农业合作的牵头国。农业合作的内容也日益丰富，不仅包括经济技术合作，也涵盖农产品贸易等多方面的内容。合作方式也由过去的以政府间合作为主，发展为官方合作与民间合作并重。农业国际交流与合作正逐步向全方位、多层次、宽领域方向推进。

三、农业技术交流与合作的主要领域

1994年我国开始实施"引进国际先进农业科学技术计划"（又称"948计划"），在"九五"和"十五"期间，通过"948计划"的实施，我国从40多个国家和地区引进包括种植业、畜牧业、渔业等领域在内的农业高新技术和适用技术3500多项、品种资源2万多份、育种材料50多万份，通过消化吸收和创新，大大

加快了扭转我国农业技术相对落后和储备不足局面的步伐。

1. 种质资源交流

20世纪70年代以后,中国与80多个国家和地区建立了种质资源交换关系。根据中国农科院品资所统计,1979—1985年共引进粮食、经济作物、油料、果树、蔬菜、牧草及绿肥等作物品种约6.5万份,向国外提供约1.5万份。通过引进与交换,极大地丰富了中国的遗传基础,有力地促进了中国的品种改良和创新,大大提高了农作物产量和品质。从引进的品种中,筛选了1万多份各具特色的作物种质资源,其中有100多个先后在生产上得到直接利用。80年代中期以来,中国通过各种渠道,引进一大批农作物种质资源和畜禽品种资源,其中不少属于珍稀宝贵资源,有的还填补了中国资源的空白,还有的已在我国科研和生产上发挥了重要作用。如从墨西哥引进棉花野生种质资源660多份,使中国成为世界上保存棉花野生种质资源较多的国家之一。

"九五"和"十五"10年间,中央财政总计投入资金18.12亿元(其中农业部资金占60%),遵照"以增产粮食为主,兼顾畜牧、水产等方面的技术;以先进、适用技术为主,兼顾增强农业科研后劲的高新技术;以能直接运用、近期见效快、覆盖面广的技术为主,兼顾农业长远发展所需的科技储备技术"的"九五"引进原则和"以推动农业技术创新、高新技术产业化及增强中国农业技术储备的前沿技术为主;以提高主要大宗农产品质量和效益的先进实用技术为主;促进结构调整和农业可持续发展的相关技术为主"的"十五"引进原则,从美国、日本、德国、法国、澳大利亚、俄罗斯、以色列、泰国、国际农业磋商小组下属的研究机构等40多个国家、地区和国际组织引进包括种植业、畜牧业、水产业等领域在内的农业高新技术和适用技术2000多项,通过消化吸收和创新推广,有力地促进了中国农业科技整体水平和农业生产能力的提高,为中国农业、农村经济发展和生态建设作出了突出贡献。

2. 仪器设备引进

从国外引进先进的科研仪器设备,以改善农业科研单位和大专院校的研究条件和研究手段。例如,1978年,国家农垦总局从美国引进了一套先进的农业机械,经在黑龙江友谊农场进行机械化试验，当年每个工人可生产粮食 105 吨，以后每年生产粮食 200 吨以上。中国还从美国、加拿大、德国等国家引进了马铃薯加工、葡萄酒酿造、啤酒酿造、通心粉加工、皮革加工等设备，以适应生产、加工、销售一条龙发展的需要。北京市从东欧一些国家先后引进了成套机械化养鸡设备，建成了商品蛋鸡和肉鸡生产体系，基本上解决了市民吃鸡、吃蛋难的问题。从 1979 年起，通过积极引进先进的仪器设备，如土壤分析仪、电子计算机、电子显微镜、高压液相色谱仪、人工气候箱、氨基酸分析仪、原子吸收分光光谱仪等，重点装备了中国农科院及一些省、市、自治区农科院的 31 个实验室。

3. 人才培养与专家引进

改革初期，我们首先通过国际农业研究中心的渠道，由中国农业科学院组织和协调，从全国各省农科院选拔一些有一定英语基础和实践工作经验的中青年科技人员到国际水稻研究所、国际玉米小麦改良中心、国际马铃薯中心、国际半干旱热带作物研究所等国际农业研究机构进修，参加短期培训班，以及巡回考察。通过这些中心以及洛克菲勒基金会、福特基金会等单位，选派了大批中青年科技人员到美国、英国、德国、加拿大、菲律宾等国深造，攻读硕士、博士学位。从 1979 年到 1985 年，中国共派出近 2000 人，分别到 20 多个国家进修，开展合作研究。这些人回国后，大部分都成了科研骨干和学科带头人，为农业科研的发展作出了贡献。同时，邀请一些外国著名学者来华讲学，办培训班，帮助指导工作。比如，为了发展农业遥感技术，中国先后邀请 27 名外国专家来华讲学，帮助培训科技人员 650 人次，对开展农业资源调查、土壤动态监测、作物估产等工作发挥了很大的作用。

1985 年以后，随着中国国民经济的发展以及中国与外国的相互了解和相互信任关系不断加深，中国的对外开放步伐开始逐渐加快，对外交往的形式开始逐渐趋于多样化，合作活动亦逐渐向深层次、高水平方向发展。一般性短期出国访问考察活动逐渐减少，出国参加各类国际学术会议、开展合作研究、进行合作试验、攻读学位、进修实习，参加技术培训，指导外国农业生产，参加国际农业展览会、博览会，邀请外国人来华开展合作研究、举办各类技术培训班等活动逐渐增多。据不完全统计，自改革开放以来，农业生产和科研部门从 30 多个国家请进农业专家 10000

多人次,农业系统派出访问学者、出国留学人员 6000 多人,研修生 8000 多人。

4. 技术援助

一是多边技术援助。主要包括联合国粮农组织和联合国开发计划署的技术援助。自 1978 年以来,联合国粮农组织通过"技术合作计划(TCP)""信托基金计划"和"粮食安全特别计划"等方式向我国提供技术援助,其特点是小型、单纯、执行快速、针对性强、示范效果好。1978—2007 年联合国粮农组织共批准我国技术合作计划项目 150 个左右,援助总额达 2500 多万美元。内容包括技术开发、农产品储藏加工销售、农业管理培训和社会服务等方面,如福建食品辐照中心、西北干旱地区灌溉新技术、食品质量控制、农业银行信息管理系统、蔬菜水果销售培训、农业计划培训、农业遥感应用、种子加工和生产技术、棉种脱绒、橡胶木保存与加工以及硬粒小麦改进技术等。信托基金项目是通过联合国粮农组织寻找发达国家资助的技术援助项目,共援助 40 多个,总额达 4000 多万美元,这方面的项目包括水土保持、沙漠治理、环境监测、水利灌溉、病虫害综合防治、灾后生产恢复、畜牧生产、渔业生产、农产品加工、农业机械、农业遥感技术和农业技术推广等。联合国粮农组织的这些项目对加快我国农业科技进步、促进农业和农村持续发展发挥了良好作用。

联合国开发计划署是多边援助机构,向发展中国家提供经济和技术方面的发展援助。该署对我国的技术援助主要用于农业科技开发、教育培训、资源开发示范以及投资项目前的活动和技术支持。多年来,开展的项目主要有西北黄土高原土地资源利用、黑龙江省大豆研究、氨化秸秆饲料研究、江苏及山东海水养殖、农机化试验鉴定、农业遥感培训与应用、沼气技术培训、桑蚕技术培训、淡水养殖区域培训、蔬菜无土栽培研究、作物育种、甘肃沙漠综合治理等。

二是双边技术援助。按照联合国的规定,发达国家应将其每年国民生产总值的 0.7% 作为发展援助基金,通过多边或双边方式援助发展中国家。欧盟、加拿大、日本、德国、澳大利亚、以色列等国家和地区对我国提供了大量的双边技术援助,涉及种植业、农机、畜牧、兽医、渔业等诸多领域。例如:欧盟援助的中欧农业技术合作中心、海南岛橡胶木加工利用、四川长江上游水土保持等项目;加拿大援助的中加奶业合作、可持续农业发展、小农适应全球市场、河北旱地农业等项目；澳大利亚援助的旱作农业、保护性耕作研究、北方果树研究、湖南零陵柑橘中心等项目；日本援助的中日农业研究中心、天津奶类发展等项目；德国援助的金华奶牛饲养及奶制品加工、山东东营奶牛饲养等项目；意大利援助的柑橘及热带果树研究中心等项目；荷兰援助的示范农场、贵州农业综合开发等项目；挪威援助的海洋鱼类资源调查船；瑞典和芬兰援助的禽流感防治、水稻病虫害综合防治项目；以色列援助的奶牛示范场、中以新疆旱作农业中心项目；比利时援助的坡耕地水土保持耕作项目等。

上述技术援助项目向我们充分展示了世界各国高超的农业生产技术和农业发展水平，对解决我国农业生产、加工中的关键技术性问题及树立先进的管理理念，起到了示范推动作用。

三是民间技术援助。国外一些企业与知名人士向我国提供农业援助，对农业生产和科技进步也起到了促进作用。如日本米可多商社石本正一先生1985—1995年赠送塑料薄膜，并援助40栋设施大棚，在上海、沈阳、北京、大连建立设施农业试点；泰国正大集团1993年向北京农业大学、华南农业大学、浙江农业大学各赠送一个肉鸡父母代养鸡场及配套孵化场以及一个商品代肉鸡场（约合1500万元人民币）；美国孟山都公司提供了中国绿色新农村项目（20万美元）；百事可乐公司援助70多万美元支持中国农业科学院改进现代化的种子培育技术和学习先进的种植技术；美国福特基金会和洛克菲勒基金会也提供一部分农业科研教育资助；瑞士先正达公司提供了农业科技教育奖学金（5年合计100万美元）；日本神内基金是日本国际协力财团理事长神内一良先生向中华农业科教基金捐赠1000万元人民币设立的专项奖金，主要奖励常年坚持在基层工作的优秀农技推广人员以及学科学、用科学，带领乡邻共同致富的农业科技示范户。

5. 推广与应用中国优质品种和技术

在引进的同时，国内一大批优质的农产品和优势农业技术在国外得到推广和应用。大豆品种西纳，水稻品种低脚乌尖、南京11号、冷光和"1039"等品种被引入到美国、日本等国家和国际水稻研究所。1980年和1981年，中国种子公司与美国西方石油公司的圆环公司和美国卡捷公司分别签订了杂交水稻技术转让合同。新西兰利用中国的猕猴桃，培育出一些大果型品种，在国际市场上占有领先地位。1980年以来，我国专家先后为瑞典、瑞士、丹麦、伊拉克、泰国、美国、法国、联邦德国等10多个国家的兽医专家和学者传授针麻技术，华中农业大学还专门为外国学员举办了针灸培训班。1984年，中国派专家到斯里兰卡举办针灸、针麻培训班，帮助建立了兽医针灸治疗室。现在，这项技术已在世界各地广为传播。中国的淡水养鱼、养蚕、兽医针灸、沼气建设等技术在国际上享有盛誉。在联合国计划开发署和联合国粮农组织的支持下，1979年在江苏无锡成立了亚太地区养鱼研究培训中心，为其他国家培训了大批渔业研究和生产管理人才。1981年在华南农业大学合作建立亚太地区养蚕培训中心。1981年在四川成都建立了亚太地区沼气研究与培训中心，在山东黄县建成了农村综合发展示范中心，向国际介绍中国沼气建设及农村建设的技术与经验。为了加强南南合作，1987年中国在华南农业大学筹建了中国国际农业培训中心。这些举措收到了良好的效果。

农业对外援助是推动中国与其他国家，尤其是广大发展中国家巩固和发展双边关系的重要领域之一。到20世纪70年代末，中国向大多数非洲国家提供了农业援助，除农业技术试验站、推广站外，还援建了一批规模较大的农场，如坦桑尼亚姆巴拉利农场、鲁伏农场、索马里费诺力农场、乌干达奇奔巴农场、几内亚科巴甘蔗农场、马里甘蔗农场、毛里塔尼亚姆颇利水稻农场、塞拉利昂甘蔗农场、多哥甘蔗种植园、扎伊尔甘蔗农场等。这类项目有87个，种植面积为4.34万公顷。自1984年起，中国政府同非洲国家政府共同努力，因地制宜对不同援建项目分别采取了技术合作、管理合作、代管经营、租赁经营等方式，使已建成项目的效益有了不同程度的改善和提高，逐步巩固了已建成项目的成果。

通过在中国建立外国示范农场，引进并展示外国先进的农业技术、设备、管理经验等，使更多的人能直接了解外国的农业，从而更好地借鉴学习别国的先进经验和先进技术，是20世纪90年代以来在中国农业对外交往中出现的一种新的对外合作与交流方式。实践证明，这种新的对外交往方式符合中国目前的国情，是一种行之有效的对外合作与交流方式。如：1995年落成的中以示范农场，1995年与日本合作建设的目前国内装备最先进的天津奶牛改良育种中心，1997年建成的中荷北京畜牧培训示范中心和中荷上海园艺培训示范中心，使中国广大农业界人士能够不出国门就了解到以色列、荷兰、日本三国先进的蔬菜、家畜育种以及畜牧业生产经营管理技术。经常有人前往参观学习，起到了很好的示范作用，收到了良好的效果。通过建立示范农场和育种中心，还进一步促进了中国与有关国家在农业方面的合作与交流工作。

第四节
农业对外开放面临的挑战与建议

一、面临的主要问题与挑战

国家提出实施农业"走出去"战略以来，我国企业在东南亚、非洲、俄罗斯、澳大利亚等国家和地区，广泛开展种植业、养殖业和农产品加工业等领域的投资，取得了较大的成绩。但总体上看，我国农业"走出去"进展还相对缓慢，明显落后于矿产、油气资源开发以及工业、建筑业，也明显落后于日本、美国等经济发达国家的农业。存在的主要障碍和困难如下：

1. 农业"走出去"企业竞争能力不强

一是部分企业抵抗风险的能力相对较弱。企业受经营管理水平、投资规模等因素影响，抵抗风险的能力相对较弱。二是企业缺乏适合开展国际化经营的人才。特别是缺乏具有国际化经营管理能力的人才、技术人才以及小语种人才，不利于在海外开展生产经营活动。三是企业综合竞争力不强。目前国内仍缺乏规模较大、抗风险能力较强、跨国经营经验较为丰富的企业，特别是有能力在投资地建立码头、仓储等农产品物流体系的企业，在全球化贸易体系中缺乏竞争力。

2. 国内服务体系还有待进一步完善

一是农业"走出去"投资信息服务不到位。目前我国尚未建立起统一、全面的农业"走出去"信息服务平台,相关信息普遍存在碎片化、公开程度低、获取难度较大等问题,不利于指导企业"走出去"。二是贷款难问题普遍存在。贷款难是我国企业面临的普遍问题,在对外农业投资项目中尤为突出,产生原因主要是境外资产难以抵押、境外农业经营风险较大。国家的政策性贷款规模太小,而且主要集中在少数大企业,难以解决多数企业的对外农业投资项目的贷款难问题。三是"走出去"企业缺乏相应的保险产品和服务。四是缺乏行业协会。行业协会在发达国家农业"走出去"中扮演了重要的角色,能维持行业自律、协调价格、应对贸易纠纷、抵御海外风险和提供各种服务。目前,我国行业协会发育较不成熟,发挥的协调和谈判作用不大。

3. 国外投资环境和政策环境还不够稳定

一是部分国家政治社会不稳定,加大了在这些国家进行农业投资的风险。二是部分投资目标国政策连续性较差,国家政策"朝令夕改",执行落实又不到位,给我国企业的对外农业投资带来了很大的风险。三是投资目标国设置有产业政策壁垒。如部分国家采取对本国产业实行保护的政策,对别国企业开展农业投资的产业和规模设限,限制土地的买卖和租赁。四是投资目标国农业基础条件较差。如电力、水利、交通等设施落后,影响生产经营以及产品流通。五是签证限制严格,制约我国人才赴海外开展经营活动。目前较多国家如俄罗斯、印度等对劳务输入限制较多,我国部分企业的管理人员和专业技术人员只能通过商务签证、旅游签证到国外进行工作,时限非常短,导致企业本土专业人才难以开展工作且耗费大量成本。六是生产机械设备出境受到通关管理的限制。目前国内大部分企业需通过出口的方式将农业机械设备运到相关国家,面临较高的通关费用和运输成本。

4. 农业"走出去"的政策还需进一步放宽

一是国内投资项目审批手续还较为复杂、环节多、时间长。二是在境外使用国内种子受到国家种子出口管理的限制。限制了企业对育种行业的境外投资,给对外投资种植业使用国内优质种子带来了不利影响。三是粮食和棉花等农产品回运受到进口关税配额管理的限制。企业在境外投资建设的种植业生产基地的产品回运困难较大。四是生产的产品运回国内的通关税费负担较重。

二、推动农业"走出去"的对策建议

结合我国近年来农业对外直接投资发展实际和当前国内外新形势，综合考虑农业对外直接投资对于国家经济产业安全的战略意义，强化政府宏观指导、政策措施推动，强化企业投资风险意识是确保农业对外投资稳步、健康发展的重要措施。

1. 强化国家宏观指导

充分利用现有的农业对外合作部际联席会议制度，进一步加强部门间务实协作；加快推进体制改革，尽早建立统一的管理协调机制。整合改革完善现行贸易促进体制，建立符合世界贸易组织规则和我国国情，功能齐全、高效有序的农业贸易促进体系，通过政府公共服务和财政支持的引导，形成以国家级贸易促进机构为主导，地方政府、行业协会、科研机构、农业企业相互配合、相互补充、相互促进的体系。

2. 加大政策支持力度

一是加大财政投入力度。充分利用并拓展现有对外经济技术合作专项中与境外农业资源开发有关的资金，研究设立专门的农产品境外基地建设基金，在企业资本金注入、境外并购、前期基础投资等方面加大支持力度。二是完善金融支持政策。在贷款利率、期限、额度上向农业投资贸易项目重点倾斜，对战略性项目给予专项金融支持，放宽贷款限制。适度放宽融资条件。三是完善税收优惠政策。避免境外投资企业双重征税。对列入国家进口计划的返销农产品特别是运回的资源型农产品，免征进口税。在特定项目税收领域，积极制定特定项目及省份、区域下的对外农业投资合作税收优惠政策。四是加大保险支持力度。

3. 加强政府公共管理和服务

一是强化信息服务能力建设。增设驻外机构农业参赞或农业外交官，强化有关信息搜集、分析和预测能力；建立"走出去"农业企业数据资料库，定期发布投资目标国的投资政策和环境、法律商业惯例、土地政策、宏观经济、招商信息等，搭建政府、企业和驻外机构之间的信息交流平台；加强各部门信息采集或统计系统的对接和数据共享，集合多部门优势，将面上数据和行业数据有机整合。依托数据信息资源，为各级政府和"走出去"企业研究与决策提供支撑。二是积极推动成立农业对外投资行业协会。强化协会的自律功能，发挥协会在境外农业开发项目竞标过程中的协调作用，规范企业行为。加强行业协会在应对价格协调、贸易纠纷、抵御海外风险等方面的作用。三是强化人才培养。培养熟悉国际农业投资政策及法规、具有跨国经营理念和经验的复合型人才。定期举办农业对外投资企业经验交流会、理论培训班，加强相关管理人员在国外农业投融资、财税、保险等政策及法规方面的情况交流和培训。

4. 强化企业风险防范意识

随着我国农业对外投资规模日益扩大，投资地区和领域逐步广泛，企业面临的政治、经济和社会文化风险日益加剧，强化企业风险防范意识对于企业实现健康"走出去"至关重要。一是慎重选择投资地区。企业在"走出去"前应多渠道了解投资地区政治、经济、社会、文化及环境等方面的情况，评估政治和环境风险。尽量避免到政治不安定、民族主义和宗教情绪比较浓重以及国际评估机构认为具有潜在政治风险的国家进行投资。二是理性评估投资项目。企业选择投资项目切忌盲目跟风，在"走出去"前，应对项目投资风险进行客观评估，理性评判项目实施存在的不确定性和面临的风险，进行科学决策。三是储备和建立专业人才团队。包括引进和培养精通对外投资实务与贸易，熟知投资地区工会、劳工、税收、环保等方面的法律及法规和本地文化的人才。四是强化企业社会责任意识。在全球化背景下，对外投资企业履行社会责任不仅关乎企业自身发展战略的实现，也关乎对外投资合作的可持续发展。在投资地区履行社会责任、树立良好形象，是改善内外部环境、有效规避防范投资经营风险的重要途径。

第十三章
农村劳动力转移

第一节
农村劳动力转移的历程：从限制到融入

中华人民共和国成立初期，农村人口向城市流动较为自由，人口迁移活跃。据统计，1954—1956年，我国迁移人口达到7700万人。随着1958年《中华人民共和国户口登记条例》的出台，农村人口的流动受到了严格控制，各级政府开始采取措施限制农村人口进入城市，甚至采取了诸多措施使业已进入城市的农村人口返回农村，有数据表明，这段时间有近2000万个已经在城市就业的农村劳动力被遣返农村原籍。此后，我国的城乡二元体制进一步固化，农村人口在城乡之间和地区之间自由流动陷于停滞。直至改革开放，农村劳动力的自由流动才逐步恢复并日益趋于活跃。随着户籍制度松动，地区之间、城乡之间和城市内部劳动力市场开始相互作用，并逐步走向融合。这种相互作用反过来又对宏观经济和就业产生影响，从而诱发政策调整，对农村劳动力流动施加影响。受政策导向和侧重点在不同阶段变化的影响，农村劳动力转移就业也具有明显的阶段性特点。具体而言，政策改革大致经历了限制流动、允许流动、控制盲目流动、规范流动、鼓励流动、推动融入等几个不同阶段。[1]

---

[1] 蔡昉、都阳、王美艳：《中国农村劳动力转移与减贫》，《中国国际扶贫中心（研究报告）》，2011年第4期，第12—13页。

一、限制流动阶段（1979—1983 年）

改革开放之初，家庭联产承包责任制的推行极大地提升了农业生产力，农业劳动生产率的提升使得农村内部剩余劳动力逐步凸显，进城务工就成为解决剩余劳动力就业的主要途径。仅 1978—1980 年，剔除自然增长的非农业人口就增加了 1800 万人，是中华人民共和国成立以来非农业人口增加较多的几年。但当时城市物资供应还是计划体制，短期内城市商品粮和副食品的供给能力难以提升，无法满足农村转移劳动力的需求，同时，由于下乡知青大批返城，城镇内部的就业压力陡增，解决城镇劳动力的就业安置问题成为政府的当务之急。在这一背景下，1980 年的全国劳动就业工作会议以及 1981 年 12 月国务院下发的《国务院关于严格控制农村劳动力进城做工和农业人口转为非农业人口的通知》，都进一步强化了政府对农村劳动力流动的管理，农村劳动力的转移受到严格限制。

主要措施包括：一是严格控制从农村招工。对从农村招工统一管理、统一审批，审批权限上收到省、市、自治区人民政府一级，只有特定行业、特定工种在招工不足时，可经审批从农村招工；其他单位未经批准，一律不准从农村招工。二是清理企事业单位使用的农村劳动力。大力清退计划外用工，动员他们回农村参加农业生产，不能在单位之间调配和借用。全民所有制单位要及时辞退不需要的人员，对留下的人员不得转为国家固定职工或非农业人口。动员进城的农村建筑队、运输队回农村参加农业生产。三是加强户口和粮食管理。迁转户口要由公安机关统一办理。粮食部门要按照政策规定严格控制农业人口转为非农业人口。不符合规定的，不供应商品粮。地方每年都要检查一次户口、粮食管理和招收职工政策的执行情况。发现不符合政策规定的，限期纠正。

在政府的严格管控下，农村劳动力进城务工的势头得到抑制，据统计，1982 年农村出乡就业的劳动力回落到 200 万人左右。对于农村剩余劳动力，政府通过发展多种经营和兴办社队企业，就地吸纳安置，开启了我国农村劳动力转移史上别具特色的"离土不离乡"的就地转移模式。

二、允许流动阶段（1984—1988 年）

到 20 世纪 80 年代中期，随着家庭联产承包经营制在全国范围内普遍推行，我国农业生产力显著提升，农产品供给连上新台阶，6 年跨越了 7000 亿斤和 8000 亿斤两个台阶，粮食总产量由 1978 年的 6095 亿斤增加到 8146 亿斤，历史性地解决了长期困扰我国的农产品严重短缺问题。在农产品供给全面增长的有利条件下，国家继续深化农村经济体制改革，如废除人民公社制度①、改革农产品统购统销制度等，这些改革不同程度地消除了农村劳动力流动的体制性障碍，为农村劳动力重新进城奠定了基础。

随着国家将改革重心转向城市，通过实行扩大企业经营自主权、搞活企业劳动用工制度、改革企业财税制度、鼓励多种所有制形式和多种经营方式等一系列措施，国民经济在 20 世纪 80 年代中期高速增长，加大了对非农就业的用工需求。乡镇企业特别是东部地区的乡镇企业异军突起，劳动力需求迅速增加；城市各项建设事业空前高涨，也需要大量的劳动力来满足城市建设的需要。在这种形势下，允许农村劳动力流动已不仅是农民的迫切愿望，也成为经济发展的客观要求。

为了顺应社会经济形势变化，国家逐步放宽农村劳动力进城就业的条件。例如，允许务工、经商、办服务业的农民自理口粮到集镇落户，②允许农村集体和农民个人从事长途贩运，销售"三类农副产品"和统、派购任务以外允许上市的农副产品。③这些标志着城乡隔绝体制开始正式松动。对于申请到集镇务工、经商、办服务业的农民和家属，在集镇有固定住所，有经营能力，或在乡镇企事业单位长期务工的，地方政府在落常住户口、加价粮油供应、建房、买房、租房、工商登记、发证和管理工作等方面为他们提供方便。④随着时间的推移，政策进一步放宽。如，鼓励扩大城乡经济交往，允许农民进城开店设坊，兴办服务业，提供各种

---

① 《中共中央 国务院关于实行政社分开建立乡政府的通知》，1983 年 10 月 12 日。
② 《中共中央关于一九八四年农村工作的通知》，1984 年 1 月 1 日。
③ 《国务院关于合作商业和个人贩运农副产品若干问题的规定》，1984 年 2 月 25 日。
④ 《国务院关于农民进入集镇落户问题的通知》，1984 年 10 月 13 日。

劳务，支持和鼓励农民兴办交通运输业。① 允许国营企业招收农村工人。② 为了帮助贫困地区脱贫致富，国家还出台相关政策，通过加强地区之间的协作，组织劳动力跨地区流动，为中西部贫困地区农村劳动力流动创造条件。

在上述政策措施推动下，农村劳动力流动进入了一个较快增长的时期。据统计，1989年我国农村转移劳动力数量达到3000万人，年均新增500万人，远远超过前一阶段农村劳动力转移的总量。

三、控制盲目流动阶段（1989—1991年）

20世纪80年代后期，农村劳动力流动规模迅速扩大，但由于城市劳动力市场尚不健全，各地对农民的大量流入又普遍准备不足，因此流动人口的增加给城市交通、供应、治安等造成了很大的压力。同时，从1988年下半年开始，经济过热引发了严重的通货膨胀问题。当时，中央作出了"治理经济环境、整顿经济秩序"的决定。在为期3年的治理整顿期间，由于国家采取了压缩基本建设投资规模、加强财税和信贷控制等一系列重要的经济措施，许多建设项目下马或停建，相当一部分企业开工不足，国民经济增长速度明显放慢。在这种形势下，城市劳动力市场的就业形势恶化，大量农民工被清退，出现了已经转入城市的农民工向农村逆向流动的现象。

为了缓解城市就业压力，国家在这一时期加强了对农村劳动力流动的限制。1989年3月，国务院办公厅发出《国务院办公厅关于严格控制民工盲目外出的紧急通知》，要求各地政府严格控制民工盲目外出。1990年4月，国务院发出《国务院关于做好劳动就业工作的通知》，强调要合理控制农村劳动力的转移，减轻城镇就业压力。要引导农村富余劳动力"离土不离乡"，因地制宜地发展林牧副渔业，开展多种服务业，搞好农村建设，使农村富余劳动力就地消化和转移。对农村劳动力进城务工要运用法律、经济、行政手段进行严格管理，劳动部门要从严审批，建立临时务工许可证和就业登记制度。对现有计划外用工，要按照政策做好清退工

---

① 《中共中央 国务院关于进一步活跃农村经济的十项政策》，1985年1月1日。
② 《国务院国营企业招用工人暂行规定》，1986年7月12日。

作,重点清退来自农村的计划外用工,使其尽早返回农村劳动。同时,严格控制"农转非"过快增长,并把它纳入国民经济与社会发展规划,对"农转非"实行计划指标管理。

上述政策措施对农村劳动力流动确实起到了控制作用。与1988年相比,1989年滞留于城市的流动人口减幅较大,各大城市中最大的回落幅度达到1/3左右,但是,这种回落持续的时间很短。到1990年、1991年,大多数城市的流动人口数量又恢复到了1988年的水平,有些城市还略有增长。① 此外,这一时期的流动人口管理体制也发生了一些积极的变化。一些大城市开始制定流动人口的综合性管理法规,尝试建立综合性的管理机构,以前片面抓城镇就业工作的政府劳动部门,也已积极介入农村劳动力的就业安置,并会同有关部门开始组织实施农村劳动力开发就业试点。这种局面的形成,为城乡劳动力资源的统一开发和利用,逐步建立、健全城乡统一的劳动力市场,打下了良好的基础。

四、规范流动阶段(1992—2000年)

1992年,我国改革开放进入新阶段,国民经济发展也进入了新一轮增长期。但随之而来的是城乡差距和地区差距的不断扩大。1984年我国城镇居民人均可支配收入与农民人均纯收入之比为1.71∶1,到1994年已上升到2.86∶1;1985年,东、中、西部三大地带的农民人均纯收入之比为1.78∶1.32∶1,到1995年已上升到了2.40∶1.54∶1,发展差距的拉大必然会对劳动力资源配置产生影响,农村劳动力向城镇和东部转移就业已难以抑制。同时,20世纪80年代中后期,农业吸纳劳动力就业不足以及乡镇企业吸纳新增就业能力下降等问题,再一次使得农村剩余劳动力的问题凸现出来。在多重挤压下,部分地区农村劳动力自发地、大规模地向外转移,形成了"民工潮"。在这种愈演愈烈的农村劳动力跨区流动的新形势下,过去以"堵"为主的政策显然不是解决问题的有效办法。借助劳动力市场,采取疏导的办法,是解决"民工潮"压力的唯一有效措施,规范流动也就成为这个时

---

① 王建民、胡琪:《中国流动人口》,上海财经大学出版社,1996年版。

期的政策重点。这个时期的政策路线主要分三步:

首先是通过农村劳动力开发就业试点工作积累经验。1991年1月,劳动部、农业部、国务院发展研究中心等单位决定,联合建立中国农村劳动力开发就业试点项目。项目组织实施分两个阶段:1991—1994年为第一阶段,试点工作主要在全国近50个县级单位中进行;1994—1996年为第二阶段,试点工作在全国8个省展开。试点项目的主要内容包括:①通过调整农业结构,加强农业综合开发,增加就业岗位;②通过调整农村产业结构,促进多种所有制形式共同发展,来组织农村劳动力自主就业;③组织农村劳动力在农村不同区域之间、城乡之间合理流动以及发展对外劳务输出;④开展多种形式的培训,提高农村劳动者的素质;⑤对城乡劳动力就业实行计划与市场调节相结合的统筹管理;⑥建立农村劳动力就业的社会化服务体系;⑦以建设小城镇为依托,吸纳农村剩余劳动力。

其次是在前期试点工作经验的基础上,提出规范农村劳动力有序流动的各种措施。例如:农村劳动力外出之前,须持身份证和其他必要的证明,在本人户口所在地的劳动就业服务机构进行登记并领取外出人员就业登记卡;到达用人单位后,须凭外出人员就业登记卡领取当地劳动部门颁发的外来人员就业证;证、卡合一生效,简称"流动就业证",作为流动就业的有效证件,享受劳动就业服务机构提供的就业服务。① 对于离开常住户口所在地、拟在暂住地居住一个月以上的年满16周岁人员,如果不是为了探亲、访友、旅游、就医、出差等目的,在申报暂住户口登记的同时,应当申领暂住证。暂住证为一人一证,有效期限最长为一年,暂住期满需继续暂住的,应当在期满前办理延期或换领手续。②

最后是探索户籍制度改革的突破口。1997年发出的《国务院批转公安部小城镇户籍管理制度改革试点方案和关于完善农村户籍管理制度的意见的通知》明确规定,从农村到小城镇务工或者兴办第二产业、第三产业的人员,小城镇的机关、团体、企业和事业单位聘用的管理人员、专业技术人员,在小城镇购买了商品房或者有合法自建房的居民,及其共同居住的直系亲属,可以办理城镇常住户口。1998

---

① 《农村劳动力跨省流动就业管理暂行规定》,1994年11月17日。
② 《暂住证申领办法》,1995年6月2日。

年7月发出的《国务院批转公安部关于解决当前户口管理工作中几个突出问题意见的通知》提出，凡在城市有合法固定的住房、合法稳定的职业或者生活来源，已居住一定年限并符合当地政府有关规定的，可准予在该城市落户。

此外，还通过开展对农村劳动力的培训和改善服务，来调控农村劳动力的流动。例如，建立劳动预备制度，提高流动就业农村劳动力职业技能，建立健全劳动力市场规划和信息服务系统，加强劳动力市场建设等。

这一时期农村劳动力外出规模保持了逐年稳定增长的势头，据统计，1997年农村外出就业劳动力达到7722万人，2000年，农村外出就业劳动力达到8500万人左右。这一阶段的政策变化表明，中央政府及有关部门在改革城乡分割体制，推动城乡劳动力市场一体化方面已开始迈出实质性步伐，农村劳动力的转移和流动正在进入一个新的发展时期。

五、鼓励流动阶段（2001—2012年）

进入21世纪，中国加入世界贸易组织，中国经济又迎来了一个高速发展的阶段。随着经济体制改革的不断推进，农民进城务工对整个社会经济发展的贡献逐步得到社会的认同，社会各方面对进城务工农民的思想观念和态度也发生了变化。2001年出台的《中华人民共和国国民经济和社会发展第十个五年计划纲要》就指出，"要提高城镇化水平，转移农村人口……引导农村富余劳动力在城乡、地区间的有序流动"。同时，随着国力的增强，政府把"工业反哺农业、城市支持农村"作为新时期的工作方针，2006年出台的《国务院关于解决农民工问题的若干意见》，指出要建立城乡统一的劳动力市场和公平竞争的就业制度，建立保障农民工合法权益的政策体系和执法监督机制，建立惠及农民工的城乡公共服务体制和制度，拓宽农村劳动力转移就业渠道，保护和调动农民工的积极性。这就标志着这一时期政府解决农村劳动力转移问题已经由之前的控制、规范调整为鼓励和保障。这一时期的政策主要有五个方面的变化：

一是取消各种不合理的收费。例如，取消对外出或外来务工人员收取的暂住费、暂住（流动）人口管理费、计划生育管理费、城市增容费、劳动力调节费、外地务工经商人员管理服务费、外地建筑企业管理费等多种收费。① 二是加强对农民工的权益保护。主要是加快推动包括《中华人民共和国劳动合同法》在内的多项政策、法规的出台，加强农民工劳动合同管理；强化最低工资制度和工资保障金制度，解决农民工工资偏低和工资拖欠问题；制定职业安全卫生法规和准则，保障农民工的职业卫生安全；建立健全农民工维权渠道，强化合法权益保护。三是加强对农民工的培训工作。2003年9月，由农业部、劳动和社会保障部、教育部、科技部、建设部、财政部等六部委共同制定，国务院办公厅转发了《2003—2010年全国农民工培训规划》，要求由中央和地方财政安排专项经费，用于农民工的培训工作。四是做好农民工子女义务教育工作。2003年，国务院颁布《国务院关于进一步加强农村教育工作的决定》，政策导向由"限制外出，缴费解读"逐步转变为"以流入地为主、公办学校为主"。五是进一步推动户籍管理制度改革。中小城市和小城镇适当放宽农民工落户条件，大城市要积极稳妥地解决符合条件的农民工的户籍问题，进一步改进农民工居住登记管理办法。

这一时期，我国促进农民工转移就业的体制机制逐步建立，中央建立了农民工工作联席会议制度，加强部门间的合作与协调。在政策的推动和鼓励下，农村劳动力转移迎来了一个爆发期。2012年农村外出就业劳动力达到16336万人，比2000年翻了一番。

六、推动融入阶段（2013年至今）

随着农村劳动力转移规模的扩大，农民工迅速成为国家产业工人的主体，带来了国家城镇化水平的持续提升。但受城乡分割的户籍制度影响，农村劳动力"候鸟式迁移"的方式并未有多大变化。2013年，中国常住人口城镇化率已经超过52%，但户籍人口城镇化率只有35%，其中2亿多个农民工实现了从农村到城市的地域转移、从农业到非农产业的职业转换，但没有实现从农民到市民的身份的转变，属于"半城镇化"，这也成为制约"四化同步"发展的短板。党的十八大以来，党和政

---

① 《国家计委 财政部关于全面清理整顿外出或外来务工人员收费的通知》，2001年10月30日。

府高度重视农民工工作：一方面成立了国务院农民工工作领导小组，统筹协调农民工相关的制度和政策安排；另一方面着力推动农民工市民化，促进农民工社会融合。2014年，国家发布了《国家新型城镇化规划（2014—2020年）》，指出推进农业转移人口享有城镇基本公共服务，建立健全农业转移人口市民化推进机制。同年，国务院印发了《国务院关于进一步做好为农民工服务工作的意见》，这是继《国务院关于解决农民工问题的若干意见》之后，第二个为做好农民工工作出台的文件。其中明确要求到2020年，引导约1亿人在中西部地区就近城镇化，努力实现1亿左右农业转移人口和其他常住人口在城镇落户，未落户的也能享受城镇基本公共服务，农民工群体逐步融入城镇。这一时期的政策主要包括五个方面的内容：

一是强化农村转移人口的培训和教育。指出要实施农民工职业技能提升计划，将农民工纳入终身职业培训体系。加快发展农村新成长劳动力职业教育，努力使未升入普通高中、普通高等院校的农村应届初高中毕业生都能接受职业教育。2017年，国务院出台了《国务院关于印发"十三五"促进就业规划的通知》，再次对农民工的教育培训工作作出部署。

二是强化农民工的劳动权益保障。包括规范使用农民工的劳动用工管理，保障农民工工资报酬权益，扩大农民工参加城镇社会保险覆盖面，加强农民工安全生产和职业健康保护，畅通农民工维权渠道等。

三是支持农民工返乡创业。2015年，国务院办公厅下发了《国务院办公厅关于支持农民工等人员返乡创业的意见》，明确支持农民工等人员返乡创业。2016年，国务院办公厅下发《国务院办公厅关于支持返乡下乡人员创业创新促进农村一二三产业融合发展的意见》，鼓励农民工等返乡创业，推动农村第一、第二、第三产业融合发展。

四是推动农民工市民化。2014年下发的《国务院关于进一步做好为农民工服务工作的意见》中明确了农民工市民化的目标和原则，并就推动农民工逐步实现平等享受城镇基本公共服务和在城镇落户提出了具体意见。2016年，国务院印发了《国务院关于实施支持农业转移人口市民化若干财政政策的通知》，明确建立健全支持农业转移人口市民化的财政政策体系，并从十个方面为财政政策支持农业转移人口市民化提供了"路线图"。

五是促进农民工社会融合。2014年,国务院印发的《国务院关于进一步做好为农民工服务工作的意见》,首次就促进农民工社会融合作出具体部署,明确要求保障农民工依法享有民主政治权利,把农民工纳入城市公共文化服务体系,促进农民工与市民之间的交往、交流。

这一时期,中央关于农民工的政策导向已经由促进就业、保障权利逐步向推动农民工市民化、社会融合方向转变。目前来看,农民工转移就业规模已基本保持稳定,2016年,农村外出就业劳动力16934万人,比2012年增加不到600万人,增速明显回落。

第二节
推动农村劳动力转移就业的制度建设

随着农村劳动力转移就业规模的扩大,与之相关、为之服务的政策措施也逐步健全,从目前来看,我国推动农村劳动力转移就业的制度框架已基本建立,体制机制建设不断完善。

一、就业培训制度基本建立

2003年9月,农业部、劳动和社会保障部、教育部、科技部、建设部、财政部等六部委共同制定,国务院办公厅转发了《2003—2010年全国农民工培训规划》,要求由中央和地方财政安排专项经费,用于农民工的培训工作。这个规划的实施标志着我国农村劳动力转移就业培训制度的开启。2004年,由农业部等六部委主导的阳光工程培训开始实施,其他有关部委也在各自职能范围内开展培训,如国务院扶贫办实施了"农村劳动力转移培训雨露计划",劳动和社会保障部实施了"农村劳动力技能就业计划",教育部实施了"农村劳动力转移培训计划"等。培训初期，培训内容以引导性培训为主，主要是开展基本权益保护、法律知识、城市生活常识、寻找就业岗位等方面知识的培训。后期主要是开展职业技能培训，目的是增强农民工的就业竞争力。培训经费实行政府、用人单位和农民工个人共同分担的投入机制。

随着培训制度建设的深入，目前已建立多类别的培训体系。就业技能培训针对农村转移就业劳动者，劳动预备制培训针对农村未升学初高中毕业生，岗位技能提升培训针对在岗农民工，高技能人才培训针对具备中级以上职业技能的农民工，可以说农民工已被纳入终身职业培训体系。

二、就业服务体系不断健全

1994年，劳动部发布了《促进劳动力市场发展，完善就业服务体系建设的实施计划》，明确要求全国县、区以上劳动部门均要建立具有固定场所和配备相应工作队伍的职业介绍所，主要劳务输出省、区80%的乡镇和其他地区50%的乡镇建立劳动服务站，服务范围扩大到城乡所有用人单位和求职者。为推动农村劳动力有序转移，要着手华南（广东）、华东（上海）、华北（北京）三大区域劳动力市场信息中心建设，推进省际劳务协作，大力发展乡镇劳动服务网络，健全流动服务制度。这个计划的实施标志着我国服务于农村劳动力转移的就业服务网络开始建立。其后2003年、2004年国务院办公厅连续下发了《国务院办公厅关于做好农民进城务工就业管理和服务的指导意见》和《国务院办公厅关于进一步做好改善农民进城就业环境工作的通知》，强调要从清理和取消歧视性规定及不合理限制，开展有组织的劳务输出，完善职业介绍服务，做好咨询服务和加强对农民进城就业的培训等五个方面，进一步做好促进农民进城就业的管理和服务工作。其中，城市各级公共职业介绍机构要免费向农民工开放，积极为农民工免费提供就业信息和政策咨询，对求职登记的农民工免费提供职业指导和职业介绍服务。2006年下发的《国务院关于解决农民工问题的若干意见》再次指出要建立健全县、乡公共就业服务网络，为农民转移就业提供就业信息、职业介绍、就业指导和政策咨询等方面的服务。

多年来，农村转移劳动力的就业服务体系不断健全。面向广大农村转移劳动力的免费服务制度、就业援助制度、就业与失业管理制度、专项服务制度、信息服务制度和公共就业服务统筹管理制度等纷纷建立。每年第一季度，由国家劳动和社会保障部发起、专门为进城农民工提供就业服务的"春风行动"已经成为农民工接受就业服务的重要渠道。

三、劳动权益保障体系日趋完善

农村转移劳动力的权益保障问题一直是政府农民工工作的重要内容。2004年国务院办公厅下发了《国务院办公厅关于进一步做好改善农民进城就业环境工作的通知》，较为全面地提出切实维护农民进城就业的合法权益的要求，包括进一步解决拖欠农民工工资问题，加强劳动合同管理和劳动保障监察执法，及时处理农民工劳动争议案件，支持工会组织依法维护农民工的权益，以及做好农民工工伤保险工作。国务院2006年发布的《国务院关于解决农民工问题的若干意见》，被认为是系统性保护农民工权益的首个关键文件。该文件中关于农村转移劳动力劳动权益保障的内容包括三大点九小条，内容涵盖解决农民工工资偏低和拖欠问题、严格劳动合同管理、保障农民工职业安全卫生权益、切实保护女工和未成年工权益、积极稳妥地解决农民工社会保障问题等。之后，《中华人民共和国劳动合同法》于2008年开始实施，修订后的《中华人民共和国工伤保险条例》于2011年开始实施，《农民工参加基本养老保险办法》于2009年面向社会发布。这些法律、法规的实施，意味着农村转移劳动力的权益保障体系逐步建立。

2014年，国务院出台了《国务院关于进一步做好为农民工服务工作的意见》，再次就着力维护农民工的劳动保障权益从规范使用农民工的劳动用工管理、保障农民工工资报酬权益、扩大农民工参加城镇社会保险覆盖面、加强农民工安全生产和职业健康保护、畅通农民工维权渠道、加强对农民工的法律援助和法律服务工作六个方面作出要求。可以说，随着中央政策部署的进一步深化，农村转移劳动力的劳动权益保障体系将日趋完善，权益保障水平也将不断提升。

四、农村转移劳动力的公共服务供给不断强化

2006年，国务院发布的《国务院关于解决农民工问题的若干意见》要求，切实为农民工提供相关公共服务，包括把农民工纳入城市公共服务体系、保障农民工子女平等接受义务教育、加强农民工疾病预防控制和适龄儿童免疫工作、进一步搞好农民工计划生育管理和服务、多渠道改善农民工居住条件。从现实来看，保障农民工子女平等接受教育和改善农民工居住条件是所有公共服务中农民工最迫切需要的。

在子女接受教育方面，随着2003年国务院颁布《国务院关于进一步加强农村教育工作的决定》，以流入地政府管理为主、以公办中小学为主的"两为主"政策已经成为保障农民工子女接受义务教育的重要制度。《国务院关于解决农民工问题的若干意见》要求，输入地政府要将农民工子女义务教育纳入当地教育发展规划，列入教育经费预算，以全日制公办中小学为主接收农民工子女入学，并按照实际在校人数拨付学校公用经费。《国务院关于进一步做好为农民工服务工作的意见》进一步提出，将农民工子女义务教育纳入当地教育发展规划，列入教育经费预算。公办义务教育学校要普遍对农民工随迁子女开放，与城镇户籍学生混合编班，统一管理。并且提出要积极创造条件着力满足农民工随迁子女接受普惠性学前教育的需求，对符合条件的农民工随迁子女接受义务教育后在输入地参加中考、高考的政策也要进一步完善和落实。截至2014年末，农民工随迁子女在公办学校就学比例达到80%以上。2013年全国26个省份解决了随迁子女在当地参加中考的问题，2014年全国28个省份启动实施随迁子女异地高考改革。

在改善农民工居住条件方面，《国务院关于解决农民工问题的若干意见》要求，在符合规划的前提下，可在依法取得的企业用地范围内建设农民工集体宿舍。农民工集中的开发区和工业园区，可建设统一管理、供企业租用的员工宿舍，集约利用土地。《国务院关于进一步做好为农民工服务工作的意见》进一步提出，统筹规划城镇常住人口规模和建设用地面积，将解决农民工住房问题纳入住房发展规划。支持符合条件的农民工购买或租赁商品住房，按规定享受购房契税和印花税等优惠政

策，并将符合条件的农民工纳入住房保障实施范围。城镇稳定就业的农民工还要逐步纳入住房公积金制度的实施范围。据国家统计局的监测，2016年，进城农民工居住条件总体有所改善，进城农民工人均住房面积达到19.4平方米。

专　栏　四

2016年进城农民工居住状况

1. 进城农民工的购房比例提高

在进城农民工中，租房居住的农民工占62.4%，比上年下降2.4个百分点，其中租赁私房的农民工占61%，比上年下降1.9个百分点。购房的农民工占17.8%，比上年提高0.5个百分点，其中购买商品房的农民工占16.5%，比上年提高0.8个百分点。单位或雇主提供住房的农民工占13.4%，比上年下降0.7个百分点。以其他方式解决居住问题的农民工占6.4%，比上年提高2.6个百分点。购买保障性住房和租赁公租房的农民工不足3%。

2. 居住困难的进城农民工占比下降

进城农民工人均住房面积为19.4平方米，与上年基本保持一致。其中，人均住房面积在5平方米及以下居住困难的农民工户占6%，比上年下降2.3个百分点；在6～15平方米的农民工户占37.4%，在16～25平方米的农民工户占25.5%，均比上年提高2.1个百分点；在26～35平方米的农民工户占12.6%；在36平方米以上的农民工户占18.5%，分别比上年下降1.1和0.9个百分点。

3. 进城农民工居住条件总体有所改善

农民工户住房配备电冰箱和洗衣机的比重分别为57.2%和55.4%，分别比上年提高2.9和3.8个百分点；86.5%的农民工户住房有自来水，比上年提高0.3个百分点；77.9%的农民工户住房有洗澡设施，比上年提高2.8个百分点；69.6%的农民工户住房有独用厕所，比上年提高0.2个百分点；85.5%的农民工户能上网（计算机或手机），比上年提高7.1个百分点；18.6%的农民工户拥有汽车（生活和经营用车），比上年提高2.7个百分点。

资料来源：《2016年农民工监测调查报告》，国家统计局。

第三节
农村劳动力转移就业现状与趋势

一、农村劳动力外出就业的规模不断扩大

改革开放之初，农村劳动力外出就业的规模较小，在 200 万人左右。20 世纪 80 年代中期，随着国家逐步放宽农村劳动力进城就业的条件，农村劳动力转移迎来了首个大爆发，到 1989 年，出乡就业的农村劳动力规模迅速达到 3000 万人。1992 年邓小平南方讲话之后，中国首次出现了农村劳动力大规模地跨区迁移大潮。当时，沿海地区对外开放步伐加快和外商直接投资所创造的非农就业机会，吸引着农业领域转移出来的农村劳动力。1993 年，农村劳动力出乡就业数量达到 6200 万人，在短短的 4 年时间里，出乡就业数量就翻了一番。到 90 年代中后期，城市职工大量下岗以及乡镇企业增长速度减缓，使得城镇吸纳农村劳动力就业的能力减弱，农村劳动力转移的速度逐步放缓，年平均转移数量下降到 360 万人左右，但是外出总量仍保持上升的趋势。进入 21 世纪，中国经济又迎来了一个高速发展的阶段。随着农民工对整个社会经济发展的贡献得到社会的认同，农村劳动力转移速度不断加快，又迎来了新一轮转移就业大潮。其中，2004 年，农村劳动力转移数量首次超过 1 亿人，占农村劳动力总量的 20.6%。"十一五"阶段，农村劳动力的年均转移规模达到 800 万人，虽然 2008 年全球化的金融危机导致农民工大量返乡，但随后外出就业的规模迅速恢复到之前的水平并保持了中高速增长。直到 2013 年，随着中国经济发展进入新常态阶段以及农村劳动力资源总量的下降，农村劳动力外出就业数量的增长速度才开始放缓（见表 13-1）。

表 13-1　改革开放以来农村劳动力外出就业数量

年份	外出就业规模（万人）	年平均转移规模（万人）
1982	200	50
1989	3000	400
1993	6200	800
1995	7000	400
1996	7223	223
1997	7722	499
2001	8961	348
2004	10260	440
2009	14533	855
2010	15335	802
2013	16610	425
2014	16821	211
2015	16884	63
2016	16934	50

二、农村外出劳动力的素质和能力不断提升

改革开放之初，受农村劳动力整体教育水平的制约，农村外出劳动力的受教育程度普遍不高，有数据表明，20 世纪 90 年代初农村成年人受教育年限仅有 5.5 年[①]，农村外出劳动力的受教育程度虽优于劳动力总体，但优势有限。随着农村义务教育政策的普及和落实，农村劳动力总体的文化程度得到了显著提升。据全国农村固定观察点监测，2003 年以来，农村劳动力的平均受教育年限由 7.0 年提高到 2016 年的 8.1 年。劳动力总体文化程度的提升也带动了农村转移劳动力文化素质的提升，农村外出劳动力的受教育年限也由 2003 年的 8.0 年提高到 2016 年的 8.8 年。从学历构成看：近年来，小学及以下文化程度所占的比重逐年下降，2016 年

---

① 张小建：《中国农村劳动力就业与流动研究报告》，中国劳动出版社，1999 年版，第 28 页。

已经降至17.6%；初中文化程度所占的比重在经历了前期的上涨后，目前稳定在60%左右，高中、大专及以上文化程度的比重均有所增加，其中大专及以上的比重增加最快，由2003年的1.2%提升到2016年的9.1%（见表13-2）。

表13-2 改革开放以来农村外出劳动力文化程度的变化

年份	小学及以下（%）	初中（%）	高中（%）	大专及以上（%）
2003年	25.3	63.8	9.7	1.2
2008年	21.1	63.9	12.4	2.6
2010年	20.9	60.7	14.0	4.4
2014年	19.2	60.5	11.9	8.4
2015年	18.5	60.3	12.4	8.8
2016年	17.6	60.8	12.5	9.1

随着国家开始实施《2003—2010年全国农民工培训规划》，接受过技能培训的农村外出劳动力的比重也是逐年提升。2001年，农民工中掌握了一定的专业技能、接受过技能培训的比例仅有17.1%，2016年接受过农业和非农职业技能培训的农民工达到32.9%。其中，接受非农职业技能培训的占30.7%，接受过农业技能培训的占8.7%，均与上年持平；农业和非农职业技能培训都参加过的占6.5%，比上年提高0.2个百分点。

三、农村外出劳动力就业行业向第三产业转移

转移之初，农村外出劳动力多是走街串户的手艺人和小商小贩等，就业行业主要集中在第三产业。但随着乡镇企业的崛起以及外商投资的增加，建筑业和制造业吸纳了大量的农村外出劳动力，第二产业逐步成为农村外出劳动力就业的主要行业。据劳动部农村劳动力就业与流动研究课题组的调查，1994年外出从事建筑业的农村外出劳动力占到27.8%，从事制造业的占24%，在第二产业就业的占到总体的57.4%。随着国家经济结构的调整，近年来，农村外出劳动力就业的行业分布逐步向第三产业倾斜。2016年，外出劳动力中，在第二产业就业的占43.6%，

比20世纪90年代初下降了10个百分点以上,其中制造业和建筑业仍是第二产业中就业比重前两名。在第三产业就业的比重为54.3%,已经成为吸纳农村外出劳动力最多的产业。其中,在餐饮住宿业就业的比重占10%,在居民服务业就业的比重占9.5%,在交通运输业就业的占6.3%,在批发零售业就业的占4.4%,在租赁和商务服务业就业的占2.9%(见表13-3)。

表13-3 农村外出劳动力就业行业分布的变化

产业	2011年(%)	2012年(%)	2013年(%)	2014年(%)	2015年(%)	2016年(%)
农业	2.4	1.9	2.3	2.3	2.2	2.1
采矿业	3.1	2.6	2.4	1.8	1.9	1.7
制造业	24.2	25.8	22.8	22.4	22.5	22.2
电力燃气水供应业	1.4	1.3	1.3	1.4	1.2	1.4
建筑业	18.5	19.6	19.2	19.4	18.3	18.3
交通运输业	6.5	6.0	6.1	5.9	6	6.3
批发零售业	4.1	4.6	4.4	4.3	4.6	4.4
餐饮住宿业	10.0	8.1	8.8	8.9	9.4	10
租赁和商务服务业	3.2	2.9	3.1	2.6	3	2.9
居民服务业	8.4	8.1	8.8	9.1	9.5	9.5
其他	18.1	19.1	21	21.9	21.4	21.2

四、农村外出劳动力就业区域开始向省内转移

农村劳动力外出就业初期,受当时信息闭塞和交通不畅的影响,农村劳动力外出更倾向于在本省内。1994年,劳动部课题组对8个省份农村劳动力外出的调查显示,仅有26.4%的农村劳动力选择到省外就业。随着劳动力外出规模的扩大和经验的积累,以及东部地区就业机会的增加,农村劳动力"走出去"的愿望越来越强烈。因此,在金融危机前,跨省流动(含境外)的劳动力比重一直是逐年提高的,据全国农村固定观察点监测,2008年跨省流动(含境外)的劳动力比重占到

45.4%。尽管 2008 年金融危机的爆发导致 2009 年跨省流动（含境外）的劳动力比重大幅降低，但随后 2 年迅速反弹，虽然没有恢复到金融危机前的水平，但 2011 年跨省流动（含境外）的劳动力比重为 42.3%，仍是最高的。

近年来，外出劳动力跨省流动（含境外）的比重逐步开始下降，取而代之的是乡外县内就业和县外省内就业比重的提高。2016 年，跨省流动（含境外）的劳动力比重为 38.0%，已降至 10 年来的最低水平，而乡外县内就业的比重则提升至 31.7%，达到 10 年来最高水平（见表 13-4）。可以预期，随着《国家新型城镇化规划（2014—2020 年）》的执行以及鼓励农民工返乡创业政策的落实，未来在省内就业的农民工会越来越多。

表 13-4 农村外出劳动力就业行业分布的变化

年份	乡外县内（%）	县外省内（%）	跨省流动（含境外）（%）
2008	25.9	28.7	45.4
2009	30.0	30.5	39.5
2010	29.8	29.3	40.9
2011	29.3	28.5	42.3
2012	30.5	30.5	39.0
2015	30.8	30.1	39.1
2016	31.7	30.3	38.0

五、新生代已成为农村外出劳动力的主体

新生代普遍是指出生于 1980 年后的人口，随着时间的推移，越来越多的新生代人口进入劳动力市场，成为我国农村外出劳动力的主体。2016 年，我国新生代农村外出劳动力的比重达到 54.3%。与上一代外出劳动力相比，新生代表现出以下主要特点。

一是文化素质相对较高，对职业技能素质教育更为重视。同上代农民工相比，新生代外出就业农民工的文化素质相对较高。2016 年，新生代农民工的平均受教育年限为 9.5 年，比上代农民工的受教育年限高 2.2 年，其中有高中及以上文化程

度的比重达到32%，显著高于上代农民工。同时，新生代外出就业农民工对职业技能教育更为看重，他们当中接受过职业培训的比重高出上代农民工1.2个百分点。这就表明新生代农民工已经不再满足于苦力型的简单劳动，而是渴望走技能型发展道路。他们学习的主动性较强，调查显示：近半数的人会利用业余时间读书或是参加在职培训，并且如果有免费的学习机会，绝大多数人都愿意主动参加；即使是自费学习，如果确实有需要，80%以上的人也明确表示愿意参加。

二是独生子女比重相对较高，首次外出年龄有低龄化趋势。新生代外出就业农民工中独生子女的比重相对较高，已占到12.5%，显著高于上代农民工，并且越是低年龄组比重越高，90后独生子女的比重比80后高近2个百分点。这种代际变化的直接影响就是新生代农民工从小受到父母更多的关爱，成长环境更为优越。调查显示，他们中会干农活的比重不足40%，相当一部分人尤其是90后从未下过地、务过农。成长环境的优越使得多数新生代外出就业农民工没有赚钱养家的压力，职业选择更为自由，他们不再像上代农民工那样进城后从事脏活累活，而是看重有发展前途、工作环境好的工作。新生代农民工中在建筑业就业比重的下降就很好地说明了这一点。由于新生代农民工大多不会务农，因此越来越多的新生代农民工从学校毕业后直接选择进城务工，这表现为他们首次外出就业年龄趋于低龄化。输入地调查显示，80后首次外出就业年龄平均为21.6岁，90后首次外出就业年龄平均为18.3岁，可以说，从校门到城市已较为普遍。

三是对城市生活有较高的认同感，外出动机多元化。研究表明，外出赚钱是多数上代农民工外出就业的唯一目的。对新生代外出就业农民工而言，赚钱虽然重要，但已不再是唯一目标，虽然有50%以上的人表示增加收入是他们外出就业的主要动因，但仍有30%以上的人表示，外出就业是为了长见识、学技术，还有10%以上的人是因不愿在家务农而外出。这就表明新生代农民工外出就业的动机已经多元化。这种动机多元化的背后实际上是他们对城市生活的认同与向往。上代外出农民工大多有浓厚的乡土情结，城市只是工作的地方，家乡才是他们的归宿。而新生代农民工有很大不同，超过1/3的人外出前就有过城市生活的经历，部分人就是生在城市长在城市，现代教育让他们对城市生活有了更多的了解，正是这种认同感促使他们进城,并且渴望融入城市。

四是多数人未婚,已婚者更倾向于举家外出。新生代外出就业农民工中,已婚的比重在30%左右,多数人还是未婚,这主要是因为他们相对年轻,平均年龄在28岁,还有相当部分的人未到法定结婚年龄。同上代农民工相比,已婚新生代农民工更注重家庭,传统的一方外出、一方留守的做法不再为多数人所接受,他们更倾向于双方共同外出就业。根据输入地调查,已婚新生代农民工中夫妻一起外出就业的比重接近70%,双方共同外出有助于增进夫妻感情,这已经成为新生代农民工在外就业的稳定器。尽管仍有近60%的新生代农民工子女是留守儿童,但主动举家外出已成为新生代农民工外出就业的重要形式,调查显示,夫妻共同外出者中有2/3的人把孩子带在身边。

第四节
促进农村转移劳动力城市融合的探索

随着农业农村经济的繁荣以及农村转移劳动力规模趋于稳定,推动农村劳动力外出转移就业、解决农村剩余劳动力的就业问题将不是当前农民工工作的首要任务。在中国经济发展进入新常态的背景下,如何让已转移的农村劳动力实现市民化,平等享受各项公共服务,进而实现社会融合和有质量的城镇化,逐步成为新时期农民工工作的重点。应该说,在党的十八大之前,各级政府就在这些方面进行了很多尝试和探索,也取得了积极的成效;党的十八大后,党和政府继续发力,促进农村转移劳动力城市融合。

一、户籍壁垒的消解:从严格限制落户到全面放开小城市

户籍制度是中国特有的人口管理制度,被认为是中国城乡二元结构的源头。改革开放之前,农民向城镇进行户籍迁移受到严格的限制,这也是历史上户籍壁垒最

坚固的时期。改革开放后，户籍制度逐步松动，1984年发布的《国务院关于农民进入集镇落户问题的通知》中规定，"凡申请到集镇务工、经商、办服务业的农民和家属，在城镇有固定住所……公安部门应准予落常住户口，发给《自理口粮户口簿》，统计为非农业人口"，这是中国户籍制度改革的第一个规范性的政策规定。但由于没有突破性的改革，而且限定在县以下非城关的集镇，所以只促进了一小部分人口进城落户。2000年，中共中央、国务院下发了《中共中央　国务院关于促进小城镇健康发展的若干意见》，规定"从2000年起，凡在县及以下城镇有合法固定住所……均可根据本人意愿转为城镇户口"，2001年，《国务院批转公安部关于推进小城镇户籍管理制度改革的意见的通知》下发，进一步放松了农民进城落户的限制。但从实际成效看，各级城镇政府在对待农民工落户问题上还是存在着抗拒现象，往往通过总量控制、变相收费、抬高门槛等途径来制约农民工的进城落户。

2013年，党的十八届三中全会发布了《中共中央关于全面深化改革若干重大问题的决定》，指出要"加快户籍制度改革，全面放开建制镇和小城市落户限制，有序放开中等城市落户限制，合理确定大城市落户条件，严格控制特大城市人口规模"。之后经过近一年的酝酿，《国务院关于进一步推进户籍制度改革的意见》于2014年正式发布，户口迁移政策也进一步调整，全面放开了建制镇和小城市落户限制，对于中等城市和大城市则可以根据城市综合承载能力设定相应的门槛。至此，我国农村转移劳动力面临的户籍壁垒逐渐消解，农村转移劳动力在小城市落户已基本实现零门槛。"十三五"规划纲要提出到2020年中国户籍人口城镇化率达到45%，2016年，户籍人口城镇化率仅为39.9%，还有5个百分点的差距，相当于还要有1亿名农民工在城镇落户。

二、城乡流动的转换：从鼓励外出务工到支持返乡创业

在转移之初，我国农村劳动力转移就业的政策导向是以鼓励外出务工为主，农村劳动力主要是向外地和城市转移。1988年，劳动部发布了《关于加强贫困地区劳动力资源开发工作的通知》，提出要"按照'东西联合、城乡结合、定点挂钩、长期协作'的原则，组织劳动力跨地区流动。沿海经济发达地区、大中城市的劳动

部门要有计划地从贫困地区吸收劳动力"。1991年，劳动部等单位联合开展的中国农村劳动力开发就业试点项目把"组织农村劳动力在农村不同区域之间、城乡之间合理流动以及对外劳务输出"作为一项重要内容。1995年，中央办公厅、国务院办公厅发出《关于转发〈中央社会治安综合治理委员会关于加强流动人口管理工作的意见〉的通知》，出于加强人口管理的需要首次提出促进农村剩余劳动力就地就近转移就业。此后，直到2006年，《国务院关于解决农民工问题的若干意见》提出要把促进农村劳动力就地就近转移就业作为一项重要工作来抓。就地就近的转移一方面可以减少城镇化的制度障碍，降低城镇化制度的成本，促进农村劳动力的就地城镇化；另一方面也有利于农业和乡村可持续发展。同时，就近就地城镇化符合当下农民工的城镇化意愿。至此，以鼓励外出为主的农村劳动力转移政策逐步转变为鼓励外出和就地就近转移并重。

党的十八大以来，在"大众创业、万众创新"的背景下，中央关于农村劳动力转移就业的政策导向再次发生调整，返乡创业成为又一个政府支持的方向。在外务工人员返乡创业，既可以激发当地的经济活力，创造更多的就地就近就业机会，加快输出地新型工业化、城镇化进程，又有利于将现代科技、生产方式和经营理念引入农业，提高农业质量效益和竞争力，补齐"四化"同步发展中的农业短板。至此，在促进农村转移劳动力城市融合的过程中，经历了一个从鼓励外出，到外出与就地就近转移并重，再到支持返乡创业的城乡流动的转换过程。

三、政治权利的保障：从被忽略到被尊重

改革开放30多年，农民工群体政治权利实现问题一直没有受到应有的重视。从政府到社会，对农民工群体基本权利保障方面，如生存权、劳动权等关注比较多，而对农民工群体政治权利实现问题却关注不够。农民工群体由于具有流动性，他们的利益获得与其政治权利的行使产生了矛盾，不论在农村还是城市，农民工的政治权利都没有得到很好的行使：在农村，农民工本应是乡村治理的参与主体，但他们的政治参与处于缺失状态；在城市，他们有行使选举权的愿望，却很少能得到满足。许多农民工还不被允许参加本单位的政治活动，如参加职工代表大会和加入

工会组织等。直到2006年,《国务院关于解决农民工问题的若干意见》才首次明确提出要保障农民工依法享有的民主政治权利。招用农民工的单位,职工代表大会要有农民工代表,保障农民工参与企业民主管理的权利。农民工户籍所在地的村民委员会,在组织换届选举或决定涉及农民工权益的重大事务时,应及时通知农民工,农民工可通过适当方式行使民主权利。有关部门和单位在评定技术职称、晋升职务、评选劳动模范和先进工作者等方面,要将农民工与城镇职工同等看待。依法保障农民工人身自由和人格尊严,严禁打骂、侮辱农民工的非法行为。总体上看说,这个文件中对农民工政治权利的保障还处于较为初级的阶段。

党的十八大以来,《国务院关于进一步做好为农民工服务工作的意见》较为系统地提出了保障农民工依法享有民主政治权利的措施。如重视从农民工中发展党员,加强农民工中的党组织建设,健全城乡一体、输入地党组织为主、输出地党组织配合的农民工党员教育管理服务工作制度。积极推荐优秀农民工作为各级党代会、人大、政协的代表、委员,在评选劳动模范、先进工作者和报考公务员等方面将农民工与城镇职工同等对待。创造新办法、开辟新渠道,支持农民工在职工代表大会和社区居民委员会、村民委员会等组织中依法行使民主选举、民主决策、民主管理、民主监督的权利。

四、留守问题的解决:从无人问津到关爱服务体系建立

一直以来,我国农村劳动力外出就业多是选择"候鸟式"流动,年轻的青壮年到城里务工,把老人、妇女和儿童留在农村。久而久之,农村的空心化开始显现,老人农业和妇女农业成为主流,留守儿童也越来越多。根据统计数字,我国留守儿童数量在6100万人以上,留守妇女约4700万人,留守老人约5000万人。长期以来,留守群体始终面临着生活、教育、心理、安全等多方面的问题,但这个与外出就业劳动力规模相当的群体却并未受到政府和社会的特别关注。

党的十八大后,"以人为本"的执政理念得到强化,《国务院关于进一步做好为农民工服务工作的意见》首次提出了一揽子工作安排,解决农村"三留守"问题。文件要求建立健全农村留守儿童、留守妇女和留守老人关爱服务体系。通过实

施"共享蓝天"行动,强化对农村留守儿童的关爱。通过开展农村"妇女之家"建设,培育和扶持妇女互助合作组织,帮助留守妇女解决生产、生活困难。建立健全农村老年社会福利和社会救助制度,发展适合农村特点的养老服务体系,努力保障留守老人的生活。加强社会治安管理,保障留守儿童、留守妇女和留守老人的安全,发挥农村社区综合服务设施关爱留守人员功能。

第五节
农村劳动力外出就业的趋势及建议

一、农村劳动力外出就业的趋势判断

1. 总量快速增长的趋势已基本结束

当前,我国农村外出就业劳动力的增速已持续下滑,虽然仍保持正的增长速度,但年均新增数量的绝对值已持续下降,可以说,改革开放以来,持续较快增长的趋势已基本结束。这种趋势性变化的一个重要特征就是农村外出就业劳动力增速自2010年起已连续5年回落,年度新增农村外出就业人员数量也从700万人降至200万人左右。预计未来农村外出就业劳动力总量将进入低速增长期,增速维持在1%左右。主要依据就是我国当前人口结构已经出现变化,劳动力供给总量已开始下降。根据第六次人口普查的数据,2015—2020年,我国乡村年均新进入劳动年龄人口数量不到800万人,比2009—2014年年均新进入劳动年龄人口数量少100万人,比2003—2008年年均新进入劳动年龄人口数量少300万人,劳动年龄人口基数的大幅下降必然会制约新增外出就业劳动力的数量。此外,随着经济社会的发展,农村适龄劳动力接受教育的时间正逐步延长,这就推迟了他们进入劳动力市场的时间,从而降低了总体的劳动参与率。

2. 外出就业势头不会逆转

未来一段时期，我国农村劳动力外出就业的势头仍将继续，但增速将大大放缓，总量以稳为主，新老农民工自然交替将成为主流。首先，新生代外出就业意愿强烈。就农民工自身而言，新生代农民工已成为外出就业的主力军，他们渴望走出农村，融入城市的愿望十分强烈，在我国城镇化加速推进的大背景下，外出就业已成为农村新生代劳动力的首选。其次，新增就业岗位有保证。虽然当前经济增长下行压力大，但近年来就业弹性逐步回升，尤其是第三产业吸纳就业的能力显著增强，两相抵消，每年新增就业岗位可以有保证。最后，现代农业发展有助于推动剩余劳动力外出就业。当前，我国农村土地流转逐步加快，规模经营主体不断涌现，农业吸纳劳动力数量将逐步下降，这有助于进一步推动剩余劳动力向非农产业、城镇转移就业。

二、促进农村劳动力转移就业的建议

1. 健全农民工权益保障的法律体系

目前，对农民工权益保障的政策措施大多是以政府文件形式发布的，虽然最高层面有国务院出台的两个专门针对农民工工作的文件，但在实际工作中，侵犯农民工权益的事件屡禁不止，尤其是农民工的工资权益和安全卫生权益，仅2015年前三季度全国就发生涉及拖欠农民工工资问题的突发事件11007起，比上年同期增长34%。虽然最高人民法院等四部门出台了《关于加强涉嫌拒不支付劳动报酬犯罪案件查处衔接工作的通知》，对"恶意欠薪"加大执法和处罚力度，但现实中受到此项惩罚的却很少，对农民工工资权益的保护力度仍显不足。考虑到农民工对中国经济发展的贡献和这个群体的脆弱性，建议制定出台《农民工权益保护法》，加强对企业行为的监管，并切实落实法律、法规，对农民工的合法权益要依法保障，对侵害农民工合法权益的用工单位要加大打击力度，做到执法必严，违法必究。

2. 进一步推动农民工市民化

一方面要取消农民工在小城市落户的数量限制，不断放松农民工落户城镇的条件限制。另一方面要加快推动市民化待遇，在农民工获取市民身份门槛较高的中大型城市，力争实现基本公共服务对农民工的全覆盖。尤其是要保障农民工随迁子女接受教育的权利，输入地政府要把农民工随迁子女学前教育也纳入服务范畴，满足农民工随迁子女接受普惠性学前教育的需求。公办义务教育学校要普遍对农民工随迁子女开放，将其与城镇户籍学生混合编班，统一管理。

3. 加大对农民工就业创业的扶持

加强对农村青年劳动力的就业培训，通过补贴、学费减免等多种方式鼓励未升学农村青年劳动力参加就业培训。加强对农民工创业的扶持。进一步扩大享受国家双创政策的农民工范围，支持农民工在外创业。推动农村普惠金融体系的发展，对信用档案完善的农民工给予一定的信用贷款额度，降低农民工创业门槛。

第十四章
农村扶贫开发

第一节
农村扶贫开发的历程和成效

一、农村扶贫开发的历程

1. 体制改革推动扶贫阶段（1978—1985年）

按照1978年标准的贫困线，1978年我国的贫困人口约为2.5亿人，占农村总人口的33%。① 1978年以前，在"一大二公"的人民公社制度下，农民的付出与所得不能直接成正比，平均主义思想泛滥，严重制约了农民生产的积极性。这是那一阶段农村领域发生贫困的主要原因。因此，党的十一届三中全会揭开了农村经济体制改革的序幕，也为农村扶贫开发工作带来了巨大的制度红利。这一系列改革以调动农民生产积极性，解放农村剩余劳动力为主要目的，体现在以下几个方面：首先，在土地制度方面，家庭联产承包经营制度取代了人民公社中的集体劳作制度，土地产出率得到提高；其次，在农产品价格制度方面，国家提高了部分谷物、经济作物和肉类的定购价格，并制定了对谷物和油料作物的超购奖励制度。如稻谷、油料作物、棉花、食糖和猪肉的定购价格提高了17.1%。此外，对谷物和油料作物的超购部分还支付高于定购价30%~50%的奖励，对棉花的超购部分支付30%的

---

① 曹子坚：《农村反贫困战略研究》，甘肃人民出版社，2011年版，第67页。

额外津贴。① 农民收入得以增长；最后，在所有制方面，国家大力扶持乡镇企业。1979—1983年，中央各部委相继制定了一系列扶持社队企业发展的措施：农业部、财政部、中国农业银行、建材部等有关部门分别就财政、税收、信贷、原材料等方面制定了一系列规定和办法，发挥了显著的作用。1978—1985年，以计划经济为主，市场调节为辅，乡镇企业总产值年平均增长200亿元。②

这一阶段，农村经济的超常规增长，使大批农民摆脱了温饱问题长期得不到解决的局面。据农业部提供的数据，1978—1985年，农村居民人均纯收入从133.6元上升到397.6元，年均增长率接近17%；农村绝对贫困人口由2.5亿人下降到1.25亿人左右，贫困发生率也由30.7%下降到14.8%。③

这一阶段，政府虽然没有设立专门的扶贫组织，但是已经开始尝试开展扶贫工作，尤其是老、少、边地区等不发达地区的专项扶贫。如"支援经济不发达地区发展"资金于1980年设立，专门扶持老少边区的发展；政府还实施了为期10年的"三西"扶贫开发计划，从1982年起每年拨款2亿元，专项支援甘肃省定西、河西地区和宁夏西海固地区，取得了显著成效。这一时期的扶贫措施在一定范围内提高了这些地区的经济活力，在一定程度上减轻了农村的贫困压力，为后来开展特定区域扶贫以及有计划、有组织、大规模扶贫开发提供了宝贵的经验。

2. 大规模扶贫开发阶段（1986—1993年）

20世纪80年代中期，受城乡贸易条件的恶化及农产品价格下降等影响，农业和农民收入增速下降，老、少、边地区的经济增长水平甚至出现停滞。为此，中国政府作出了一系列重大决策，增强农村贫困人口的内生发展能力，提高贫困农民的生活水平：《中华人民共和国国民经济和社会发展第七个五年计划》关注了老、少、边、穷地区的经济、文化落后状况；1986年，国务院贫困地区经济开发领导

---

① 林毅夫、刘明兴：《经济发展战略与中国的工业化》，《经济研究》2004年第7期，第48—58页。
② 宁志一：《论八十年代中国乡镇企业的崛起》，《党史研究与教学》1995年第2期，第39—45页。
③ 苏国霞：《扶贫开发是中国特色社会主义的伟大实践》，《经济研究参考》2008年第32期，第35—38页。

小组成立（1993年更名为"国务院扶贫开发领导小组"），并且在国家级、省级和县级各级政府都设立扶贫开发领导小组，组织、协调、监督该地区的扶贫工作；核定了贫困县，并以此作为扶贫基本单位，中央和地方政府分别进行补贴贷款；划定了18个集中连片的贫困区域，实施连片开发；实行了东、西部地区之间的对口帮扶项目；扶贫的资金开始由财政拨款与银行信贷相结合，有偿使用与无偿使用相结合。按照国家统计局数据，1986—1993年，592个国家重点贫困县的农民人均纯收入从206元提高到483.7元。到1993年底，我国有农村贫困人口8000万人（1978年标准线），比1985年减少了4500万人。

这一时期扶贫工作由救助性扶贫向开发性扶贫转变，由"输血式"扶贫向"造血式"扶贫转变，把扶贫和开发结合起来，试图融合农村贫困问题和农村贫困地区的发展问题，注重增强贫困地区的自我发展和脱贫能力。资金分配也从按人口平均分配向按项目效益分配转变，除了直接的资金输入，资金、技术、培训等多元结合的综合扶贫项目也成为扶贫的主要内容之一。经济组织作为扶贫工作的重要载体，其作用开始显现。

3. 扶贫攻坚阶段（1994—2000年）

随着改革开放和扶贫工作的深入开展，中国的贫困率下降速度放缓，中国贫困人口也逐渐减少，农村地区的贫困呈现出区域性和地缘性特征，主要集中在自然条件恶劣的中、西部特殊困难地区。由于这些地区的贫困类型和成因比较复杂，经济体制改革的扶贫带动效应相对较弱。据统计，1994年，592个国定贫困县中，中、西部地区贫困县数占82%，贫困人口数占91.1%。[①] 对此，政府制定和实施了《国家八七扶贫攻坚计划》，我国农村扶贫开发进入全面攻坚阶段。政府重新确定了592个国定贫困县，并以此为核心实施了一系列有针对性的扶贫措施。除了大幅增加扶贫财政拨款外，政府还推动实施了科教扶贫、计划生育、生态移民、发展种植业和养殖业、加强对各类扶贫资金的管理等多项措施。1999年下发的《中共中央 国务院关于进一步加强扶贫开发工作的决定》开始强调扶贫工作以贫困村为单

---

① 曹子坚：《农村反贫困战略研究》，甘肃人民出版社，2011年版，第69页。

位，以贫困户为工作对象。为下一阶段的瞄准式扶贫奠定了基础。

这一时期的扶贫工作基本解决了贫困人口的温饱问题，使我国农村贫困现象从普遍性、区域性、绝对性贫困向点状分布和相对贫困转变。扶持对象从单纯的绝对贫困人口调整为绝对贫困人口加低收入人口，任务从解决温饱转变为解决与巩固温饱并重。重点发展投资少、见效快、覆盖广、效益高、有助于直接解决群众温饱问题的种养业，积极发展资源开发型和劳动密集型的乡镇企业，有计划、有组织地发展劳务输出，实行开发式移民，提出农业产业化扶贫模式。提出要实行党政一把手扶贫工作责任制，强调扶贫攻坚要落实到村、落实到户，将扶贫资源及其产生的效益尽可能都流向扶贫的目标人群，保证扶贫的微观效益和公平性。

专　栏　五

国家八七扶贫攻坚计划

《国家八七扶贫攻坚计划》是中国历史上第一份有明确目标、明确对象、明确措施、明确期限的扶贫纲领性文件。《国家八七扶贫攻坚计划》明确提出：集中人力、物力、财力，动员社会各界力量，力争用七年左右的时间，到2000年底基本解决农村贫困人口的温饱问题。它是对20世纪80年代后期开始实施的一系列扶贫政策的强化。该计划包括6个目标：①帮助贫困家庭改良土地，增加农民在经济作物、果树以及家畜等方面的收入，并给农民提供非农就业机会等；②为大部分乡镇建造道路和电力设施，为最贫困乡村改善饮水设施；③在全国范围内普及中等教育以及基本医疗和防疫系统；④将沿海省份的逐渐富裕起来的县从国家划定的贫困县名单中去除；⑤完善资金管理，关注对扶贫投资活动的评估，对一些扶贫项目重新实施贷款计划和遗漏重补计划；⑥从政府的各部门各机构、沿海省份和直辖市以及其他国内国际组织获取帮助和支持。

---

4. 综合扶贫开发阶段（2001—2012年）

以《中国农村扶贫开发纲要（2001—2010年）》为标志，我国进入综合扶贫开发阶段。该纲要明确提出到2010年，农村在基本解决贫困人口温饱的基础上，进一步巩固扶贫成果,进一步改善贫困地区的基本生产生活条件,提高贫困人口的生活质量和综合素质,加强贫困乡村的基础设施建设,改善生态环境,逐步改变贫困地区经济、社会、文化的落后状况,为农村小康社会建设创造条件。

这一时期,政府根据集中连片的原则,把贫困人口相对集中的中、西部老、少、边地区作为扶贫工作的重点,政府还进一步提高了扶贫资金的瞄准性。将低收入农户纳入工作范围,公布了低收入贫困标准。全国认定了近14.8万个贫困村,将瞄准重点转移到贫困村、贫困户。以村为单位,实行整村推进的参与式扶贫。同时统筹扶贫开发、生态环境保护、精神文明建设、计划生育等工作,强调经济、社会、文化、生态事业的全面进步。到2012年底,全国农村贫困人口为9899万人(2010年贫困标准),较2000年减少了78.6%;贫困发生率为10.2%,较2000年降低了39.6个百分点。

5. 精准扶贫新阶段(2013年至今)

从2013年底开始,全国各地再次动员,以实施精准扶贫为核心,全面开展贫困识别,对贫困人口全部建档立卡,建立和完善国家层面的扶贫大数据。精准扶贫是粗放扶贫的对应,是指针对不同贫困区域环境、不同贫困农户状况,运用科学有效的程序对扶贫对象实施精确识别、精确帮扶、精确管理的治贫方式。精准扶贫就是要扶贫到户到人,而不能仅仅停留在扶持贫困地区、促进区域发展的层面上。

精准扶贫的重要思想最早是在2013年11月提出的,习近平总书记到湖南湘西考察时首次作出了"实事求是、因地制宜、分类指导、精准扶贫"的重要指示。2014年1月,中共中央办公厅详细规制了精准扶贫工作模式的顶层设计,推动了精准扶贫思想落地。2014年3月,习近平参加两会代表团审议时强调,要实施精准扶贫,瞄准扶贫对象,进行重点施策,进一步阐释了精准扶贫理念。2015年1月,习近平总书记新年首个调研地点选择了云南,总书记强调要坚决打好扶贫开发攻坚战,加快民族地区经济社会发展。5个月后,总书记来到与云南毗邻的贵州省,强调要科学谋划好"十三五"时期扶贫开发工作,确保贫困人口到2020年如期脱贫,并提出扶贫开发"贵在精准,重在精准,成败之举在于精准","精准扶贫"成为各界热议的关键词。

2015年6月,习近平总书记在贵州考察期间明确提出了"六个精准"的要求,即"扶持对象要精准、项目安排要精准、资金使用要精准、措施到位要精准、因村派人要精准、脱贫成效要精准"。2015年10月16日,习近平总书记在2015减贫与发展高层论坛上强调,中国扶贫攻坚工作实施精准扶贫方略,增加扶贫投入,出台优惠政策措施,坚持中国制度优势,注重"六个精准",坚持分类施策,因人因地施策,因贫困原因施策,因贫困类型施策,通过扶持生产和就业发展一批,通过易地搬迁安置一批,通过生态保护脱贫一批,通过教育扶贫脱贫一批,通过低保政策兜底一批,广泛动员全社会力量参与扶贫。

二、农村扶贫开发的成效

1. 农村低收入人口数量和比例持续下降

2000—2006年,全国农村低收入人口从6213万人减少到3549.4万人,共减少2663.6万人,低收入人口占农村人口的比重从6.7%下降到3.7%,下降了3个百分点。重点县的低收入人口从2002年的3076万人减少到2006年的1844.4万人,低收入人口占农村人口的比重由15.5%下降到9.1%。西部地区低收入人口占西部农村人口的比重也由2000年的13.5%下降到2005年的8.4%,而东部、中部、东北地区则分别下降了0.8个、1.1个和4个百分点。从农村低收入人口的分布看,西部地区占约59%,中部地区占约30%。2012年底,全国农村贫困人口为9899万人（2010年贫困标准）,较2000年减少了78.6%；贫困发生率为10.2%,较2000年降低了39.6个百分点。国家统计局2016年2月29日发布《2015年国民经济和社会发展统计公报》,公布2015年我国农村贫困人口从上年的7017万人减少到5575万人,减少1442万人（比上年多减少210万人）,贫困发生率从上年的7.2%下降到5.7%。年度减贫1000万人以上的任务超额完成。

2. 贫困地区农民生产生活条件明显改善

1986—2000年,我国农村贫困地区建设基本农田9915万亩,解决了7725万人和8398万头大牲畜的饮水困难。1994—2000年,全国592个国家重点扶持贫困县累计新增公路32万公里。到2014年底,贫困地区通电的自然村比重为99.5%,通有线电视信号的自然村比重为75%，通宽带的自然村比重为48%。2014年贫困地区主干道路经过硬化处理的自然村比重为64.7%，通班车的自然村比重为42.7%，比上年提高3.9个百分点。2014年贫困地区行政村中，有文化活动室的比重为81.5%，有卫生站的比重为94.1%，拥有合法行医证医生的比重为90.9%，有幼儿园或学前班的比重为31.4%。2014年，贫困地区有综合文化站的乡镇占97.2%，由政府办卫生院的乡镇比重为98.2%，有全科医生的乡镇比重为83.2%。

3. 贫困地区经济发展速度明显加快

《国家八七扶贫攻坚计划》实施期间，国家重点扶持贫困县农业增加值增长54%，年均增长7.5%；工业增加值增长99.3%，年均增长12.2%；地方财政收入增加了近1倍，年均增长12.9%。到2013年，国家扶贫开发工作重点县地区生产总值为3.7万亿元，占全国GDP比重为6.3%，粮食总产量为112337万吨。

贫困地区地区生产总值实现较快增长。2011—2013年贫困地区地区生产总值分别为3.7万亿、4.2万亿元和4.8万亿元，2012年、2013年按现价计算分别比上年增长16%和12.4%，平均增速为14.2%，并且2013年贫困地区地区生产总值增速明显高于全国国内生产总值增速。第一产业、第二产业、第三产业增加值占地区生产总值的比重分别为23.3%、44.1%和32.6%。贫困地区农村居民收入增速也快于全国农村平均水平，与全国农村平均水平差距缩小。

4. 贫困地区社会事业快速发展

贫困地区人口过快增长的势头得到初步控制，人口自然增长率有所下降，许多家庭从"越穷越生，越生越穷"的恶性循环中解脱出来。办学条件得到改善，592个国家重点扶持贫困县中有318个实现基本普及九年义务教育和基本扫除青壮年文盲的目标。职业教育和成人教育发展迅速，有效地提高了劳动者素质。大多数贫困地区乡镇卫生院得到改造或重新建设，缺医少药的状况得到缓解。推广了一大批农业实用技术，农民科学种田的水平明显提高。群众的文化生活得到改善，精神面貌发生了很大变化。

5. 集中连片地区温饱问题得到解决

实施《国家八七扶贫攻坚计划》以来，中国反贫困的步伐大大加快，沂蒙山区、大别山区、井冈山区、闽西南地区等革命老区率先整体解决温饱问题,经济社会面貌发生了深刻的变化。一些自然条件恶劣的重点贫困地区,包括偏远山区、部分少数民族地区的面貌也有了很大改变。沂蒙山区[①]、井冈山区、大别山区、闽西南地区等革命老区群众的温饱问题已经基本解决。一些偏远山区和少数民族地区,面貌也有了很大的改变。历史上"苦瘠甲天下"的甘肃定西地区和宁夏西海固地区,经过多年开发建设,基础设施和基本生产条件明显改善,贫困状况大为缓解。

《中国农村扶贫开发纲要(2011—2020年)》明确指出,要把连片特困地区作为扶贫主战场,稳定解决扶贫对象温饱问题,尽快实现脱贫致富,解决制约发展的突出问题,努力推动基本公共服务均等化,实现贫困地区经济社会更好更快发展。自2011年起,国家统计局针对14个特困地区开展了农村贫困监测调查。14个连片特困地区覆盖全国21个省(自治区、直辖市)的680个县。2014年连片特困地区农村贫困人口为3518万人,比2011年减少2517万人,下降41.7%,贫困发生率为17.1%,比2011年下降11.9个百分点。

第二节
农村扶贫开发的政策和措施

一、农村扶贫开发的政策措施

1. 确定与国情相适应的贫困标准线

我国从20世纪80年代开始大规模实施政府扶贫,以满足基本生存需要为目的确定农村贫困标准,致力于解决生存贫困问题。2000年以来,随着我国综合国力的不断增强,政府对贫困地区的贫困人口的扶持力度不断加大,先后在2008年和

[①] 沂蒙山区的国家重点扶持贫困县已全部脱贫,在全国18个重点连片扶贫区中率先实现整体脱贫。1999年,沂蒙山区农民人均纯收入已超过2000元,实现了村村通车、户户通电。

2011年两次大幅度提高农村贫困标准,达到可满足健康生存需要的水平。自1978年以来,我国共采用过三条贫困标准,分别是1978年标准、2008年标准和2010年标准。现行国家农村贫困标准为2300元。

2. 确定国家重点扶持区域

长期以来,中国农村扶贫的主要特点是区域瞄准,即选择一定的贫困区域进行重点扶持。从20世纪80年代中期开始,中国扶贫的主要对象是国家或省、自治区确定的贫困县。1988年,中央确定的国定贫困县为328个,各个省和自治区确定的省定贫困县为370个。1994年,国家制定《国家八七扶贫攻坚计划》时将贫困县规模扩大到592个。2001年,中国颁布了《中国农村扶贫开发纲要(2001—2010年)》,在保留592个扶贫重点县的同时,开始将扶持的重点转向15万个贫困村。2011年,《中国农村扶贫开发纲要(2011—2020年)》颁布,在保留592个扶贫重点县和12.8万个贫困村的基础上,国家又确定了14个连片特困地区。可见,中国的农村扶贫长期以贫困地区的区域开发为主要手段,通过区域发展带动贫困人口脱贫。

3. 扶贫重点向中、西部地区倾斜

20世纪80年代初,基于农村贫困人口呈区域性集中连片分布的特征,我国在西部开展了大规模区域性扶贫开发工作。可以说,中国政府的扶贫政策实施始于西部。1982年党中央、国务院将全国连片最为贫困的甘肃定西、河西和宁夏回族自治区西海固作为"三西"专项建设列入国家计划。"三西"包括河西地区19个县、市、区,定西地区20个县、区和西海固地区8个县,共计47个县、市、区,总面积为38万平方公里,农业人口约为1200万人,以干旱和贫瘠出名。"三西"农业建设计划的实施开启了中国区域扶贫的先河。

1987年,国家将包括西部贫困地区在内的贫困地区作为一项专门内容,列入当年国务院制定的科技、经济、社会发展规划。1989年,国务院对少数民族地区扶贫开发工作的相关政策作出了批示,进一步放宽了西部少数民族地区农、林、牧、矿等产品的销售。《国家八七扶贫攻坚计划》确定的扶贫重点县共有592个,分布在27个省、自治区、直辖市,其中贫困县较多的省、自治区位于西部地区:

云南（73个）、陕西（50个）、贵州（48个）、四川（43个）、甘肃（41个）。从集中连片的角度看，这些贫困县主要分布在以西部为主的贫困地区。在西部贫困地区，国家各有关部门协力合作，广泛实施了"温饱工程"。

2009年，国家实行新的扶贫标准，扩大覆盖范围，对民族地区农村低收入人口全面实施扶贫政策。国家还将5个自治区、30个自治州、120个自治县全部纳入了西部大开发范围或者参照执行西部大开发的有关优惠政策。

4. 采取精准扶贫新举措

中共十八大以来，党和政府持续推进扶贫的理念创新、模式创新和机制创新，深化精准扶贫、精准脱贫，实现从"大水漫灌式"的全面扶贫向"滴灌式"的精准扶贫转变。2015年6月，习近平在贵州考察时指出，"精准扶贫"概括为六个方面："对象要精准、项目安排要精准、资金使用要精准、措施到位要精准、因村派人要精准、脱贫成效要精准。"11月23日，中共中央政治局会议审议通过了《关于打赢脱贫攻坚战的决定》，习近平在会上指出要"把精准扶贫、精准脱贫作为基本方略"，并强调"推进精准扶贫，加大帮扶力度，是缓解贫困、实现共同富裕的内在要求，也是实现全面小康和现代化建设的一场攻坚战"。这样，随着我国扶贫脱贫进入攻坚克难的新阶段，精准扶贫与精准脱贫作为打赢扶贫攻坚战的新战略明确下来。

二、采取综合配套的扶贫措施

1. 支持贫困地区农村教育事业发展

1995年以来，国家教委和财政部联合组织实施了"国家贫困地区义务教育工程"，投入资金超过100亿元，帮助贫困地区普及九年义务教育。中国政府动员大专院校、科研院所在贫困地区积极推广农业先进实用技术，组织科技人员到贫困地区挂职任教，组织科研单位到贫困乡、村宣传普及农业技术。2006年通过的义务教育财政改革免除了农村地区学生的学杂费和书本费。

2. 加强贫困地区基础设施建设

国家发展改革委2005年12月27日发布《国家以工代赈管理办法》，提出以工代赈是一项农村扶贫政策，赋予"以工代赈"新的含义，指出以工代赈是政府投资建设基础设施工程，受赈济者参加工程建设获得劳务报酬，以此取代直接救济的一种扶持政策。同时提出，国家安排以工代赈投入建设农村小型基础设施工程，贫困农民参加以工代赈工程建设，获得劳务报酬，直接增加收入。明确以工代赈投入用于国家确定的扶持地区，并向贫困人口多、脱贫难度大、基础设施薄弱的革命老区、少数民族地区、边疆地区和特困地区倾斜。2014年12月27日，中华人民共和国国家发展和改革委员会令第19号公布新的《国家以工代赈管理办法》，进一步复修改、充实和完善以工代赈管理方法。

3. 实现自愿移民

自愿移民扶贫模式主要是指将生活在自然条件极端恶劣，生态环境脆弱，发展投入成本高、难度大的地区的贫困人口，集体搬迁到生产生活环境相对较好的地区，从而实现贫困户脱贫的开发模式。自愿移民扶贫模式主要针对"一方水土不能养一方人"的贫困地区，即那些自然资源匮乏，人均耕地面积少，或生产生活条件极度恶劣，气候、水分、温度、光照条件不能满足农业生产的基本需要，或土壤贫瘠，耕种难度大的地区，以及偏远山区与海拔较高，水土流失、干旱少雨等自然灾害和地方病频发的地区。这些地区的一个共同特点就是生存环境极其恶劣，基本不适合人类的生产生活，使得就地脱贫难度大，成本高。这些地区的农户呈现出零散分布的特征，使得这些地区的基础设施建设不仅难度大，费用高，而且平均使用率低、平均成本高。在这些因素的制约下，就地扶贫显然是一种高投入、低产出的方式。而采取异地整体搬迁的扶贫模式则既可以改变贫困农户的生存环境和生产条件，又可以降低扶贫成本，因此，这成为一种理想的选择。

这种自愿移民的开发模式始于20世纪80年代国家对甘肃和宁夏"三西"地区的扶贫工作，逐步形成了三种模式：

一是"三西"模式。即为了解决自然气候恶劣、干旱缺水、人多地少的矛盾，由中央政府设立专项资金，并配套优惠的税收和安置政策，将贫困农民搬迁到水土资源条件较好的地区安置，这既保护了当地的生态环境，又实现了增产和增收的目标。

二是粤北喀什特地区模式。这种模式是通过相应的资金扶持和移民优惠政策,将生存环境恶劣地区的农民搬迁到有土地、有水源的地方,或者靠近城市、靠近公路的地区,方便农户从事种植业和养殖业,并方便农民进城务工和进行商业经营。

三是广西"公司+农户"模式。即充分发挥市场机制的作用,政府将移民搬迁资金交付专业的扶贫开发公司支配,扶贫开发公司再与贫困农户签订合同,并统一规划、实施移民搬迁。

4. 实施产业扶贫

农业产业化是指以市场为导向,以效益为中心,围绕一个或多个相关农副产品项目,组织众多主体参与,进行生产、加工、销售一体化的活动,并在发展过程中逐渐形成一个新产业体系的过程。产业化扶贫的内容包括:确立主导产业,建立生产基地;提供优惠政策,扶持龙头产业,探讨运行机制,实现农户企业双赢等。其核心是通过分工协作,提高劳动生产率,降低生产成本,并通过专业化生产,市场化经营,有效发挥资源的比较优势,实现规模经济。

农业产业化扶贫主要采取的措施有以下几个:一是实施专业化生产,延长产业链,提高农产品的附加值。农业产业化通过分工和专业化生产,改变原有的贫困农户单纯出售初级产品获取微利或自给自足的生产模式。通过农产品的深加工和精加工,提高农产品的科技含量,增加其附加值,进而获得较大的市场收益,以增加农民的收入。二是通过调整农村产业结构,依托农区的特色资源,形成特色产业,提供特色农产品,并通过市场化运营带动贫困地区交通运输业和服务业等相关产业的发展,改变原来贫困农村产业结构单一的局面。三是在推广农业产业化的进程中,促进农业科技的应用和推广。通过农产品的深加工和精加工,从良种培育、田间管理到生产车间的各个环节,都运用现代高科技进行改造,将科技优势转化为市场竞争优势。四是培育龙头企业,并由政府对这些在贫困区建立的对扶贫作出突出贡献的龙头企业给予扶持,提供税收优惠、信贷优惠以及土地使用政策等。通过龙头企业的培育,一方面减少了农民单独面对市场的不确定性和风险,另一方面也有利于实现农村剩余劳动力的转移。

5. 加强科技扶贫

科技扶贫是国家科委于1986年提出并组织实施的一项在农村进行的重要的反贫困战略举措，是我国政府开发扶贫战略的重要组成部分。其宗旨是应用先进适用的科学技术改革贫困地区封闭的小农经济模式，提高农民的科学文化素质，提高其资源开发水平和劳动生产率，促进商品经济发展，加快农民脱贫致富的步伐。

从1986年开始，政府有关部门根据国家扶贫开发的总体战略和要求，适时提出科技扶贫的目标、措施和实施办法，并于1996年颁布《1996—2000年全国科技扶贫规划纲要》，加强对科技扶贫的政策指导。政府专项安排科技扶贫资金，用于优良品种和先进实用技术的引进、试验、示范、推广，以及科技培训等。

6. 东西对口扶贫协作

东西对口扶贫协作是动员和组织东部经济较发达省、市对西部欠发达地区或部门以提供经济援助和技术人才援助为基础，以经济协作为手段，以使贫困地区发展和贫困人口脱贫致富为根本目的的一种特殊的区域发展政策。

为了有效地完成《国家八七扶贫攻坚计划》战略目标，党和国家借鉴对口支援少数民族地区发展的有效经验，调动社会各界力量和资源对口帮扶贫困地区经济的发展，积极推动东部沿海地区与西部地区的横向联合和对口扶贫协作。在计划中要求："北京、天津、上海等大城市和广东、江苏、浙江、山东、辽宁、福建等沿海较发达的省，都要对口帮助西部的一两个贫困省、区发展经济。"1995年9月，党的十四届五中全会通过的《中共中央关于制定国民经济和社会发展"九五"计划和2010年远景目标的建议》提出了就如何缩小东、西部地区经济社会发展差距的具体措施，明确建议东部沿海发达的13个省、市与中、西部经济欠发达的10个省、区结成对子，开展扶贫协作。至此，对口支援政策进一步发展为东西部对口扶贫协作政策。《中国农村扶贫开发纲要（2001—2010年）》对东西部对口扶贫协作提出了更高的要求，强调要在认真总结经验的同时，"进一步扩大协作规模，提高工作水平，增强帮扶力度"，同时要积极"鼓励和引导各种层次、不同形式的民间交流与合作"。《中国农村扶贫开发纲要（2011—2020年）》明确提出要继续推进东西部对口扶贫协作。东西部对口扶贫协作双方要制定规划，在资金支持、产业发展、干部交流、人员培训以及劳动力转移就业等方面积极配合,发挥贫困地区自然资源和劳动力资源优势,做好对口帮扶工作。东西部对口扶贫协作情况见表14-1。

表14-1 东西部对口扶贫协作情况

经济发达省、市	对口西部省、自治区	经济发达省、市	对口西部省、自治区
北京	内蒙古	天津	甘肃
上海	云南	广东	广西
江苏	陕西	浙江	四川
山东	新疆	辽宁	青海
福建	宁夏	大连、青岛、深圳、宁波	贵州

7. 重视特殊贫困群体扶贫开发

针对老、少、边、穷地区贫困人口,1980年,中央财政设立了"支援经济不发达地区发展"资金,专门支持老、少、边、穷地区的发展。1984年,开始开展以工代赈扶贫活动。1982年起,中央政府每年专项拨款2亿元,组织实施了"三西"扶贫开发计划,拉开了中国特定区域扶贫开发的序幕。2000年,经国务院批准,正式启动了以加快边境民族地区经济社会发展,尽早富裕为目的的"兴边富民"行动,并于2002年8月制定了《全国兴边富民行动规划纲要(2001—2010年)》。国家民委等五个部门于2005年8月编制下发了以人口较少民族群众为基本对象,以改善人口较少民族聚居村基本生产生活条件和增加农牧民收入为重点的《扶持人口较少民族发展规划(2005—2010年)》,目的是通过5年左右的时间,使人口较少民族聚居的行政村基础设施得到明显改善,群众生产生活存在的突出问题得到有效解决,基本解决现有贫困人口的温饱问题,经济社会发展基本达到当地中等或以上水平。再经过一段时间的努力,使人口较少民族达到全面建设小康社会的要求。

专栏六

向贫困宣战:"三西"农业专项建设

"三西"地区是指甘肃的河西、定西和宁夏的西海固,因受自然条件及多种因素的限制,长期依靠国家救济,是历史上著名的干旱、缺水、贫穷、落后、"苦瘠甲天下"的地区。

为从根本上改变"三西"地区的贫困落后面貌,1982年12月,中央财经领导小组召开会议专题研究"三西"地区农业建设发展问题,计划用10~20年的时间,每年拨款专项资金2亿元,对"三西"地区进行扶贫攻坚。

1983年3月,"三西"农业专项建设正式开始。自治区党委、政府成立了西海固扶贫开发领导小组和农业建设指挥部,确定了"有水走水路,无水走旱路,水旱路都不通另找出路"的方针和"大力种草、种树,兴牧促农,因地制宜,农林牧副全面发展"的扶贫开发思路,提出"3年停止生态破坏、5年解决群众温饱、10年20年改变面貌"的奋斗目标。为此,制定了一系列综合措施:针对生态破坏加剧的情况,从保护和恢复该地区的生态条件入手,着手退耕还林、种草种树、推广节能灶,妥善解决燃料和饲料等问题,发展畜牧业生产;以加强农业基础建设为重点,进行基本农田建设、水利建设、人畜饮水工程建设、林草建设、农电建设,增强抗御自然灾害的能力。

"三西"地区还把区域性的基础设施建设与改变农民的生产生活条件结合起来,积极调整产业结构,大力培育具有特色的主导产品和产业,用产业来增加农民就业和收入。通过兴修水利工程增加水浇地面积,大力修造水平梯田,推广以打窖集雨补灌、地膜覆盖为主的抗旱增产技术,发展以"种、养、加"为主要内容的支柱产业。通过开展科技服务和人员培训,组织移民开发和劳务输出,初步改变了"三西"地区的生产条件和生态环境,使农民生活得到显著改善,全面完成了党和国家确定的工作任务,达到了"基本解决温饱,初步改变面貌"的目的。

2009年,为了进一步巩固"三西"地区扶贫成果,全面推进"三西"地区

> 小康社会建设，国务院决定再次延长"三西"农业专项建设补助资金使用期限，即从2009年起延续至2015年，并将资金总量从每年2亿元增加到每年3亿元。
>
> 30多年来，在党中央、国务院的正确领导和支持下，在社会各界的帮助下，经过广大干部和群众的艰苦奋斗，"三西"地区农业建设扶贫开发取得显著成效，生产生活条件明显改善。主导产业初具规模，文化、卫生、教育等社会事业得到全面协调发展，贫困面貌明显改观。"三西"农业专项建设改变了以往单纯救济式的扶贫方式，走出了一条开发式扶贫之路，开创了我国区域性扶贫开发的先河，具有重大的经济意义和深远的政治影响。
>
> 文章来源：求是网。

《国家八七扶贫攻坚计划》实施后，提出了扶贫攻坚要把贫困乡、村作为主战场，把贫困户作为扶持对象。要做到领导联系到村，帮扶对口到村，计划分解到村，资金安排到村，扶持措施到户，项目覆盖到户，真正使贫困户受益。"资金跟着项目走"这一原则不变，关键是项目的范围发生了变化，即项目覆盖到户，使贫困户作为独立的经济法人因有项目而进入市场，参与到商品经济的产、供、销或种、养、加的环节中，实现真正意义上的贫者受益。1996年后，又进一步提出各类扶贫资金的投放和项目必须以建档立卡贫困户为对象，以解决温饱为目标，以有助于直接提高贫困户收入的产业为主要内容。在扶贫资金到户问题上，引进了孟加拉GB模式，并结合当地实际创造了许多扶贫资金到户的运作方式，专门安排了小额信贷扶贫资金。这些扶贫资金使用方式的改进极大地提高了扶贫资金的针对性和使用效率。

8. 实行扶贫开发与生态环境保护、计划生育相结合

在贫困地区的开发中，政府重视生态环境的保护，鼓励农民发展生态农业、环保农业。通过科技扶贫，在一定程度上改变了贫困地区以破坏生态为代价的掠夺性生产，促进了贫困地区的可持续发展。我国政府特别强调转变贫困地区群众的生育观念，积极倡导贫困地区的农民实行计划生育，把扶贫开发与计划生育结合起来。这对贫困地区人口与经济社会协调发展和可持续发展产生了重要影响。

三、开展扶贫领域的国际交流与合作

通过"走出去""引进来"等多种方式,创新机制,拓宽渠道,加强国际反贫困领域交流。我国用于扶贫开发的外资,主要来自国外政府对我国的扶贫援助和国际金融组织贷款,国际双、多边发展机构及国际非政府组织的发展援助。1981—2002年,我国累计接受国际金融组织贷款620亿美元,其中世界银行贷款366亿美元,亚洲开发银行贷款121.6亿美元,国际金融公司贷款12.7亿美元,国际农发基金贷款4.3亿美元。此外,各国援助机构对华官方发展援助总金额近56亿美元,近30个国际非政府组织用于中国扶贫的无偿资金也超过2亿美元。除少数通过国内的非政府组织合作进行外,大多数项目仍是借助各级政府展开的。这些国际援助为贫困地区带来了大量的扶贫资金,更重要的是带来了不同的扶贫理念与扶贫模式的创新,注重利益相关者的共同参与,覆盖社会发展的各个方面。

专 栏 七

国务院扶贫开发领导小组办公室外资项目管理中心

外资项目管理中心是国务院扶贫开发领导小组办公室直属的事业单位。建立于1995年,前身是1993年成立的国务院扶贫开发领导小组办公室世界银行项目管理办公室。

外资项目管理中心是中国政府利用外资进行综合扶贫开发的中央级扶贫项目管理机构。其宗旨是根据中国政府确定的反贫困战略和扶贫开发的方针、政策,面向广大贫困地区和贫困人口,充分利用国内外资金、信息、技术及管理经验,为提高贫困人口的收入水平、改善他们的生存发展环境提供服务,促进贫困地区的经济、社会和环境的可持续发展。其工作职责和任务是:①组织、管理、协调外资贷款扶贫项目的准备和实施;②加强和扩大国际社会在扶贫领域的合作;③积极发展与外国政府及非政府组织在扶贫领域的合作;④寻求和争取其他国际资本、国外厂商在扶贫领域的合作;⑤组织、准备并实施国家委托的各类扶贫项目。

四、专项扶贫资金的投入与管理

农村扶贫资金管理的好坏，直接关系到扶贫效率的高低。目前，我国农村扶贫资金主要来源于政府财政的转移支付，扶贫资金的管理也主要体现在扶贫资金的计划和分配等方面。

一是国家各项扶贫资金计划的制订。根据扶贫相关的政策，结合全国各地的实际情况，由财政部、国家发改委、中国农业发展银行等三个部门分别提出初步意见，在此基础上，经国务院扶贫开发领导小组办公室总体考量后，提出统一的分配方案，最终报国务院扶贫开发领导小组审定。扶贫资金分配所参考的基本依据为：省、自治区、直辖市本年度贫困人口数量、贫困程度、扶贫资金使用效益、地方配套资金落实比例等。

二是国家各项扶贫资金的分配。国务院扶贫开发领导小组把扶贫资金及以工代赈资金的分配方案通知到各省、自治区、直辖市政府，具体计划由国家相关部门分别予以下达。

三是地方政府扶贫资金的分配。各地方政府扶贫开发领导小组根据本地区的实际情况讨论并决定各类扶贫资金以及以工代赈资金的分配方案。各地方政府扶贫办公室建立扶贫项目库，扶贫办公室会同地方政府相关部门，共同规划、设计、论证、筛选扶贫开发项目，并报扶贫开发领导小组批准后进入项目库，银行和资金管理部门参与扶贫项目的评估、选定。县内项目由县扶贫开发领导小组批准进入项目库。跨县项目由省、自治区、直辖市扶贫开发领导小组批准进入项目库。

国家下达的各项扶贫资金，由省、自治区、直辖市人民政府统一分配，具体由同级扶贫开发工作协调领导机构负责组织各有关部门规划和实施项目，并督促各项资金实时到位。使用扶贫专项贷款的项目，应当经有关银行事前审查论证。

依据《财政专项扶贫资金管理办法》的规定，大体上农村扶贫资金的管理方式没有大的改变，只是在具体职能分配上进行些许调整：其中分配方案由原来的国务院扶贫办汇总平衡改为由国务院扶贫办和财政部共同执行，同时扶贫资金的投向增加了连片贫困地区并向该区域倾斜。

第三节
扶贫经验与新阶段的扶贫攻坚

一、农村扶贫开发的基本经验

1. 实施积极有效的宏观经济政策和发展战略

一是财政税收金融政策。如建立公平、规范的财政转移支付制度,实现各地区人均财力基本均等化的目标;通过有关税收政策的调整,如建议开征资源补偿税、生态环境补偿税、社会保障税等,开辟扶贫投入新渠道;明确规定扶贫投入占GDP的比重;建立多层次、多渠道的筹集扶贫资金的机制;加快贫困地区金融改革的步伐,通过培育不同所有制性质的小型金融组织、农户互助合作金融组织和其他非政府金融组织,满足贫困农户对小额信贷的需求。二是向贫困群体倾斜的发展战略。如实行就业优先战略,国家重点支持劳动密集型产业;继续减少农村人口向城镇转移的制度性障碍,通过工业化、城镇化进程缓解农村贫困。三是向贫困地区倾斜的区域战略。如大力实施西部大开发、中部崛起和东北振兴等区域战略;加大对落后地区的交通、电力、饮水和信息等基础设施的投入力度。

2. 推进以改善民生为重点的社会建设

要优先发展教育,积极扩大就业,深化收入分配制度改革,增加城乡居民收入,加快建立覆盖城乡居民的社会保障体系,保障人民基本生活,建立基本医疗卫生制度,提高全民健康水平,为贫困地区、贫困人口提供更好的发展环境、更公平的发展机会。

3. 制定针对贫困人口和贫困地区的专项扶持政策

一是对贫困人口采取更有针对性的帮扶措施。对具有劳动能力的贫困人口,主要通过扶贫开发的方式,提高他们的基本素质及自我发展能力。对于处于温饱线以下而有劳动能力的贫困人口，一方面要提供低保，另一方面要通过扶贫开发提高他们的自我发展能力，让他们最终通过自己收入的增加摆脱贫困。对丧失劳动能力的贫困人口，以最低生活保障等社会救助制度解决其基本生活问题。二是对特殊类型贫困地区进行连片开发。设立专项资金，加大支持力度，以片区为单位制定综合发展规划，一次规划，分年投入，一片一片地实施。尽快解决这些地区贫困群众的基本生活、基本教育、基本就医、基本产业等民生问题。

4. 全面提升贫困人口的基本素质

一是大力发展提高贫困人口基本素质的各项社会事业。如发展和完善新型农村合作医疗；通过各种措施普及九年义务教育；加大对贫困地区劳动力的培训力度；在贫困地区推广先进适用技术等。二是通过制度建设和机制改革提高贫困人口对公共事务的参与程度。发展不同类型的村民合作组织，使社区一级的决策能保证贫困人口的基本利益。关注农村妇女贫困状况，继续发挥妇女在农村发展和扶贫工作中的作用，促进两性平等发展。通过不同渠道反映弱势群体的呼声，维护他们的基本权益。

5. 强化扶贫开发的交流与合作

从1995年开始，以国务院扶贫办与世界银行合作为标志，中国政府开始了与国际社会在扶贫领域的大规模合作，目前已有近50个国际机构参与了中国的扶贫事业，国务院扶贫办外资中心共引进外资达8亿多美元，使1000多万个贫困农民受益。外资扶贫项目的实施有力地推动了中国扶贫开发机制的创新，促进了扶贫开发整体水平的提升。在外资扶贫项目实施的实践中总结出来的创新扶贫模式，如"综合治理、联片开发""村为基础、整村推进""参与式扶贫""一次规划，分年投入"等已经成为重要政策措施。事实证明，扩大扶贫开发交流与合作的范围和规模，是推动我国扶贫开发工作发展的重要途径之一。

6. 注重贫困群众和社会组织的多元参与

政府主导是我国农村扶贫开发的最大特色，这是由党的宗旨和社会主义制度决定的。各级政府通过设置专门的组织机构，制定专项扶贫规划和政策措施，形成了具有权威性、统一性的扶贫组织体系。但是，单纯依靠政府投入和政府推动，力量毕竟是有限的，为释放各类企业、金融机构、发达区域等其他主体的扶贫能量，我国采取了参与式扶贫、产业化扶贫、定点帮扶等措施，力求实现政府扶贫、群众参与、社会扶贫的联动，构建起三位一体的多元化扶贫开发机制，营造了一种全社会普遍参与的扶贫济困氛围。

7. 以开发式扶贫为主，救助式扶贫、保障式扶贫为辅

我国农村扶贫开发的基本方针是"以开发式扶贫为主，救助式扶贫、保障式扶贫为辅"。其中，开发是促发展，救助、保障是保生存。1986年，针对救助式扶贫战略"救急不救穷"的弊端，我国实施了开发式扶贫战略，力求变"输血"为"造血"，依托贫困地区资源开发，基础设施建设和重点项目带动，采取整村推进、劳动力培训、产业化扶贫等措施，有效增强贫困地区的自我发展能力。但与此同时，由于我国农村贫困人口中许多是缺乏劳动自救能力的残疾人员、孤老和孤儿，依靠开发式扶贫很难使这些贫困群体脱贫，还需要通过救助式扶贫和保障式扶贫保证其基本生活。实施《中国农村扶贫开发纲要（2001—2010年）》以来，各级政府加快建立农村社会保障体系和多样化生活救助机制，从而按照分类指导的原则，构建起了一个更具针对性、科学性的扶贫政策体系，多纬度帮扶农村贫困人群：对具有劳动能力和开发潜力的贫困人口，帮助其脱贫致富；对缺乏开发条件区域的贫困人口，帮助其易地脱贫；对丧失劳动能力的特困人口，完善社会救济和最低生活保障制度，保证其基本生活。

二、新阶段的外部条件与机遇

1. 减贫效应弱化

经济增长所带来的减贫效应已在显著减弱，即涓流效应的影响渐渐式微，增长与减贫的关系更加趋向于复杂和不稳定，经济增长的减贫带动效应明显弱化，边际效应出现递减，有增长无发展的问题已经显现。尽管经济增长是减贫的一大推动力量，但它对减贫的带动效应已开始下降。

2. 贫困地区落后面貌总体改善，但发展不平衡突出

经过30年多年的努力，贫困地区的落后面貌总体改善。但是也产生了发展不

平衡的问题，具体表现为城乡居民收入差距扩大，东部、中部、西部农民收入差距在扩大，各区域内部收入差距也在扩大。数据显示，2010年农村人均纯收入与城镇居民人均可支配收入差距达1.3万元，城乡居民收入水平之比扩大到3.23∶1。同时，农村内部收入差距也在扩大，2010年农村家庭最高收入是最低收入的7.5倍。在贫困地区，发展的不平衡导致连片特困地区矛盾更加突出。国家统计局数据显示，2001—2009年，西部地区贫困人口比例从61%增长到66%，民族地区八省贫困人口比例从34%增长到40.4%，贵州、云南、甘肃贫困人口比例从29%增长到41%。少数贫困地区的"国扶县"在国家财力和政策的大力扶持下，超常规发展，但在国家扶贫战略由瞄准型向适度普惠型调整的过程中，势必会影响到原来的发展成效。一些县县级财政收入的高增长掩盖了农民收入的低增长，少数城镇的繁荣掩盖了大部分农村地区的落后面貌。

3. 生态环境恶化趋势初步遏制，但农民生计问题尚未解决

贫困人群大多聚居于高寒山区、山区、半山区等生态环境十分脆弱的地区，自然灾害频发，每年都遭受不同程度的旱灾、低温、冷冻、雪灾、冰雹、洪涝、滑坡、泥石流、地震和各种病虫灾害等。贫困地区大多自然灾害频发、防灾抗灾能力不足，稳定脱贫难度大。这些因素决定了这些地区的返贫压力大。由于贫困人群的主要收入来源于第一产业——农业，而自然灾害又会给农业造成最致命的打击，轻者收成减半，重者颗粒无收，所以，自然灾害是造成贫困人群贫困发生率和返贫率均比较高的重要原因之一，也是在新阶段减贫工作中亟须重视的一个方面。此外，生态保护区的限制在客观上也阻碍了困难地区农民的脱贫致富。生态保护区设立的"生态红线"的最大意义在于，国家以强制性手段强化生态保护的政策导向，遏制生态系统不断退化的趋势。因为在经济快速发展的势头下，如果不采取严格的保护措施，生态系统面临的严峻局势就很难扭转。而一旦生态系统被破坏，即使投入大量的人力、物力和财力，也往往难以恢复原状。如何调和农民增收和生态保护两者之间的矛盾，使之产生一种双赢共生的结果，是我们未来减贫工作中需要认真考虑的问题。这样不但能够弥补农民保护生态环境承受的经济损失，也能促使农民自发地从生态环境保护中发掘经济发展之源，从而走上经济和生态保护协调发展的双赢

之路。

4. 经济全球化带来的机遇和挑战

随着当前全球价值链分工体系的深入调整及我国人口红利时代的逐步终结，主要集中于东部地区的我国劳动密集型产业相对于东南亚、非洲等劳动力成本更低的区域而言，其国际竞争力明显下降。推进片区扶贫攻坚，可以为我国劳动力密集型产业在全球价值链新一轮调整中拓展发展空间、延续发展机遇。此外，在世界经济增速普遍放缓，大宗商品价格大幅下跌的背景下，世界石油价格和农产品价格已处于历史较低水平。不仅如此，新兴经济体已逐步从高增长向稳定增长趋势转变，中国经济进入新常态的稳定增长期。在此背景下，受国外农产品市场价格不断下滑影响，依靠农业谋生的部分农民将面临收入下降的局面，这给减贫工作的开展带来不利因素。

三、新阶段扶贫开发机制和政策的创新趋向

实现到2020年让7000多万农村贫困人口摆脱贫困的既定目标，时间十分紧迫，任务十分繁重。要打赢这场攻坚战，必须充分发挥政治优势和制度优势，把精准扶贫、精准脱贫作为基本方略，坚持扶贫开发与经济社会发展的相互促进，坚持精准帮扶和集中连片特殊困难地区开发紧密结合，坚持扶贫开发与生态保护并重，坚持扶贫开发与社会保障有效衔接，不断创新扶贫开发思路和办法。

1. 强化政策支持，健全脱贫攻坚支撑体系

扶贫是一项系统工程，扶贫效益的最大化有赖于各项政策之间的协调、配套，以弥补政策疏漏，形成扶贫合力。要发挥政府投入在扶贫开发中的主体和主导作用，中央财政继续加大对贫困地区的转移支付力度，一般性转移支付资金、各类涉及民生的专项转移支付资金和中央预算内投资进一步向贫困地区和贫困人口倾斜，加大中央集中彩票公益金对扶贫的支持力度。鼓励和引导商业性、政策性、开发性、合作性等各类金融机构加大对扶贫开发的金融支持。加大科技扶贫力度，解决贫困地区特色产业发展和生态建设中的关键技术问题。加大技术创新引导专项基金对科技扶贫的支持，加快先进适用技术成果在贫困地区的转化。发挥科技、人才对

扶贫开发的支撑和引领作用。

2. 加强贫困地区基础设施建设，破除发展瓶颈制约

推动国家铁路网、国家高速公路网连接贫困地区的重大交通项目建设，提高国道、省道技术标准，构建贫困地区外通内联的交通运输通道。加强贫困地区重大水利工程、病险水库水闸除险加固、灌区续建配套与节水改造等水利项目建设。实施农村饮水安全巩固提升工程，全面解决贫困人口饮水安全问题。小型农田水利、"五小水利"工程等建设向贫困村倾斜。加快推进贫困地区农网改造升级，全面提升农网供电能力和供电质量。完善电信普遍服务补偿机制，加快推进宽带网络覆盖贫困村。实施电商扶贫工程。加快推进贫困地区物流配送体系建设，支持邮政、供销合作社等系统在贫困乡村建立服务网点。加快农村危房改造和人居环境整治，以整村推进为平台，加快完善贫困村生产生活条件，扎实推进美丽宜居乡村建设。

3. 实施精准扶贫方略，多措并举加快推进贫困人口脱贫

严格界定、及时调整扶贫对象，确保扶贫资源准确、适度、高效地投入是我国扶贫开发工作面临的首要问题。为提高扶贫目标的瞄准度，应扩大贫困人口建档立卡的范围，加强动态管理，及时调整评定指标和认定资格，并通过随机抽查、基层调查、标准量化细化等方式，缓解贫困人口信息的不对称问题。抓好精准识别、建档立卡等关键环节，为打赢脱贫攻坚战打好基础。发展特色产业脱贫，支持贫困户发展农产品加工业，加快推动第一、第二、第三产业融合发展，让贫困户更多分享农业全产业链和价值链增值收益。引导劳务输出脱贫，引导企业扶贫和职业教育相结合，实现靠技能脱贫。对居住在生存条件恶劣、生态环境脆弱、自然灾害频发等地区的农村贫困人口，加快实施异地扶贫搬迁工程。加大贫困地区生态保护修复力度，增加重点生态功能区转移支付资金，着力加强教育脱贫，加快实施教育扶贫工程，让贫困家庭子女都能接受公平且有质量的教育，阻断贫困代际传递。开展医疗保险和医疗救助脱贫，保障贫困人口享有基本医疗卫生服务，努力防治因病致贫、因病返贫。完善农村最低生活保障制度，对无法依靠产业扶持和就业帮助脱贫的家庭实行政策性保障兜底。

4. 广泛动员全社会力量,合力推进脱贫攻坚

完善扶贫资金的投入、整合机制,构建高效益、多元化扶贫格局。适应扶贫范围的扩大、扶贫标准的上调,建立财政扶贫资金和信贷扶贫资金的稳定增长机制。针对扶贫资金管理中存在的部门分割、重复配置、缺乏整合等弊端,建立部门间联席会议制度,实现关联扶贫项目、资金的有效合并,并通过简化环节、划转职能等途径,解决扶贫资金的层层截流、跑冒滴漏现象,提高扶贫资金的使用效益。同时,为缓解财政投入的压力,撬动社会扶贫资金跟进,实现市场机制、社会力量和政府扶贫的联动,完善多元主体共同参与的"大扶贫"格局。

因此,应健全东西部对口扶贫协作机制,加大东西部对口扶贫协作力度,建立精准对接机制,使帮扶资金主要用于贫困村、贫困户。健全定点服务机制,完善定点扶贫牵头联系机制,健全社会力量参与机制,鼓励支持民营企业、社会组织、个人参与扶贫开发,实现社会帮扶资源和精准扶贫有效对接。通过政府购买服务等方式,鼓励各类社会组织开展到村到户精准扶贫。发挥好"10·17"全国扶贫日的社会动员作用。着力打造扶贫公益品牌,构建社会扶贫信息服务网络,提高社会扶贫公信力和美誉度。

参考文献

[1] 王子先. 中国对外开放与对外经贸30年. 北京：经济管理出版社，2008.

[2] 刘向东. 对外开放启示录. 北京：经济管理出版社，2008.

[3] 秦富，李宇彤，等. 中国农业利用外资研究. 农业经济问题，2002（1）.

[4] 张红宇，赵长保. 中国农业政策的基本框架. 北京：中国财政经济出版社，2009.

[5] 宋洪远，等. 中国农村经济分析和政策研究（2006—2012）. 北京：中国农业出版社，2012.

[6] 宋洪远. 中国农村改革三十年. 北京：中国农业出版社，2008.

[7] 牛盾. 入世10年农业贸易政策实践与探索. 北京：中国农业出版社，2011.

[8] 孙东升. WTO与中国农产品贸易. 北京：中国农业出版社，2001.

[9] 柯炳生，等. WTO与中国农业简明读本. 北京：中国农业出版社，2002.

[10] 回良玉. 新形势下推进农村改革发展的纲领性文件. 北京：人民出版社，2008.

[11] 宋洪远，等. 中国乡村财政与公共管理研究. 北京：中国财政经济出版社，2004.

[12] 宋洪远，等. "十五"时期农业和农村政策回顾与评价. 北京：中国农业出版社，2006.

[13] 宋洪远，等. "十一五"时期农业和农村政策回顾与评价. 北京：中国农业出版社，2010.

[14] 宋洪远，等. "十二五"时期农业和农村政策回顾与评价. 北京：中国农业出版社，2016.

[15] 甘藏春. 社会转型与中国土地管理制度改革. 北京：中国发展出版社, 2014.

[16] 陈锡文, 赵阳, 陈剑波, 等. 中国农村制度变迁60. 北京：人民出版社, 2009.

[17] 曲延春. 变迁与重构：中国农村公共产品供给体制研究. 北京：人民出版社, 2012.

[18] 韩俊, 等. 中国农村改革（2002—2012）. 上海：上海远东出版社, 2012.

[19] 李萍, 等. 财政体制简明图解. 北京：中国财政经济出版社, 2010.

[20] 赵战军, 谢梅. 我国农村公共产品供给的市场化途径. 农村经济, 2005（12）.

[21] 吴永健. 市场化：一种可供选择的农村公共品供给方式——简论当前农村公共品的供给危机与偏差[A]. 中国制度经济学学年会论文集, 2006.

[22] 钱水土. 中国农村金融体制三十年改革的回顾与评价[J]. 浙江工商大学学报, 2009（2）.

[23] 张冬燕, 等. 中国新型农村金融机构发展前景研究[J]. 经济研究导刊, 2010（27）.

[24] 曹雷. 新时期我国农村金融改革效果评估：基于总体的视角. 农业经济问题, 2016（1）.

[25] 宋洪远. 中国"三农"重要政策执行情况及实施机制研究. 北京：科学出版社, 2016.

[26] 中国发展研究基金会. 农村全面建成小康社会之路. 北京：中国发展出版社, 2014.

[27] 黄季焜. 农业供给侧结构性改革的关键问题：政府职能和市场作用[J]. 中国农村经济, 2018（2）.

[28] 编写组. 深入学习贯彻党的十八大精神 农业农村有关重大问题研究. 北京：中国农业出版社, 2013.

[29] 宋洪远. 实现粮食供求平衡 保障国家粮食安全[J]. 南京农业大学学报（社会科学版）, 2016, 16（4）.

[30] 宋洪远. 进一步完善"三农"政策执行机制 [N]. 农民日报, 2014 - 08 - 27 (3).

[31] 宋洪远, 廖洪乐. 农业发展新阶段与战略性结构调整——政策背景、主要内容、执行情况及对策建议 [J]. 管理世界, 2001 (6): 115 - 122.

[32] 宋洪远. "米袋子"省长负责制及其对粮食生产、流通和宏观调控的影响 [J]. 中国农村观察, 1997 (2): 30 - 34.

[33] 宋洪远. 1995 年农村经济形势和 1996 年趋势分析 [J]. 中国农村经济, 1996 (4): 7 - 12.

[34] 徐雪, 宋洪远. 我国食品安全面临的挑战与选择 [J]. 中国发展观察, 2014 (11): 80 - 84.

[35] 宋洪远. 关于农业供给侧结构性改革若干问题的思考和建议 [J]. 中国农村经济, 2016 (10): 18 - 21.

[36] 宋洪远. 如何保障我国粮食安全 [N]. 第一财经日报, 2015 - 01 - 06 (15).

[37] 宋洪远. 中国农村改革三十年历程和主要成就 [N]. 中国经济时报, 2008 - 04 - 24 (5).

[38] 姜春云. 满足城乡人民日益增长的消费需求组织实施好新一轮"菜篮子工程"——在全国大中城市"菜篮子工程"建设座谈会上的讲话 [J]. 城市问题, 1997 (2): 2 - 6.

[39] 叶兴庆. 准确把握国家粮食安全战略的四个新变化 [J]. 中国发展观察, 2014 (1): 6 - 7.

[40] 王文龙. 浙江粮食生产功能区建设的实践及反思 [J]. 区域经济评论, 2014 (3): 120 - 124.

[41] 梅星星. 食用农产品质量安全监管理论与实践问题研究 [D]. 华中农业大学博士论文, 2015.

[42] 刘羿均. 我国有机食品认证与监管体系研究 [J]. 农业科技与信息, 2016 (28): 45 - 46.

[43] 佚名. 解读《有机产品认证管理办法》[J]. 监督与选择, 2004 (12): 18-20.

[44] 葛强. 绿色食品"身份"准入门槛增高 [N]. 兰州日报, 2012-10-31 (5).

[45] 蒋磊. 农户对秸秆的资源化利用行为及其优化策略研究 [D]. 华中农业大学博士论文, 2016.